21世纪特殊教育创新教材

主编单位
华东师范大学学前与特殊教育学院
南京特殊教育职业技术学院
华中师范大学教育科学学院
陕西师范大学教育学院
总主编：方俊明
副主编：杜晓新　雷江华　周念丽

学术委员会
主　任：方俊明
副主任：杨广学　孟万金
委　员：方俊明　杨广学　孟万金　邓　猛　杜晓新　赵　微
　　　　刘春玲

编辑委员会
主　任：方俊明
副主任：丁　勇　汪海萍　邓　猛　赵　微
委　员：方俊明　张　婷　赵汤琪　雷江华　邓　猛　朱宗顺
　　　　杜晓新　任颂羔　蒋建荣　胡世红　贺荟中　刘春玲
　　　　赵　微　周念丽　李闻戈　苏雪云　张　旭　李　芳
　　　　李　丹　孙　霞　杨广学　王　辉　王和平

21世纪特殊教育创新教材·理论与基础系列

主编：杜晓新　　　　　　　审稿人：杨广学　孟万金

- 特殊教育的哲学基础（华东师范大学：方俊明）
- 特殊教育的医学基础（南京特殊教育职业技术学院：张婷、赵汤琪）
- 融合教育导论（华中师范大学：雷江华）
- 特殊教育学（雷江华、方俊明）
- 特殊儿童心理学（方俊明、雷江华）
- 特殊教育史（浙江师范大学：朱宗顺）
- 特殊教育研究方法（华东师范大学：杜晓新、宋永宁）
- 特殊教育发展模式（纽约市教育局：任颂羔）

21世纪特殊教育创新教材·发展与教育系列

主编：雷江华　　　　　　　审稿人：邓　猛　刘春玲

- 视觉障碍儿童的发展与教育（华中师范大学：邓猛）
- 听觉障碍儿童的发展与教育（华东师范大学：贺荟中）
- 智力障碍儿童的发展与教育（华东师范大学：刘春玲）
- 学习困难儿童的发展与教育（陕西师范大学：赵微）
- 自闭症谱系障碍儿童的发展与教育（华东师范大学：周念丽）
- 情绪与行为障碍儿童的发展与教育（广东外语艺术职业学院：李闻戈）
- 超常儿童的发展与教育（华东师范大学：苏雪云；北京联合大学：张旭）

21世纪特殊教育创新教材·康复与训练系列

主编：周念丽　　　　　　　审稿人：方俊明　赵　微

- 特殊儿童应用行为分析（天津体育学院：李芳；武汉麟洁健康咨询中心：李丹）
- 特殊儿童的游戏治疗（华东师范大学：周念丽）
- 特殊儿童的美术治疗（南京特殊教育职业技术学院：孙霞）
- 特殊儿童的音乐治疗（南京特殊教育职业技术学院：胡世红）
- 特殊儿童的心理治疗（华东师范大学：杨广学）
- 特殊教育的辅具与康复（南京特殊教育职业技术学院：蒋建荣、王辉）
- 特殊儿童的感觉统合训练（华东师范大学：王和平）

21世纪特殊教育创新教材·理论与基础系列

特殊教育的哲学基础

方俊明 编著

谨以此书献给那些不屈不挠地与命运抗争的
残疾人和为特殊教育事业艰苦奋斗的同仁

图书在版编目(CIP)数据

特殊教育的哲学基础/方俊明编著.—北京：北京大学出版社，2011.5
（21世纪特殊教育创新教材·理论与基础系列）
ISBN 978-7-301-18651-0

Ⅰ.①特⋯ Ⅱ.①方⋯ Ⅲ.①特殊教育—教育哲学—高等学校—教材 Ⅳ.①G760-02

中国版本图书馆CIP数据核字（2011）第043073号

书　　　名	特殊教育的哲学基础
	TESHU JIAOYU DE ZHEXUE JICHU
著作责任者	方俊明　编著
丛 书 策 划	周雁翎
丛 书 主 持	李淑方
责 任 编 辑	李淑方
标 准 书 号	ISBN 978-7-301-18651-0
出 版 发 行	北京大学出版社
地　　　址	北京市海淀区成府路205号　100871
网　　　址	http://www.pup.cn　新浪微博：@北京大学出版社
电 子 信 箱	zyl@pup.pku.edu.cn
电　　　话	邮购部 62752015　发行部 62750672　编辑部 62767857
印 刷 者	北京虎彩文化传播有限公司
经 销 者	新华书店
	787毫米×1092毫米　16开本　14.75印张　370千字
	2011年5月第1版　2020年1月第4次印刷
定　　　价	39.00元

未经许可，不得以任何方式复制或抄袭本书之部分或全部内容。
版权所有，侵权必究
举报电话：010-62752024　电子信箱：fd@pup.pku.edu.cn
图书如有印装质量问题，请与出版部联系，电话：010-62756370

顾明远序

去年国家颁布的《国家中长期教育改革和发展规划纲要》专门辟一章特殊教育，提出："全社会要关心支持特殊教育"。这里指的特殊教育主要是指："促进残疾人全面发展、帮助残疾人更好地融入社会"。当然，广义的特殊教育还包括超常儿童与问题儿童的教育。但毕竟残疾人是社会的弱势群体中的弱势人群，他们更需要全社会的关爱。

发展特殊教育（这里专指残疾人教育），首先要对特殊教育有一个认识。所谓特殊教育的特殊，是指这部分受教育者在生理上或者心理上有某种缺陷，阻碍着他的发展。特殊教育就是要帮助他排除阻碍他发展的障碍，使他得到与普通人一样的发展。残疾人并非所有智能都丧失，只是丧失一部分器官的功能。通过教育我们可以帮助他弥补缺陷，或者使他的损伤的器官功能得到部分的恢复，或者培养其他器官的功能来弥补某种器官功能的不足。因此，特殊教育的目的与普通教育的目的是一样的，就是要促进儿童身心健康的发展，只是他们需要更多的爱护和帮助。

至于超常儿童教育则又是另一种特殊教育。超常儿童更应该在普通教育中发现和培养，不能简单地过早地确定哪个儿童是超常的。不能完全相信智力测验。这方面我没有什么经验，只是想说，现在许多家长都认为自己的孩子是天才，从小就超常地培养，结果弄巧成拙，拔苗助长，反而害了孩子。

在特殊教育中倒是要重视自闭症儿童。我国特殊教育更多的是关注伤残儿童，不大关心自闭症儿童。其实他们非常需要采取特殊的方法来矫正自闭症，否则他们长大以后很难融入社会。自闭症不是完全可以治愈的。但早期的鉴别和干预对他们日后的发展很有帮助。国外很关注这些儿童，也有许多经验，值得我们借鉴。

我在改革开放以后就特别感到特殊教育的重要。早在1979年我担任北京师范大学教育系主任时就筹办了我国第一个特殊教育专业，举办了第一次特殊教育国际会议。但是我个人的专业不是特殊教育，因此只能说是一位门外的倡导者，却不是专家，说不出什么道理来。

方俊明教授是改革开放后早期的心理学家，后来专门从事特殊教育二十多年，对特殊教育有深入的研究。在我国大力提倡发展特殊教育之今天，组织五十多位专家编纂这部"21世纪特殊教育创新教材"丛书，真是恰逢其时，是灌溉特殊教育的及时雨，值得高兴。方俊明教授要我为丛书写几句话，是为序。

中国教育学会理事长
北京师范大学副校长
2011年4月5日于北京求是书屋

沈晓明序

由于专业背景的关系，我长期以来对特殊教育高度关注。在担任上海市教委主任和分管教育卫生的副市长后，我积极倡导"医教结合"，希望通过多学科、多部门精诚合作，全面提升特殊教育的教育教学水平与康复水平。在各方的共同努力下，上海的特殊教育在近年来取得了长足的发展。特殊教育的办学条件不断优化，特殊教育对象的分层不断细化，特殊教育的覆盖面不断扩大，有特殊需要儿童的入学率达到上海历史上的最高水平，特殊教育发展的各项指标均位于全国特殊教育前列。本市中长期教育改革和发展规划纲要，更是把特殊教育列为一项重点任务，提出要让有特殊需要的学生在理解和关爱中成长。

上海特殊教育的成绩来自于各界人士的关心支持，更来自于教育界的辛勤付出。"21世纪特殊教育创新教材"便是华东师范大学领衔，联合四所大学，共同献给中国特殊教育界的一份丰厚的精神礼物。该丛书全篇近600万字，凝聚中国特殊教育界老中青50多名专家三年多的心血，体现出作者们潜心研究、通力合作的精神与建设和谐社会的责任感。丛书22本从理论与基础、发展与教育、康复与训练三个系列，全方位、多层次地展现了信息化时代特殊教育发展的理念、基本原理和操作方法。本套丛书选题新颖、结构严谨，拓展了特殊教育的研究范畴，从多学科的角度更新特殊教育的研究范式，让人读后受益良多。

发展特殊教育事业是党和政府坚持以人为本、弘扬人道主义精神和保障人权的重要举措，是促进残障人士全面发展和实现"平等、参与、共享"目标的有效途径。《国家中长期教育改革和发展规划纲要》明确提出，要关心和支持特殊教育,要完善特殊教育体系,要健全特殊教育保障机制。我相信,随着我国经济的发展,教育投入的增加,我国特殊教育的专业队伍会越来越壮大,科研水平会不断地提高,特殊教育的明天将更加灿烂。

沈晓明

上海交通大学医学院教授、博士生导师

世界卫生组织新生儿保健合作中心主任

上海市副市长

2011年3月

丛书总序

特殊教育是面向残疾人和其他有特殊教育需要人群的教育，是国民教育体系的重要组成部分。特殊教育的发展，关系到实现教育公平和保障残疾人受教育的权利。改革和发展我国的特殊教育是全面建设小康社会、促进社会稳定与和谐的一项急迫任务，需要全社会的关心与支持并不断提升学科水平。

半个多世纪以来，由于教育民主思想的渗透以及国际社会的关注，特殊教育已成为世界上发展最快的教育领域之一，它在一定程度上也综合反映出一个国家或地区的政治、经济、文化和国民素质的综合水平，成为衡量社会文明进步程度的重要标志。改革开放30多年以来，在党和政府的关心下，我国的特殊教育也得到了前所未有的大发展，进入了我国历史上最好的发展时期。在"医教结合"基础上发展起来的早期教育、随班就读和融合教育正在推广和深化，特殊职业教育和高等教育也有较快的发展，这些都标志着我国特殊教育的发展进入了一个全球化、信息化的时代。

但是，作为一个发展中国家，由于起点低、人口多、各地区发展不均衡，我国特殊教育的整体发展水平与世界上特殊教育比较发达的国家和地区相比，还有一定的差距，存在一些亟待解决的主要问题。例如：如何从狭义的仅以盲、聋、弱智等残疾儿童为主要服务对象的特殊教育逐步转向包括各种行为问题儿童和超常儿童在内的广义的特殊教育；如何通过强有力的特教专项立法来保障特殊儿童接受义务教育的权利，进一步明确各级政府、儿童家长和教育机构的责任，使经费投入、鉴定评估等得到专项法律法规的约束；如何加强对"随班就读"的支持，使融合教育的理念能被普通教育接受并得到充分体现；如何加强对特教师资和相关的专业人员的培养和训练；如何通过跨学科的合作加强相关的基础研究和应用研究，较快地改变目前研究力量薄弱、学科发展和专业人员整体发展水平偏低的状况。

为了迎接当代特殊教育发展的挑战和尽快缩短与发达国家的差距，三年前，我们在北京大学出版社出版意向的鼓舞下，成立了"21世纪特殊教育创新教材"的丛书编辑委员会和学术委员会，集中了国内特殊教育界具有一定教学、科研能力的高级职称或具有本专业博士学位的专业人员50多人共同编写了这套丛书，以期联系我国实际，全面地介绍和深入地探讨当代特殊教育的发展理念、基本原理和操作方法。丛书分为三个系列，共22本，其中有个人完成的专著，还有多人完成的编著，共约600万字。

理论与基础系列。

本系列着重探讨特殊教育的理论与基础。讨论特殊教育的存在和思维的关系，特殊教育的学科性质和任务，特殊教育学与医学、心理学、教育学、教学论等相邻学科的密切关系，力求反映出现代思维方法、相邻学科的发展水平以及融合教育的思想对现代特教发展的影响。本系列特别注重从历史、现实和研究方法的演变等不同角度来探讨当代特殊教育的特点和发展趋势。本系列由以下8种组成：

《特殊教育的哲学基础》《特殊教育的医学基础》《融合教育导论》《特殊教育学》《特殊儿童心理学》《特殊教育史》《特殊教育研究方法》《特殊教育发展模式》。

发展与教育系列。

本系列从广义上的特殊教育对象出发，密切联系日常学前教育、学校教育、家庭教育、职业教育和高等教育的实际，对不同类型特殊儿童的发展与教育问题进行了分册论述。着重阐述不同类型儿童的概念、人口比率、身心特征、鉴定评估、课程设置、教育与教学方法等方面的问题。本系列由以下7种组成：

《视觉障碍儿童的发展与教育》《听觉障碍儿童的发展与教育》《智力障碍儿童的发展与教育》《学习困难儿童的发展与教育》《自闭症谱系障碍儿童的发展与教育》《情绪与行为障碍儿童的发展与教育》《超常儿童的发展与教育》。

康复与训练系列。

本系列旨在体现"医教结合"的原则，结合中外的各类特殊儿童，尤其是有比较严重的身心发展障碍儿童的治疗、康复和训练的实际案例，系统地介绍了当代对特殊教育中早期鉴别、干预、康复、咨询、治疗、训练教育的原理和方法。本系列偏重于实际操作和应用，由以下7种组成：

《特殊儿童的行为治疗》《特殊儿童的游戏治疗》《特殊儿童的美术治疗》《特殊儿童的音乐治疗》《特殊儿童的心理治疗》《特殊教育的辅具与康复》《特殊儿童的感觉统合训练》。

"21世纪特殊教育创新教材"是目前国内学术界有关特殊教育问题覆盖面最广、内容较丰富、整体功能较强的一套专业丛书。在特殊教育的理论和实践方面，本套丛书比较全面和深刻地反映出了近几十年来特殊教育和相关学科的成果。一方面大量参考了国外和港台地区有关当代特殊教育发展的研究资料；另一方面总结了我国近几十年来，尤其是建立了特殊教育专业硕士、博士点之后的一些交叉学科的实证研究成果，涉及5000多种中英文的参考文献。本套丛书力求贯彻理论和实际相结合的精神，在反映国际上有关特殊教育的前沿研究的同时，也密切结合了我国社会文化的历史和现实，将特殊教育的基本理论、基础理论、儿童发展和实际的教育、教学、咨询、干预、治疗和康复等融为一体，为建立一个具有前瞻性、符合科学发展观、具有中国历史文化特色的特殊教育的学科体系奠定基础。本套丛书在全面介绍和深入探讨当代特殊教育的原理和方法的同时，力求阐明如下几个主要学术观点：

1. 人是生物遗传和"文化遗传"两者结合的产物。生物遗传只是使人变成了生命活体和奠定了形成自我意识的生物基础；"文化遗传"才可能使人真正成为社会的人、高尚的人、成为"万物之灵"，而教育便是实现"文化遗传"的必由之路。特殊教育作为一个联系社会学科和自然学科、理论学科和应用学科的"桥梁学科"，应该集中地反映教育在人的种系发展和个体发展中所发挥的巨大作用。

2. 当代特殊教育的发展是全球化、信息化教育观念的体现，它有力地展现了人类社会发展过程中物质文明与精神文明之间发展的同步性。马克思主义很早就提出了两种生产力的概念，即生活物资的生产和人自身的繁衍。伴随生产力的提高和社会的发展，人类应该有更多的精力和能力来关注自身的繁衍和一系列发展问题，这些问题一方面是通过基因工程来防治和减少疾病,实行科学的优生优育,另一方面是通过优化家庭教育、学校教育和社会教育的环境,来最大限度地增加教育在发挥个体潜能和维护社会安定团结与文明进步等方面的整体功能。

3. 人类由于科学技术的发展、生产能力的提高,已经开始逐步地摆脱了对单纯性、缓慢性的生物进化的依赖,摆脱了因生活必需的物质产品的匮乏和人口繁衍的无度性所造成"弱肉强食"型的生存竞争。人类应该开始积极主动地在物质实体、生命活体、社会成员的大系统中调整自己的位置,更加注重作为一个平等的社会成员在促进人类的科学、民主和进步过程中所应该承担的责任和义务。

4. 特殊教育的发展,尤其是融合教育思想的形成和传播,对整个教育理念、价值观念、教育内容、学习方法和教师教育等问题,提出了全面的挑战。迎接这一挑战的方法只能是充分体现时代精神,在科学发展观的指导下开展深度的教育改革。当代特殊教育的重心不再是消极地过分地局限于单纯的对生理缺陷的补偿,而是在一定补偿的基础上,积极地努力发展有特殊需要儿童的潜能。无论是特殊教育还是普通教育都应该强调培养受教育者积极乐观的人生态度和做人的责任,使其为促进人类社会的进步最大限度地发挥自身的潜能。

5. 当代特殊教育的发展,对未来的教师和教育管理者、相关的专业人员的学识、能力和人格提出了更高的要求。未来的教师和教育管理者、相关的专业人员不仅要做到在教学相长中不断地更新自己的知识,还要具备从事普通教育和特殊教育的能力,具备新时代的人格魅力,从勤奋、好学、与人为善和热爱学生的行为中,自然地展示出对人类未来的美好憧憬和追求。

6. 从历史上来看,东西方之间思维方式和文化底蕴方面的差异,导致对残疾人的态度和特殊教育的理念是大不相同的。西方文化更注重逻辑、理性和实证,从对特殊人群的漠视、抛弃到专项立法和依法治教,从提倡融合教育到专业人才的培养,从支持系统的建立到相关学科的研究,思路是清晰的,但执行是缺乏弹性的,综合效果也不十分理想,过度地依赖法律底线甚至给某些缺乏自制力和公益心的人提供了法律庇护下的利己方便。东方哲学特别重视人的内心感受、人与自然和人与人之间的协调,以及社会的平衡与稳定,但由于封建社会落后的生产力水平和封建专制,特殊教育长期停留在"同情"、"施舍"、"恩赐"、"点缀"、"粉饰太平"的水平,缺乏强有力的稳定的实际支持系统。因此,如何通过中西合璧,结合本国的实际来发展我国的特殊教育,是一个需要深入研究的问题。

7. 当代特殊教育的发展是高科技和远古人文精神的有机结合。与普通教育相比,特殊教育只有200多年的历史,但近半个世纪以来,世界特殊教育发展的广度和深度都令人吃惊。教育理念不断更新,从"关心"到"权益",从"隔离"到"融合",从"障碍补偿"到"潜能开发",从"早期干预"、"个别化教育"到终身教育及计算机网络教学的推广,等等,这些都充分地体现了对人本身的尊重、对个体差异的认同、对多元文化的欣赏。

本套丛书力求帮助特殊教育工作者和广大特殊儿童的家长:① 进一步认识特殊教育的本质,勇于承担自己应该承担的责任,完成特殊教育从慈善关爱型向义务权益型转化;② 进一步明确特殊教育和普通教育的目标,促进整个国民教育从精英教育向公民教育转化;③ 进一步尊重差异,发展个性,促进特殊教育从隔离教育向融合教育转型;④ 逐步实现特殊教育的专项立法,进一步促进特殊教育从号召型向依法治教的模式转变;⑤ 加强专业人员的培养,进一步促进特殊教育从低水平向高质量的转变;⑥加强科学研究,进一步促进特殊教育学科水平的提高。

我们希望本套丛书的出版能对落实我国中长期的教育发展规划起到积极的作用,增加人们对当代特殊教育发展状况的了解,使人们能清醒地认识到我国特殊教育发展所取得的成就、存在的差距、解决的途径和努力的方向,促进中国特殊教育的学科建设和人才培养。在教育价值上进一步体现对人的尊重、对自然的尊重;在教育目标上立足于公民教育;在教育模式上体现出对多元文化和个体差异的认同;在教育方法上本着实事求是的精神实行因材施教,充分地发挥受教育者的潜能,发展受教育者的才智与个性;在教育功能上进一步体现我国社会制度本身的优越性,促进人类的科学与民主、文明与进步。

在本套丛书编写的三年时间里,四个主编单位分别在上海、南京、武汉组织了三次有关特殊教育发展的国际论坛,使我们有机会了解世界特殊教育最新的学科发展状况。在北京大学出版社和主编单位的资助下,丛书编委会分别于2008年2月和2009年3月在南京和上海召开了两次编写工作会议,集体讨论了丛书编写的意图和大纲。为了保证丛书的质量,上海市特殊教育资源中心和华东师范大学特殊教育研究所为本套丛书的编辑出版提供了帮助。

本套丛书的三个系列之间既有内在的联系,又有相对的独立性。不同系列的著作可作为特殊教育和相关专业的教材,也可供不同层次、不同专业水平和专业需要的教育工作者以及关心特殊儿童的家长等读者阅读和参考。尽管到目前为止,"21世纪特殊教育创新教材"可能是国内学术界有关特殊教育问题研究的内容丰富、整体功能强、在特殊教育的理论和实践方面覆盖面最广的一套丛书,但由于学科发展起点较低,编写时间仓促,作者水平有限,不尽如人意之处甚多,寄望更年轻的学者能有机会在本套丛书今后的修订中对之逐步改进和完善。

本套丛书从策划到正式出版,始终得到北京大学出版社教育出版中心主任周雁翎和责任编辑李淑方、华东师范大学学前教育学院党委书记兼上海特殊教育发展资源中心主任汪海萍、南京特殊教育职业技术学院院长丁勇、华中师范大学教育科学学院院长邓猛、陕西师范大学教育科学学院副院长赵微等主编单位领导和参加编写全体同仁的关心和支持,在此由衷地表示感谢。

最后,特别感谢丛书付印之前,中国教育学会理事长、北京师范大学副校长顾明远教授和上海市副市长、上海交通大学医学院教授沈晓明在百忙中为丛书写序,对如何突出残疾人的教育,如何进行"医教结合",如何贯彻《国家中长期教育改革和发展规划纲要》等问题提出了指导性的意见,给我们极大的鼓励和鞭策。

"21世纪特殊教育创新教材"

编写委员会

(方俊明执笔)

2011年3月12日

前　言

著名的德国哲学家黑格尔曾经留下一句名言："人们经常挂在嘴边的名词，往往是我们最无知的东西。"从1964年参加工作算起，我从事教育工作已有46年之久，基本上可以划分为两个阶段，前16年主要是当中小学教师，后30年在师范大学工作，如果再加上自己上学读书的经历，不能说不熟悉教育。但是，每当夜深人静的时候反躬自问："自己对教育到底懂得多少？"此刻，一种"以其昏昏，使人昭昭"的愧疚总会涌上心头。尤其是最近20年从事特殊教育学、特殊儿童认知心理学的研究之后，除了带学生在实验室进行不同范式的认知实验外，经常思考科学与哲学、教育与哲学之间的关系，曾多次萌发系统地探讨特殊教育哲学思想的念头。然而，仅仅是多次一闪而过的念头而已，只是在北京大学出版社邀请我担任"21世纪特殊教育创新教材"的主编，并认为丛书中要有一本关于特殊教育哲学基础的著作时，我才决心将这个不自量力的想法付诸于行动，利用这一机会使自己的激情与冲动接受理性的审判。

1982年留在大学工作之后，我本人的专业一直是认知心理学，研究方向是探讨特殊人群、有发展障碍儿童和超常儿童的认知特点和过程，最近又聚焦于认知神经科学方面的探讨。平日的研究和所带的研究生主要是采用当代认知心理学的实验范式来探讨特殊儿童的眼动轨迹、脑电位（ERP）和脑功能（fMRI），应该说是属于实证科学的范畴。因此，无论是哲学还是教育哲学都只是个人的业余爱好，希望哲学的学习能帮助自己理清思绪，平息浮躁。更确切地说，联系自己的本职工作来学习哲学是一个想穷追蕴底的梦。但是，当我初涉哲学这个历史悠久而又高深莫测的领域时，跃跃欲试的激情很快就转化成初学者如履薄冰般的小心翼翼和诚恐诚惶。其实，在我看来，哲学的沉思本该是任何一个科学工作者的思维习惯，甚至于也应该成为一个优良民族的思维习惯。令人感到遗憾的是，近几十年来，无论是国内还是国外，无论是学术界还是日常生活中，对哲学的兴趣却有明显的减弱，有学者称之为是"赋闲"。代之而起的是汹涌澎湃的视听刺激以及程序化、操作化和快餐文化，且伴随着急功近利的浮躁不安。

在我国，形成这种哲学赋闲状况的原因是多方面的：一是在我们这一代人的心里多少还保留着对上一世纪某些粗暴的政治哲学的畏惧和对空洞的形而上学的厌倦；二是近半个多世纪以来后现代主义哲学本身的含糊不清使人感到晦涩难懂，扑朔迷离；三是现代科学技术的迅速发展、知识的爆炸、日常工作与学习节奏的加快使人们很少有时间和精力沉静下来深思哲学的奥妙；四是面对着全球性问题的涌现，多元文化、多元价值标准的形成等急剧变化的社会现象，人们感到探寻普遍规律力不从心。这种哲学思考兴趣的减弱自然会影响到对教育问题的哲学思考，尤其是特殊教育哲学的思考。尽管如此，我，作为已过花甲之年的教育工作者，还是坚定不移地相信：哲学不是灰暗的，人类的良知一定会与人性的善良一起编织最绚丽的彩虹，照耀人们驾驭理想和现实的航程。

教育是人类社会一项历史悠久、非常重要而又十分复杂的社会活动，一个国家或地区的教育发展状况受到历史与现实的诸多因素的影响和制约，但国民的教育水平必将反作用于该国家或地区的政治、经济、文化等方面的发展。正如人们平常所说的那样，教育是一个涉及方方面面的系统工程。我想，一个好的教育工作者应该力求做到理性思维、专业知识、操作能力、教学艺术、人格魅力的有机结合。在未来的教师教育中应该提倡：无论是从事普通教育还是从事特殊教育，无论是从事基础教育还是从事高等教育，都要积极地探讨教育发展中一些元理论的问题、探讨内在的普遍的发展规律、养成冷静沉思教育哲学问题的习惯。

哲学是一门古老的学问，同时也是一个非常复杂的知识体系。用黑格尔的话来说，哲学能引导人们超越"熟知"而达到"真知"。人们对哲学问题的忽视，常常会导致因熟视无睹而习以为常，因心血来潮而轻举妄动，因思想混乱而无所适从，因缺乏预测而事倍功半；也会因为懒得深思而被非理性搅得焦躁不安，甚至于因为成天的捡芝麻、丢西瓜而感到后悔莫及。

教育哲学只是哲学的一个分支，特殊教育哲学又是教育哲学体系的一个组成部分。本书的撰写，一方面我想结合教育哲学思想发展的历史，着重探讨特殊教育的教育目标、价值以及特殊教育思想的形成与发展的内在规律和发展趋势；另一方面，鉴于篇幅和学力的双重限制，我想避免与哲学教材和教育史教材中所涉及的内容重复，只是结合特殊教育的对象、任务，针对特殊教育中的道德教育、智力教育、职业教育、融合教育等基本理论问题，进行一些哲理性思考和全方位审视。正是从上述的考虑出发，本书分三个部分安排了如下15章的内容：

第1章 绪论：特殊教育对哲学的呼唤
第2章 东西方特殊教育思想的起源与比较
第3章 近现代西方哲学思想与特殊教育
第4章 特殊教育的本质论
第5章 特殊教育的目的论
第6章 特殊教育的价值论
第7章 特殊教育的方法论
第8章 特殊教育的学科基础
第9章 融合教育的哲学思考
第10章 特殊儿童道德教育的哲学思考
第11章 特殊儿童智育的哲学思考
第12章 特殊儿童语言教育的哲学思考
第13章 特殊儿童体育与美育的哲学思考
第14章 特殊儿童职业教育的哲学思考
第15章 教师教育的哲学思考

这种篇章结构与内容的安排无意创造一个完整的特殊教育哲学的体系，只是想以最通俗的形式来尽量保持"绪论"与"本论"之间的联系与呼应。我期望这本抛砖引玉的习作，能帮助特殊教育系的学生和从事特殊教育的工作者洞察特殊教育的原理、发展的内在必然性和从多学科的角度来探讨发展的内在规律;进一步认识特殊教育的本质、发展特殊教育的目的和价值,了解特殊教育的学科基础、研究方法等一系列的基本理论问题,便于相关的专业人员在今后的教育、教学和管理过程中能不断地总结自己的工作经验。

我更希望本书能帮助广大特教工作者得以摆脱日常工作的贫乏和枯燥,习惯于从宏观和微观的不同角度来认识、处理教育问题;通过沉思在熟知中获得更多的真知灼见;在现实和理想的矛盾中,永远保持从事特教工作应有的爱心、热情、理智、坚忍和豁达。我也奢望,对特殊教育哲学的一点拙见真能起到抛砖引玉的作用,激起一些志同道合的朋友参加特殊教育哲学问题的讨论,在接受批评的同时能和更多的忘年之交来畅谈哲学梦,共同分享自己不知天高地厚的"自明性"的分析或追问。

方俊明

于华东师大田家炳书院

2009.3.12

目 录

顾明远序 ··· (1)
沈晓明序 ··· (1)
丛书总序 ··· (1)
前　言 ·· (1)

第1章　绪论：特殊教育对哲学的呼唤 ·· (1)
　第1节　哲学的光芒与"弱化" ·· (1)
　　一、哲学的智慧与一般的智力 ·· (2)
　　二、哲学与政治的联盟 ··· (3)
　　三、哲学与科学的并驾齐驱 ··· (3)
　　四、现代哲学的派别冲突与转型 ··· (5)
　第2节　教育与哲学 ·· (5)
　　一、教育哲学的贫困 ·· (6)
　　二、教育哲学的研究对象 ·· (8)
　　三、教育哲学的学科价值 ·· (8)
　第3节　特殊教育对哲学的呼唤 ··· (10)
　　一、特殊教育的对象和发展历程 ·· (10)
　　二、当代世界特殊教育的发展趋势 ··· (13)
　　三、特殊教育对哲学的呼唤 ·· (15)

第2章　东西方特殊教育思想的起源与比较 ··· (18)
　第1节　古代东西方教育思想的比较 ·· (18)
　　一、教育理想与培育目标 ··· (19)
　　二、西方的先验论与东方的"天人感应" ··· (23)
　　三、西方的神学和东方的神鬼论 ·· (25)
　　四、康德的知性与中国的"知行观" ··· (28)
　第2节　废弃与同情：东西方特教观的比较 ··· (29)
　　一、古代西方"科学主义"的特教观 ··· (29)
　　二、古代中国人道主义的特教观 ·· (30)
　　三、古代中国神秘主义的特教观 ·· (31)
　　四、性习关系与特殊教育 ··· (32)
　　五、身心关系与特殊教育 ··· (34)

1

第 3 节　先秦诸子与特殊教育 …………………………………………………（35）
    一、墨家的"兼爱"与特殊教育 ………………………………………………（35）
    二、道家的"无为"与特殊教育 ………………………………………………（36）
    三、法家的"吏治"与特殊教育 ………………………………………………（37）

第 3 章　近现代西方哲学思想与特殊教育 …………………………………………（40）
  第 1 节　近现代西方哲学与特殊教育 …………………………………………（40）
    一、洛克的唯实论与《教育漫话》 ……………………………………………（40）
    二、实用主义哲学与特殊教育 ………………………………………………（41）
    三、改造主义哲学与特殊教育 ………………………………………………（44）
    四、行为主义与特殊教育 ……………………………………………………（47）
  第 2 节　后现代的西方哲学思想与特殊教育 …………………………………（50）
    一、存在主义与特殊教育 ……………………………………………………（52）
    二、分析哲学与特殊教育 ……………………………………………………（55）
    三、后现代主义教育哲学与特殊教育 ………………………………………（58）

第 4 章　特殊教育的本质论 …………………………………………………………（62）
  第 1 节　从教育对象看特殊教育的本质 ………………………………………（64）
    一、人种的繁衍与残疾人 ……………………………………………………（64）
    二、人种的繁衍与教育民主 …………………………………………………（65）
    三、人的差异性、矛盾性与特殊教育的对象 ………………………………（66）
  第 2 节　从教育环境看特殊教育的本质 ………………………………………（66）
    一、特殊教育的立法环境 ……………………………………………………（67）
    二、特殊教育的学校环境 ……………………………………………………（68）
    三、特殊教育的家庭环境 ……………………………………………………（69）
    四、特殊教育的社会环境 ……………………………………………………（70）
  第 3 节　从教育管理过程来看特殊教育的本质 ………………………………（71）
    一、特殊教育的管理过程 ……………………………………………………（71）
    二、特殊教育的师资与专业人员 ……………………………………………（72）

第 5 章　特殊教育的目的论 …………………………………………………………（74）
  第 1 节　目的与目的行为 ………………………………………………………（74）
    一、目的与目的论 ……………………………………………………………（74）
    二、目的行为与活动的特点 …………………………………………………（76）
  第 2 节　教育目的行为与活动 …………………………………………………（77）
    一、教育目的与教育活动 ……………………………………………………（77）
    二、百年来世界性教育改革的四次浪潮 ……………………………………（78）
  第 3 节　特殊教育的目的行为与活动 …………………………………………（81）
    一、特殊教育的目的 …………………………………………………………（81）
    二、特殊教育的行为目的与态度 ……………………………………………（83）

三、特殊教育的目的与教育需要 ……………………………………………… (84)

第6章　特殊教育的价值论 …………………………………………………… (87)
第1节　人的价值 ………………………………………………………………… (87)
第2节　教育价值观的多元化 …………………………………………………… (90)
　　一、教育的政治价值观 ………………………………………………………… (90)
　　二、教育的经济价值观 ………………………………………………………… (91)
　　三、教育的文化价值观 ………………………………………………………… (92)
　　四、教育的宗教价值观 ………………………………………………………… (93)
　　五、教育的科学技术观 ………………………………………………………… (93)
第3节　教育价值观的矛盾和统一 ……………………………………………… (94)
　　一、理想价值和现实价值的矛盾和统一 ……………………………………… (94)
　　二、外部价值和内部价值的矛盾和统一 ……………………………………… (95)
　　三、教育活动因果关系的矛盾和统一 ………………………………………… (95)

第7章　特殊教育的方法论 …………………………………………………… (97)
第1节　"三论"与特殊教育 …………………………………………………… (98)
　　一、系统论与特殊教育 ………………………………………………………… (98)
　　二、信息论与特殊教育 ………………………………………………………… (99)
　　三、控制论与特殊教育 ………………………………………………………… (100)
第2节　特殊教育研究的方法论 ………………………………………………… (101)
　　一、特殊教育的宏观研究 ……………………………………………………… (101)
　　二、特殊教育的行为研究 ……………………………………………………… (102)
　　三、特殊教育的心理学研究 …………………………………………………… (103)
　　四、特殊教育的生理学研究 …………………………………………………… (103)

第8章　特殊教育的学科基础 ………………………………………………… (106)
第1节　特殊教育的生物学基础 ………………………………………………… (107)
　　一、生命哲学的探讨 …………………………………………………………… (107)
　　二、遗传学与特殊儿童 ………………………………………………………… (108)
第2节　特殊教育的心理学基础 ………………………………………………… (109)
　　一、特殊教育与行为主义学派 ………………………………………………… (109)
　　二、特殊教育与认知学派 ……………………………………………………… (110)
　　三、特殊教育与心理测量 ……………………………………………………… (111)
　　四、特殊教育与人格心理学 …………………………………………………… (112)
第3节　特殊教育的社会学基础 ………………………………………………… (113)
　　一、社会达尔文主义与特殊教育 ……………………………………………… (114)
　　二、社会心理学派与特殊教育 ………………………………………………… (114)
　　三、教育社会学派与特殊教育 ………………………………………………… (115)
　　四、哲学人类学与特殊教育 …………………………………………………… (115)

第 4 节　特殊教育的法学基础 (116)
　　一、法哲学 (117)
　　二、法伦理学 (118)
　　三、特殊教育专项立法的发展趋势 (120)

第 9 章　融合教育的哲学思考 (124)
第 1 节　融合教育的理念 (124)
　　一、融合教育的理念 (124)
　　二、融合教育的三个发展阶段 (125)
　　三、实行融合教育的意义 (126)
第 2 节　融合教育的支持系统 (128)
　　一、健全法律法规,提供政策支持 (129)
　　二、改善办学条件,提供物资支持 (129)
　　三、培养专业人员,提供专业支持 (129)
　　四、家长积极参与,提供家庭支持 (130)
　　五、加强社会宣传,争取全社会的理解和支持 (130)
第 3 节　融合教育的哲学思考 (131)

第 10 章　特殊儿童道德教育的哲学思考 (134)
第 1 节　德育:"道德生物"的摇篮 (135)
　　一、道德哲学 (135)
　　二、道德心理学 (137)
　　三、道德教育 (138)
第 2 节　特殊儿童的道德教育 (139)
　　一、特殊儿童的公民道德教育 (140)
　　二、特殊儿童的共产主义的道德教育 (140)
　　三、特殊儿童的人格教育 (141)

第 11 章　特殊儿童智育的哲学思考 (143)
第 1 节　智育:"智慧生物"的摇篮 (143)
　　一、智力的概念、本质与测量 (144)
　　二、智力与知识的关系 (146)
第 2 节　智力发展与学科教学 (147)
　　一、智力障碍儿童的智育 (147)
　　二、超常儿童的智力教育 (149)
　　三、其他发展障碍儿童的智育 (149)
第 3 节　人工智能与电脑辅助教学 (151)
　　一、人工智能发展的历程 (151)
　　二、人工智能对教与学的启示 (153)
　　三、智能计算机辅助教学的哲学思考 (156)

第 12 章 特殊儿童语言教育的哲学思考 ……………………………………(159)
第 1 节 不同学科对语言问题的研究 ………………………………………(159)
一、语言问题的哲学研究 ………………………………………………(160)
二、心理语言学的研究 …………………………………………………(161)
三、语言学的研究 ………………………………………………………(162)
四、语言障碍的研究 ……………………………………………………(163)
第 2 节 特殊儿童语言教育的哲学思考 ……………………………………(165)
一、视障儿童语言教育的哲学思考 ……………………………………(165)
二、听障儿童语言教育的哲学思考 ……………………………………(166)
三、自闭症儿童语言教育的哲学思考 …………………………………(171)

第 13 章 特殊儿童体育与美育的哲学思考 ……………………………………(173)
第 1 节 特殊儿童的体育教育 ………………………………………………(173)
一、体育的兴起与发展 …………………………………………………(173)
二、特殊教育中的体育 …………………………………………………(174)
第 2 节 特殊儿童的美学教育 ………………………………………………(176)
一、美学与艺术的时代呼唤 ……………………………………………(176)
二、特殊儿童的美学与艺术教育 ………………………………………(179)
第 3 节 特殊儿童的音乐教育 ………………………………………………(181)
一、东西方古代音乐教育思想 …………………………………………(181)
二、盲童的音乐教育 ……………………………………………………(184)
三、自闭症儿童的音乐治疗 ……………………………………………(184)

第 14 章 特殊儿童职业教育的哲学思考 ………………………………………(187)
第 1 节 职业与职业技术教育 ………………………………………………(188)
一、职业与职业技术教育的概念 ………………………………………(188)
二、职业技术教育的发展趋势 …………………………………………(189)
第 2 节 特殊儿童职业技术教育的哲学思考 ………………………………(190)
一、特殊儿童职业技术教育的特点与专业设置 ………………………(191)
二、残疾人劳动就业问题的哲学思考 …………………………………(192)

第 15 章 教师教育的哲学思考 …………………………………………………(194)
第 1 节 教师的传承与创新 …………………………………………………(195)
第 2 节 特殊教育中的教师教育 ……………………………………………(197)
一、特教专业队伍的组成 ………………………………………………(197)
二、特教专业人员的现状 ………………………………………………(198)
第 3 节 特殊教育中的师德问题 ……………………………………………(199)

结束语 ………………………………………………………………………………(202)

主要参考书目 ………………………………………………………………………(204)

后记 …………………………………………………………………………………(206)

未来的哲学是世界的哲学,未来的世界是哲学的世界。

卡尔·马克思

第1章　绪论:特殊教育对哲学的呼唤

- 了解当代教育哲学"弱化"和"赋闲"的时代背景。
- 比较哲学智慧和一般智力之间的异同。
- 学习从科学哲学的角度来认识哲学与科学之间的关系。
- 正确认识哲学派别的冲突与转型。
- 认识探讨特殊教育哲学的意义和价值。

高科技的发展、知识的爆炸和快餐文化,已经把我们推到日新月异的21世纪的第二个十年。时代潮流的浩浩荡荡,使人不仅感到有一种参与竞争的兴奋和期望,同时也感到一种不进则退、慢进也退的时代压力。那么,在这样一个应接不暇、只争朝夕的信息化时代,作为一个非哲学专业的教育工作者,是否有必要、有可能心如止水、心平气和地进行哲学的沉思?这种围绕着教育问题,尤其是特殊教育问题的自我反省和批判到底是会使我们增加自身的力量,把握前进的方向,还是把我们带入更为迷茫的森林,平白无故地增添更多的烦恼和无奈?但我深信,哲学的王国里有良知编织的彩虹。

第1节　哲学的光芒与"弱化"

黑格尔曾经说过:"追求真理的勇气,相信精神的力量,乃是哲学研究的第一条件。人应尊重他自己,并应自视能配得上最高尚的东西。"①但是,随着实证科学突飞猛进的发展,在大多数人的心目中,哲学似乎成为一种远离现实的传统学科,不仅失去了柏拉图时代"哲学王"的万丈光芒,而且也少有亚里士多德时代睿智者的潇洒自如。时至今日,哲学甚至于不得不借助自身的辩护来维持学科的生存和发展。"哲学的整体性弱化"犹如动物园里靠人圈养的雄狮,其威风凛凛的仪容仍不减当年,但衣食无忧的安逸已消磨了它的斗志和野性。正如孙正聿所指出的:"我们要意识到,当今的'世界'发生了根本的变化。最基本的变化是人类的文明形态变化了。我们从原始的农业文明到工业文明再到今天的后工业文明,人类的文明形态发生变化了。因而人类的整个的'文化世界'和'意义世界'发生变化了,这是我们面对的基本现实。面对今天的现实,我们来考虑人的生活活动和生活世界,我们会获得怎样

---

① 黑格尔.小逻辑[M].北京:商务印书馆,1980:36.

的一种感悟呢？我想，我们一个最重要的感悟就是，如何以爱智的、反思的、批判的、创新的哲学智慧，去重新理解和协调人与世界的关系。"①

下面我们不妨从哲学与一般智慧、哲学与宗教、哲学与科学、哲学与政治的关系来简单地探讨哲学的光芒与"弱化"，从"文化世界"和"意义世界"变化中来理解特殊人群与世界的关系。

一、哲学的智慧与一般的智力

从古至今，从西方到东方，哲学一开始就与智慧结下不解之缘。英语的"哲学"(philosophy)一词源于希腊的"philosophia"，意思是"爱智慧"。汉语中的哲人、哲理等概念都隐含智慧的意思，如孔传："哲，智也。"唐朝的韩愈把智慧卓越又有品行的人称为哲人，他在《王公墓志铭》中写道："气锐而坚，又刚以严，哲人之常"。

但是，哲学的智慧与一般的智力不同，这是一种需要执著和热情的智慧，是一种反思和批判的智慧，是一种"叛逆"和创新的智慧，更应该是一种真诚和善良的智慧。尽管智慧离不开知识，但即使是在知识还不够丰富、学科还比较简单的时代，先哲们也没有将智慧和知识完全混为一谈。例如，苏格拉底就曾指出，哲学对智慧的爱主要体现在对智慧本身的追求，对美与最高境界的追求，而不同于一般智能的提高和知识的获得。柏拉图认为哲学的智慧主要体现在洞察力和理念的抽象思维能力，他认为哲学思维体现了人类禀赋的最高层次。亚里士多德把智慧理解为哲学知识，但他在使用"哲学智慧"这个术语时，其用意是想用它强调思辨智慧，他认为智慧乃是对存在本质的思考。随着知识的增多和学科的发展，先哲们就开始不断地在讨论、界定中修订智慧的概念，智慧与知识的关系变得越来越复杂，智慧的内涵也越来越丰富。

但是，为了区别哲学智慧与一般智力的不同，许多哲学家都反复强调：

1. 哲学智慧是和道德一脉相承的，对智慧的理解中一定隐含着对善恶与正义的判断，邪恶应该被排除在智慧的大门之外。例如，柏拉图将智慧定义为理性的德性，认为只有崇高的灵魂才可能发挥心智的功能。所罗门就此断言："智慧不会进入恶毒的心灵，缺乏良心的知识只是灵魂的毁灭。"这种"智德论"的观点认为，只有勇敢、公正、克己奉公的人才能真正地发挥智慧的力量，一切恶行就其本质而言，其实是来源于愚昧无知并只能是源于愚昧无知。

2. 哲学的智慧来自于人性的修养。所谓宁静致远，只有那种心平气和，摒弃一切杂念的人才能潜心地探讨人生的意义，寻求人世间的真、善、美，才可能具有真正的智慧。正如罗马帝国时期的哲学家，新柏拉图派的奠基人普罗提诺(Plotinos, 205—270)所指出的："智慧是宁静存在状态的条件。"由此可见，过多的功利性追求和浮躁的心态是没有可能获得哲学的智慧的。

3. 哲学的智慧也是一种无形的力量，由此延伸出来与智慧密切相关的概念——智力(intelligence)，这也是后来心理学和教育学不断讨论的重要术语。现代智慧主要是指深刻和全面地认识事物，正确和迅速地解决问题的能力，基本上是采用了智力的含义。

然而，随着科学的发展和知识的增多，人们更加强调智慧与知识与技能的关系，认为智

---

① 孙正聿.哲学修养十五讲[M].北京：北京大学出版社，2005：77.

力本身就包含智慧,不需要哲学的智慧高临其上,驾驭方向。所以,觉得哲学应该弱化。但这的确是一种误解和偏见。因为,只有在一种高尚的价值系统的指引下,获得知识、运用知识和创造知识的能力才会变成良知,也只有良知才算得上人类可引以自豪的智慧。

二、哲学与政治的联盟

哲学与政治的结合、联盟和相互依赖也使哲学从一开始就罩上神圣的光环。但由于政治的多变和政治实践的复杂性,哲学也因此而受到牵连。

柏拉图在《理想国》中,从政治上将国民分成三个等级:第一等是统治者,按理性原则行事,执行立法、司法和教育的职能;第二等是按激情原则行事,负责辅佐国王治国和保卫国家、攻打敌人的武士;第三等是按欲望原则行事,直接从事生产劳动,提供生产和消费资料的农民、工人和进行商品交换的商人。柏拉图认为,最理想的国家应该是由爱智慧的"哲学王"来担任国王。因为只有这类人才能凭借理性来把握善的理念、明辨是非、主持正义和维护国家的利益。亚里士多德的《雅典政治》和《政治学》将政治列为实践科学,指出政治应该以维护城邦全体公民的利益为目的,不同的政治体制(如寡头政治和民主政治)的治国效果(包括短期效应和长期效应)是大不相同的。

哲学与政治相结合的观点被许多统治者所接受。据说,古罗马皇帝奥勒留也认为只有哲学才能造就真正的"男子汉",把自我修炼得能够勇敢地直面来临的一切,做到"水火不伤,超乎苦乐,行而有义"。他认为,只有经常回到哲学的怀抱并在那里修心养性,才能忍受宫廷的种种繁杂公务和世俗的烦恼。实际上,在人类社会漫长的发展历程中,逐渐地形成了政治哲学(political philosophy)——这是一门哲学与政治学相互渗透的学科,并可用来解释复杂的社会现象和探讨政治活动产生发展和变化的规律。正如人们常说的,"实践是检验真理的标准",许多哲学家都想借用政治的舞台和充分的表演来验证自己的学说和实现自己治国安邦的政治抱负,许多政治家也会有意识或无意识地选用和宣传某一种哲学思想作为指导政治实践的指导思想。例如,法国卢梭的"社会契约论"曾成为法国大革命的指导理论;黑格尔认为国家本身就是绝对精神的体现;马克思主义的政治哲学更为鲜明,从辩证唯物主义和历史唯物主义的角度科学地阐述了国家的起源和消亡的全过程,预测了人类发展的方向,是我们建设社会主义和共产主义的指导思想。

三、哲学与科学的并驾齐驱

在古代哲学思想体系中,哲学和科学以及其他学科都是融为一体的,没有明确的区分。例如,古希腊哲学家亚里士多德的哲学体系到达"古代哲学的顶峰",而亚里士多德同时又是自然科学家、逻辑学家。这位百科全书式的思想家不仅总结了逻辑和归纳的思维方法,同时也为生物学、生理学、医学等许多自然科学的发展奠定了基础。亚里士多德把知识分成三种,即理论学科、实践科学和创造科学,而逻辑学则是研究一切科学的思维方法和工具。他所指的理论学科包括第一哲学(形而上学)、第二哲学(物理学和自然科学)和数学;实践科学是指导人作为个体与群体活动的学科,如伦理学、政治学、经济学等;创造科学是指当时的诗学和修辞学①。亚里士多德认为科学知识是"关于普遍、必然之事的判断",是从第一哲学出发并得到证明的结论。

笛卡儿时代对科学的界定还是比较宽松的。他认为形而上学可能会成为像数学这样精确的科学,具有原理自明、证明确定的特点。洛克和霍布斯等人甚至于认为,不能把科学仅限制在定量的研究之中,他们认为政治学、伦理学也都有可能通过推理达到同样的清晰性和确切性,都应该被列入科学范畴。

但是,到17世纪以后,许多哲学家和科学家开始不断地在哲学和科学之间严格地划分界限。康德在实验哲学和抽象哲学的基础上做出了经验科学和理性科学的区分,但并不认为实验科学和形而上学之间有明显的冲突。到19世纪,法国哲学家孔德(Auguste Comte,1798-1857)就指出了这种冲突性,他认为人类的思想和科学发展经历了从神学、形而上学到科学这三个不同的发展阶段。作为实证科学的创始人,孔德借此来说明实证主义是人类思想发展的最高阶段。他曾明确地指出,只有以经验的方法对自然、精神或社会现象所做的研究才算得上是真正的科学。相比而言,他认为哲学只是一种徒劳的思辨,而宗教则是非理性的迷信。从现代科学发展历史的角度来看,孔德提出的实证科学宣言,对后来界定和区分哲学与科学、科学与非科学、硬科学与软科学都留下了深远的影响。例如,心理学家弗洛伊德在《心理分析引论新编》一书中非常坚定地支持实证科学的主张,并根据这种"科学的世界观"断定:"关于宇宙的知识我们没有其他来源,除了对仔细验证过的观察进行理智操作,这也就是人们实际上所说的研究,没有知识可以得自启示、直觉和灵感。"于是,他开始旗帜鲜明地宣称:"不得主张科学只是理智活动的一个领域,仿佛此外还有宗教和哲学,它们至少具有相同的价值;不得主张科学不应干涉其他两个领域,它们同样是在探求真理,而每个人都可以自由选择他从哪个领域来获取他的信念,在哪个领域中放置他的信念。"他强调:"基本的事实是,真理不能是宽容的,不能允许妥协或限制;科学领域把人类活动的全部领域当做自己的领域,对任何试图侵占其领域的任何部分的势力都要采取不妥协的批判态度。"②从上述引文不难看出,弗洛伊德是一个极端的实证主义者,不仅只认可实证科学才是科学,而且还要求哲学和其他学科都要接受实证科学的检验,在实证科学面前来说明自己存在的理由和功能。但实际的情况是,他本人提出的精神分析理论和以催眠、释梦、自由回忆等为手段的研究方法根本没有,也不可能摆脱哲学思想的影响,也没有达到他认为的实证科学的要求。

培根对哲学的批评认为,哲学是一种脱离了直接的物质生产和技术应用的空洞思辨。他否认那些"对真理的沉思比任何实用和求效更为可敬"的说法,认为这是一种不切实际的偏见。他强调:"科学真正合法的目标在于赋予人类以新发明和新财富。"正是基于上述这种非常现实和功利的观点,他在《新大西岛》预言了一个与柏拉图《理想国》大不相同的情景,那是一个用实验主义和新技术开拓的文明社会。

但是,现代科学哲学的发展则有力地说明了哲学最有可能从整体上把握人和自然的关系,20世纪一系列重大的科学研究,如基本粒子、量子力学,相对论,量子宇宙学等,哪一项不涉及

---

① 金炳华等编.哲学大辞典[M].修订本.上海:上海辞书出版社,2001:1748-1749.
② 弗洛伊德.心理分析引论新编[M].高觉敷,译.北京:商务印书馆,1987:25.

科学哲学？著名的物理学家爱因斯坦一直念念不忘的是从哲学的角度，建立一个超大统一的理论，他说："相信心理现象以及它们之间的关系，最终也可以归结为神经系统中进行的物理过程和化学过程。"①。系统论、信息论、控制论和耗散结构理论的提出，更是为现代科学哲学的思维方法开辟了新的途径，帮助人们全面地深刻地认识自然界物质的运动规律。

四、现代哲学的派别冲突与转型

　　当然，哲学也是一门学派林立的古老学科，长期以来，各种学派围绕世界的本源、人的认识能力、逻辑学和价值论等一系列的哲学问题争论不休。20世纪流行的西方后现代主义哲学出于对理性的怀疑、对虚无的恐惧和对现实的无奈，对传统哲学进行了全盘的否定和多重责难，现代英国哲学家威廉顿姆在继承维特根斯坦哲学疾病的观点的基础上，提出了哲学治疗(philosophical treatment)的概念。威廉顿姆认为，哲学家应该借用精神分析的方法来进行哲学自身的治疗，清除本身的混乱和无谓的争执。但大多数哲学家认为，这种学派之争恰恰是学科生命力的体现。正如孙正聿所概括的："哲学的派别冲突，是与人类存在的矛盾性和历史性密不可分的。哲学作为理论形态的人类自我意识，它必然以理论的方式表征人类存在的矛盾性。这其中主要表现在下述几个方面：一是表征人对自然的依赖性与人对自然的超越性的唯物主义和唯心主义理论冲突；二是表征人类存在的确定性和非确定性的辩证法与形而上学的理论冲突；三是表征人的感性和理性的矛盾的经验论与唯理论的理论冲突；四是表征为人类存在的逻辑性与人文性的矛盾和科学主义与人本主义的理论冲突。"②

　　毫无疑问，伴随着人类发展，不同派别哲学思想的争论将会永远持续下去，因为这种争论和学派林立正说明了哲学作为人类思维的结晶，将会反映时代精神，引导我们在否定之否定中前进。我想，人们永远不会放弃自己理性的思维习惯，一定不会放弃对自身的反思，并通过它在自我调控的平衡中谋求更高层次的和谐。当我们摒弃了世俗的虚荣，成为名副其实的"精神贵族"时，难道不会赞赏心灵中的王者风范和优雅的言谈举止？

　　下面我们就尝试将这种"自明性"的分析的思维方法用来探讨普通教育和特殊教育中的"人类存在的矛盾性和历史性密不可分"和"科学主义与人本主义的理论冲突"。

第2节　教育与哲学

　　如果说哲学最早的本意是"爱智慧"，那么，这种爱智慧如何能薪火相传呢？这就要靠教育活动和专门从事教育的专业人员，即教师来完成。也正因为这样，早在公元前5—4世纪的古希腊，传递知识和授徒为业的教育者就被称为智者(希腊语：sophistes，英语 sophists)。人所共知，教育是人类社会一项非常重要、历史悠久而又十分复杂的社会活动。正因为教育是针对人本身的活动，它对人类发展的影响和意义无论怎样高估都不算过分。尽管人类社会已经历几十万年的进化，但如果没有几千年的教育，尤其是独立的文化教育和学校教育，人类只怕仍然停留在茹毛饮血的原始状态，和许多其他的动物一样，在大自然的变化中自生

---

①　爱因斯坦.爱因斯坦文集[M].北京：商务印书馆,1977(1)：523.
②　孙正聿.哲学修养十五讲[M].北京：北京大学出版社,2004：227.

自灭,当然,也不可能成为主宰世界的万物之灵。正是教育使人类的一切活动纳入了改造客体和改造主体的良性循环,在并行的生物进化和社会进化的历程中不断地获得发展,开创未来。正如孙正聿所说的:"人是一种历史文化的存在,而'教育'是这种历史文化遗传的中介。"①

随着社会的发展,教育现象变得非常纷繁复杂,现代教育本身已经成为一个庞大的学科体系。就以教育的分类为例,按时间序列来划分,可将教育分为古代教育、近代教育、现代教育和未来教育;按教育场所和环境来划分,可将教育分为家庭教育、学校教育、社会教育;按教育程度来划分,可将教育划分为学前教育、初等教育、中等教育、高等教育;按教育对象的年龄来划分,有婴幼儿教育、青少年教育、成年教育、老年教育;按教育的性质来划分,可将教育划分为普通教育和特殊教育,职业教育和休闲教育,等等。中国教育学会教育学分会与国家教委课程教材研究所共同组织编写,2002年由人民教育出版社出版的一套"教育科学分支学科丛书"从教育分类学的观点,将当代教育科学分为元教育学、教育哲学、教育逻辑学、教育社会学、教育政治学、教育生态学、教育心理学、教育评价学、教育技术学等15门分支学科。②那么,什么是教育哲学?这套丛书中十五本之一的《教育哲学》,是否还能在教育科学中体现出王者之风呢?

一、教育哲学的贫困

教育哲学,从字面上来理解,应该是哲学的分支,属于哲学的应用学科。同时,教育哲学也应该是教育科学理论与实践在哲学层次这一最高水平的归纳。但是,从实际发展的情况来看,教育哲学作为一门独立的学科,到底是一种渊源于哲学原理的一般性推导还是教育原理与实践的提炼和总结,至今仍然是一个有争议的问题。因为,如果是从哲学演绎过来的一般性的思想推导,它就会像"人生哲学"、"生活哲学"、"儿童也是天生的哲学家"一样,层出不穷的哲学理念叫人感到哭笑不得。如果教育哲学的确是综合了元教育学、教育逻辑学、教育社会学、教育政治学、教育生态学、教育心理学、教育评价学、教育技术学等14门教育分支学科的哲学思考,就一定会具有居高临下的叱咤教育风云的"王者之风"。

翻开这套丛书中《教育哲学》的导言,作者周浩波先生深情地写道:"从世界范围来看,教育哲学研究自20世纪50年代末达到一个巅峰状态并经历了20年之后,目前在教育学的诸分支学科或研究领域之中,已处于一个相对赋闲的局面。而那些以解决现实问题为宗旨的实证学科或领域则迭次构成热点。这种宏观形势与氛围,对从事教育哲学研究的学者来说,不啻是一个不小的心理压力,尤其是对这门学科研究的自信心来说,肯定是一个颇有力量的打击。"③不难看出,周浩波先生对当前教育基本理论的寂寞和教育哲学的尴尬已深有体会。但是,他很快就以一个哲学工作者的眼光从这种教育哲学的"不幸"中看到了发展的前景。他认为这种暂时的"落伍",会促使人们淘汰一些虚伪、荒谬、过时的问题,甚至于借此彻底改变教育哲学研究的思维方式,也正是基于上述的考虑,他在新的定位中推出了他的《教

---

① 孙正聿.哲学修养十五讲[M].北京:北京大学出版社,2004:71.
② 瞿宝奎,吕达副主编.教育科学分支学科丛书[M].北京:人民教育出版社,2002:前言.
③ 周浩波.教育哲学[M].北京:人民教育出版社,2002:3.

育哲学》一书并阐述了作者许多独特的真知灼见。

为什么会出现教育哲学的寂寞和尴尬？作为一个非哲学专业,又非教育理论专业的特教认知心理学工作者,我只能凭借从事教育工作多年的体验谈如下几点想法：

一是教育哲学,作为一门老树新枝的学科有其许多先天不足之处。一方面,几千年来,哲学史在本体论、认识论、逻辑学和价值论等方面许多争论不休的问题在现代化和后现代化的进程中变得更为复杂,当然也不可能自然而然地在教育领域的哲学研究中,变得清晰明了。另一方面,社会的发展、知识的爆炸、社会竞争的加剧,使哲学界和教育界的研究者都还没有来得及从各种教育分支学科中进行最高层次的哲学思考,或者是这种沉思还没有达到独立的、系统的和成熟的学科水平。

二是要在研究中淘汰一些虚伪、荒谬、过时的东西并不容易。无论是在日常生活中,还是在理论研讨中,"不破不立"和"不立不破"这两种现象都同时存在,认为"破字当头,就一定会立在其中",这未必有点幼稚和鲁莽。例如,后现代主义哲学思潮对以往的哲学、观念、文学艺术等提出了许多尖锐的批评和指责,的确给人留下震撼和深思,但正面的、有益的建树并不多。人们经常看到,有些哲学家、理论家在缔造某种理论的过程中,也常常是将某些被予以批判的,已从大门口扔出去的东西又从窗户里取了回来。任何学科中长期地只破不立,和非理性地盲从一样,都会退出历史的舞台。这也许就再次说明了万事万物否定之否定发展的必然性。

三是人类社会的发展很不平衡,各个学科发展也不平衡,姑且不说是所谓"硬科学"和"软科学"之间的差异,即使是留给人们"响当当"印象的实证性的"硬科学",也是有的突飞猛进,有的长期在原地踏步。例如,在航天航空学方面,人类可以准确地发射一颗又一颗的运载火箭和人造卫星,但在预测地震方面,就显得有些力不从心和无可奈何。

四是理论的形成,虽然基于对事实的分析与归纳,只怕都有一定应用的限度,或者说是运用的空间或条件。我们说水在100度时会沸腾,从液体变成气体,但前提是在标准大气压下,如果不是标准大气压,则非如此。我们在平面几何中说的"三角形的三角之和为180度"的定律到球面几何中就被推翻。但社会学、教育学的理论无法规定这种"标准大气压",无法确定明确的"比较坐标",如何掌握理论的适用空间要凭经验,要靠独立的深层思考,同时也要经得起实践的检验。以研究自然物质为对象的自然科学是这样,研究人的教育和发展过程为对象的教育学更是如此。

五是在不同学科的发展过程之中,免不了要采用类比、转借的方法进行学科渗透。这种相互渗透和范式的借用有时是积极有效的,有时则是牵强附会的。即使是非常科学的理论,被另一学科借用或在自身的转型过程中,也是修正和歪曲同在。例如,达尔文主义被社会学借用和发展的过程中形成的社会达尔文主义,把生物界的自然选择和生存竞争规律搬用到社会学上,用低级的动物界的活动形式来解释人类复杂的社会现象,其表面上是似是而非,但本质上是荒唐的；法国的哲学家孔德从实证的角度,运用静力学和动力学的原理来研究社会问题,同样也有许多牵强附会之处。

六是教育为针对人的活动,任何一个现实生活中的人,其本身既是一个有生命的活体,又是一个有理智、情感和个性特征等复杂心理特征的个体,还是一个受历史文化影响,不断地从家庭、学校、社会获得信息和调整自己行为方式的社会成员。在任何一个个体身上体现出来的生物性和社会性、先天遗传和后天教育之间的相互作用是极其复杂的。

七是漫长的社会发展和复杂多变的成长环境从不同方面、不同角度对教育提出要求和期望,这一切都使教育活动变得错综复杂和应接不暇。在多元因素影响到某一事物的发展并形成了一定的惯性,而其中所能控制的因素又非常有限的情况下,研究这一现象的学科自然会得出盲人摸象般的不同结论。要想对这些复杂的教育现象进行理论归纳,自然是一件非常困难的事情。如果说,凡是涉及人的学科都是非常复杂的,那么,人人都熟悉、谁都不陌生的教育现象,想要从理论上,尤其是从哲学层次上去认识它、改造它,使人类在教育发展方面的主观努力和客观效果能高度地统一,这的确是一件困难重重的、十分艰巨的任务。

上述对教育哲学贫困的分析当然是挂一漏十的,总的来讲,我认为形成今天教育哲学寂寞与赋闲的原因是多方面的,既有哲学与教育学科发展本身的原因,也有现代社会和进入后现代社会本身中有关社会转型方面的诸多原因。下面我想对几个最主要和有争议的教育哲学问题谈点自己不成熟的看法。

二、教育哲学的研究对象

什么是哲学?哲学的研究对象是什么?为了回答这些问题,桑新民先生在1993年出版的《呼唤新世纪的教育哲学——人类自身的生产探秘》一书中,将当时国内对哲学研究对象的理解对象归纳为五种不同的意见:(1)"哲学是世界观的学问";(2)"哲学是自然界、人类社会和思维知识的概括和总结";(3)哲学是"研究思维本身的规律";(4)哲学的研究对象是"人或人类社会";(5)哲学的研究对象是"思维与存在的关系,或人与世界的关系"。他从哲学研究对象的历史考察中,认定了第五种观点,即认为"哲学的研究对象既不是存在本身,也不是思维本身,而是思维与存在的关系",这也正是恩格斯在《费尔巴哈论》中所强调的:"全部哲学,尤其是近代哲学的重大的基本问题,是思维与存在的关系问题。"[①]我个人完全同意桑新民对哲学研究对象的分析和界定,并按照这一界定的推演,认为教育哲学的研究对象是"教育领域中思维与存在的关系",特殊教育哲学的研究对象是"特殊教育领域中思维与存在的关系"。

按照这一界定,我想,教育哲学应该是不同于一般的教育理论和相关分支学科的理论,甚至于也有别于元教育理论。教育哲学应着眼于思维与存在的关系,致力于说明教育现象作为存在的合理性(包括不合理的荒谬性)、发展的曲折性(包括发展中所走的弯路和错路)、教育过程的必然性、教育目标的明确性、价值的多元性和帮助教育工作者提高对复杂教育现象的观察、判断能力和处理教育问题的能力,最大限度地开发受教育者的潜能和发挥教育的整体功能。

三、教育哲学的学科价值

教育哲学,像任何哲学一样,不是一门实用学科。它不像其他的实用学科、工具学科和技术那样,若不掌握就无从着手。例如,不懂英文,看到英语文章和听到英语就不知其所云,完全不懂计算机的人面对计算机就一筹莫展,不会弹钢琴的人绝对不可能弹奏出美妙的钢

[①] 马克思恩格斯选集[M].北京:人民出版社,1972(4):219.

琴曲。但是，不懂教育哲学的人，或者是没有系统地学习过教育哲学的人，未必就不能从事教育工作，也未必就不会成为受学生爱戴的好老师。相反地，如果只是生吞活剥地学到一些有关教育哲学、教育基本理论的名词概念，同样也未必会对其实际的教育教学水平带来多大的提高。因为教育哲学不是一门立竿见影的实用学科，再加上其本身又很难学，在教育界也有许多人根本看不到教育哲学的学科价值，多认为它是一门可有可无的学科、阳春白雪般的学科、高深莫测的学科。那么，作为哲学和教育学的结合，这门学科的不可替代的学科价值到底体现在哪里呢？石中英先生在他的《教育哲学导论》中用了两节15页的篇幅来专门阐述教育哲学的学科价值和如何学习和研究教育哲学的问题。我认为他对重估教育哲学价值的六点意见还是比较全面和深刻的：(1) 帮助教育者思想的成熟，增进教育者的理性；(2) 引导教育者反思自己的教育生活；(3) 检验和引导公众的教育观念；(4) 对教育政策进行理性的分析；(5) 促使教育学者对教育知识的批判与反思；(6) 为多学科知识的交流和对话提供一个思想平台。①

在上述观点的基础上，我根据自己长期从事教育、教学工作的理解，用几句通俗的话来表达我对教育哲学价值的认识。

我觉得教育哲学的最大价值在于使教育者在日常的教育、教学或管理工作中，既能保持满腔的热情，又能保持清醒的头脑。学习教育哲学能促使教育工作者多一点创新，少一点盲从；多一点自我反思，少一点自以为是；多一点上下求索，少一点固步自封；多一点融会贯通，少一点生吞活剥；多一点察古知今，少一点重蹈覆辙、把无知当做创见。的确，对一些漫不经心的，埋头事务的，敲钟上课、上班当差的职业型的教育工作者来讲，上述列举的多一点和少一点都无关大局。那些以其昏昏，使人昭昭，随波逐流，对社会与人生都是缺乏热情与执着的教师当然也不会用哲学的思辨来自寻烦恼。然而，对那些忠于职守，从心底里热爱教育工作，在理想的驱动下，既能循循善诱，又能身体力行的教师来说，他是多么希望教育能促使人类社会健康地发展，多么希望从大到小、从内到外、从自然到社会都有一个良好的和谐的充满着正义、真理、善良和友谊的育人环境，多么希望我们共同生活的世界没有污染、战争、罪恶、欺诈和虚伪，多么希望能将自己的辛劳和学生家长的爱护与社会的期望融为一体，形成一种和谐的强大的教育合力，共同促进学生身心健康地成长；他是多么希望每一个孩子都能在自己的教导下，通过刻苦的努力不断增长知识、增长能力、铸造高尚的人格、分享奉献者的幸福；他是多么希望自己能够与学生一道学习，在"罗天下英才施教之，其乐无穷"的教学相长中享受教书育人的喜悦。但是，这样的教师，作为一个善良的理想主义者，在自己的教育生涯中，他们往往会有意无意地看到现实生活中的另外一面：我们共同生活的大千世界，的确有点鱼龙混杂，雅俗共存，无穷无尽的原则和规律在发生作用，但仔细琢磨，莫非最能起作用的还是颠扑不破的"力学原则"，即生产力、权力、财力、智力、能力、向心力、离心力和凝聚力等？自己辛辛苦苦地提供的正面教育有时会被学生的家长所否定，被混浊的社会氛围所吞没；一些努力学习、踏踏实实，品学端正的学生考试成绩未必优秀，而某些"品学兼优"的学生毕业后也未必能为社会做出有益的贡献。有的教师在看到学生学习努力但考试成绩不佳，屡遭挫折和失败而自己又爱莫能助时是何等的痛苦和不安；当看到有的学生在教师、家

---

① 石中英.教育哲学导论[M].北京：北京师范大学出版社，2004：43-48.

长百般呵护和精心培养下长大后,个人天资优异,学习很好但并不思报效社会,只是想利用自己的智能,在自我中心的城防中贪得无厌,巧取豪夺时,越是理想主义的教师,越是会感到心痛如绞。古之屈原被逐而作"天问",今之教师有惑何尝不会进行深度反思,探求这些纷繁复杂的教育现象之中的哲理呢?这种面对现实和未来的反思与期望,也许正是教育哲学永远会作为一个有价值学科而继续存在以及不断发展的基础。教育哲学也许并不会帮助我们解决非常具体的问题,但会帮助我们扩大视野,增加热情,更深入地认识和睿智地解决现实与理想的矛盾,开创更加美好的明天。

第3节 特殊教育对哲学的呼唤

教育是针对人本身的活动,教育涉及个体和团体自身的发展,但在人类漫长的发展历程中,接受教育,特别是能接受系统的、较高质量的科学文化教育,长期以来都只是一部分人才能享受的特权。我们翻开世界教育史,就可以发现这一轨迹:即人类教育是一步一步地从专门为统治阶层服务的贵族教育转向大多数人都能受益的平民教育;从单一的男性教育到男女同校的双性教育;从面对大民族的教育到也面向少数民族的教育;从以正常人、普通人为对象的普通教育到以残疾人和特殊人群为对象的特殊教育;从以主流文化为内容的主流教育到以多元文化为内容的多元文化教育。然而,这样一步一步地向前推进并不容易,它表明了人类社会一步一步地走向文明的进程。直到已经跨入21世纪的今天,由于经济和政治等多方面的限制,教育平等和教育公平的呼声仍在世界的上空回旋。实际上,在一些比较落后的国家和地区,教育平等仍然是纸上谈兵,教育公平问题并没有真正得到解决,如女童教育、妇女教育、残疾人教育、贫困家庭的儿童教育问题,仍然是一系列突出的社会问题和教育问题。

与漫长的普通教育史相比,特殊教育的发展只有较短的历史。具体来说,在250多年以前,世界上还没有系统的特殊教育,许多有身心发展障碍的儿童都被关在学校的门外,没有机会接受学校教育,只有极其个别的特殊儿童得到家庭教育和普通教育的指导。然而,近半个世纪以来,世界特殊教育得到迅速的发展,我国更是以惊人的步伐奋起直追,不仅教育理念不断更新,教育对象不断扩大,而且教育方法也不断改进,大有后来居上之势。那么,什么是特殊教育?为什么特殊教育会迅速发展?特殊教育的发展过程中,除了本身的基础理论和相关学科理论和研究方法的探讨之外,还有必要和有可能对特殊教育的哲学问题展开专门的深入的讨论吗?当教育哲学处在短暂的"赋闲"阶段,特殊教育为什么会对哲学发出呼唤?教育哲学将如何回应特殊教育发展的呼唤,从哲学的高度来认识和总结近百年来特殊教育的发展历程和当代特殊教育的发展趋势?

一、特殊教育的对象和发展历程

所谓特殊教育,当然是相对普通教育而言的,如果说普通教育是面向一般发展正常的儿童与人群的教育,相比之下,特殊教育就是采取一般与特殊相结合的教学方法和手段,面向一些有特殊教育需要的儿童和特殊人群的教育。

目前,世界上对特殊教育的概念和对象的理解有两种:广义的特殊教育是针对各种残疾儿童与人群,超常儿童以及有各种行为问题或严重情绪障碍的儿童与青少年的教育。狭义的特殊教育就是针对残疾儿童的教育。近半个世纪以来,随着世界特殊教育的发展,大多数国家和地区都采用广义的特殊教育的概念,把以下三大类特殊儿童列为特殊教育的对象:

第一类是盲、聋、弱智、脑瘫、自闭症等不同类型、不同程度的残疾儿童与残疾人。

第二类是天资优异、智力超群或具有某一方面特殊才能的超常儿童与天资优异的人群。

第三类是有学习困难、严重的情绪与行为障碍的儿童与青少年,如有偷窃、吸毒、打群架、自杀、危害社会等各种严重的行为问题儿童与青少年。

从教育哲学的观点来看,"教育既涉及观念的世界,也涉及实践活动的领域。"[1]从教育观念来看,世界各国近代特殊教育的发展都要具备一个先决条件,即充分尊重和坚决维护每一个儿童接受教育的权利,其中当然包括有身心障碍的各类特殊儿童接受教育的权利。当然,这种对儿童接受教育的权利的尊重和维护又是建立在对人的普遍的尊重,社会应最大限度地发挥人的潜能等这些基本认识的基础之上的。因此,特殊教育的发展和整个社会的发展,普通教育的发展,尤其是儿童教育的发展是一脉相承的。200多年以来,近代世界各国特殊教育的发展一般都经历了从萌芽、启蒙、兴起到发展等四个重要的发展阶段。

(一)萌芽期

从原始社会到文艺复兴和启蒙运动时期,是特殊教育的萌芽期。古希腊、古罗马、古代印度以及中世纪的残疾人不仅无权接受正规的教育,而且人身安全也得不到保障。有的地方把残疾人变成供人玩弄取乐的工具,也有少数地方从愚昧的理念出发,把不同寻常的残疾人敬若神明。据史料记载,大约在公元前1000多年的古代中国的周朝时期,就有盲人接受音乐教育,成为参加大型祭典活动的宫廷乐师。在中国长期的封建社会中,由于受儒家的"仁爱"、墨家的"兼爱"等思想的影响,社会上始终有一些救济残疾人和开展特殊儿童教育的活动,但绝大多数的残疾人也和古代西方国家一样,总是沦为乞丐,流落街头,命运十分悲惨。概括起来讲,在250多年前,无论是西方还是东方,尽管有特殊教育思想的萌芽和个别人接受特殊教育的事实,但都没有形成特殊教育的观念,也没有开办专门的特殊教育学校,没有称得上是学校特殊教育的实践。

(二)启蒙期

形成对儿童自身权利的认识和新的儿童概念是儿童教育发展的起点,也是发展特殊教育的起点。从古罗马开始,在漫长的奴隶社会和封建社会,儿童只被看成是抚养的对象和成人的知识和价值观念的被动的接受者。例如,斯巴达克时代把抚养到7岁后的儿童看成是国家的财富,完全按照国家的利益和需要来训练儿童和安排他们的命运;西方中世纪时,把儿童培养成神的奴仆,也很少直接从儿童的角度来考虑教育问题。直到17世纪以后,随着洛克"天赋人权"思想的逐渐传播,人们才慢慢地认识到任何人都应该享有自由、平等和接受教育的权利。18世纪,著名的文艺复兴时期的法国思想家卢梭进一步提出了教育的"儿童中心论"思想,强调了儿童必须在不过多地受到成人控制的、比较自由的环境中成长。他在经典的教育小说《爱弥尔》中充分地表述了这种教育哲学思想。文艺复兴的思想给以后的儿童教育和特殊教育留下了深刻的影响。从某种意义上来讲,上述这些对正常儿童和特殊儿

---

[1] Ozmon, H. A. & Crawer, S. M. 教育的哲学基础[M]. 石中英,邓敏纳,等译.北京:中国轻工业出版社,2006:4.

童自身权利的认识和尊重也为后来各国制定教育法和特教法奠定了思想基础。此后,世界特殊教育开始从启蒙期转向兴起期,特殊儿童的教育不再只是某些个别现象,而是逐步地走出了家庭,被纳入了国家基础教育的范围。

(三)兴起期

近代世界特殊教育的兴起在欧洲,发展在北美。1760年法国人列斯贝(Charles Michel Lespee,1712-1789)在巴黎创办了第一所聋人学校,公开招收聋哑学生,为世界特殊教育的发展揭开了序幕。1784年,同样是法国人霍维(Valentine Hauy,1745-1822)在巴黎建立了第一所盲人学校并采用凸字触摸盲文进行教学。两个多世纪以来,特殊教育从欧洲传到北美并在英国、美国、德国、日本、加拿大和苏联等经济比较发达的国家和地区得到较快的发展。列斯贝、布雷渥、加劳德特、霍维、布莱尔、菲舍、赫维、伊塔德、塞甘等特殊教育开拓者的特殊教育思想不断地得到广泛的传播。

中国的特殊教育有着悠久的思想渊源,但近代特殊学校是由外国传教士创办的。据《中国教育年鉴》记载,中国最早建立的特殊学校是1874年由外国传教士威廉·穆恩(William Moon)建立的瞽叟同文馆,它比世界上最早的巴黎盲校的创立晚了近一个世纪。后来,中国人也自己办起了特殊学校,如中国近代的实业家、教育家张謇(1853—1926)在江苏省南通创办了南通盲哑学校并开始培养特殊教育的师资。

(四)发展期

从世界范围来看,特殊教育发展较快的时期是20世纪的70年代到本世纪初。我国的特殊教育也是在这个时期逐步发展起来的。改革开放30年来,中国的特殊教育得到迅速的发展,到2007年底,全国特殊教育学校已达1667所。包括在普通学校随班就读的残疾学生在内,在校三类残疾学生已达到41.3万。近年来,我国特殊教育投入稳步增长。仅"十五"期间中央财政下拨的特殊教育专项补助费就达1.36亿元,加上地方配套性的特殊教育投入,使一批特殊教育学校的办学条件得到明显改善。

半个世纪以来世界各国特殊教育的发展决不是偶然的,我认为,其深刻的社会背景可以归纳为如下四个方面:

一是第二次世界大战以后,世界范围内相对的和平与稳定以及科学技术的进步,促进了社会生产力的提高和人们生活水平的提高,为特殊教育的发展提供了一定的物质基础。

二是教育民主思想的形成与渗透,使人们对男女平等、正常儿童与特殊儿童、各种肤色与民族之间教育方面的平等的要求更为迫切,这便为各国特殊教育的立法提供了思想基础和舆论准备。

三是现代科学技术的进步和相关学科的发展为特殊儿童的学习、生活提供了方便,同时也提高了教育和训练的实际效益,扩大了特殊教育的实践范围。

四是国际社会有关发展残疾人事业的活动。文化教育方面的国际合作在教育公平、保障人权方面形成了一些共识,也促进了国与国、地区与地区之间残疾人事业和特殊教育的交流与发展。

在上述社会背景下,世界特殊教育的发展不仅体现在办学规模的扩大,接受特殊教育人数的增加,还体现在教育思想的变化。

例如,在20世纪中叶,美国教育界针对把特殊儿童的评估和安置标签化、简单化的问题进行过广泛的调查。调查结果表明：第一，美国一些学校对各类特殊儿童，尤其是轻度弱智儿童的评估和安置存在着一定程度的标签化、简单化的现象。有的学校和教师甚至于不经过严格的、综合的多项评估就轻率地给某些功课差、律己能力较差的儿童贴上"弱智儿童"、"多动症"之类的标签。第二，被轻率地贴上"弱智儿童"、"多动症"之类标签的儿童因为自尊心受到伤害而更放松了对自己的要求，表现出一系列的消极情绪和行为。此外，标签化、简单化的现象也给在其他教师和儿童家长中产生了不符合实际的"定势效应"和负面影响。第三，在特殊教育的实施过程中，不同的机构、不同的专业人员相互沟通和协作不够，未能保持动态的发展性评估，即根据实际的教育、教学效果和儿童的进步情况及时地将一部分达到了正常水平的特殊儿童送回更适合他们发展水平的班级和学校就读。第四，在评估过程中，没能充分地考虑到不同族群，尤其是少数族群和非英语地区的移民的文化社会背景的差异。根据上述调查结果，美国和世界上其他国家在特殊儿童的评估、安置和教育方面都采取了更为慎重和务实的态度。

两百多年来，各国特殊教育发展的经验证明，除了遵循一般的教育原理之外，发展特殊教育要特别强调如下三个教育原则：一是协同教育原则，二是早期干预和早期教育的原则，三是缺陷与补偿教育的原则。上述教育原则在一定程度上也反映出特殊教育本身的特点和不同于普通教育之处。

协同教育原则认为，特殊教育是一个涉及社会生产力、政治制度、文化传统、科学水平、文明程度和民族素质的系统工程。特殊教育的发展需要全社会的关心与参与，需要家庭、学校、社会之间的密切配合。因为也只有这样，才能实现医疗养护、教育训练和劳动就业的一体化，特殊教育和普通教育的一体化。

早期干预与早期教育的原则认为，尽可能地在儿童发育的早期对他们进行诊断、训练和教育。这是因为儿童早期的可塑性强，使早期的干预和训练能收到事半功倍的效果，提高儿童适应环境的能力。例如，对盲童的早期行走训练，对聋童的早期语言训练，对弱智儿童的早期感觉统合训练都容易收到比较明显的效果。当然，早期干预和早期教育的原则同样也适用于天资优异的超常儿童的潜能的早期开发和教育。

缺陷与补偿教育的原则认为，可以通过各种途径来弥补、代偿受损的组织和器官的功能。在特殊教育，尤其是残疾儿童的教育过程中，某种缺陷可能引起儿童整体发展水平的相对滞后，但也可以通过其他途径来使缺陷得到一定程度的补偿。例如，盲人的听觉和触觉的敏感性显著加强，聋人的视觉工作记忆能力较强。在补偿的过程中，机体的代偿是根本的条件，功能训练是促进补偿的重要因素。

围绕上述三个特殊教育的基本原则，研究者进行了许多的实验研究，证明了缺陷的补偿性和不可补偿性是相对的，单纯的发展滞后理论是令人难以接受的，因为这一悲观的理论忽视了儿童发展的可塑性和补偿性。但是，如何采取科学有效的方法，尽早地对儿童进行早期诊断、康复、训练和教育，最大限度地弥补缺陷和发挥补偿功能，则是特殊教育所面临的任务。

二、当代世界特殊教育的发展趋势

从理论上讲，特殊教育的总体目标是比较清楚的，即根据特殊儿童和青少年的教育需要和身心特点进行针对性的个别教育和教学，最大限度地发挥他们的潜能，加强他们的社会适应能力。但是，不同类型的特殊儿童有不同的身心特点和教育需要，也有不同的发展潜能，具体的培养目标是不一样的。例如,对于中度的弱智儿童来讲,主要是培养他们生活自理能力,成为"残而不废"的人,若对他们的智能发展提出过高的要求则是不符合实际的。

如前所述,特殊教育的对象自然是有特殊教育需要的儿童和青少年。各国的特殊教育基本上都是从盲、聋、弱智、肢体残疾等这类残疾人的教育发展到超常儿童或资赋优异儿童的教育,再发展到各种问题儿童与青少年的教育。特殊教育的对象也随着特教范围的扩大而不断增加。但是,为了保证对特殊儿童和青少年的尊重和一视同仁,防止词汇效应给他们造成自卑和自傲心理,对如何称呼特殊教育对象的问题,北美地区也曾经进行过热烈的讨论,比较一致的意见是主张尽量避免使用"残疾儿童"(Handicapped Children)、"超常儿童"(Gift and Talented Children)这类的词语,统称为"特殊儿童"(Exceptional Children)和有特殊教育需要的儿童(Children with Special Educational Needs)。当然,也有人认为这种"掩耳盗铃"的方法并不能从根本上解决问题,关键还是要全社会都要关心、爱护和尊重特殊儿童。

从西方特殊教育的发展情况来看,特殊教育的发展主要受进步教育(Progressive Education)思想的影响。例如,法国听觉障碍教育的先驱,享有"聋人教育界鼻祖"之称的列斯贝,强调发展特殊教育不仅是文明社会不可推卸的社会责任,同时也是改造社会,促进社会进步的有效的手段。[①]

近百年来,为了维护特殊儿童接受教育的权益和有效地开展特殊教育,各国几乎都采用了教育立法的手段来实现进步教育的理念,促进特殊教育的发展。这些法规一般分为国际公约、国家立法和省(州)级立法三种层次。由于各国的政治体制不同,各国立法的名称、效用、权利范围以及特教法规的具体内容可能有一定的差异,有的国家有专门的特殊教育法,有的则用普通教育法或基础教育法的有关条款来表述开展特殊教育的有关规定。尽管各国特殊教育立法的具体内容和表述方式不尽相同,但基本精神却是相互参照,大致相同的。例如,分别对美国、英国、加拿大等国家特殊教育的发展产生了深远影响的美国 PL-94 法、英国 1981 年《教育法》(Education Act 1981)和加拿大的 BILL-80 法案的主要内容和基本精神是大致相同的,主要就下列四个方面的内容进行了法规性的限定:

(1)规定了特殊教育的对象和他们应享有的接受教育的权利。

(2)规定有关特殊儿童的筛选、评估、鉴定、个别教学计划的制订、学籍管理、医疗养护和劳动就业等教育过程。

(3)规定了各级政府、办学机构、儿童家长等在经费拨款、改善办学条件、保证适龄儿童上学等方面应当承担的义务与责任。

(4)从操作层面规定了如何贯彻和落实"最大限度地满足特殊儿童教育需要和发展他们的潜能",如何"最大限度地减少限制,将特殊教育融合于普通教育之中"等基本原则及具体做法。

毫无疑义,许多国家的特教立法在一定程度上反映了当代世界特殊教育发展的整体水平和共同认识,也大大地促进了许多国家的特殊教育向正常化、法制化的方向发展。但是,也应该看到,法律毕竟只是写在纸上和公布于众的若干条文,还有待于一定的执法机构去严

---

① Margaret A. Winze. The History of Special Education, From Isolation to Integration[M]. Washington, D.C: Gallaudet University Press, 1993: 50.

格执行才能真正地发挥法律效应。而各国的特教立法也和其他的许多立法一样,是否能得到严格执行还取决于许多其他的因素和内外条件。

直到今天,世界特殊教育的发展不仅经历了四个不同的阶段,而且在教育观念上也不断地改变:

一是从慈善型向权益型的转变。在许多国家和地区,最早从事特殊教育的多是一些富有同情心的社会人士和宗教人士,把收养和帮助残疾人看成是积善成德的义举。所以,很长时期,发展特殊教育都被看成是一项慈善型的事业。直到20世纪70年代之后,人们才认为发展特殊教育是一个负责任的政府与和谐社会所应该承担的责任。根据教育公平的原则,接受特殊教育是残疾人与特殊儿童应该享受的权益,社会应该维护这种权益。

二是从医疗型向教育型的转变。早期的特殊教育的对象是盲、聋、弱智等残疾儿童,因此,无论是教师还是儿童家长,在特殊儿童的鉴定、评估和教育安置的过程中考虑得更多的是特殊儿童的身体状况和生理条件。相比而言,对特殊儿童的社会性和心理状况考虑较少。随着特殊教育的深入发展,加强了对特殊儿童心理因素、心理潜力、心理健康状况的关注和社会适应能力、人际交往能力的培养和价值观的教育,使特殊教育从单纯的医疗型向医疗康复与教育训练相结合的方向转变。

三是从狭义型向广义型的转变。特殊教育成为近半个世纪以来发展得较快的一个教育领域。在一些特殊教育比较发达的国家和地区,特殊教育的对象既包括视觉障碍、听觉障碍和精神障碍等残疾儿童,也包括资赋优异的超常儿童,还包括各种有严重行为与情绪障碍的问题儿童。

四是从隔离型向融合型的转变。通过回归主流,特殊教育的安置逐步从分离转向融合,倡导特殊儿童应最少受到限制,尽可能安置在正常环境中接受教育和训练,鼓励特殊教育与普通儿童的相互结合、相互渗透、共同发展。

最近十多年来,我国特殊教育加快了发展步伐,在经济发展比较快的北京、上海、广州和一些沿海地区,已经开始采用广义的特殊教育的概念,特殊教育的对象不再局限于残疾人,而是包括天资优异的超常儿童和各类有行为和情绪障碍的问题儿童。尤其是在医教结合基础上发展起来的早期发现、早期干预、早期康复与教育,大大地提高了特殊教育的质量,促进了特殊职业教育和特殊高等教育的发展,融合教育理念的推广和深化。

此外,当代特殊教育的发展也是高科技和人文精神的结合,发展特殊教育固然需要充分利用现代科学技术的手段,如给盲人提供盲杖,给听力障碍者提供助听器和人工耳蜗,但也需要指导特殊教育实践的理论思想,而特殊教育的哲学思想则是这种理论思想的最高层次的概括。实际上,如果我们能更多一些从哲学的高度来考虑和处理特殊教育的问题,我们就有可能更多地在日常教育教学中避免经验主义、教条主义,学会在时代的风云变幻中更深刻地体验到特殊教育发展过程中的困惑与成功,更自觉地、勇敢地承担时代赋予的历史责任。

三、特殊教育对哲学的呼唤

在当代特殊教育发展的过程中,相对而言,更注重教育过程与方法方面的探讨,而忽视了哲学层面的反思和元理论的研究。[1]为了开展有关特殊教育问题的哲学研究,我参照桑新

---

[1] 盛永进. 关于特殊教育哲学化的思考[J]. 中国特殊教育,2005,8:62-65.

民对教育哲学研究对象的分析,把特殊教育哲学的研究对象界定为"特殊教育领域中思维与存在的关系问题"。我想,这一界定表明特殊教育哲学应探讨以下问题:

第一,特殊教育作为教育活动中的一部分,长期以来被人们忽视,但近几十年来得到空前的发展,这种现象绝非偶然,特殊教育哲学应该从存在和思维的关系上来说明:特殊教育为什么会得到空前的发展?这种发展的景象是昙花一现,还是根深蒂固?如何认识在否定之否定的发展历程中,特殊教育发展趋势的必然性和方向性?

第二,特殊教育的对象是一些有身心障碍、行为和情绪问题,或天资优异的超常儿童,这种教育对象的特殊性,势必伴有教育思想、教育方法和手段的特殊性。那么,教育对象的特殊性对教育环境是提出了更高的要求,还是像许多人理解的那样,在一味地降低对教育对象要求的同时,也降低对教育环境和教育者的要求?

第三,从古代哲学到现代哲学,重要的教育哲学思想是怎样认识特殊教育的本质和目的、任务和方法的?一些伟大的思想家、哲学家和教育家对特殊教育的问题有哪些直接或间接的论述,对现代特殊教育的发展能提供哪些启示和帮助?

第四,特殊教育领域中思维与存在的关系问题,当然包括思维与存在之间谁是第一性,谁是第二性,两者之间是否存在同一性的问题。如何围绕本体论、认识论、逻辑学和价值论,从哲学的高度,沿着历史文化的轨迹来探讨特殊教育领域的基本原理,并试图解决特殊教育实践中的一系列问题?例如,为什么特殊教育会脱离普通学校教育变为隔离型的学校教育,又从隔离型的教育转变为融合教育?这种转变是历史的必然,还是人为的误导?

第五,怎样看待各国对发展特殊教育内外价值的认同?怎样建立强有力的特殊教育的支持系统?怎样真正贯彻特殊教育的"医教结合"原则,在特殊儿童具体的诊断、干预、康复、教育过程中运用从量变到质变的内在规律?为什么说,特殊教育的发展,尤其是融合教育的发展将会促进普通教育的深层次的改革?这些所谓深层次的改革到底意味着什么?

第六,特殊教育是否仅仅是让特殊儿童工具性地、功利性地发展其某一特长?从思维与存在的关系的角度深入探讨教育问题,是否要重新审视现代教育,当然也包括特殊教育的教育观念、内容和方法?

第七,随着现代科学技术的发展,特殊教育的对象、内容和手段都自然会发展变化,如何从科学哲学的角度来认识和预测特殊教育发展的方向?如何根据特殊教育发展的需要来培养特殊教育的专业人才?

第八,将特殊教育领域中的存在与思维的关系作为特殊教育哲学的研究对象,研究的内容不可能与特殊教育的原理问题截然分开,但特殊教育的哲学研究并不在于系统地阐述这些教育原理的本身,而是从哲学的角度来审视现代特殊教育的本质、价值、方法论,特殊教育的学科基础和支持系统等基本理论问题。

第九,研究特殊教育领域中思维与存在的关系问题,是否应该围绕特殊人群的德育、智育、体育与美学教育、劳动与职业教育、各级融合教育(学前融合、基础教育融合与高等教育融合)等进行哲学反思?特殊儿童的教育中将如何体现共性与个性的对立与统一,物质生命与精神生命的对立与统一?在中国现存的教育体制下,像霍金这样严重的残疾人是否有可能成为世界顶尖的科学家?爱因斯坦、牛顿这样的超常儿童是否会被取消接受高等教育的机会?

正是从上述特殊教育哲学研究对象的界定出发,我们将开始围绕特殊教育的问题进行

黑格尔所说的"认识的认识","对思想的思想"。为了更好地继承和发展,将熟知变成真知。特殊教育对哲学发出了呼唤:

我们将从东西方哲学中搜寻特殊教育的思想,重温古代的先哲们对教育的认识,对残疾人和特殊人群教育的认识以及这些认识中透露出来的不可避免的时代的局限性。

我们将重新审视特殊教育的本质,发展特殊教育的目的、任务、方法论、学科基础和融合教育的思想。

我们将讨论特殊教育中的德育、智育、美育、体育、语言教育、职业教育的教育哲学问题。

我们将讨论如何实现多元文化背景下的特殊教育与普通教育的融合并促进普通教育的改革。

总之,我们希望能在对"爱智"的呼唤中反思和奋进,超越"自然境界"、"功利境界"而达到"天地境界"。

本章小结

哲学是对人类理性的反思,是对真理的追求。当我们迈进一个信息化、高科技和快餐文化的现代社会时,是否还能心平气和地进行哲学的深思?这是对一个民族思维方式的检验,更是对一个教育工作者的考验。所谓"哲学的弱化"和"教育哲学的贫困"都是人类发展过程中暂时的现象,哲学将永远戴上智慧的光环,与开明政治结成联盟,与现代科学并驾齐驱。教育哲学也将进一步发挥其理论的指导功能。

特殊教育是面向残疾人和其他有特殊教育需要人群的教育。近半个多世纪以来,由于社会生产力的提高,教育民主思想的渗透以及国际社会的关注,当代特殊教育开始从慈善型转向权益型、从医疗型转向教育型、从狭义型转向广义型、从隔离型转向融合型,在教育理念和方法上成为当今世界发展得最快的一个教育领域。那么,如何认识这种发展内在的必然性,更深入地揭示当代特殊教育的价值、目的、本质?如何针对不同类型特殊儿童的身心特点,对他们进行德育、智育、体育和美育?如何认识融合教育对普通教育提出的挑战?这些都需要我们从特殊教育的存在与思维关系的角度进行哲学的反思和追问。

思考与练习

1. 如何认识当代哲学的"弱化"和教育哲学的"赋闲"?
2. 哲学的智慧和一般的智力有何区别?
3. 怎样理解特殊教育的本质?
4. 如何理解当代特殊教育对哲学的呼唤?
5. 结合当代特殊教育发展的趋势,如何以爱智的、反思的、批判的、创新的哲学智慧来理解和协调人与世界的关系?

一个民族要想站在科学的各个高峰，就一刻也不能没有理论思维。①

弗里德里希·恩格斯

第 2 章　东西方特殊教育思想的起源与比较

- 比较古代东西方教育思想的异同。
- 认识"科学主义"特教观的起源。
- 认识"人道主义"和"博爱主义"特教观的起源。
- 了解中国古代诸子百家有关特殊教育的思想以及对我国特殊教育发展的影响。

中华民族是一个历史悠久、人才辈出、充满哲理和智慧的民族。早在 3000 多年前的西周时期，就出现了"学在官府"的国家教育，重教兴邦的教育思想和学术传统几千年来薪火相传，熠熠生辉。春秋战国时期诸子百家开创的先秦哲学更是为中国古代哲学与教育思想奠定了坚实的基础。但是，以伦理学为底色的中国古代哲学是否能和以理性思维为基础的希腊古典哲学相提并论呢？有学者考证，在中国的传统学术形态中，本无哲学这一词，只是日本近代哲学家西周先生首先使用汉字中的"哲"与"学"两字指称西方的"philosophy"一词，中国学者黄遵宪又将该词从日本介绍到中国，此后才成为中国学术界公认的概念。从此，哲学作为一门独立的学科得到不断的发展。② 毫无疑义，东西方两种哲学的起源和思维方法是大不相同的。一般来讲，西方哲学重视理性的分析和逻辑的推导，而东方哲学更关注人生问题，更倾向一种结合现实的类比、归纳和精神境界的升华。然而，如果说哲学本身都是有关宇宙、人生、教育、思维方法等问题的深层思考，我想古代东西方之间应该有一些殊途同归和异曲同工之处。本章就东西方特殊教育思想的起源作一些简单的尝试性的比较。

第 1 节　古代东西方教育思想的比较

中国古代最伟大的思想家、哲学家、教育家孔子（公元前 551—前 479）和古希腊最伟大的思想家、哲学家、教育家柏拉图（公元前 427 年—前 347 年），这两位东西方思想史、哲学史和教育史上的巨星，尽管出生前后相差一个多世纪，各自生活在地球的两面，从未有任何思想的交流，但他们的哲学思想、政治态度、教育观点的确有许多惊人的相似之处。首先，从所处的时代来看，他们都是生活在奴隶社会向封建社会的转型时期，作为贵族世家的后裔，两

---

① 恩格斯.自然辩证法[M].北京：人民出版社，1956：47.
② 张汝伦.现代西方哲学十五讲[M].北京：北京大学出版社，2003：3.

者的政治态度都比较保守,更倾向于复古或者说是假借复古来阐述自己的思想。其次,他们无论是政治理想和教育思想都可以归结为一种复古型的理想主义,他们到处奔波,游说四方,但最终也没有找到合适的机会来实现各自的政治主张。三是两人政治上的失意,都造就了从事教育事业的辉煌。他们都在各自的领土上,分别开天辟地地创建了"学园"和"私塾",通过讲学和教书育人来培养人才,传承思想。四是他们的讲演都由学生记录成书并流传至今,如孔子的《论语》和柏拉图的《对话集》都成为千古杰作,对后世产生了深远的影响。

但是,由于他们的思维方法不同,文化的底色不一样,他们对残疾人和弱势群体的态度,对特殊人群的教育问题看法和态度有一些不同。下面就从教育理想与培育目标、认识论、神鬼论、知行观等方面对东西方古代教育哲学思想作一简单的比较。

一、教育理想与培育目标

当我们将东方儒家思想的创始人孔子的"大道之行"和柏拉图的"理想国"、柏拉图的"心灵转向"与荀子的"化性起伪"以及亚里士多德等古希腊哲学家和古代中国诸子百家中的其他学派的教育哲学思想进行比较时,就会很容易发现他们之间理想主义的一厢情愿和对教育功能的认同。

(一) 柏拉图的"理想国"与孔子的"大道之行"

如同大多数古希腊哲学家一样,苏格拉底集哲学家、思想家和教育家三者于一身。有学者认为,苏格拉底促使了哲学的第一次转变,即从古希腊的自然哲学和形而上学转向了人类的美德、智慧和灵魂之善,从而开创了古典人文主义的先河[1],那么,作为记录了苏格拉底对话的学生,伟大的古希腊哲学家柏拉图也正是以此为起点,成为"西方古代教育哲学的创始人"[2]。

从教育的角度来看,柏拉图的《理想国》率先提出一个比较完整的创造理想世界的教育蓝图。首先,柏拉图从国家和政治的高度,明确地指出教育的功能和任务。他认为,由国家兴办教育是培养人才、改造国民和创建理想国的必由之路。他强调,只有经过良好训练的德才兼备、具有哲学思维能力和身心健康的"哲学王"才能作为最高的统治者,把国家导向进步与和平;只有训练有素的体魄健壮的武士才能辅助"哲学王"实现长治久安;只有大量的接受过基本教育的国民(工、农、商)才能保障国家的物质供给和维持国泰民安。其次,他断言,只有通过哲学思维,尤其是辩证思维这类深度思维训练的方法才能培养有独立思考能力的人才;才能真正领悟和欣赏人类的精神之花——真、善、美;才能在全面认识和深刻分析的基础上,做出公正的、合理的判断;才能始终不渝地坚持某种信念和原则,面对任何困难,战胜任何邪恶与威胁。

在教育哲学方面,柏拉图的学生亚里士多德也和他一样,站在国家的立场上,认为教育的目的是为了培养品德高尚的人。他一方面也主张"儿童应该学习一些必需和实用的事物",但又认为人才的培养不能单纯地采用实用主义的方法,用他的话来讲,人的教育"既不

---

[1] 金生鈜.理解与教育[M].北京:教育科学出版社,1997:3.
[2] Ozmon, H. A. & Crawer, S. M..教育的哲学基础[M].第七版.石中英,邓敏纳,等译.北京:中国轻工业出版社,2006:13.

立足于使用，也不立足于必需，而是要有自由和高尚的情操"。他在《政治学和伦理学》中，曾多次强调"对教育的关心应是全城邦共同的责任，而不是私人的事情"，主张用立法的形式来保证城邦对下一代的养育和教育。

早于柏拉图一个世纪的中国古代思想家、教育家，儒家学说的创始人孔子提出了"教化治民"的教育理想和"仁人志士"的教育培养目标以及系统的教育与学习方法，至今仍值得我们学习和借鉴。

从教育哲学的角度来看，儒家主张教化治民"导之以德，齐之以礼"，"饱食暖衣，逸居而无教，则近禽兽"，(《孟子·腾文公上》)，特别强调礼仪教化在维持社会长治久安中所发挥的重要作用。

孔子的政治思想和教育思想的核心概念是"仁"，教育的培养目标是培养"仁人志士"，教育的内容和方法是围绕培养仁人志士来设计的"六艺"，即礼、乐、射、御、书、数。什么是仁人志士？按照现代的语言来讲，就是具有"仁、义、礼、智、信"等高尚品行，有责任感、同情心和人格魅力，能以天下为己任的社会精英——君子。在条件允许的情况下，这种社会精英可以安邦定国，治理天下；在条件不具备的情况下，可以独善其身，修身养性。但不管怎样，君子都应该心怀天下，严以律己，以伸张正义，拯救天下受苦受难的黎民百姓为己任。孔子尊崇尧、舜、禹、周公这类政治家，赞扬"使民以时"的"仁政"。

在这种政治和教育思想的指导下，儒家十分强调培养"以天下为己任"的社会责任感。儒家认为，人在世间生存应该有明确的生活目的，不是为了自己，至少不是只为自己，而是为了"天下为公"推行"大道之行"。因此，儒家提倡"君明臣忠"、"父慈子孝"、"夫唱妇和"、"尊师爱生"这样一种相辅相成的"君君、臣臣、父父、子子"的关系，要求每一个人都得担负一定的应该承担的社会责任。具体来讲，做君王的应该负君王的责任，如贤明、公正、爱民如子等等；做臣子的应该负臣子的责任，如忠诚君王、勤勉、廉洁；做父母的应该负起做父母的责任，如爱护、养育和教育儿女；做儿女的应该负做儿女的责任，如孝顺、赡养父母等；做老师应该负老师的责任，如爱护学生、教学相长、诲人不倦等；做学生的应该承担学生的责任，如刻苦学习、尊敬师长、团结同学等。士、农、工、商等任何人都应该恪守自己的职业道德、承担岗位责任和尽一个社会公民应尽的责任和义务。而且，儒家学说也认为，责任、义务、权力、待遇本身都应该是相互配合、内在统一的。因为考虑到人的能力有大小，相比而言，社会地位高的人，能力强的人就应该多承担一些社会责任，多付出一些，当然，这些对社会发展和公益事业做出贡献的人，应该得到社会更多的尊重和爱戴。国家遇到天灾人祸时，每个人都应根据自己能力的大小，尽到一定的社会责任和义务，这就是所谓"国难当头，匹夫有责"。儒家学说中这种心系天下的公民意识和"以天下为己任"的社会责任感，的确为中国几千年来社会的发展培养了大批的民族精英，国家的栋梁之材。

儒家学说倡导"大道之行也，天下为公，选贤与能，讲信修睦。故人不独亲其亲，不独子其子，使老有所终，壮有所用，幼有所长，鳏寡孤独废疾者皆有所养；男有分，女有归。货恶其弃于地也，不必藏于己。力恶其不出于身也，不必为己。是故谋闭而不兴，盗窃乱贼而不作，故外户而不闭，是谓大同"(《礼记·礼运》)。在大同思想中，儒家描绘出一个天下为公，人尽其才，和睦相处的理想社会，也谈到了对孤寡老人和残疾人的抚养和照顾，认为这是一个良好社会应该承担的责任。尽管这种大同社会从来没有在中国的历史上真正实现过，但它毕竟表明了一种儒家的理想,成为几千年来仁人志士的奋斗目标。

(二)柏拉图的"心灵转向"与荀子的"化性起伪"

柏拉图运用归纳的方法,从具体的道德行为中,探求智慧、勇敢、忠诚、正义和美的品质,作为培养人的标准。在道德伦理方面,柏拉图把社会等级、阶级划分和灵魂的德性联系起来。在他的理想国中,认为只有体现理性和德性的哲学王才能担任国家的最高统治者,体现激情的勇敢者为治理国家的辅助者,而应该遵行欲望节制的人是第三等的被统治阶级。正义的理想国就是靠这三种人的各行其是来实现的。所以,柏拉图在理念论的基础上明确地指出教育的功能"教育非它,乃是心灵的转向"(《国家篇》)。这一看来极为简单的只言片语似乎在明确地告诉我们:

(1)教育的本质就是一种以改变人的心灵为己任的专业性社会活动。

(2)人的灵魂并不具备先验的知识,而只是具有接受知识和创造知识的可能,如何把这种可能性变成必然性,需要教育来完成"心灵的转向"。

(3)人类开展专门的教育活动,一方面是为了适应和改造生存环境的需要,另一方面,也是对自我意识的欣赏和发挥,如果这一群体不能为自己拥有绝对高于其他物种的良知、潜能、善良和意志而感到自豪和骄傲,教育基本上是多余的或者是无效的。

那么,为什么要通过教育来促使"心灵的转向"和怎样进行"心灵的转向"呢?柏拉图则没有提供更进一步的说明。

但是,晚于柏拉图一个世纪出生的中国古代儒家学说的继承人荀子(公元前313—前218)在教育功能方面却提出了"化性起伪"的观点。与柏拉图的"心灵转化"观比较,至少有三点不同:

(1)荀子的"化性起伪"观是以"性恶论"为基础的。在他看来,人的本性是"恶"的,必须靠后天的"伪",即教养、教化来把恶的本性转变成善的品质。

(2)在"性恶论"的基础上,荀子从内外教育环境的创设和主客观的角度提出了一整套的"化性起伪"的步骤和方法。一是创设"所闻者尧舜汤禹之道""所见者忠信敬仰之行"的育人环境;二是"求贤师而事之,择良友而有之",依靠德高望重的君子的指导和榜样的作用来进行"化性起伪",即所谓"凡所贵尧舜、君子者,能化性,能起伪,伪起而生礼仪"(《荀子·性恶》)。三是受教育者本身坚持不懈地努力,荀子认为"化性起伪"也是一个不断努力和积累的过程,除了外界的教导和帮助之外,更需要自己长期的努力和修养。他明确指出:"专心一志,思索熟察,加日悬久,积善而不息,则通于神明,参于天地矣。故圣人者,人之所积而致也"(《荀子·性恶》)。

(3)尽管荀子没有直接谈到残疾人和特殊人群的教育问题,但他一整套的"化性起伪"的想法和做法,无论是对普通人还是对特殊人群的教育都是有启发的。

(三)理想主义教育观的一厢情愿

通过比较我们不难看到,无论是柏拉图的"理想国"还是孔子的"大道之行",都希望能在生产力极其低下和阶级矛盾非常尖锐的情况下,保持一种"凝固型"的低生活水平和高道德的和谐,这只能是理想主义教育观的一厢情愿。连孔子自己也明白,这些理性主义观点是很难推行的,"道之不行也,我知之矣,知者过之,愚者不及也;道之不明也,我知之矣,贤者过之,不肖者不及也。人莫不饮食,鲜能知味也"(《中庸》)。(意思是,道不能行之有效,其原因我是知道的,在于聪明的人过了头,愚蠢的人达不到;道不能彰明,其原因我是知道的,在于贤德的人过了头,不肖者达不到。人没有不吃饭的,但却很少有人能品出滋味)。孔子凭借"明知不可为而为之"的执著宣传自己的思想,培养社会人才,也就难免发出"曲高和寡"的感叹。

儒家思想是一种"精神强者"的哲学,实际上,这种"礼让三谦"和"温良恭俭让"的绅士作风本身并没有任何抗击恶势力的能力。所以,当中华民族受尽外辱,民不聊生的时候,"五四"运动的先驱们曾满怀悲愤地提出"打倒孔家店"的口号。但是,从中国古代思想形成和发展的角度来看,儒家思想铸造了一个民族"严以律己,宽以待人"的风格,"己所不欲,勿施于人"的诚恳与忠厚,以及"先天下之忧而忧"的博大胸怀。随着近十多年来中国综合国力的增长,世界对中国文化的了解越来越多,世界各国都纷纷创办"孔子学院",可见其学说的影响之大。当人类有能力把高科技与远古的人文精神相结合时,人们再一次向几千年前的先哲发出时代的呼唤。

(1) 儒家强调个人修养,提倡仁爱和真诚待人,对仁人志士提出了许多很高的要求。当然,也使得为数有限的高层次的社会精英终生都必须超负荷地学习和劳作,在理想和现实的冲突中奋力拼搏,有时也使他们感到心力交瘁和壮志难酬。在儒家思想的影响下,的确也有许多真正的仁人志士,要么以身殉职,要么英年早逝,要么遭人栽赃陷害,在复杂的阶级斗争中,缺乏应有的"自我保护"能力。

(2) 在"学成龙虎艺,货与帝王家"和"学而优则仕"的封建社会,儒家的思想成为封建社会的经典教材,科举应试的内容因逐渐变得教条与僵化而多次受到批评和指责。大批熟读四书五经的学子,一旦应试榜上无名,又不具备任何务农做工的生产能力,就可能成为"孔乙己"这样的将善良和迂腐融于一身的可怜人。这些儒家思想和科举制度的牺牲者,成为作茧自缚,毫无自卫和生存能力的"百无一用"的书生。迄今为止,蔓延不止的片面追求升学率,也不能说与几千年来儒家思想的庸俗化毫无关系。

(3) 儒家鲜明的等级制度,精神贵族的孤芳自赏,对道德小人的轻蔑,对体力劳动的轻视,也使得一些德行、智力、能力和社会地位偏低的人,感到对上层社会望尘莫及、高不可攀,自然而然地产生酸葡萄的心理效应和抵触情绪。所以,在社会的下层,儒家的思想没有多大的影响,历来儒家思想都会受到来自于刘邦这类蔑视道德规范的统治者的讥讽和嘲笑。

(4) 儒家提倡"礼仪兴邦"、"为政以德"、"广施恩惠",这使得中国的封建帝王,尤其是在历史上颇有建树的帝王将相多采取两面派的方式来利用儒家学说。他们按照自身阶级的需要宣扬儒家仁爱思想,调和阶级矛盾。在儒家思想的掩盖下,真正执行的是专制型的"法家路线",实行残酷的灭绝人性的封建专制统治。这样,自然也就使人迁怒于儒家学说的伪善和软弱,认为这种学说本身是双重人格者的护身符和弱者的精神枷锁,甚至于还有为虎作伥之嫌。正如鲁迅先生在《狂人日记》中所揭露的,在仁义礼智的字里行间都可以看到"吃人"两个大字。

(5) 儒家主张仁政,强调君子的知行统一,以身作则,认为修身、齐家、治国是不可分割的三位一体。此外,还坚持独立人格,认为"君子不器",人不能像器皿工具那样任凭他人摆布;反对结党营私,即所谓"君子周而不比,小人比而不周"(意思是君子讲团结而不是勾结,小人采用勾结的方法而不讲团结),断言"巧言令色,鲜以仁!"(《论语·学而》),赞赏"贫而乐,富而好礼",使得一些赤裸裸的暴君和肆无忌惮的流氓政治家觉得儒家的礼仪廉耻是一种实现暴政的障碍和天敌。例如,中国历史上秦始皇的焚书坑儒清楚地表明了他们对儒家思想的态度。

正因为这样,儒家在中国的发展史上同样是命运多舛的,几千年来,曾发生多次的"尊孔"和"反孔"运动。在上个世纪初的"五四"运动时期,许多立志中国改革的仁人志士提出打倒"孔家店"的口号,希望中国人民能摆脱精神枷锁,真正地走向独立、民主和自由。上个世纪的中叶的"文化大革命"又从另一角度上演了一场"批林、批孔、批周公"的闹剧。我想,中国的儒家思想,也和世界上任何一种理想主义和美好的思想和学说一样,有待于在人类完成物质生产和人种的繁衍生产的基础上,得到更高一级的复兴与升华。

相比之下,古希腊柏拉图和亚里士多德的教育哲学既强调培养理性的良知,也主张借助立法来惩罚恶的行为,从思想上来看,更接近中国古代儒家后期的思想家荀子的"儒法结合"的思想。

二、西方的先验论与东方的"天人感应"

马克思曾经明确地指出:"凡是断定精神对自然界说来是本原的,从而归根到底以某种方式承认创世说的人………组成唯心主义阵营。凡是认为自然界是本原的,则属于唯物主义的各种学派。"①从哲学思想来看,希腊哲学的先验论和中国古代的"天人感应"学说都属于唯心主义阵营,但两者之间还是有许多不同之处的。

(一)西方的先验论

唯实论(realism)也是西方古老的哲学思想。有的哲学家将柏拉图的理念论看成极端的唯实论,而把他的学生亚里士多德建立在形式质料说基础上的,更倾向自然和理性的唯实论被称为温和的唯实论。柏拉图强调只有通过理念才能理解真、善、美的概念,而亚里士多德则强调研究物质世界能达到理念世界。在亚里士多德看来,自然界的每一种物体都是形式与质料的统一,他一方面继承了客观唯心主义的立场,认定理念或形式是可以脱离质料而存在,但质料却不能脱离形式而存在。与此同时,在讨论一般与个别的关系时,又认定可感觉的事物是第一性的本体,而一般(种、属)是第二性的本体。人们只有通过可感觉到的个别的特殊的事物才能认识到一般的普遍的特征。因此,后来的哲学家,就从宗教唯实论和世俗唯实论两个不同的方向来解释和发展亚里士多德温和的唯实论。

理念论(theory of idea)是柏拉图的客观唯心主义理论体系。这一理论是把世界分成可知的"理念世界"和可见的"现实世界",认为理念是同名可感事物的本体、本原,它先于和离开可感事物而独立存在。柏拉图认定理念世界是超越世界的真正存在,是理性认识的对象,不生不灭,绝对永恒。不仅如此,柏拉图还把理念从高到低排列为一个五类等级体系:第一类是道德伦理价值和审美观念,如正义、善良等;第二类是最普遍同时也是最重要的有关分类、共相、范畴等的逻辑性领悟,如大小、部分与整体等;第三类是数学的理念,如多少、圆、三角形、绝对值等;第四类是自然物,如山、石、水、土等;第五类是人造物,如房屋、衣物等。在理念论者看来,知识是天赋的,认知是对先天知识的回忆。西方哲学史表明,无论是早期的

---

① 马克思恩格斯全集[M].北京:人民出版社,1965(21):316.

基督教神学,中世纪的实在论,还是康德的、黑格尔的绝对唯心主义,直到胡塞尔的现象学以及存在主义哲学都不同程度上受到理念论的影响。唯心主义的代表人物,罗马天主教的奠基人奥古斯丁(Augustine,354—430)从宗教信仰的角度很自然地接受了理念论,把柏拉图认为的理念世界看成是上帝主管的圣世,而把实在世界看成是由人主管的俗世。他认为只有通过深思和信仰上帝才有可能超凡脱俗。

在辩证唯物主义的认识论看来,唯实论、理念论都属于唯心主义的先验论(transcendentalism),其根本错误在于,把从现实世界感知到并概括出来的共性、本质、规律夸大为先于可感知事物而独立存在的"单个的存在物"。正如恩格斯所指出的:"先验主义的方法""它不是从现实本身推论出现实,而是从观念推论出现实。"①

(二) 古代中国的"天人感应"

中国古代的唯心主义学说主要体现在"天人感应"学说上。天人关系的理论起源于对"天"这一概念的不同理解。按照《说文》的解释,天的原意就是指头顶,故有"顶天立地"之成语。那么,头顶的天又是什么呢?由此可以引申出许多不同的理解。早在殷周时期,天是指主宰人间的最高意志。如《诗经·玄鸟》中就有"天命玄鸟,降而生商"这样的描述。于是,从人格神的角度,衍生出如"天命"、"天道"、"天志"、"天德"、"天府"、"天赋"等一连串与"天"有关的哲学用语。其中,天命和天道成为阐述天人关系中使用频率最高的概念。

孔子本人对天有两种并行的理解:一是把"天"看成是主宰人世万事万物的人格神,另一种是把"天意"看成自然和事物变化的内在规律。当他强调"生死有命,富贵在天"(《论语·颜渊》)时,他表达的是神学的天命观;当他感叹"天何言哉?四时生焉,百物生焉,天何言哉?"(《论语·阳货》)时,他又把"天意"看成大自然和大自然不断变化的内在规律。孔子认为人是应该有所畏惧的,提倡"君子有三畏:畏天命、畏大人、畏圣人"。由此可见,以孔子为代表的儒家思想所倡导的是二元天命观。

孟子的兴衰观偏重于天命观并将两者结合起来,构成颇具中国特色的"天人感应观"并成为后来阐述天人关系的代表性观点。例如,《中庸》指出"国家将兴,心有祯祥,国家将亡,必有妖孽"。汉代的大儒董仲舒更是把儒家学说向宗教化的方向大大地推进了一步,他认为人与天之间可以相互感应,即所谓"人之为人本于天,天亦人间曾祖父也"(《春秋繁露·为人者天》)。他以这种天人感应学说来警告统治者"为政而宜于民者,固当受禄于天","国家将有失道之败,而天乃先出灾害以谴告之;不知自省,又出怪异以警惧之,尚不知变,而伤败乃至"(《汉书·董仲舒传·举贤良对策》)。在此基础上,他进一步提出"道之大原出于天,天不变,道亦不变"的政治主张,认为天是创造万物的主宰,道则是三纲五常的封建准则。

在宋明理学中,对"天"的理解明显地向主观唯心主义的方向转变,认为天只是人心性的根基,道德的依据。例如,北宋的哲学家程颐提出"天者理也","知心便是天,尽知便知性,知性便知天"(《遗书》卷二上)。在程颐看来,天、理、性、心是一脉相承的。明朝的王守仁也说"心即天,言心则天地万物皆举之矣"(《答季明德》),他认为心和天一样无所不包,"心即道,道即心,知心则知道、知天"(《传习录》上)。

荀况则拓展了儒家学说中的自然天道观,把人间感受到的天灾看成是自然界本身的变

---

① 马克思恩格斯选集[M]. 北京:人民出版社,1972:(3) 135.

化,认为"天行有常,不为尧存,不为桀亡"(《荀子·天论》)。他说:"星坠,木鸣,国人皆恐。曰:是何也?曰:无何也,是天地之变,阴阳之化,物之罕至者也。怪之,可也;而畏之,非也。"(《荀子·天论》)不仅如此,荀况特别强调人的主观能动性,提出了人定胜天的想法:"强本而节用,则天不能贫;养备而动时,则天不能病;修道而不贰,则天不能祸"。东汉时期的大哲学家王充反对天人感应观,将自然天道观向无神论的方向推进,明确地指出:"天道无为"(《论衡·物势》),"夫天者,体也,与地同"(《论衡·祀义》),即认为天和地一样,都是物质的存在。明清时代的王夫之曾精辟地论述了天道与人道的关联和区别,他说:"人之道,天之道也;天之道,人不可以之为道者也"(《续春秋左氏传博议》卷下)。用现代的语言来说,人有人的活动规律,自然有自然的活动规律,人可以遵循自然活动的规律,但不能用自然活动的规律来代替人的活动规律。

道家学说的创始人老子最早提出天道自然无为的思想。道家认为"天"是自然的,无意志性的天空,否认人格化的天的存在,明确地指出:"天地不仁"(《老子·五章》),"人法地,地法天,天法道,道法自然"(《老子·二十五章》)。庄子强调的是天道运行不止,即所谓"天道运而无所积,故万物程"(《庄子·天道》)。

从儒家和道家的学说来看,中国古代哲学对"天"有三种不同含义的理解。一是认为"天"就是指每人头上由虚气构成的天空,按一些自然规律进行变化;二是认为"天"是主宰万物的人格神,故天帝同形,相信苍天有眼,洞察一切,无所不知,无所不能;三是认为天、理、性、心一脉相承,天就是指"义理之天",不言而喻的"天经地义",暗指一种不以人的意志为转移的内在活动规律。

三、西方的神学和东方的神鬼论

（一）西方的神学

神学和宗教,作为超验沉思的体系,与哲学的确结下不解之缘。在哲学产生之前的古希腊,希腊宗教作为无所不包的意识形态影响哲学,理性主义从来就是古希腊精神的一部分而不是全部。[1] 正如马克思曾经指出的:"哲学最初在意识的宗教形式中形成,从而一方面它消灭宗教本身,另一方面从它的积极内容来说,它自己还只在这个理想化的、化为思想的宗教领域内活动。"[2] 从心理学的角度来看,古希腊哲学本身可能就是理性哲学与宗教哲学的结合,"与古希腊的哲学相比,教父哲学(patristic philosophy)的特点是以神学代替哲学,以灵性代替理性,以内省代替观察,以描述代替分析,以信仰代替理智,以宗教代替科学观"[3]。

哲学家对待神学和宗教的态度大致可以分成三种:第一种是坚定的有神论者。他们极力推崇神的智慧与力量而贬低人的智慧与力量,认为哲学只能成为神学的婢女。第二种是坚定的无神论者,认为神学是一种非理性的绝对信仰,是建立无知基础之上的愚昧和盲从,人的智慧完全有能力认识真理,引导自身不断地从必然王国走向自由王国。第三种人则介乎两者之间,总想从二元论的角度,来调和哲学与神学的关系。他们多半会回避神的存在与

---

[1] 王晓明.宗教学基础十五讲[M].北京:北京大学出版社,2006:64-65.
[2] 马克思恩格斯全集[M].北京:人民出版社,1972:26.
[3] 车文博.西方心理学史[M].杭州:浙江教育出版社,1998:48.

否这类尖锐的问题,但也不甘心让哲学成为神学的婢女,只希望神学能成为哲学中的一部分或者是理性和神启两者并行,相安无事。第三种人中,还有人会通过造神手法将某种哲学思想绝对化而使其发挥出神学的功能。相比而言,我觉得坚定的无神论者为数有限,似乎是持第三种态度的哲学家和思想家占多数。因为,一切唯心主义的哲学家、二元论的哲学家和一部分机械唯物主义的哲学家大概都很难完全摆脱神学和宗教的影响。

当有人问到柏拉图对神的态度时,他曾机智地反问:"如果被要求去证明诸神的存在,谁还能做到心如止水?"休谟在《人类理解论》的结论部分曾这样写道:"神性或神学,因其证明上帝的存在和灵魂的不死性,它在理性中有其根基,只要它被经验所支持。但是,其最佳和最坚固的根基是信仰和神启。"康德将形而上学分为三部分——神学、宇宙论和心理学,与之相对的探求对象是"上帝、自由和不死性"。笛卡儿也明确地阐述了自己对神学的怀疑:"我总是想到,有关上帝和灵魂的两个问题,是那些应该被哲学论证而不是被神学论证来证明的问题中的首要问题。因为,对我们有信仰的人来说,要接受灵魂并不随肉体的朽坏而消亡和上帝存在这样的事实,靠信仰是相当足够的,但是,要说服那些没有此等宗教信仰的人来说,虽然不是总是可能的……除非我们一开始就靠着自然理性来证明这两个事实。"上述这些哲学家大致上都可以列入第三种人的行列。

像托马斯·阿奎那和谢林这样的哲学家可能就是坚定的有神论者。阿奎那的《神学大全》开宗明义强调了神学的不可取代性:"除了有理性建立的哲学科学之外,还应有一门经由启示习得的神圣学。"他认为知识分为两种:一种是神学,这类靠神的启示来获得的超自然的知识能保证永远正确;另一种是靠推理获得的哲学和其他科学等自然的知识,难免会错误百出。他还强调,两种知识获得的方法不同,但都来源于同一个上帝,哲学只是神学的婢女。托马斯·阿奎那之后,温和的唯实论者还是坚持上帝存在的宇宙论和目的论,反对本体论,主张信仰高于理性。德国哲学家谢林也认为信仰高于理性,宗教高于科学,应该以"新的神话"来代替科学的世界观。他提倡的"天启哲学"认为,神的发展过程启示于自然宗教、超自然宗教和哲学宗教三个不同的阶段,其中只有哲学宗教才能实现信仰和知识的相互补充,达到最完善的形式和最高的目标。正如恩格斯指出的,谢林的天启哲学是宗教的神秘主义。

最早的唯物主义哲学家如赫拉克利特、德谟克利特、伊壁鸠鲁、鲁克莱修等,都是比较坚定的无神论者。他们否认超自然的神和天意的存在。德国的费尔巴哈就曾明确指出,神是人的本质的异化,上帝是人们幻想的产物。无神论曾经成为法国资产阶级大革命的思想武器,他们对"天神"和"地神"同时进行揭露和批判,前者是指对宗教神学的批判,后者是对封建暴君的揭露和鞭挞。

随着现代科学的发展,科学家们对宗教的态度仍然是多元的。有的仍持调和的态度,例如,著名的物理学家爱因斯坦在一本题为《宇宙宗教》的小册子中,对科学和宗教的关系表示出温和的态度,他还说过:"科学没有宗教是跛的,宗教没有科学是盲的。"但也有许多科学家对宗教的存在和功能都提出异议。著名的精神分析学派的创始人弗洛伊德在他的《心理分析新导论》中,一方面承认宗教是一股施加在人类情感之上的巨大的力量,另一方面又明确地指出,因为宗教为人类提供了比科学"更为美好,更为使人慰籍,使人崇高"的信仰,因此,哲学和宗教相比,"只有宗教是真正严重的敌人"。尽管他认为哲学并不同于神学,不是建立在信仰的基础之上,但从实证科学的角度看来,哲学也是一种虚幻的科学,成天"沉迷在能建立一种关于宇宙整体知识图景的幻觉之中",同样也应该被排除在人类科学知识的大门之外。

马克思主义对宗教的起源、本质和消亡的途径都做出了科学的解释和说明,明确地指出任何宗教和有神论都是自然压迫和社会压迫的产物,"只有当实际日常生活关系,在人们面前表现为人与人之间,人与自然之间极为明白和合理关系的时候,现实世界的宗教才会消失"①。随着科学技术的发展,20世纪西方的一些近现代的哲学派别,也从不同的角度对神学与宗教提出了批判。例如,逻辑实证主义明确否认神的存在,认为上帝是一个没有意义的不可知的概念;存在主义者萨特宣称,存在主义本身就是"从彻底的无神论的立场得出一切结论的尝试"。

（二）东方的神鬼论

与西方的传统相比,东方的大多数学者对神学和宗教更持否定和暧昧的态度。孔子对鬼神的问题多半是避而不谈,所谓"敬鬼神",其主要的用意是"敬而远之",采取"惹不起,躲得远"的态度。荀子认定"天地合而万物生,阴阳接而变化起"（《礼论》）,他认为是这种自然运动的规律主宰一切,是不信鬼神的。范缜著《神灭论》,旗帜鲜明地否认神灵的存在。中国清末的大哲学家章太炎则可谓是典型的无神论者,他撰文《无神论》并公开发表于《民报》。他对神的态度非常明朗,主张"不可执之为友,不妨拨之为无"。他尖锐地指出了神学与宗教的虚妄和有害,提倡"欲使众生平等,不得不先破神教"。

如前所述,中国古代的思想家,尤其是儒家学派,大部分都不太相信鬼神,很少有那种彻底的坚定的有神论者和非常虔诚的宗教信徒,但是,又有一部分人想借助于神鬼的玄妙变化来加强对百姓进行教化和统治。孔子本人对神鬼的存在与否是表示怀疑的,但是他还是主张"敬鬼神而远之"（《论语·庸也》）,"祭如在,祭神如神在"（《论语·八佾》）,并且制定了非常复杂和繁琐的仪式来祭奠这些鬼神。荀子把神理解为自然神,他说"列星随旋,日月递照,四时代御,阴阳大化,风雨博施,万物各得其和以生,各得其养以成,不见其事,而见其功,夫是谓之神"（《荀子·天论》）。唐朝的大文学家柳宗元自己不信鬼神,但也还是认可祭祀、卜卦能起到威慑和教化人民的作用,明确指出:"夫祀,先王所以佐教也,未必神之"（《非国语·祀》）。

相比之下,代表小生产者思想的墨子,对人神关系的看法更为直接和坦率,他一方面批评儒家的天人感应学说,认为从历史上改朝换代的史实来看,相信天命是没有根据的,"上观于古圣王之事,古者桀之所乱,汤受而治之;纣之所乱,武王受而治之。此世未易,民未渝,在于桀纣,则天下乱;在于汤武,则天下治,岂可谓有命哉"（《墨子·非命上》）。但是,另一方面,墨家在抛弃儒家"命定论"的同时,又提出了"尊天论"和"信鬼神"的宗教思想,并建议统治者应该因势利导地充分利用人民的对鬼神的恐惧和敬仰,将其作为治国安邦的精神武器。他说:"今若使天下之人偕若信鬼神之能赏贤而罚暴也,则夫将复天下岂乱哉?"（《墨子·明鬼》）后世的许多星相学家,也都继承了这一传统。一直到清代,当时所谓"通经致用"的思想家魏源,这位龚自珍的好友也还是认为,"鬼神之说有益于人心,阴辅王教者甚大;王法显诛所不及者,惟阴教足以摄之"（《古微堂集》内集卷一）。思想家是这样认为的,民间也是这

---

① 马克思恩格斯全集[M].北京:人民出版社,1965:96-97.

样想的,所以,中国民间传说中最为公正清廉的包拯就能凭借额上月牙镜洞察一切,兼审阴阳两界的冤案。由此可见,教化和愚民是中国封建社会从不肯舍弃的一手硬和一手软。自然,中世纪时期,西方社会的政教合一的统治更是这样。在这一点上,似乎最能体现东西方思想的一致性。

此外,中国古代思想家还通过"神明说"和"神心说"来缔造人神。最集中的表现是把皇帝说成是"真龙天子",要求百姓做到"民奉其君,爱之如父母,仰之如日月,敬之如神明,畏之如雷霆"(《左传·襄公十四年》)。北宋的司马光认为:"天者不为而自成,人者为之而后成,而同其际,使之无间隙,皆圣人神心之所为也。"(《法言注·问心》)也就是说,只有天子、圣人才具有仰求天神,俯究地灵的全知能力,了解自然界和社会的变动,沟通天人之间的互应关系。世界上只有这些先知先觉的圣人、伟人才有可能"造命",而一般的民众就只能俯首贴耳地"听命"。这种"圣人造命"和"草民听命"的人神观,曾经成为几千年中国封建社会实行愚民统治的精神支柱,自然也对中国古代的教育产生极其深远的影响。

四、康德的知性与中国的"知行观"

正如美国的教育哲学家霍华德·奥兹门(Howard A. Ozmon)等人在《教育的哲学基础》一书中所指出的:"不管后来的哲学家是赞成还是反对他的观点,柏拉图几乎影响了所有追随他的人。"[①]作为德国古典唯心主义哲学的创始人,康德(Immanuel Kant,1724—1804)尽管提出了用《纯粹理想批判》、《实践理性批判》、《判断力批判》三本书共同阐述的新知识论体系,但也未能摆脱柏拉图先验论的影响。在认识论上,康德认为由自在之物刺激而产生的印象和观念,还必须经过先天的感性形式,如时间、空间等12个范畴的加工才能变成有条理的知识。因此,他把人的认识能力分成感性、知性、理性三个不同的层次。在认知过程中,提出了"主观演绎"、"客观演绎"和"图型"等原理来说明从感性到知性的转变。

康德本人有在柯尼斯堡大学讲授"教育学"的亲身经验。康德的《论教育》一文中反映了理念论在教育哲学中的拓展。首先,他认为教育对人来讲,是必不可少的,并且特别强调道德教育的重要性。他把良好的道德品质归纳为服从、诚实和合群。康德认为道德教育的关键不是以规训为基础,而是通过某种思维方式来塑造良知,学会按一定的准则行事,养成良好的行为习惯。在《论教育》一文中,康德考虑到人的自然本性中的确含有与动物共有的非人的本性,为了遏制这种非人性的滋长,他也赞同必要的奖惩但反对简单的粗暴的奖惩,因为一旦儿童要靠简单的奖惩来调节自己的行为,可能会助长功利、自私和奴性。同时,他主张发展儿童道德认知的能力,让儿童有能力辨明是非曲直,在本能的基础上建立责任心和义务感。认为无论是家长和教师,都要特别注重儿童优良品格的培养而不是依靠某些得天独厚的天赋。为了收到良好的效果,儿童所受的教育应和他们的年龄、个性相符。此外,家长和教师除了掌握隐含判断力的教育艺术外,更重要的是都应该做到以身作则,言传身教。教育者应严格要求自己,防止将追求时尚、虚荣和享受等不良习惯传染给受教育者。

知行关系是中国哲学史上一个重要的命题,它不仅涉及认识论,也涉及道德与人格问

[①] Ozmon, H. A. & Crawer, S. M. .教育的哲学基础[M].第七版.石中英,邓敏纳,等译.北京:中国轻工业出版社.2006:16.

题,到底是"知难行易"还是"知易行难",如何做到"知行一致"这两个问题,从春秋战国时起就开始讨论,直到认知心理学兴起的今天,仍有不同的理解。

例如,《左传·昭公十年》提出:"非知之实难,将在行之",《古文尚书·说命》也认为:"知而非艰,行之惟艰",认为行比知更重要,更困难。

儒家学说认为,知本身就是一种知性、悟性。孔子本人就相信有生而知之的良知,"生而知之者上也"(《论语·季氏》)。道家把真知看成一种神秘的直觉,提倡虚极、静笃的"不行而知"(《老子·四十七章》),甚至于认为只有在"堕肢体、黜聪明、离形去知"(《庄子·大师宗》)等极端的情况下,才可能获得真知,这种唯心主义的认识论多倾向于"知难行易"。北宋的程颐认为知先行后,知难行也难,"人力行,先须要知,非特行难,知亦难矣"(《遗书卷十八》)。直到近代的民主革命的领袖孙中山先生还提出"不知而行"、"行而后知"、"知而后行"代表了人类发展的三个时期,强调"以行而求知,因知以进行"(《孙文学说》)。

此外,中国古代思想家都强调知行统一,言行一致,所谓"巧言令色,鲜矣仁"! 孔子曾说过:"古者言之不出,耻躬之不逮也。"(《论语·里仁》),意思是说,古时候的人之所以不随便讲话,是担心自身的行为做不到。他还说"如有周公之才之美,使骄且吝,其余不足以观也",意思是说,即使是具有周公那样的完美和才能,如果有骄傲和吝啬这样的毛病,自己做不到"知行一致"与"身体力行",同样也是不可效仿的。

第2节 废弃与同情:东西方特教观的比较

从孔子到柏拉图,无论是古代的东方还是西方,历史上理念主义的教育,从本质上来讲,都是为最高层次领导者和管理者设计的针对高智商和高自尊的精英教育,其保守性和功利性也是显而易见的。因而,受时代的限制,他们都没有也不可能过多地考虑残疾人的教育问题。尽管如此,由于东西方理想化和人性化的偏向不同,两者对残疾人的态度和特殊教育的观点还是有明显区别的。

古希腊从强种保国的角度出发,非常重视国家对儿童的教育,在斯巴达和雅典,都有儿童从一生下来就要接受检查,只有那些体质合格的婴幼儿才能交由母亲或保姆负责照管,7岁以后接受集体教育的传统,因此,曾出现过弃婴甚至杀婴的现象,并流传某些与弃婴有关的神话故事。罗马的《十二铜表法》还论证杀死残疾婴孩的合理性。[①]

一、古代西方"科学主义"的特教观

在公元前387年,柏拉图创办阿加德米学院(Academy),成为当时希腊教育和学术研究的中心。但柏拉图在与学生的对话中曾用盲人、聋人来做消极的比喻,透露出对残疾人的轻视。[②][③]亚里士多德由于特别强调语言的先天性和对人类理性发展的作用,在《动物史》中提

[①] Margret A. Winzer. The History of Special Education: From Isolation to Integration[M]. Washington, D. C. : Gallaudet University Press,1993:17-18.
[②] 柏拉图.理想国[M].郭斌和,等译.北京:商务印书馆,1986:229.
[③] 柏拉图.理想国[M].郭斌和,等译.北京:商务印书馆,1986:262.

出,"生下来就聋的人在任何情况下都是哑巴;他们能够发出声音,但是不能说话"[①]。于是,他把"感觉缺失和推理无能"看成是聋人的特征,并认为"他们与森林中的动物一样,是不可教育的",他的这些观点曾给聋人教育的发展带来消极的影响。

那么,理念论的柏拉图、康德和唯实论的亚里士多德、洛克的教育哲学中到底包含着哪些有关特殊教育的思想呢?在他们的直接论述中,的确没有明确地谈到残疾人和特殊儿童的教育问题。但在我看来,从柏拉图的《理想国》到康德的《论教育》,从亚里士多德的《政治学和伦理学》到洛克的《教育漫谈》,对世界特殊教育的发展也产生了深远的影响。

一是他们都认定了办好教育是国家应该承担的重要职责和义务,从国家富强的角度强调了教育的重要性,其中明确的教育政治观对近代的教育社会学的发展,尤其是教育立法,包括特殊教育的立法产生了一定的影响。

二是他们都主张国家统一规划和掌控国民教育的全过程,即从3—6岁的幼儿教育到青少年的教育。柏拉图是最早认识到儿童早期教育和训练的必要性和可能性的教育哲学家,而实现早期教育恰恰是特殊教育必须贯彻的原则。

三是他们的教育思想有明显的阶级性和等级性,认为人与人之间的确存在潜能的差异,不是每个人都可以培养成有哲学思辨能力的"哲学王"和治国安邦的辅助者。然而,承认个体的差异并针对个体差异进行个别化教育是特殊教育应遵循的基本原则。

四是他们都重视德行、抽象思维能力的培养,强调在精神生活中对"真"、"善"、"美"的追求,对鼓励人们的自我教育,包括残疾人的自我完善也会产生一些积极的影响。

柏拉图在《理想国》里,曾经提出过废弃残疾儿童的主张。与柏拉图相比,亚里士多德的教育哲学更倾向科学主义。他不仅提倡优生优育和适当地节制生育,抚育健康的孩子而废弃畸形儿,加强婴幼儿的早期养护,还充分认识到早期经验对儿童日后的深远影响。亚里士多德认为,除了必要的营养之外,还要提供良好教材和没有精神污染的教育环境。除此之外,亚里士多德还强调受教育者的身心健康,他说:"只有是生活在尘世中的人,外在的成功是快乐者必需的,因为人性不可能在思索中自给自足,所以,身体必须健康,必须得到食物和其他照顾……自我满足并不是毫无节制,也不是强行掠夺,并非天地的王者才能赢得荣耀,以适度的方式按德行行事的人也能获此殊荣"(《政治学和伦理学》)。必须指出的是:这种理性的优生优育,在条件具备的情况下,很容易转向科学主义和"依法治教",正因为这样,当代特殊教育的兴起还是在西方。

二、古代中国人道主义的特教观

据有关学者考证,中国在春秋时期多用"废疾"这个词来表示"残疾","瞽"与"盲"都表示盲人,"聤"和"聋"都表示聋人,"痴呆"表示智障。到魏晋南北朝时期才出现了"残疾"这个词。[②] 上述几种不同的称谓,也隐含着我国古代人对残疾人和特殊教育对象的朦胧认识和态度。

儒家主张仁爱,提倡王道、孝道和尊老爱幼,所以非常重视孤寡老人、残疾人和一切弱势

---

① 张福娟.特殊教育史[M].上海:华东师范大学出版社,2000:10.
② 陆德阳.[日]稻森信诏.中国残疾人史[M].上海:学林出版社,1996:2.

群体。例如，孟子在和齐宣王讨论治国之道时，他引用《诗经》上的话说："哿矣富人，哀此茕独。"意思是说，这个世界上富人还过得不错哦，但那些无依无靠的孤寡老人就很悲惨了。他还进一步明确地指出："老而无妻曰鳏，老而无夫曰寡，老而无子曰独，幼而无父曰孤。此四者，天下穷民而无告者。文王发政施仁，必先施四者"（《孟子》）。意思就是说，这天下有鳏寡孤独这四类人是最需要照看和帮助的人，如果要施行仁政，首先要考虑他们的问题。正因为这样，是否同情和帮助孤寡老人、残疾人和一切弱势群体也成为判断统治阶级是否施行仁政和关心民间疾苦的标准之一。

在儒家思想的感染下，一些愿意积善成德的人，也会慷慨解囊，组织一些民间的扶残助残活动。例如，据《北史》记载，南北朝有个李士谦，遇到凶年，就配置药物救济残疾和有病之人。宋代著名的大诗人陆游也留下了"比邻有老疾，亦复致一饷"的诗句。当然，道家和佛教思想也影响了一批人乐善好施，救济残疾人。

再者，儒家有关个体与群体关系的"兼独"观念认为"得志泽加于民，不得志修身见于世。穷则独善其身，达则兼善天下"（《孟子·尽心上》）。甚至于主张在没有条件施展政治抱负的情况下，君子不仅要做到独善其身，还应该力求做到"立言垂范，功于后世"。在这种思想的激励之下，许多处境不利的特殊人群用自己坚定的信念和顽强的斗志与命运抗争，从精神境界的提升方面寻找安慰和力量，为后人留下了不朽的著作。例如，左丘明失明而著《左氏春秋》，孙膑著《孙膑兵法》，太史令司马迁忍受腐刑之苦完成《史记》等都是残疾人取得了卓越成就的典范。

儒家学说认为，君子应该珍惜自己的生命，因为生命来自于父母，但决不能苟且偷生，马马虎虎地活在世上，即使是有时饥渴难熬，也能做到"不饮盗泉之水"，坚持必要的信念和气节。因此，儒家思想对一切阴谋诡计、栽赃陷害、卖主求荣、背叛变节、坑蒙拐骗、跋扈嚣张等恶行都表示极度的鄙视和轻蔑，对忠诚、勤勉、谦逊、"温良恭俭让"等美德都表示赞赏。儒家认识到努力与成功、光荣与屈辱之间有许多极其复杂的必然和偶然性，因此，非常欣赏正人君子在面对成功与失败、赞扬与屈辱时能做到"宠辱不惊"和不卑不亢，甚至于还号召人们任何时候都要明辨是非，坚持正义，淡化功利，"莫以成败论英雄"，"莫舍良知赌输赢"。

儒家的另一个突出特点是重精神，轻物质的生活观、苦乐观。儒家认为一个君子应该习惯于清贫，在物质生活上，只要做到丰衣足食就可以了，但精神上应该有更高的追求。孔子认为，一个人如果能做到"志于学"、"志于仁"、"志于道"，即使是过着"一箪食，一瓢饮，在陋巷，人不堪其忧"的艰苦生活，也同样能做到"不改其乐"（《论语·雍也》），并且深信"君子居之，何陋之有"！此外儒家非常注重内心的感受，认为真正的快乐建立在问心无愧、为社会做出贡献的基础之上。孟子曾明确地指出，君子有三乐，"父母俱存，兄弟无故，一乐也。仰不愧于天下，俯不怍于人，二乐也。得天下英才而教育之，三乐也"（《孟子·尽心上》）。

上述儒家思想中体现出来的人文关怀、博爱奉献、自强不息的精神，为我国特殊教育的文化建设奠定了基础。

三、古代中国神秘主义的特教观

早在春秋战国时期，许多国君就通过看天象、占卜算卦来推测人世间的吉凶祸福，当然这种推测工作不是通常的人所能做到的，多半是依靠长期观察天文星象变化的天官和失去视力的盲人（瞽）来完成。例如，据《国语·周语下》记载，单襄公曾经说过："吾非瞽、史，焉知天道？"言下之意便是，只有那些清心寡欲的盲人和专司祭祀的天官才可能领悟传达上天的旨意，替天行道。限于当时的生产力和科学水平，这种神学迷信思想，在中国长达数千年的封建社会是有深远影响的。正因为这样，它也在一定程度上，影响了人们对特殊人群，尤其是一些智力水平较高的盲人和聋人的看法，认为他们的残疾是上天的安排，残疾人是专门从事人、神、鬼三界之间沟通的特殊人物。

此外，由天人感应说衍生出来的因果报应的宗教意识，使得一部分统治者为了维护自己的统治，博得较好的政誉，从替天行道的角度来制定一些相关的法规，减轻残疾人家庭的税赋和对残疾人提供一定程度的救济和抚恤。例如，据《晏子春秋·内篇问下》记载，晏公出游时，会见残疾老人，问疾振赈。管子也推行"养疾之举"，也就是将"聋、盲、喑哑、跛躄、偏枯、握递不耐自生者，上受而养之疾，官而衣食之"。根据《宋书》卷五《文帝本纪》记载，文帝元嘉三年曾下诏书表明："高年、鳏寡、幼孤、六疾不能自存者，可与郡县优量赈给。"这种由最高统治者关心弱势群体的例子在中国漫长的历史中也并非罕见，当然，这并不意味着中国古代的残疾人可以逃脱悲惨的命运。

中国古代的"天人感应"学说中还含有"安然自得，听天由命"的思想，尽管有其消极的成分，但在一定程度上也起到了平衡心理，减少内心冲突的作用。例如，儒家主张"君子素其位而行，不愿乎其外。素富贵，行乎富贵；素贫贱，行乎贫贱；素夷狄，行乎夷狄；素患难，行乎患难，君子无入而不自得焉"。这段话的大意是，君子依据所处的地位行事，不超出这种实际的处境有更多的奢望和祈求。处于富贵，行为便符合富贵的身份；处于贫贱，行为便符合贫贱的身份；处于夷狄，行为便符合夷狄的身份；处于患难，行为便符合患难的身份。这样，君子无论处在什么样的境地，都能安然自得，乐在其中。

中国古代各种对人身关系的理解和处理方法，把一些不同于常人的残疾人，尤其是那些智力水平较高，懂得一些占卜星象之术的残疾人看成是领悟天机与地灵的"人神"，认为他们能在暗示天机和预测未来等方面发挥某些奇特的作用，所以，人们通常也不太敢轻视和得罪他们。例如，在民间传说中，许多法术无边的神仙都是装成瘸子、拐子、乞丐来到人间私查暗访了解民情的，一旦发现有人违背天理，胡作非为，就会打抱不平，替天行道，给予一定的惩罚。这种迷信和理想合二为一的思想，在客观上也使得古代的有些残疾人反而能获得一些超乎正常人的学习条件。

四、性习关系与特殊教育

中国古代思想家不仅从认知能力、道德水平、社会意识等方面论证了人为贵的思想，而且还从本能与学习以及性习关系的辩论中阐述学习和教化在人的成长中的作用。

北宋哲学家程颐曾说过："万物皆有良能，如每常禽鸟中做得巢子，极有巧妙处，是他贤良。不待学也。人初生，只有吃奶一事不学，其他皆是学。"（《遗书》卷二）他明确指出了鸟有巧妙筑巢的能力，但这只是与生俱有的本能。人之初，除了吃奶之外，其他本领都要靠后天的学习才能获得。

孔子提出"性相近，习相远"（《论语·阳货》）的命题，认为人的最初本性都是非常相近的，但因为后天在不同的环境中得到的习染不同，而各自相差甚远。但是，孔子所指的性是单纯地指与人的本能密切联系在一起的自然属性，还是指与后天的教养密切相关的社会属性呢？我们都知道，"习"肯定有善恶之分，但"性"是否有善恶之分呢？几千年来，中国古代学者围绕这些性习关系，尤其是人性善恶问题展开了激烈争论。可谓是观点各异，学派林立。

一是孟子的"性善论"。首先，孟子对"性"的理解是广义的，既包括自然属性，也包括社会属性，且更强调的是"性"的社会属性。在他看来，"无恻隐之心，非人也；无羞恶之心，非人也；无辞让之心，非人也；无是非之心，非人也。恻隐之心，仁之端也；羞恶之心，义之端也；辞让之心，礼之端也；是非之心，智之端也；人之有四端着，犹其有四体也"（《孟子·公孙丑上》）。由此可见，孟子的性善论认为，人性中本身就包含仁、义、礼、智这些善良因子的萌芽。那么，这种萌芽状态的因子到底是会不断地得到发扬光大还是被扼杀和泯灭就取决于后天的环境和教养。因此，孟子非常强调后天环境和教育的作用。

二是荀子的"性恶论"。荀子对"性"的理解中，主要是自然属性。正如他在《正名》篇中所指出的"生之所以然者谓之性"。具体地体现在"目好色、耳好音、口好味、心好利、骨体肤理好愉佚"（《荀子·性恶》）。他旗帜鲜明地反对"性善论"，认为人生来就继承了动物的本性，好利、争夺、残忍和淫乱等一切"恶"的本性，至于善良等一切优秀品质都是通过后天的强有力的教育而逐渐养成的。用荀子的话说，"今人之性，生而有好利焉，顺时，故争夺生而辞让亡焉；生而有疾恶焉，顺时，故残贼生而忠信亡焉。生而有耳目之欲，有好色焉，顺时，故淫乱生而礼仪文理亡焉。然则从人之性，顺人之情，必出于争夺，合于犯分乱礼而归于暴。故必将有师法之化，礼仪之道，然后出于辞让，合于文理而归于治。用此观之，然则人性之恶明矣，其善者伪也"（《荀子·性恶》）。在荀子的观念中，"性"是先天的，与生俱来的原始性；"善"是伪，是必须通过好的教育才能培养出来的。人的性与伪本身就是一对相互作用的矛盾体，即性是伪的基础，伪是对性的改造成果。化性起伪就成为一切教育活动的着眼点和全过程，用他的话说，"枸木必将待檃栝烝矫然后直，纯金必将待砻厉然后利。固人之性恶，必将待师法然后正。待礼仪然后治。令人无师法，则偏险而不正；无礼仪，悖乱而不治。固者圣王以人之性恶，以为偏险而不正，悖乱而不治，是以为之起礼仪、制法度，以矫饰人之情性而正之，以扰化人之情性而导之也。使皆出于治，合于道者也。今之人，化师法、积文学、道礼仪者为君子；纵性情、安恣睢、而违礼仪者为小人"（《荀子·性恶》）。

还有一种是由告子提倡的中性的人性理论，即"性无善无不善论"。告子只是从人的自然属性的角度来认定人性就是必须满足人生理需要和欲求的特性，而善恶等观念是在后天的环境中不断地生成的。因此，他把人性和纯粹的自然物资相比，根本无所谓善与恶。他说："性犹湍水也，决诸东方则东流，决诸西方则西流。人性之无分善与不善也，犹如水无分于东西也。"（《孟子·告子》）东汉的王充在《论衡·本性》中还提到，周人世硕也是主张人性是无善无不善的。他说："周人世硕以为人性有善有恶，举人之善性，养而致之则善长；恶性，养而致之则恶长。如此，则情性各有阴阳，善恶在所养焉。"

然而，无论是主张人性善、人性恶还是人性无所谓善恶，中国古代思想家比较一致的意见是都非常重视后天的教育和养成对人的影响，都特别强调成长过程中人的主观能动性。这两点基本共识对促进普通教育和特殊教育的发展都非常重要。

孟子主张"性善论"，也只认为人有与生俱来的恻隐、恭敬、辞让、是非这四个"善端"，但人的"善端"必须得到不断地呵护、追求和锻炼才能成为仁、义、礼、智等优良的品质和良好的行为习惯。用他的话来说,则是"求而得之,舍而失之"(《孟子·尽心上》)。孟子特别强调四德的形成和发展需要个人长期的、艰苦的自我修炼,同时,也特别强调独立思考,自我塑造。用他的话来讲,"君子深造之以道,欲其自得之也,自得之,则居之安;居之安,则知之深,知之深则左右逢其原,故君子欲其自得者也"(《孟子·离娄下》)。这种深造自得理论,不仅是在学习方法上主张自我探求,追本求源,而且也强调学习者人格的独立、志向的高远、情绪的稳定和心胸的开阔。孟子提倡的自我认同和自我塑造思想的确为一些残疾人的自学成才和个人奋斗提供了理论依据。

此外,孟子曾说出下面这段广泛流传的警世名言:"天将降大任于斯人也,必先苦其心志,劳其筋骨,饿其体肤,空乏其身,行拂乱其所为。所以动心忍性,增益其所不能。"(《孟子·告子下》)中国历史上,许多残疾人、处境不利人群以及许多胸怀大志的仁人志士都曾经把孟子上面这段话作为座右铭,鞭策自己克服困难,实现自己的理想。

五、身心关系与特殊教育

中国古代对身心关系的看法是围绕"形神"问题而展开讨论的,形(形体)就是指人的身体,神就是指人的精神、灵魂、意识。由于自然科学发展水平的限制,古代人还不可能认识到,人的意识是人脑对客观事物的反映,常常把明显跳动的心脏作为思维的器官和精神的源泉。但是他们也感到形神关系是一个重大的哲学问题,并形成了不同的观点。一般来讲,凡是认为形与神是相互独立或平行的,多属于唯心主义的二元论,势必也会更倾向于有神论;凡是认为作为精神状态的神必须依附物质状态的形而存在的,多属于唯物主义的一元论,势必也会更倾向于无神论。

荀子是中国古代思想家中在身心关系等哲学问题上持唯物主义的一元论,坚持无神论的典型代表。他在《天论篇》中指出:"天职既立,天功既成。形具而神生。好、恶、喜、怒、哀、乐臧焉,夫是之谓天情。耳、目、鼻、口形,能各有接而不相能也,夫是之谓天官。心居中虚,夫是之谓天君。"使人感到惊讶的是,荀子从身体的结构与功能的角度,阐明了"形具而神生"的命题,接着又提出了"天情"、"天官"、"天君"三个不同的概念来说明人的身体中,接受信息的感官和处理信息的中枢与情绪、思维之间的关系。不仅如此,荀子还详细地说明了人的感觉器官的不同功能:"形体、色、理,以目异;声音清浊,调竽奇声,以耳异;甘、苦、咸、淡、辛、酸、奇味,以口异;香、臭、芬、郁、腥、臊、洒、酸、奇臭,以鼻异;疾、痒、仓、热、滑、铍、轻、重,以形体异;说、故、喜、怒、哀、乐、爱、恶、欲,以心异。"(《正名篇》)不仅如此,荀子还特别指出了心对五官的制约作用。他认为,心有辨别外物产生感觉的能力,如耳能感觉声音,眼睛能感觉形状,但是,心也只有通过天官接触外物才能产生感知,如果天官接触了外物还不能感知,心应接了外物也无法说出,那么,人们就可能都说这种人是智能不足的人,即"心有征知。征知,则缘耳而知声也,缘目而知形也。然而征知必将待天官之当薄其类然后可也。五官薄之而不知,心征之而无说,则人莫不谓之不知"(《正名篇》)。

墨子的形神说认为"生,刑(形)与知处也"(《经上》),即认为人的生命(生)、身体(形体)和感知、精神等是融为一体的。在当时那种科学发展水平还十分有限的时代,墨子能提出这种"形与知处"的想法同样是非常可贵的。这些朴素的身心学说,在一定程度上说明了人的形神之间互动的关系,有助于后人更加深入地认识残疾人的身心状况和开展特殊教育。

第 3 节　先秦诸子与特殊教育

在东西方特教思想的比较中,着重讨论的是以孔子、孟子和荀子为代表的儒家思想和西方柏拉图、亚里士多德的教育思想,在先秦诸子百家中,除了儒家的思想之外,墨家的"兼爱"、道家"无为"、法家的"立法"和"吏治"都对中国特殊教育产生了一定的影响。

一、墨家的"兼爱"与特殊教育

比较而言,古代中国诸子百家中,真正关心残疾人和特殊教育的是墨家。墨翟(约公元前 480—前 420)创立的墨家学派是一个强调功利、否认"天命"的平民学派。墨子严厉地批评儒家"靡财而贫民,伤生而害事",认为儒家思想是一个不利于国计民生的空想。他站在小生产者的立场上,提出了"兼爱"、"非攻"、"尚贤"、"尚同"、"天志"、"明鬼"、"节用"、"节葬"、"非乐"、"非命"十大主张,希望建立一个和平互利、蒸蒸日上的理想社会。

作为小生产者思想的代表,墨家认为"天下兼爱则治,交相恶则乱"(《墨子·兼爱上》)。墨家所倡导的"兼爱",是一种建立在平等基础之上的爱人原则。儒家虽然也提倡仁爱,但是一种有尊卑上下、亲疏远近的"等级爱"。墨家提倡的兼爱是要打破这些等级界限,做到"爱无差等",即"视人之国若视其国,视人之家若视其家,视人之身若视其身"(《墨子·兼爱中》)。墨家认为只有做到"兼以易别"才能避免争斗,保持社会的安宁,"故兼者圣王之道也,王公大人之所以安也,万民衣食之所以足矣。"墨家还将"兼相爱,交相利"两者相提并论,认为爱并不是抽象的,要体现为利人。兼相爱只有达到交相利才能产生"生天下之大利"的实际效果。

墨家把"兴天下之利,除天下之害"作为自己的行动纲领。据说墨家不只是坐而论道,而是一个既有指导思想又有严密组织的学派。据《淮南子·泰族训》记载:"墨子服役者百八十人皆可使赴火蹈刃,死不还踵。"墨子虽然主张非攻,指出战争的破坏性,旗帜鲜明地反对不正义的侵略性战争,但是,墨子并不反对一切战争和暴力行为,甚至于提倡以恶制恶,替天行道。也正因为这样,据说后来的墨家分为文武两大派,采用辩说形式与人理论的称为"墨辩",采用武力解决问题的被称为"墨侠"。墨侠崇尚个人英雄主义,想用自己的满腔热血来替天行道,救人于水火之中,但有时也会触犯法律和被统治阶级所利用。

墨家反对儒家恭己以待、"扣则鸣,不扣则止"的被动消极的处世态度,提倡要有"不扣而鸣"的主人翁精神和积极的入世态度,不断地宣传自己的思想并以严密的组织将思想付之于行动。墨家除了有志于用实际行动为天下打抱不平之外,还提倡自然科学。例如,《墨经》就涉及几何学、光学、声学等多学科领域的知识。[①] 也正因为这样,墨家的务实精神、行动主义以及比较深厚的平民基础,使得历代统治阶级感到非常害怕,在汉武帝的"罢黜百家,独尊儒术"之后,墨家的影响基本上在中国历史上销声匿迹。

相比其他的学派而言,墨子是最了解民间疾苦的学派。墨子曾经明确指出"民有三患",

---

① 钱临照.论墨经中关于形学、力学和光学的知识[J].科学通报.1951-2-8.

即"饥者不得食,寒者不得衣,劳者不得息"(《非乐》)。遇到战争和天灾,百姓更是雪上加霜,"饥寒冻馁而死者,不可胜数"(《墨子·非攻中》)。由于墨家非常了解和关心民间的疾苦,自然也关心处境不利的、生活更为艰难的残疾人和孤寡老人。在"兼相爱,交相利"思想的指导下,墨家对弱肉强食、为富不仁表示愤慨,倡导"有力者疾以助人,有财者勉以分人,有道者劝以教人"(《墨子·尚贤下》)。这种洞察民间疾苦、伸张正义,以实际行动帮助他人,尤其是救助弱势群体的理念为后来推行民主政治和发展特殊教育奠定了基础。

此外,墨家反对孔子"上智下愚"的等级观念,反对世袭制的贵族专政,提出了"尚贤"的政治主张,"不党父兄,不偏富贵,不嬖颜色,贤者举而上之,富而贵之,以为官长;不肖者抑而废之,贫而贱之,以为徒役"、"农与工肆之人,有能则举之,高之以爵,重之以禄"(《墨子·尚贤中》)。墨家希望通过推行这种制度来实现"官无常贵,民无常贱"。早在几千年前,墨家学派就能提出这种明确的唯贤是举、唯能是举的人才观和治国方法是非常可贵的。

不难看出,与古代西方对残疾人"自然淘汰"的理性做法比较,中国古代儒家的思想和墨家思想更带有人情味,更体现人本主义精神。但也应该看到,这种"礼治"与"仁治"的政治哲学和道德思想,只是把极少数的残疾人作为同情和施舍的对象,而并不是教育的对象,至少孔子的"弟子三千和贤者七十"的学生中还没有发现有残疾人。这种同情观对后代产生了深远的影响,使中国的残疾人长期处在被同情和接受施舍的地位,得不到人格的尊重和有力的支持。这也导致中国特殊教育的思想尽管源远流长,但正式的学校型的特殊教育仍然是几千年后由传教士从西方传入的。

值得一提的是,柏拉图的教育蓝图设计中,虽然强调了教育目标的等级性,但在他以"转变心灵"为要旨的教育活动中并不排斥女性。这一点又比中国古代的道学先生要高明得多。孔夫子尽管提出"有教无类",但并不招收女学生。如果说,实现教育平等要从着手消除性别歧视、阶级歧视、种族歧视、文化歧视、弱势群体歧视等不同的歧视和偏见开始,那么,在消除教育的性别歧视方面,柏拉图又走在孔夫子的前面。

二、道家的"无为"与特殊教育

道家学说是由老子和庄子创立的以"道"为核心的思想体系。道家从天道无为,万物自然化生的观念出发,倡导清静无为、道法自然。道家用"道"来说明宇宙间万物构生和变化的本质,在否认神创说和说明物质的永恒变化等方面有一定的积极作用,但其消极无为的思想也对后世产生了很大的影响。

道家提倡无为,并非主张什么都不做,什么都不想,只是奉劝人们要学会忍受"存在的空虚"和"自我的失落",要依据自然规律来行动,不要根据自己的主观意志来轻举妄动。道家反对儒家提出的治国安邦和教化育人的思想,认为这样做会事与愿违,适得其反。所以,我认为道家思想的本质并不是真正的无为,而是一种道法自然型的"曲线治世"。道家提倡小心翼翼地从"生存"向"生活"过渡,暗渡陈仓地从"无为"到"有为"。

为了告诫人们别自作聪明地轻举妄动,道家从实际生活中列举出许多实例来说明"道"的神秘(如"迎之不见其首,随之不见其后"),万物变化的周而复始(如"独立而不改,周行而不殆"),天地恒变和人生苦短[如"天地尚不能久,而况于人乎"(《老子·二十三章》)],以及弱能制强,柔能克刚等道理。在认识论方面,道家一方面提出"人法地,地法天,天法道,道法自然"(《老子·二十五章》)的主张,另一方面,又宣扬不可知论,认为"吾生也有涯而知无涯,以有涯随无涯,殆矣"(《庄子·养生主》)。道家似乎想用这些道理来阻止统治阶级的残酷剥削和骄奢淫逸,打击一切争斗和扩张性的建功立业,揭露儒家仁义理智的虚伪、无济于事和适得其反,所谓"礼者忠信之薄,而乱之首"(《老子·三十八章》)。道家希望能够通过某种因势利导的曲线治世来做到"可以保身,可以全生,可以养亲,可以尽年"(《庄子·养生主》),采用这种消极"鸵鸟型"的对策以求能在战火纷飞的争斗中苟且偷生。当然,人类发展的历史说明,人类总是要在否定之否定的历程中不断地从必然王国走向自由王国,在生产力极为低下的情况下,生存环境的压力使得相互争斗成为"树欲静而风不止"的社会行为。道家想回复到小国寡民的原始时代是不可能的,掩耳盗铃的消极回避也不可能达到曲线治世的目的。当然,道家的思想有深刻的辩证法思想。直至今日,道家的学说,对那些妄自尊大、提倡非理性的"人定胜天",劳民伤财地建设"形象工程"和"管理业绩"的人来说,对那些"欲海无边"、"贪得无厌"的人来说,何尝不是一副难得的清醒剂呢?

与儒家提倡的等级制度相反,道家思想,尤其是庄子的道家思想,则认为"以道观之,物无贵贱"(《齐物论》)。道家特别强调人的平等、自由和人格独立,决不"失性与俗"。认为人不应该作茧自缚,制定许多条例和限制自我,应该在一种"天地与我并生,万物与我为一"的精神世界中自由地遨游。据《史记·老庄申韩列传》记载,庄子本人也是一个淡薄名利、追求自由的人,当楚威王派了两名使者,带上贵重的礼物来请他出任为相时,他明确地对使者说,他只图精神愉快,终身不愿为官。

此外,道家崇尚自然,提倡没有任何矫揉造作的美学观,认为"天地有大美而不言"(《知北游》),"朴素而天下莫能与之争美"(《天道》)。道家的自然美学观在文艺理论方面演变成为含而不露的"隐秀"理论。例如,南朝梁的刘勰在《文心雕龙》中也提出"酌奇而不失其真,玩华而不坠其实"的文学主张和审美思想。

道家学说很少直接谈到残疾人和特殊群体的问题。但是,道家学说中包含丰富的辩证思想,看到了世间的万事万物无一不向对立面转化的规律,由此形成了"世事有成必有败,倒不如一事无成"的虚无主义。几千年来,即使是已经显示出自己有才能,是"建功立业"的人才,有时也会被这种消极遁世所触动。换言之,道家学说为后世的一些超常的杰出人才,其中也包括一部分杰出的残疾人所欣赏和效仿,形成一种具有中国特色的隐士文化。例如,战国时期越国的范蠡在帮助越王勾践复国之后,就遁世而去,消失得无影无踪;汉朝的开国元勋张良帮助刘邦打下天下之后,就隐居山林;陶渊明的《桃花源记》成为千古传颂的佳作,"不愿为五斗米而折腰"的清风耿骨更为历代有个性的文人士大夫所赞赏。中国漫长的封建社会中,有多少杰出的人才,他们怀着对最高统治者"伴君如伴虎"的恐惧,"宦海无边,世失事无常"的叹息,念念不忘激流隐退,归养田园,避祸求安,从思想上来看,都不同程度地受到道家思想的影响。

三、法家的"吏治"与特殊教育

以韩非、商鞅为代表的法家学派是法、术、势三种思想的结合。这个学派的特点是主张强化君主专制,以严刑峻法来统治人民。其思想渊源可以追溯到春秋时的管仲、子产,实际的始祖是战国初期担任过魏国相的李悝。他曾编集中国古代第一部较为完整的法典《法经》。战国末期的韩非是法家思想的集大成者,他指出,"君无术,则弊于上;臣无法,则乱于下。此不可一无,皆帝王之具也"(《定法》),意思是说如果君王没有统治和驾驭臣下的权术和手段,没有统一的法律,臣民就难免会犯上作乱,这里的"法"是指法律法规,"术"是指权术和手段。在韩非看来,"尧为匹夫不能治三人,而桀为天子能乱天下"(《韩非子·难势》),主要是靠天子的地位所形成的态势发生作用。因此,法家献策于君王,要充分利用最高统治者所获得的权力和特殊的帝王之位,借助于刑法来统治百姓。

法家的主要观点是"以法治国"、"以吏为师"。《管子·任法》一书中曾明确指出:"生法者,君也;守法者,臣也;法于法者,民也。君臣上下贵贱皆从法,此之为大治。"但法家所指的法,并不是现代意义上,大家都要遵守的法规,而是最高统治者根据自己个人的意志和需要制定的,可以任意解释和随时更改的法规。实质上,这是借助执法的幌子,将生杀大权集中到帝王的手中,以便于进行令行禁止的集权统治。

法家对"儒者用文乱法,而侠者以武犯禁"都表示强烈的不满和严厉的指责。为了保持君主的绝对权威,形成"事在四方,要在中央,圣人执要,四方来效"(《扬权》)的政治局面,法家极力主张"以法为教"、"以吏为师"(《五蠹》),摒弃"书简之文"、"先王之语",对人民进行高度统一的以遵纪守法为主要内容的愚民教育。这种教育体制和政治体制是一脉相承的。首先,确定教育的目标是培养外能攻战城池,内能从事耕种的武士与农夫,使臣民坚决执行君主意志,"理解也执行,不理解也执行,在执行中加深理解"。其次,为了体现当朝执政君王的唯我独尊,法家主张割断历史,废弃一切圣人先贤之言,保持舆论和思想的高度统一,实行指鹿为马、上行下效的愚民教育。再者,进行"焚书坑儒",对知识分子进行残酷的人身摧残和精神迫害,使得士人斯文扫地,狼狈不堪。法家的教育体制,又会推波助澜地造就一批残忍的暴君和如狼似虎的酷吏,他们蔑视真理、嘲笑道德、草菅人命、丧心病狂,使社会充满着恐怖和黑暗。此外,法家提倡的"以吏为师",成为门生体制的温床,为统治阶级拉帮结派、结党营私、排除异己提供了极大的方便,当然,这种政教合一的文化与教育也根本不可能做到学术独立。

诸子百家中,法家是最典型的蔑视人权、民权和绝对维护皇权专政的理论。韩非认为君主不必顾及任何仁义道德,如能真正做到"君不仁,臣不忠,则可以霸王矣"(《六反》),教帝王运用严刑酷法来统治人民,巩固自己的政权。无论是从主观还是客观上来看,法家都只是不断地制造残疾人,当然根本就不会顾及残疾人和特殊教育的问题。由此可见,即使都处在同一个生产水平的封建社会,儒家、墨家、道家和法家对残疾人与教育的态度也是大不相同的,只有儒家的"仁爱"、墨家的"兼爱"、道家的"道法自然"为我国特殊教育发展奠定了思想基础。

 本章小结

古希腊的柏拉图、亚里士多德与我国古代的孔子、孟子、老子、韩非等先哲们尽管思维方法不太一样,前者更重于理性推理和深入分析,后者更偏向于内心的感受和概括,但是,在阐述教育的功能、人才培养的目标等方面,竟然是那样异曲同工,真可谓天下英雄所见略同。他们都认为教育是为了定国安邦,为了促进受教育者的"心灵转向",为了培养德、才、情、勇融于一身的社会精英。直到两千多年后的大学林立,学府遍地,高可云游月球,深可探测海底的现代化的今天,当我们重温古代东西方先哲们言简意赅的的教育哲学思想时,还会被他们的睿智和热情所感动。

由于理性主义和人文主义的不同偏向,东西方古代哲学对残疾人和特殊教育的态度是不太一样的。古代西方从保存种系繁衍的纯洁性出发,把残疾人当做害群之马,主张废弃残疾婴幼儿和坚持优生优育。而东方的儒家、墨家从仁义和兼爱的信念出发,对残疾人和孤寡老人等弱势群体表示出深度的同情、怜悯和照顾。但是,这些同情和怜悯也导致我国的特殊教育长期徘徊在慈善型的模式,成为个别仁人志士乐善好施的个人行为和统治阶级缓和社会矛盾、粉饰太平的工具,没能理性地向权益型和科学性方向转化。

此外,东方人文精神中"天行健,君子以自强不息"的拼搏精神和理想人格也帮助了历史上许多象左丘明、孙膑、司马迁等身残志坚的残疾人与命运抗争并取得了巨大的成就。

思考与练习

1. 如何理解古代东西方的教育理想和目标?
2. 从教育哲学的角度,比较东西方特教观的异同。
3. 古代东西方不同的特教观和对当代特殊教育发展产生了哪些深远的影响?
4. "仁爱"与"兼爱"的哲学思想对我国的特殊教育发展产生了哪些深远的影响?

哲学是一种希望的形式，一种努力行动的形式——即一种对智慧的热爱；但有个根本的附带条件，不要依附于柏拉图对这个词的用法，智慧，无论它是什么，不是一种科学或知识的模式。那么一个意识到自己本分与职责的哲学会觉得它是一种理智化的欲望，一种服从理性辨别和检验的追求，一种还原为行动的有效规划的社会希望，一种对未来的预言，然而不是一门严密思想的知识学科。

杜威（John Dewey）[①]

第3章　近现代西方哲学思想与特殊教育

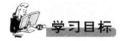 学习目标

- 了解近现代哲学中某些有代表性的教育哲学思想。
- 探讨现代教育哲学对特殊教育思想发展的影响。
- 探讨后现代哲学思潮对特殊教育思想发展的影响。

张汝伦在他的《现代西方哲学十五讲》一书中的开篇导论中明确指出："哲学就是哲学史"，"哲学从来就是对人类所面临的一些基本问题的深层次的思考"[②]。根据冯契、全增嘏等哲学家的观点，西方哲学可以分为古希腊罗马哲学（公元前6世纪到公元5世纪）、中世纪哲学（公元5世纪到公元15世纪）、近代哲学（公元15世纪到公元19世纪40年代）、现代哲学（公元19世纪40年代到现在）四个发展阶段。本章着重探讨近现代西方哲学和后现代哲学中有关教育哲学思想对特殊教育发展的启示。

第1节　近现代西方哲学与特殊教育

一、洛克的唯实论与《教育漫话》

洛克（John Locke，1632—1704）是17世纪英国的哲学家、政治家、教育家，1652年考入牛津大学，毕业后留校任教，曾担任过道德哲学学监，并进行医学和实验科学的研究。在近代哲学中，洛克是一个唯物倾向非常明显的唯实论者。洛克认为一切知识都来源于由感觉和反省所获得的经验，简单观念是知识的来源，只有通过比较、并列、复合等方法才能形成复杂的观念和人类的知识。洛克注意到反映形式的多样性和主体在认识中的作用。政治上，

---

① John Dewey. Reconstruction in Philosophy, The Middle Works of John Dewey,1899-1924[J], Carbondale,1982, 12：94.

② 张汝伦.现代西方哲学十五讲[M].北京：北京大学出版社，2003：1.

洛克反对君权神授和君主专制而拥护君主立宪。他的主要著作包括《政府论》《人类理解论》《教育漫话》等。

洛克的《教育漫话》是世界教育史上的经典之作，比较系统地阐述了他的教育观。首先，洛克非常重视教育，他认为"我们日常所见的人中，他们之所以或好或坏，或有用或无用，十分之九都是由他们的教育决定的。人类之所以千差万别，便是由于教育之故。"因此，他向家长建议"谁能在教育上多花点钱，使得自己的子女具有善良的心地，有德性、有能耐而又具有礼貌与良好的教养，则较之用这笔钱去加买田地合算多了"（《教育漫话》）。其次，洛克从"人们的苦难或者幸福，大部分是自己造成的"的角度，强调理性和自我约束在形成良好习惯中的重要性，认为优良的品质比智力教育更为重要，"如果没有德行，我觉得他今生和来世都得不到幸福"。再者，洛克主张对儿童虽要严加管束，但又不能使用严酷的惩罚，应该"让儿童把学习当做一件光荣的、荣誉的、快乐的和消遣的事情"。在教育内容上，洛克认为阅读、算术、法语、拉丁文、地理、历史、自然都是儿童必须学习的课程。在他看来，"每个人的心理和他的面孔一样，各有特色，使他能与别人区分开来"。因此，在教育方法上，他认为"两个儿童很少能用完全相同的方法去教导"，"关于孩子的教育问题，敢于问问自己的理性意见，不去一味地服从古老的习俗"。

作为绅士教育的倡导者，洛克并没有关注残疾人的教育问题，他的《教育漫话》也没有专门涉及特殊教育的问题。但是，他否认天赋观念的存在，提出的著名的"白板说"和儿童心理学的思想都对特殊教育产生了一定的影响，增加了特殊儿童早期教育和训练的信心。此外，洛克强调"词的原始的或直接的意义只代表用词人内心的思想"[①]，认为人们完全可能采用非口头语言的形式相互沟通，表达思想。洛克这些从唯实论的角度对语言本质和形式的理解，为聋哑儿童手语训练和教育奠定了理论基础。[②]

二、实用主义哲学与特殊教育

实用主义哲学是19世纪后期到20世纪上半叶在西方，尤其是在美国盛行了半个世纪的哲学流派。实用主义哲学在继承了经验主义哲学的基础上，提出哲学应该聚焦于人的生存和发展，着眼于人与生存环境的关系来研究人的经验。在认识论上，实用主义哲学特别强调认识的相对性、真理的相对性和人的知行在适应环境过程中的实用性。实用主义的哲学体系是非常复杂的，对教育的影响很大，实用主义教育哲学曾经是美国现代教育改革的指导思想。其主要的代表人物是詹姆斯和杜威。所以，我们不妨就从詹姆斯《与教师的谈话》和杜威的《民主主义与教育》这两部教育论著来探讨实用主义的教育思想和对特殊教育的影响。

（一）詹姆斯与《与教师的谈话》

詹姆斯（William James，1842—1910）既是美国实用主义哲学的创始人，也是机能主义心理学的先驱。他出生于纽约，1861年进入哈佛大学学习化学、比较解剖学、生理学和医学，他也曾留学德国，在赫尔姆霍斯、冯特等人的指导下学习心理学。1869年获医学博士学位

---

① John Locke. An essay concerning human understanding[M]. Oxford: Clarendon Press, 1894: 9.
② 张福娟. 特殊教育史[M]. 上海：华东师范大学出版社，2000：29.

并留校任教。1885年为哲学教授,4年后转任心理学教授。他是美国心理学学会的创始人,曾两度担任美国心理学会主席。正因为这样,詹姆斯做到了实用主义哲学、实用主义教育学哲学和机能主义心理学的一脉相承。

《与教师的谈话》是詹姆斯为数不多的教育论述之一,其实,这也是一部有关教育心理学的论述。詹姆斯从"意识流"(stream of consciousness)这个他所创立的心理学概念开始,说明教师必须了解一定的心理学知识,根据心理学的原理来对儿童进行实用主义的教育。在他看来,人的意识实际上是由认识、思维、情感、欲望、意志等心理要素组成的不断活动和改变的意识流。各种意识领域,包括过去的记忆和现实的感知,都可能在意志的驱动下进行不同的组合。对行为的个体来说,尽管自己也很难清晰地描绘出各种心理要素在意识流中瞬间即逝的排列与组合情况,但这些按照"临近律"和"相似律"组合起来的观念保持着其实践性的统一。也就是说,作为一个有机体的意识流的理智功能,是为了保持个体与复杂的自然环境和社会环境的适应。詹姆斯也正是从这种普遍的观念出发,对柏拉图、亚里士多德以来古典哲学中纯理性的存在(rational being)和绝对真理的概念提出异议。在"实践的理想""理论的理想"两者之间,詹姆斯更倾向于实践的理想,认为深思必须与热情和实践的效果相结合,教育的行为效果是检验教育是否名副其实的标准。詹姆斯认为,好的教育应该使受教育者随着经验的增加和知识的积累,具备迎接生活挑战的能力,而缺乏教育的人,就可能在千变万化的现实生活中感到惊慌失措,无所适从。

此外,在《与教师的谈话》中,詹姆斯从生物进化的观点和比较心理学的角度,阐述了意识的生物学基础,认为心灵的功能是为原生性的个体机能服务的。教育者的职业任务是训练学生成为行为者(training the pupil to behavior),这种广义的行为是指对环境的反应和适应。在詹姆斯看来,教育活动中也包括对教育资源的组织。教育过程是对获得行为习惯和行为倾向性的组织过程。一个未受教育的人是除了最习惯的情景之外,对所有其他的事物都感到困惑的人;而受过良好教育的人,可以通过学习到的知识来解决不断出现的问题,很快地适应新的环境。詹姆斯的教育哲学中,认为生活本身就是许多习惯行为的组合,这些习惯行为将作为一种无形的力量把每个人引向不同的命运。因此,他从神经系统的可塑性的角度,特别强调受教育者建立良好的行为习惯和改变不良习惯的重要性和必要性。詹姆斯的教育哲学中尽管没有专门讨论特殊教育的问题,但他从生物进化、神经可塑性、环境适应等不同的角度对行为训练和教育原理的探讨,为特殊教育,尤其是特殊儿童的感觉统合和行为训练奠定了理论基础。

(二) 杜威与《民主主义与教育》

杜威(John Dewey,1859—1952)也是美国实用主义哲学的代表人物之一。1882年获霍普津斯大学哲学博士学位,1894年任芝加哥大学哲学系主任,两年后创办实验学校并担任校长。他将实用哲学的原理应用到教育学、心理学、社会学、政治学等领域。他曾经在中国、日本、墨西哥、苏联等许多国家讲学,从而使其实用主义的哲学得到了广泛的传播。作为实用主义哲学的代表人物,杜威对经验的概念进行了新的解释,认为经验既是精神的,也是物质的;既包含感性,也包含理性,是一种中性的东西。人就是利用经验在生活和实践中更自觉地探索和适应环境。在上述经验概念界定的基础上,杜威仿效皮尔斯的探索理论,提出了明确的思想形成五步过程说,认为人在适应环境的实践探索过程中,要经历出现疑难、产生问题、提出假说、推理演绎、验证假说这五个阶段。杜威的真理观更显示出工具主义的倾向，认为任何观念、理论、学说既不是先天的、绝对的真理，也不是实在的反映，而只是用来适应环境的工具。在政治上，杜威反对极权主义，提倡民主，主张小步子社会改革。他的主要著作有：《我们怎样思想》（1910）、《哲学的改造》（1922）、《人性与行为》（1925）、《经验与自然》（1925）、《逻辑：探索的理论》（1938）和《人的问题》（1946）。

《民主主义与教育》是杜威1916年出版的一本有关教育思想的专著，共26章，系统地阐述了实用主义的生活教育观、生存教育观和民主政治教育观，集中地反映了杜威实用主义教育哲学思想。

首先，杜威对教育的理解是广义的，认为社会生活本身就是教育。他从社会发展和个体在社会中的关系出发，强调了个体接受教育的必要性，明确地指出教育的目的是为了培养国民的民主生活方式，现代教育的宗旨是在实现民主社会的过程中，提高受教育者对环境的适应能力，发挥全体社会成员的首创精神。正如他自己在一篇讲演中所说的："学校，就如同国家一样，需要有一个主要的目标，这个目标应该是激发新的热情与忠诚，应使所有富于理智的规划成为一体，并指导他们"[①]。

其次，他认为人与人之间的沟通和交流是个体获得和拓展经验的主要途径。正是通过这种传递方式，年长者"把工作、思考和情感的习惯传递给年轻人，没有这种理想、希望、期待、标准和意见的传达——从那些正在离开生活的社会成员传达给那些正在进入群体生活的成员，社会就不能幸存"[②]。

此外，杜威分别论述了正式教育和非正式教育的功能、内容与形式。认为随着文明的进步，知识的增多，"游戏性质的模仿"越来越不能传递社会的经验。为了完成社会的传承，需要由专业人士组建的正式教育机构以进行专门的教育活动。教育哲学的功能是通过理论的探讨来促使个体在正式和非正式的教育环境中保持两者之间的平衡。

再者，在《民主主义与教育》一书中，杜威提倡儿童中心论，这表面上是否认教师在教育教学过程中的主导作用，实际上是对教师如何做到因势利导的教育、教学提出了更高的要求。正如欧兹门所指出的："实用主义哲学家要求，优秀的教师必须具备——博大精深的知识，了解影响学生生活的问题，知道如何组织和引导学生进行调查，了解心理学的发展和学习理论，能够为学生的学习提供一个支持性的环境，并且准确理解学校和社区中可以用来教和学的资源。"[③]

实用主义的哲学和实用主义的教育哲学在哲学界和教育界都留下了较大的影响，但到20世纪中叶就受到了许多批评。归纳起来主要有这样几个方面：一是过于强调人对环境的被动适应和消极适应，忽视了人在改造世界、改造环境过程中的主观能动性；二是过于实用性的教育、教学破坏了学科知识内在的系统性和逻辑性，把一些严密的学科弄得支离破碎；三是机械的习惯性行为训练有违复杂的认知发展规律，扼杀了创新思维和创新能力；四是过于工具化的实用倾向有碍于受教育者对美好的向往和对真理的追求。

---

① 赵祥麟，王承绪，编译.杜威教育论文选[M].上海：华东师范大学出版社，1981.
② 同上.
③ Ozmon, H. A. & Crawer, S. M..教育的哲学基础[M].第七版.石中英，邓敏娜，等译.北京：中国轻工业出版社，2006：149.

应该说，无论是詹姆斯的《与教师的谈话》，还是杜威的《民主主义与教育》，的确都比较系统地表达了他们与机能心理学思想一脉相承的教育哲学。虽然两者都没有专门谈到特殊教育的问题，但作为实用主义的教育哲学对特殊教育至少提供了下面五点启示：

一是机能主义对经验的理解和机能学派的意识功能学说，说明了教育在人类个体和群体生存与传承中的重要地位和作用。这使我们感到，对那些身心障碍儿童来说，更有必要获得良好的正式教育以增加他们对环境的适应能力。如果身体健全的人生活在现代社会，还会因为缺乏教育而感到无所适从和缺乏自信，那么，对由于身心障碍本身就有适应困难的残疾人来讲，如果没有接受良好的教育，既没有知识和经验的积累，又没有形成良好的有效的行为习惯，将如何自食其力地生存，如何摆脱被时代抛弃的厄运？

二是实用主义教育哲学中阐述的本能与习惯学说，一方面说明本能的自动性和不学就会的特点，更主要的是指出本能同样受经验的影响而发生一定的改变，而习惯的形成有可能改变对某些本能性行为的偏爱。良好的习惯可以增加行为的兴趣，减少疲劳。在特殊儿童的早期干预和训练中，良好有效的行为习惯训练更是很有必要，因为这可能从行为的改变引起神经活动的改变。实践也多次证明，对特殊儿童的后期干预和训练，与早期干预和训练相比，往往只能收到事倍功半的效果。

三是詹姆斯的教育哲学提出了意识流的概念，强调自我意识的调节作用。尽管实用主义教育提倡良好的行为训练和习惯的养成，但对训练和教育两个不同的概念进行了比较严格的区分，认为训练是让被训练者形成一种神经性的动力定型，而教育主要是使受教育者形成一种良好的意识，尤其是自我意识。意识作为经验和知识的积累以及目的性的排列组合，在人适应环境的过程中发挥指导作用。这就提醒我们，无论是在普通教育中还是在特殊教育中，都不能简单地将训练与教育混为一谈。在特殊教育中，更需要慎重地处理好康复、训练和教育之间的关系，任何偏重于训练而轻视教育，或者重视教育而忽视康复和训练的做法都是不可取的。

四是充分认识到人与人之间的沟通和交流是个体获得和拓展经验的主要途径，而个体获得的经验只有转化为某种适应社会和改造社会的能力时才能检验这些经验。基于这样的考虑，封闭式的、隔离型的特殊教育是很难完成社会传承任务的，使特殊儿童回归主流，推行特殊教育和普通教育相互学习、相互促进的融合教育是一种更符合现代教育原理的做法。

五是强调教育的社会性，关心社会的改造，把学校看成是改良社会的试验园地。杜威强调学校不能脱离社会，但也不是一个单纯的职业培训中心，而是一个教会学生为了一个共同的目标合作共事的地方。因此，教育不是仅仅传授知识和技能，而是促进学生的全面发展，培养有是非感、有责任心的公民。

在近代西方教育哲学家中，杜威与近代中国教育家有更多的联系。杜威的哲学思想与教育理论对中国近代社会和教育都产生了很深远的影响。中国近代新教育运动的领军人物胡适、陶行知、陈鹤琴都师承于杜威。他们都结合中国的本土文化和社会实际，通过自己长期的理论探讨和教育实践，形成了一系列新的教育理论与模式，共同开创了中国近代民主主义教育发展的新纪元。

三、改造主义哲学与特殊教育

改造主义哲学(Philosophy of Re-constructionism)严格地讲，可能算不上是一个独立的哲学派别,而是实用主义哲学中一个分支,但由于改造主义教育哲学主张教育既要保持人类一切优秀的文化遗产,又要踏着时代的步伐前进,在传承和开创中反映出科技的进步和社会的改革,在美国20世纪中叶的确产生了一定的影响,值得专门加以讨论。

改造主义教育哲学的主要代表人物是布拉梅尔德、康茨和谢恩等人。布拉梅尔德(Theodore Brameld,1904—1987)是一位持折衷主义和改良主义态度的哲学家。他主张用变革的方法来贯彻实用主义教育哲学原理,与此同时,还要兼顾要素主义和永恒主义教育哲学的成果,将精确的事实分析和永恒的教育理念融为一体。他的教育哲学主要是从人的发展和社会的变化出发来重新审视教育的目标和价值。他认为,面对生产能力空前增长和潜伏着巨大危机的现代社会,应该通过加强和发展教育来消除民族偏见,建立世界性的政府和全球性文化,共同维护国际秩序与世界和平。他明确地指出,培植人们民主的价值观,并在这种价值观的指导下,控制自己的行为和影响其他人的行为是实现上述改进社会的有效途径。下面我们就康茨《学校敢于建立一个新的社会秩序吗》和谢恩《为明天教育青年一代》来更多地了解改造主义教育哲学的基本观点。

(一)康茨与《学校敢于建立一个新的社会秩序吗》

康茨(George S. Counts,1889—1974),作为一位职业教师,曾在美国一些大学任教,受杜威哲学思想的影响较深。他曾经考察过苏联的教育,也从苏联的教育改革中进一步认识到教育在社会变革方面可能起到的巨大作用。一本广为流传的著作《学校敢于建立一个新的社会秩序吗》,集中阐述了康茨一些激进主义的教育观点。

首先,他反对学校关门办学,成为主动地灌输和被动地接受知识的场所。他认为教育应该勇敢地面对现实,努力着手解决现实的社会问题,并形成不断革新的观点和理论。那些不愿意深刻地认识和理解社会,回避现实矛盾的教育是应该受到批评的。其次,他认为,所谓"完全的学校中立"是一种错误见解,既不可能做到,也没有必要实现。他主张在培养人的过程中,学校要联系实际,要和学生的家庭保持联系,共同帮助学生形成正确的价值观,培养他们具有好的信念和情操。再者,康茨强调教师在教育中的主导作用和影响力。他认为,如果教师能充分地发挥自己的智慧和勇气、不断地扩大自己的视野,在某种程度上,就能成为社会改革的推动者。教师不应该只是传授知识和真理,更重要的是引导学生探讨和追求真理,积极地影响学生的社会态度,培养他们关心社会、改造社会的理想和信念。用他的话来说:"既然教师的职业既包括高层次的科学家和学者,也包括在各级各类教育体系中工作的教师,那么,他们就应该运用各个时代的知识与智慧。"[1]再者,康茨反复地提醒人们,现代化社会中面临着能源危机、信任危机、贫富差距悬殊、失业威胁加大等多重危机和矛盾。一方面,建立在科学、技术发展基础之上的现代生产力,使人们对自然的控制远远超出古代人的想象,这便为建立理想的社会提供了物质基础;另一方面,理想和现实形成了更大的反差,商品的极大丰富却伴随着贫困、痛苦和饥饿,用欲望煽动起来的贪得无厌开始吞噬人的理智和良知。从物质生产的能力来看,人们完全摆脱了生活必需品的奴役,如果好的教育能更好地启发人们的社会责任和良知,我们就有可能更人性化、合理化地实现现代文明。

---

[1] Ozmon, H. A. & Crawer, S. M.. 教育的哲学基础[M]. 第七版. 石中英,邓敏纳,等译. 北京:中国轻工业出版社,2006:192.

(二)谢恩的《为明天教育青年一代》

《为明天教育青年一代》(Learning for Tomorrow)一文节选于阿尔温·托夫勒主编的《未来的冲击》(Future Shock),书中描绘了许多现代社会已经暴露出来,今后还有可能加重的社会问题,例如,环境的污染、能源的危机、竞争的加剧、压力的增加而引发的许多身心疾病等等。为了能面对未来的冲击,有效地解决这些问题,托夫勒主张着眼于教育改革。谢恩也和其他改造主义者、未来学家一样,寄希望于未来一代的教育。[①]

首先,谢恩阐述了未来导向或未来化的教育思想。他以小学阶段的教育为例,说明未来化的教育应该帮助儿童寻找未来世界的形象,包括未来世界中可能出现的自我形象,形成正确的自我认同。在此基础上,教师要进一步帮助学生通过积极参与来产生一些符合未来形象的行为变化,找到自己在未来世界中的定位,保持个体和社会共同的可持续发展。

其次,谢恩还提出,未来教育并不提倡教育中的"绝对平均主义",认为这样做会导致平均主义的智力贫困。相反地,应该在承认个体差异的情况下学会接受自由的限度和利益。为了适应知识的成倍增长,未来教育主张彻底地改变传统的填鸭式的教学方法,帮助学生主动探索知识和解决问题;课程应该关注未来,学习内容要适当增加,学习速度要适当加快。

再者,谢恩特别强调学校应该处于社会变革的前沿,减少规范性的"新教伦理"行为所带来的压力。这里所说的"新教伦理"行为是指过多的家庭作业和频繁的考试。由于未来社会对人们的适应性和灵活性提出了更高的要求,未来化的教育应该是着眼于自我实现的教与学,按照一种标准的模式来培养人是不合时宜的,必须真正地贯彻因材施教的个性化教育、教学。

最后,谢恩认为,在现存体制和传统教育观念的指导下,单纯地批评学生表现不佳,学校和教师工作不到位是不公平的,社会必须再一次为目前学校教育的不尽如人意而承担应负的责任,面向未来进行全面的教育改革。

从上述简单的介绍,不难看出,尽管改造主义教育哲学有些乌托邦式的色彩,但面向未来,立足现实的教育改革的精神是值得提倡的。然而,改造主义教育哲学同样也受到来自不同渠道的批评。有的认为,改造主义的观点过于激进和轻率,社会的变革是一个循序渐进的过程,教育的改革也应该非常谨慎,不能从一个极端走到另一个极端。有的认为,改造主义教育哲学提出了一些问题,但缺乏解决问题的具体方法和实施手段,就拿"建立世界性的政府和全球性文化机构"为例,可以认为联合国是目前在世界上接近这一目标的国际性机构,但作为最高的国际组织,它在制止战争、解决国际冲突、救济贫困等方面的力量还是非常有限的。

尽管改造主义哲学和教育哲学都很少专门讨论特殊教育的问题,但我认为,改造主义教育哲学对特殊教育的发展仍有一些启发:

一是强调了良好的教育需要良好的教育环境,而良好的教育环境也需要教育的力量来改造和营造。特殊教育也应该和普通教育一样,不能关门办学,实现封闭性的教育,而是要密切联系实际,面向社会,放眼未来,积极地参与和推动社会变革,主动地承担改造社会的

[①] Ozmon, H. A. & Crawer, S. M..教育的哲学基础[M].第七版.石中英,邓敏纳,等译.北京:中国轻工业出版社,2006:196.

责任。

二是好的教育应该是针对学生的具体情况的因材施教,既不能用过多的家庭作业和频繁的考试来制约学生,也不能搞"绝对平均主义"。因为,"绝对平均主义"的确有可能导致平均主义的智力贫困和不求上进。对特殊教育来讲,由于教育对象身心条件、智力水平都参差不齐,更应该根据个人的实际情况进行个别化教育。

三是与普通教育相比,特殊教育更加集中地反映了多元文化和国际组织对教育发展的影响,除了教师和学校的努力之外,特殊教育的发展更需要全社会的理解和支持,其中,也包括国际社会的支持,近几十年来,国际上先后签署的有关残疾人事业和发展特殊教育的国际公约更具体地说明了这一点。

四、行为主义与特殊教育

行为主义(Behaviorism)是美国现代心理学中的一种著名的心理学学派,但因其在当代世界教育中,尤其是在特殊教育中产生过很广泛的影响,故也不失为一种有代表意义的教育哲学思想。行为主义的最突出的特点是将外显的行为作为心理学的研究对象,排斥对意识和心理内部加工过程的研究。行为主义教育心理学认为,教育的过程就是确定明确目标后,通过正负强化的方法进行行为训练的"行为工程"(behavioral engineering)。倡导行为主义最有影响的人物是美国的心理学家华生、斯金纳。

倘若追根溯源,行为主义的哲学基础是根植于唯实主义、实证主义、逻辑实证主义,当然与实用主义也有一定的内在联系。

如前所述,唯实主义(realism),也被译成"实在主义"和"实在论",作为一种西方哲学思潮,是与"唯名论"对立的,在古代、中世纪和近代哲学中有不同的含义和不同的表述。古代的唯实论是指柏拉图以理念论为基础的极端唯实论和亚里士多德以形式质料说为基础的温和唯实论思想;中世纪的唯实论是指以托马斯·霍布斯(Tomas Hobbes,1588—1679)为代表的英国机械唯物主义的实在论。托马斯·霍布斯生前曾结识笛卡儿、伽利略等著名的哲学家,曾担任过培根的秘书和英王查理二世的老师。作为一个唯物主义倾向的唯实主义哲学家,他认为整个世界都是由物体组成的,哲学的对象也应该是研究物体和物体的广延性。他把自然界看成是一部大机器,而人则是其中的一部精密的小机器。新实在论(new realism)者是指以霍尔特(Edwin Bissell Holt 1873—1946)、培里(Ralph Barton Perry,1876—1957)等人为代表的一批"中心一元论"者,他们认为世界是由既非纯粹的物质,也非纯粹的意识的"中立实体"构成的,从而把意识的对象和意识的活动混为一谈。他们强调哲学只须研究认识主体和被认识的客体之间的关系,而不必理睬主体和客体的终极性质。

实证(positive),作为一个哲学术语,包含明确、精确、实在、可验证、可重复等多重含义。19世纪法国的圣西门首先提出实证主义(positivism)的概念,用来说明实验科学的特点。后来,由奥古斯特·孔德开创实证主义哲学,并使其成为19世纪在欧洲各国很有影响的一个哲学流派。实证主义哲学强调经验事实和科学方法的价值,反对"形而上学",主张从心理学、逻辑学和生物进化论中来研究人的根本问题和一切现象,认为只有可以证实的事实、即感官直接感觉到的经验和现象才可以进入人的认识范围,科学研究的任务只是描述这些经验、现象之间比较稳定的前后次序和相似的关系,即所谓的"规律",至于其他思辨的观念和抽象的推理统统应该被排除在实证科学之外。正是基于上述考虑,孔德认为哲学也应该按照这种实证的要求来找出不同科学之间的关系和联系规律,并用来指导人的行为和解决一切社会问题。孔德由此创立了实证社会学、实证宗教学等社会科学。实证主义的唯物主义倾向吸引了后来许多哲学家和科学家的关注,一些新实证主义者提出的功利主义的伦理道德观、生存竞争的社会达尔文主义以及逻辑实证主义、实用主义等都与实证主义哲学有密切的联系。

逻辑实证主义(logical positivism),也称逻辑经验主义,最初由维也纳学派的费格尔(HerbertFeigl,1902—)在1930年召开的第七次国际哲学家大会上提出,得到许多学派的接受和认同,在20世纪30—70年代,成为在西方广为流传的哲学思潮。有的学者认为,逻辑实证主义是对现代自然科学的发展进行哲学反思的产物,其主要的思想来源于休谟的经验主义、孔德和马赫的实证主义、罗素和费雷格的逻辑原子主义以及维特根斯坦的反形而上学观点。逻辑实证主义的主要观点是认为哲学是一种以获得和确立科学知识体系为己任的分析活动,而这种分析活动又是以数理逻辑为工具,针对人工的科学语言来进行的。逻辑分析根据实证原则授义,认为只有那些可由经验证实的命题才是有意义的命题,也只有一些有意义的命题才能构成形式化的科学知识体系。客观地说,作为一个科学研究的方法论,努力将逻辑实证与逻辑分析相结合的逻辑实证主义对现代科学哲学的形成和发展产生较大的影响。

(一)霍布斯的《利维坦》

只要我们仔细阅读托马斯·霍布斯写的《利维坦》(Leviathan),又名《国家的质料、形式和动力》(the Matter, Form and Power of a Commonwealth Ecclesiastical and Civil),就不难看出,尽管当时的科学还没有能够对脑和心脏的功能作出清晰的区分,但他的机械唯物主义的实在论,的确为后来行为主义哲学的兴起奠定了基础。

首先,霍布斯认为人的表象和思想都是来自于感觉,都是外界压力刺激感觉器官的结果。但在他看来,感觉和记忆都只是关于事实的知识,而理性要通过学习,即通过语言的正确运用,采用演绎法从一个推断到另一个推断才能获得,这也就是学识的形成过程。所以,他认为"人类的心灵之光就是清晰的词语,但首先要用严格的定义去检验它,清除它其中含混的意义,推理是步伐,学识增长是道路,而人类的利益是目标"[①]。其次,霍布斯很重视激情的作用,认为自觉运动,也就是有目的有意向的活动都需要激情的参与,而最能引起智慧差异的激情除了个性因素外,就是对权势、财富、知识和名誉的欲望。一切心理运动的稳定性和敏捷性都与欲望有密切的关系。这在某种意义上说明了不同的情感对行为的正、负强化作用。三是强调自由的作用,认为自由是指一种宽松的环境,它有利于人们发挥自己的力量。他强调人的理性有可能帮助人们通过契约的方法来建构理想的社会。不难看出,行为主义的心理学思想和教育哲学与霍布斯在《利维坦》中阐述的思想有密切的内在联系,但行为主义在机械唯物主义和生物还原论方面似乎走得更远,理论更为偏激。

(二)华生、斯金纳与《超越自由与尊严》

从哲学的角度,将行为主义的心理学和教育密切结合并形成一种教育哲学派别的是美

---

① Ozmon, H. A. & Crawer, S. M.. 教育的哲学基础[M]. 第七版. 石中英,邓敏纳,等译. 北京:中国轻工业出版社,2006:224.

国的华生和斯金纳。华生(John Broadus Watson,1878—1958)是一个坚定的行为主义者,从 1913 年在《心理学论坛》上发表了《行为主义所见的心理学》一文到 1919 年《行为主义的心理学》的出版,当然也包括他就任美国心理学会主席期间,逐步地形成了比较系统的行为主义观点。华生提倡心理学应该成为一门"纯粹客观的自然科学",主张"放弃与意识的一切关系",只是"研究人和动物的行为"。华生认为,行为便是有机体应付环境的全部活动,具体地体现为刺激(S)和反应(R)的关系,心理学的任务应该研究刺激和反应之间如何建立联系的规律,并用这些规律来预测、建立和改造人的行为。华生后来也把复杂的刺激称之为情境,将反应分成内隐和外显两种形式,尽管如此,这仍是非常简单地认识和处理人的行为,始终没有摆脱机械唯物主义的束缚。在教育问题上,华生的环境决定论、教育万能论产生了广泛的影响。最集中地体现在他曾经说过的那段话:"给我一打健全的婴儿和我可以培育他们的特殊世界,我就可以保证随机选出任何一个,不问他的才能、倾向、本能和他父母的职业和种族如何,我都可以把他训练成为我所选定的任何类型的特殊人物如医生、律师、艺术家、大商人或甚至乞丐、小偷"。[1]

新行为主义的杰出代表是斯金纳(Burrhus Frederick Skinner,1904—),长期担任哈佛大学心理学教授,由于他创制了用于操作性条件反射研究的斯金纳箱(即动物学习实验的自动性装置)、设计了程序教学方案、开创了行为矫正术等,曾获美国心理学会杰出科学贡献奖(1958)、美国政府的国家科学奖(1968),是当代在美国最有影响的行为主义学派的心理学家和教育家。作为新行为主义者,他一方面继承了行为主义的基本原理,严格地按照 S—R 模式客观地研究动物和人的行为;另一方面,他又进一步把行为划分为应答性行为和操作性行为,并认为后者是心理学研究的主要对象。他把从操作性条件反射研究中总结出来的原理应用到教学之中,设计了编程教学(programmed instruction)。这种小步子循序渐进的教学原理与奖励机制和计算机相结合起来,的确在某些课程的学习过程中收到了较好的成效。此外,斯金纳还运用行为控制的原理,创造了一整套行为矫正的方法(behavior modification),广泛地运用到教育、管理、康复部门,尤其是应用于对智力障碍学生的教学和行为障碍儿童的康复,并收到明显的效果。到目前为止,行为矫正仍然是特殊教育中康复教育和早期干预的主要方法之一。但随着认知心理学的兴起,人们对这种将教育教学过程简单化和忽视人文精神的影响的行为主义理论也越来越表示怀疑并提出了尖锐的批评。下面我们就斯金纳的《超越自由与尊严》一文来了解斯金纳的心理学和教育学思想。[2]

斯金纳在《超越自由与尊严》一文中,从几个不同的角度阐述了他的行为主义哲学指导下的教育观。首先,他揭露了那些传统教育中所谓对人的自由和尊严的维护的虚伪性。认为传统教育如同知识的助产术、精神的助产术或道德的助产术那样,即使不是放任自流,也是一种不敢承担责任,不愿意冒风险,有行为干预但没能达到控制目标的教育。他明确地指出,我们都是生活在一个相互制约的世界,一个人不可能成为真正的自由人,关键的问题是如何在正负强化中学会正确的行为。然后,他用比较的方法,讨论了几种不同原理的相倚性

---

[1] Watson,J. B. Psychology[M]. 2nd. New York:Norton,1930:82.
[2] Ozmon, H. A. & Crawer, S. M.. 教育的哲学基础[M]. 第七版. 石中英,邓敏纳,等译. 北京:中国轻工业出版社,2006:229.

联系和不同的显性和隐性的控制方式。最后,他提出了基于行为技术原则的控制设想,并认为一个好的教师应该掌握这种及时强化的有效的行为控制方法。

行为主义教育哲学的确说明了一些问题,总结出人类学习和行为发展的一些规律。比较而言,行为主义的原理和方法在特殊教育中的使用最为广泛。在对智力障碍、听力障碍儿童的言语训练,对盲童的行走训练以及对其他类型障碍儿童的行为训练中,都大量地采用行为主义的矫正和训练方法,并取得了一定的效果。尽管条件反射的原理是实际存在的,行为技术的控制也有一定的合理性,正负强化的作用也是真实的,小步子程序教学对某些接受能力较差的儿童也是行之有效的,但应该看到,学习是一个非常复杂的,知、情、意相互作用的过程,人的成长和教育是由多重因素构建的。用某一种简单的原则来概括复杂的现象,用局部使用的有效方法来解决更大范围的问题,就难免有许多牵强附会之处。尤其是随着认知科学的发展,人们对内部认知过程和大脑信息加工过程的关注,行为主义哲学受到更多的批评也就在所难免了。

第2节 后现代的西方哲学思想与特殊教育

从词源上来理解,所谓后现代(post-modern)应该是针对现代(modern)而言的,但似乎很难进行严格的时代划分。正如王治河在《扑朔迷离的游戏——后现代哲学思潮的研究》一书中指出的:"如同充满歧义的'后现代主义'概念一样,哲学上的后现代主义至今也没有一个公认的定义。但是,有一点是明确的,那就是:后现代哲学所讲的后现代(post-modern)主要不是指'时代化'意义上的历史时期,而是指一种思维方法。"[1]此外,他还在此页的脚注中写道:"他们(指后现代主义哲学家)也主张抹掉哲学与文学的界限,因此诸如'后现代主义哲学'这种提法,他们是不会赞成的,但我们不是后现代主义者,因此,似乎大可不必遵循他们的游戏规则。"

后现代主义哲学(Post-modernism Philosophy)是20世纪在欧洲发展起来而且在世界范围内都产生广泛影响的思潮,其突出的特点仿佛就是对以往的各种传统的哲学思想,包括古典哲学和现代哲学,进行了近乎全盘的否定、批判和挑战。作为一种带有时代标志的思维方法,的确有独特之处。其代表人物的思维方式、鲜明的批判态度和入木三分的犀利,的确又给人留下深刻的印象。但是,作为一种思想体系,其观点很不统一,界限也不太清晰,或者可以说根本就没有形成系统的思想体系。一般认为,这一思潮的代表人物包括先驱者,超人哲学的倡导者尼采(Froedrocj Wilhelm Nietzsche),作为理论中坚的福柯(Michel Foucault),存在主义者海德格尔(Martin Heidegger)、萨特(Jean Paul Sartre),解构主义者德里达(Jacque Derrida),新实用主义罗蒂(Richard McKay Rory)等人。以维特根斯坦(Ludwig Wittgenstein)为代表的分析哲学是否可列入后现代主义哲学,似乎尚有争议。

但总的看来,这一思潮的主要特点就是站在反传统的立场上,反对一元论,提倡主体和客体的二元论;把知识也看成是一种相对的、有局限性的、非稳定的发展过程,但又追求认识的确定性、明晰性、解构性、普遍性和整体性。在社会、文化和教育思想方面,比较强调人本

---

[1] 王治河.扑朔迷离的游戏——后现代哲学思潮的研究[M].北京:社会科学文献出版社,1998:4.

主义,反对向自然索取的技术主义,支持社会变革和教育的多元性。

从思想的共鸣上来看,尼采这个从现代到后现代的转折性代表人物堪称后现代主义哲学的先驱。他出生于普鲁士的一个牧师家庭,自幼天资聪慧,但因5—6岁期间,先后失去父亲和弟弟,产生了一定的精神创伤。青年期考入伯恩大学,学习神学和古典语言学,毕业后成为一名年轻的古典语言学教授。但叔本华的非理性主义和人本主义思想把他引进了哲学的殿堂,他28岁完成了第一本哲学著作《悲剧的诞生》。1889年,也就是45岁时,尼采不幸染上精神病,而且不断发作,直到56岁离开人世。尼采的哲学思想是复杂和深刻的,这里只能简单地归纳为三个方面:一是对酒神意识的解读,认为人生的悲哀可以通过意识来进行排解,用人的理智静观(日神)来解除原始生命的苦难(酒神)和狂乱;二是从实用主义的知识观出发,提出了权力意志的概念,认为知识是一个以生命需要为基础的解释过程,是实现权力的工具;三是提出了"重估一切价值"的口号,否认普遍的统一的道德体系,提出了主人道德(独立型)和奴隶道德(服从型)的对立,并提倡有自我克制能力的超人哲学。总的来说,尼采童年的经历、悲观主义的底色和与命运抗争的顽强造就了他独特的精神风貌和深刻的思想,他能成为后现代主义哲学的先驱,足可看出他的哲学思想对后人的影响。他的主要著作除了《悲剧的诞生》外,还有《快乐的知识》(1882)、《善恶的彼岸》(1886)、《道德的谱系》(1887)、《强力意志:论重新估价一切价值》(1900)等。

据《哲学大辞典》介绍,米歇尔·福柯是法国现代哲学家、历史学家。1948年毕业于巴黎高等师范学校哲学系,后又攻读心理学和精神病理学,1961年,题为《疯狂与文明》的博士论文被评为当年哲学优秀论文并获得博士学位。1963年任巴黎大学哲学教授,1970年被聘为法兰西学院历史和思想体系教授。福柯的研究领域比较广,涉及到哲学、历史、精神病学、自然科学史、经济学等许多学科。他的历史观极力反对采用生产方式和时代精神的历史分期法,认为历史是一些结构的交替。他的政治观认为权力和知识是共生体,权力可以产生知识,知识也可以给人提供权力;权力既有消极的压制功能,也有积极的创造功能,权力的运作是一种自下而上和自上而下的双向运动。他和许多后现代主义哲学家一样,不承认某种单一的文化传统和思维模式可以作为元叙事(metanarrative),也不承认有什么普遍的真理可以概括人类的全部经验。他和许多正统的哲学家不同,特别关注疯狂、疾病、犯罪、同性恋等现象并从中揭示出深刻的哲理。他的主要著作有《疯狂与文明》(1961)、《医院的诞生》(1963)、《词与物》(1966)、《知识考古学》(1969)、《话语的次序》(1971)。

德里达(Jacques Derrida,1930—2004),法国哲学家,解构主义代表之一,生于阿尔及利亚,在法国和美国读书,长期任教于巴黎高等师范学校和美国大学,1992年获剑桥大学哲学荣誉博士学位。他研究的中心问题是文字与语言结构的关系,提出了言语中心论。在后现代主义思想方面的主要贡献是对哲学和文学的作用等问题提出了新的看法,即动态文本理论。德里达认为,人们追随二元对立的意义等级程序,形成了正确与错误、是与非、好与坏、生与死等成对的词语,又反过来用这种词语来表达和巩固内在的、永恒的结构程序,因此,必须通过"解构"的方法来反对这种由形而上学带来的内隐的"霸权"。大家知道,从柏拉图开始,就对哲学和文学作了严格的区分,但德里达认为这种区分是没有意义的,每一个作品的意义都要参照整个的文字系统和文化系统来理解。不难看出,德里达的哲学观点也和许多后现代主义哲学家一样,体现出对自由精神的追求,对传统的反叛,但也同样包含着许多矛盾和含糊不清。他主要的著作有《论文字学》(1967)、《声音与现象》(1967)、《播撒》(1972)、《哲学的边缘》(1972)等。

一、存在主义与特殊教育

当第一次世界大战的硝烟还未在德国和欧洲的上空散尽，一种新的后现代哲学流派——存在主义(existentialism)却悄然地产生。这个学派通过对欧洲文明和战争失败的反思，强调了人的本真的存在(生存)，并由此来揭示一切事物存在的结构与意义以及人与世界的关系，认为一切哲学的问题归根结蒂都是属于人的存在问题。存在主义哲学于第一次世界大战后在德、法两国形成，二战后在世界许多国家都产生不同程度的影响，主要的代表人物有海德格尔、卡尔·雅斯贝斯(Karl Jaspers)、让-保罗·萨特等人。

存在先于本质(existence precedes essence)是存在主义的研究命题和基本原则，即认为人的存在是一种特定的状态。萨特对这一原理的解释是：其他的物体，尤其是人造的物体是可以被预先设计和确定的，是本质先于存在；而人却不同，是通过领会、筹划、选择来获得本身的规定性，所以是存在先于本质。人们无法用固定的人性来说明人的行动，人必须通过不断地自我设计、自我造就、自我超越来展示和证明自己的存在，能实现多少就有多少存在。

从思想渊源来看，存在主义哲学是久已存在的非理性主义思想的继续和发展，反对实证主义和行为主义，更接近德国尼采的唯意志论和超人哲学。但是，存在主义也不赞成把人的非理性的情感、意志作为可以派生万物的本原性存在，而是采用胡塞尔现象学的方法，把人的真正存在还原为意识的指向性。换言之，存在主义也认为，意向活动可以发现甚至规定世界的存在，但并不能派生出世界的存在。那么，如何把握人的本真的存在呢？存在主义认为，不能通过理性和思维的认识途径，而是要通过揭示人独特的生存结构和存在方式，包括对孤寂、畏惧、迷茫、绝望以至死亡的体验来揭示人的真正存在。

存在主义并不像传统哲学那样，具有清晰的概念和系统的知识体系，但由于存在主义强调人的主观能动性，对其他学科的理论发展产生了一定的影响。例如，存在主义社会学、存在主义人类学、存在主义艺术学、存在主义心理学等与存在主义哲学思想密切相关的学科在20世纪纷纷而起。尤其是存在主义的教育哲学和存在主义精神病学针对现代社会人的发展与教育问题，提出了一些有益的探索。

存在主义的教育哲学认为教育的目的是为每一个具体的人服务，发展自我认识和自我责任感。好的教育应该帮助学生做出正确的选择、筹划和设计自我，更好地体现自我价值。在课程设置方面，存在主义教育反对以学科为中心，主张教师多采用启发式教学，帮助学生通过自我思考、自我学习增强解决问题的生存能力。存在主义的教育哲学也包含与其哲学观点一脉相承的伦理学思想，认为自由应该是人的存在方式。人的自由是值得敬畏和珍惜的，为了获得和捍卫自由，应该舍得付出必要的代价。一个真诚的人，就应该勇敢地面对人的生存状况，为自己的道德选择负全部的责任。

存在主义精神病学(existential psychiatry)，根据存在主义"存在就是虚无"的观点，认定任何人都无法彻底摆脱孤独、恐惧和死亡，人也只有在极度苦闷和死亡边缘的状态下才可能会意识到虚无本身。按照这种观点，他们认为主观上时间体验的停滞不前就可能演变成忧郁症，对世界看法失常就可能导致偏执狂，长期停留在节日的狂欢就可能导致狂躁症。但这些理论由于缺乏自然科学,尤其是病理学方面的支持,并没有得到广泛的认同。

存在主义心理学(existential psychology)是以存在主义的哲学思想为基础的心理学派,除了上述的存在主义精神病学派这种集中于病态心理的讨论之外,还有一种是集中探讨健康心理的学派,即人本主义心理学。人本主义心理学的主要代表是卡尔·罗杰斯(Cart Rogers)和亚伯拉罕·马斯洛(Abraham Maslow)。人本主义心理学,作为"心理学的第三势力"对现代教育心理学、管理心理学和社会心理学也产生了很大的影响。

人本主义心理学的领军人物罗杰斯坚持个体心理学的研究,认为心理学应着重对人的价值和人格发展的研究,他在强调主观知觉、移情、自我选择、自我控制和自我实现等感念的同时还提倡客观的研究方法。罗杰斯把自我实现、自我完善作为人格发展的动力学基础,相信人总是朝着自我实现、成熟化的方向发展的。另一位人本主义心理学的领军人物马斯洛提出了著名的"需要层次理论",先是认为人的全部需要可以分成五个层次,即生理需要、安全需要、从属和爱的需要、尊重的需要、自我实现的需要,在他晚年时期又增加了两个高层次的需要,即求知的需要和美的需要。他把这七种需要分为两个部分,认为前四个层次的需要是缺乏性需要,只有感到缺乏时才会采用填补的方法去满足,而后三层需要是特质性需要,是高度发达的智能动物的人才可能具备的需要,这种高层需要的满足是为了实现人的潜能和理性的追求。尽管人本主义心理学在吸收当代自然科学的研究成果方面做得很不够,但在其充分考虑到社会历史文化对人的心理的影响和重视人的潜能、动机和健全人格的培养。

(一) 萨特的《存在主义是一种人道主义》

萨特(Jean-Paul Sartre,1905—1980),是法国哲学家中存在主义哲学的代表人物,二战期间,曾积极参加反法西斯运动,曾担任法国《人民事业报》社长,《革命》月刊主编,欧洲作家联盟主席,世界和平理事会理事,1964年曾谢绝接受诺贝尔文学奖,明确地表示"谢绝一切来自官方的荣誉"。哲学思想上,他受胡塞尔和海德格尔现象学思想的影响,提出了"现象学的本体论",认为意识的存在,包括自在意识(意识之外的客观)和自为意识(人的意识存在),便是一切存在意义的基础。主要的哲学著作有《想象》(1936)、《存在与虚无》(1943)、《存在主义是一种人道主义》(1946)、《辩证理性批判》(1960)等。作为一个多才多艺的著作家,他在文学、艺术、戏剧等方面都留下丰富的著作。

《存在主义是一种人道主义》是萨特对自己信奉的存在主义思想的辩护和存在主义主要思想的阐述。首先,萨特回答了主要是宗教信仰和人道主义这两个方面对存在主义的责难。他明确指出,世界上存在两种存在主义,一种是基督教存在主义,另一种是无神论的存在主义。两种存在主义都有一个共同点,就是相信存在先于本质,或者通俗一点讲,就是创造物先于存在。萨特坦率地申明自己是无神论的存在主义的代表,他认为世界上根本不存在设定人性范本的上帝,也不存在古典哲学中倡导的普遍人性。人的生存状态的现实是,先有了人,才有人的本质特征。人被抛到这个现实的世界之前,上帝没有预设他的意义,古代哲学中的理念王国也没有预设他的意义。因此,人便是真正的实体(human reality),世界上的一切,包括人的本身都得靠人自己来选择和建构。人就是人,人获得本质的过程也就是自我设计和自我造就的过程,人只有打算成为人时,他才能作为人而存在。上述就是萨特所阐述的人的主体性。接着,萨特认为,人主动建构的发挥程度,取决于他生活的自由度,但这种自由度并不表示可以随心所欲地以自我为中心,而是恰恰相反,它来自于高度的责任感,不仅是对自己负责,而且要对社会负责。用萨特的原话来说,就是"人对自身是有责任的,并不意味着对他仅仅是对他的个体性有责任,他对整个的人类也是有责任的"①。正如萨特多次指出的,存在主义将人的主观性和自由作为人的存在研究的出发点,特别强调人在世界万事万物中的独特地位以及人的自决能力,也是为了"确保所有的行动和真理应用于环境和人的主观性当中"。只有积极地参与社会,才能在现实中找到自己存在的价值感。

总的来讲,通过这篇文章,我们对存在主义哲学的主要观点有了更多的了解,在倾听萨特本人书面申辩的同时,也可能会觉得,简单地批评存在主义哲学是一种精神病态的、鼓励人们各行其是的学说是不合适的。

(二)格林的《学习情景》

如果说萨特等人更多地是阐述存在主义的哲学原理,那么麦克欣尼·格林(Maxine Greene)则是探讨如何将这些哲学观点具体地贯彻到学校日常的教育教学之中。格林把教育的可能性表述为觉醒(wide-awakeners),认为现代生活中来自于经济和其他方面的压力,呆板、忙碌的生活以及程序化、官僚化的氛围常常令人感到烦躁和窒息,当然也压制了人的意识能力和创造能力。因此,这就要求教师自己能摆脱陈规陋俗和某些不合理的规章制度的束缚,培养一种新的教育意识,成为通情达理的人,通过教育的方式来帮助人们觉醒,改善这种麻木不仁的状态,帮助学生学会概念化的思考,形成理性地洞察事物的习惯(但不是一种置身事外的冷眼旁观),以积极的心态来铸造自我和改造世界。

格林在《学习情景》一文中,首先指出了课程设计的原理是应该使学生从课程中获得意义,得到启发,激发热情。如果教学的内容仅仅是一些教条式的真理,教学方法是填鸭似的灌输,那只会使学生变得呆板和冷漠。教师的责任是通过知识的传授来启发学生深度思考,帮助他们形成正确的价值观并树立远大的理想。教师要像古代的苏格拉底那样,有智慧和勇气去展示自己的个性并影响学生的人格发展。另外,格林对如何利用学科的知识来唤起人们的觉醒和培养人的情操提出了自己的看法和建议。她认为,文学艺术和历史等人文学科能更好地唤起精神的觉醒,通过和作者的心灵对话来感受人性的光辉,帮助学生敏锐地意识到他们的存在意识,进行正确的价值选择和行动,以达到"最高程度的意识境界"②。

我认为,尽管存在主义的教育哲学和人本主义的心理学思想都没有专门地讨论特殊教育的问题,但给特殊教育的发展留下了一些发人深省的哲学性思考:

第一,至今为止,对特殊儿童的教育,尤其是对有明显身心障碍的残疾儿童的教育,教育的关注点更多的还是如何补偿他们因身心障碍而带来的缺陷,较少关注他们的精神状态,尤其是忽略了对他们良好的自我意识、责任感、创造精神的培养。相比之下,这些深层次的品质和良知对个体的发展和社会的发展更为重要。

第二,在特殊儿童的教育、教学过程中,机械的训练和干预在所难免,同时也是十分必要的,为了使盲童能获得独立行走能力,聋童掌握唇读的技能,自闭症儿童形成良好的行为模式,等等,没有长期的持之以恒的训练和干预的确是无济于事的。尽管如此,仍然要对训练

---

① Ozmon, H. A. & Crawer, S. M.. 教育的哲学基础[M]. 第七版. 石中英,邓敏纳,等译. 北京:中国轻工业出版社,2006:259.

② Ozmon, H. A. & Crawer, S. M.. 教育的哲学基础[M]. 第七版. 石中英,邓敏纳,等译. 北京:中国轻工业出版社,2006:262.

和教育做出严格的区分,绝对不能用局部的表层的训练来代替深层的、潜移默化的心灵教育。我想,最能训练自己的还是自己。存在主义的教育哲学和人本主义的心理学思想的观点尽管有许多以偏概全之处,但在人的教育中注重人的自我意识、注重高层次的需要和动机、注重人的主观能动性和创造性是无可非议的,是值得我们借鉴的。

第三,特殊教育中如何做到高科技与人文精神的有机结合是一个非常重要但又极其困难的问题。随着经济的发展,国民生活水平的提高,对特殊教育的资金投入会不断增加,教育和学习的条件会得到进一步的改善,教学与生活的硬件设施会越来越好,但是,这些并不能代替人的努力,也并不意味着我们的特殊教育就一定会办得越来越好。目前,在我国和世界范围内在普通教育中日益暴露出来的现代教育问题会不会在特殊教育中重现?如果我们用高昂的代价,用特教老师的"大爱无垠"的满腔热情教育出来的特殊儿童也会染上自私、孤僻、旁若无人、我行我素等极端个人主义的毛病,岂不令人更为痛心疾首?

格林的论述提醒我们:无论我们的教育对象是普通儿童还是特殊儿童,我们的工作对象都是人,就一定要把他们当做人来教,当然,作为教师的我们也必须是大写的人。这大概就是教师的天职对从教人士必须提出的人格要求。

二、分析哲学与特殊教育

分析哲学的代表人物维特根斯坦曾经这样说过:"哲学的迷误源于语言的误解和误用,语言的净化和澄明则能达到哲学的安宁。"①这便清楚地表明,作为20世纪逐渐发展起来的一种哲学思潮,分析哲学(analytic philosophy)是一种"语言分析学派"。分析哲学的基本假设是:目前哲学所遇到的根本问题既不是对本体论的认识,也不是对真、善、美的理解不同,而是概念含混不清而造成的种种误解和分歧。一些赞同分析哲学观点的研究者都想借助于现代逻辑的分析方法来澄清许多学科的概念和解决科学用语的问题。

实际上,几个分析哲学的代表人物,如摩尔、罗素、维特根斯坦等人也没有打算使分析哲学成为一个系统的哲学理论,只想强调语言分析是解决哲学认识问题的唯一途径。因此,分析哲学给人留下的总体印象是许多假设、观点的零散组合,而不是一种系统的思想体系,甚至于更像是一次针对哲学问题所进行的改革性运动。有关研究认为,分析哲学可以分成两个学派:一个是维也纳的"人工语言学派",另外一个是剑桥—牛津的"日常语言学派"。"人工语言学派"坚持彻底的经验主义的科学知识观,认为科学语言是人工符号语言,命题的意义应该能被经验所证实,只有事实命题和形式命题才能提供知识,而形而上学的命题既不是事实命题,也不是形式命题,而是无意义的应予以排斥的伪命题。"日常语言学派"主张针对语言问题来分析自然语言的日常用法,认为分析哲学应该治疗种种违反日常语言运用的"哲学精神病"。当然,分析哲学在主张语言分析的前提下,也形成了"逻辑实用主义"、"新实用主义"等一些不同的派别。

将分析哲学的原理应用到教育理论和中心概念的分析,便形成分析教育哲学(educational philosophy of analytical philosophy)。分析教育哲学认为通过逻辑语言分析,可以澄清教育领域的许多含混概念,明确教育内容、实现教育目标。考虑到在实际的教育教学过程

---

① 转引于韩秋红,庞立生,王艳华,著.西方哲学的现代转向[M].长春:吉林人民出版社,2007:155.

中,经常要涉及知识性质、认知过程和价值判断等问题,分析教育哲学将教育的功能分为三种意义:一是有目的地传授某种有价值的东西,二是引导学生进行有效的认知活动,三是掌握必要的技能。分析教育哲学还从分析知识的条件和认知功能上,将分析认知分为三类:即区分事实的认知、技能的认知和倾向性认知。区分事实的认知是获得命题性的知识,解决"是什么"的问题;技能的认知是获得行为、操作性的知识,解决"怎么做"的问题;倾向性认知,是选择性的判断,解决"做什么"的问题。大多数分析教育哲学的学者认为必须区分这三类不同认知的功能和理解三者之间内在的联系。举个例子来说,分析教育哲学认为,要澄清"教学"这个概念,才能知道教学的形式、教学的过程和教学的内容以及内容中隐含的实在。

(一)赖尔的《心的概念》和马丁的《从"知道那个事实"到"知道怎样做"》

赖尔(Gilbert Ryle,1900—1976)是英国哲学家,日常语义学派和分析教育哲学的代表人物。赖尔认为哲学的真正任务是"从语言的习惯用法中找出经常产生错误构造和荒谬理论的根源"。因此,赖尔的教育哲学非常注重对教育理论和实践中各种中心概念的分析,认为只有经过分析的清晰的概念才能被用来制定教育政策和指导学生的学习。《心的概念》是赖尔的代表作,他特别分析了描述心理活动的一些中心概念,如"知道"、"感觉"、"发现"等等。赖尔认为以往的哲学家就是因为没有深入分析和认清这些关键词的性质和内在含义,从而导致许多混乱的、错误的理解和表达。

美国分析教育哲学家马丁完全赞同赖尔的观点,《从"知道那个事实"到"知道怎样做"》一文就是马丁联系教育、教学问题对赖尔概念分析原理的理解和阐述。[①] 首先,马丁介绍了赖尔《心的概念》的写作背景和目的,认为赖尔是反对笛卡儿的二元论,即所谓"机器幽灵的神话";认为赖尔希望纠正自古以来唯理论的一种错误:把所有的认识都归纳到"知道那个事实",也就是说,赖尔强烈反对,对一切规则和标准的理性认知一定会先于理性行为。正是基于这种不同的观点,赖尔想要严格区分"知道那个事实"和"知道怎样做"这两个不同的语义。在马丁看来,这两个概念的语义分析和区分可以联系教学问题来说明。马丁列举了不同的实例来说明不同情况下,这两个不同的语义以及两者之间的内在联系。

这篇论文继承了语义分析学派和分析教育哲学的观点,说明了在实际生活中和复杂的教育活动中,"知"与"行"之间的先后次序和内在的关系是非常复杂的,在一定程度上,加深了我们对分析哲学学派进行语义分析的理解和在教育、教学过程中注重语言分析的实际意义。

(二)罗宾·巴罗的《"教育是什么"的问题有意义吗?》

罗宾·巴罗在题为《"教育是什么"的问题有意义吗?》一文中,运用分析哲学的方法详细地讨论了"教育是什么"的问题,通过对这篇文章的解读,也许能帮助我们了解分析教育哲学思想的追随者是如何理解和利用这种方法来揭示教育科学中的元理论问题的。

首先,罗宾强调了哲学不同于其他学科,要通过哲学程序和方法而不是内容来界定,哲学研究是一种过程参与而不是结论检验。如果有人问到"教育是什么"这个问题时,可能引发一系列的问题,如"教育"这个词有哪些含义?你认为教育是什么?这就涉及概念的正确

---

① Ozmon, H. A. & Crawer, S. M.. 教育的哲学基础[M]. 第七版. 石中英,邓敏纳,等译. 北京:中国轻工业出版社,2006:292.

性、概念的有效性和概念理解的差异性。罗宾首先肯定了概念是原则的统一,不是一种凭空的想象,也不是一种单纯的词语表达。一个集合概念如"房屋"需要从不同建筑物中概括同类的基本特征而形成。此外,词和概念也不能相提并论,这是因为,一个概念可以用大量的同义词来表示,反之亦然。然而,我们又必须通过词语来表示概念和进行交流。因此,我们必须像语义学那样区分和判断词的不同用法,它的内涵和外延,词与表达的概念之间的实际联系。按照这种思路,当探讨"教育"这个概念时,我们就可能搜索与教育和教育活动有一定因果关系的现象,当然,这种搜索可能是有效的,也可能是无效的。这又涉及另外一个矛盾的问题:一方面,"概念分析的突破点是个人的问题",可以凭借个人不同的知识背景和经验,进行不同的理解和区分;另一方面,又要通过概念分析,"产生清楚的、有条理的、内在一致性的而且不会隐含违背行动主体信念的内容"。最后,作者对"'教育是什么'的问题有意义吗?"这个问题作了如下的回答:"它不一定暗示着某个固定不变的、永存的观点,可以总是回答'教育'的含义,但是,如果我们用口头提问的方式来解释,考虑到这个词使用时所涉及的语义群,或者询问对话者:'你对教育概念的理解是什么?'这才是有意义的。"这些分析本身也再次说明了分析哲学的代表人物维特根斯坦的观点:语言的用途和意义的确具有多样性。[①]

分析哲学的确在思想界产生了一定的影响,帮助人们冷静和细致地考虑概念的准确性和语言的逻辑性,但也招来许多怀疑和批评。我简单地将其归纳为以下三点:一种意见认为,分析哲学虽然避免了传统哲学中气势宏大的思考方式和直面形而上学的问题,但又把自己拖入繁琐经院哲学的泥坑;另一种意见认为,满足于形式逻辑未必就能符合辩证逻辑,能复制的教学模式并不一定说明就是有效的教学模式,语言的发展有其漫长的演变过程和许多约定俗成的因素,无论是语言本身和所反映的社会现象的复杂性都不是采用语义分析所能澄清的;还有一种意见认为,几乎每个严肃的哲学家都会运用分析的方法,都重视人类语言的作用,强调语言的逻辑分析作为一种提醒是可以的,但作为一种哲学思想的出发点未必合适,也未必真正解决哲学思想发展中的根本问题。

无论是分析哲学,还是分析教育哲学,都没有直接讨论特殊教育的问题,但作为现代哲学中的一种思维方法,我认为其对特殊教育还是有一定的启示:

一是当代特殊教育的发展不仅涌现了一系列相关的概念,如"缺陷"、"补偿"、"回归主流"、"随班就读"、"全纳教育"、"融合教育"等等,而且还对这些概念的使用极为敏感。例如,使用"残疾"这个概念是否本身就带有轻蔑和歧视的色彩?所以,许多人提出了用"有特殊教育需要的儿童"的概念来替代"残疾儿童"。当然,也有人怀疑,这样做是否会有"掩耳盗铃"之嫌?总的来讲,分析哲学还是提醒我们要在特殊教育中分析、理解和使用相关概念,以保障特殊教育的健康发展。

二是特殊教育作为交叉学科,吸收了不同学科的概念,如何界定这些概念的内涵和外延,原学科的含义和转借后的含义也是学科建设中应该尽快解决的问题。

三是特殊教育的研究更多地要从宏观和微观两个不同角度来考虑理论的建构和更多紧

---

① Ozmon, H. A. & Crawer, S. M.. 教育的哲学基础[M]. 第七版. 石中英,邓敏纳,等译. 北京:中国轻工业出版社,2006:296.

密地结合实际,不能过多地专注于经院式的语义分析。换言之,语义含混的现象在特殊教育中有一定程度地存在,但不是造成特殊教育理论薄弱的主要原因所在。

三、后现代主义教育哲学与特殊教育

尽管哲学的发展始终伴随着哲学家的深思和批判,充满怀疑和责难,而后现代主义哲学给人们留下的总体印象更是一种彻头彻尾的否定性思维或反叛性思维,但它的确深刻地反映了进入现代社会以后出现的许多新的社会矛盾。后现代主义的教育哲学也是这样,它揭示了现代教育中某些深层次的社会问题并提醒人们要跳出传统的圈子,重新思考一系列我们在原有的思想体系中感到习以为常的问题,重新审视我们的教育理念和方法。

(一)吉鲁的《作为后现代抵制的边界教育学》

亨利·吉鲁(Henry Giroux)是后现代主义教育哲学中重要的代表人物之一。在吉鲁看来,教育哲学的任务是要重新考虑教育的目的和意义,教育应该和解放全人类的目标保持一致,强调教育是为了使人们从压迫中解放出来,拓展基本人权。吉鲁认为伦理学应该成为教育关注的中心问题,但不是一种充满道德信条的教育,而是重在鼓励学生通过实际参与来了解伦理关系是如何形成的以及如何建立一种对他人和对社会负责的社会道德观。在教育内容上,吉鲁的批判教育学主张打破传统的学科分界,实行跨学科的学习,课程应该融入学生的实际生活,包括对文化传统、社会竞争的认同。在这一点上似乎又与实证主义的观点非常接近。此外,后现代主义教育哲学提倡教育平等、平民教育,反对精英教育,认为这些精英常把自己凌驾于历史之上。正如吉鲁在《作为知识分子的教师》(*Teachers as intellectuals*)一书中指出的,教师应该是一位"有改革能力的知识分子",教师应该运用自己的学识和人格力量来使学生成为有批判能力的、敢于承担社会责任的民主社会的成员。下面我们通过解读吉鲁的《作为后现代抵制的边界教育学》一文来进一步了解后现代主义教育哲学中的一些观点。①

首先,吉鲁展现了后现代主义教育哲学产生的社会背景,认为由种族和文化所构成的政治文化边界正在逐渐地向对富人、中产阶级和上层社会有利的方向推移,但现代性的霸权话语并没有适应上述变化,还是保留了白人、男性和西方处于权力中心的先验的合理性。因此,边界教育学应该构建属于多数参与者和有批判性的公民群体的话语,涵盖多样性、特殊性的生活方式和公民身份。然后,吉鲁明确地提出,后现代主义教育哲学反对"被隐蔽在合法性权威话语之下的知识和教育形式,弃绝作为人类事物基础的普遍性,宣称所有的叙事都是片面的,将所有的科学、文化和社会文本作为历史和政治的建构进行解读"。基于上述基本观点,吉鲁主张建立反种族主义的边界教育学,给学生提供参与不同文化编码、经历和语言构成的多元文化背景的机会以及在权力和特权范围内进行自主选择的学习机会。这样,学生就可以作为跨越边界的人,在由差异和权力坐标所构建的边界上游走。此外,边界教育学要为学生提供机会来体验主体性的自我认同和感受,这样,意识形态就不只是一种抽象物,而是学生直接的经验感受。吉鲁认为,这种教育方案将保持批判话语的知识和权力关系的重要性,实现平等、自由政治的必要性,将教育与公共社会结合,促进社会的进步和发展。

---

① Ozmon, H. A. & Crawer, S. M. 教育的哲学基础[M]. 第七版. 石中英,邓敏纳,等译. 北京:中国轻工业出版社, 2006:357.

总之,反种族主义教育学不是简单地表达个人的情感,而是重构民主公共生活的历史的、文化的社会实践。最后,吉鲁认为,边界教育学也涉及教师角色的改变,要求我们从社会、政治、文化的边界给教师重新定位,认定教师是实现特殊的道德形式和社会规则的知识分子,通过结构来建立教师自己的生活和教育的潜规则。他建议教师要能够让学生更加辩证地理解教师本人的政治态度和见解、价值观,创设一种"权力-敏感"(power-sensitive)话语,能在多元文化的背景下,敞开心扉与学生交谈。

尽管吉鲁在这篇文章中主要讨论了民族教育的问题,但所阐述的后现代主义教育哲学的主要观点强调了教育公平、学生学习的主动性、教育的社会地位和教书育人的职责等,这些问题与特殊教育有更为密切的关系。

(二) 努依安的《作为一位道德者的利奥塔》

利奥塔(Jean-Francois Lyotard,1924—1998),法国哲学家。利奥塔曾当过中学教师,1971 年获巴黎大学哲学博士学位,第二年,被聘为巴黎第八大学的哲学教授,此后又在欧美多所大学任教,他以"后现代思想家"闻名。利奥塔认为传统哲学导源于"元叙事"错误,因为"元叙事"者一方面可以从转述别人意见的立场上说话,另一方面又可以从评判者的立场上评判别人的意见,这种以某种立场代换其他立场的行为将部分扩大为整体,将条件性的叙述视为最基本的、"元"叙事。他的主要著作有《里比多经济学》(1974),《公正游戏》(1979),《后现代伦理学》(1979),《异争》(1983),《非人化》(1988)等。

《作为一位道德者的利奥塔》是努依安作为后现代教育哲学的追随者对利奥塔撰写的《后现代伦理学》一书的辩护性评论。认为利奥塔虽然没有采用"元叙事"的方法,但他的后现代主义思想中贯穿着一条永恒的、坚定的可以被称为伦理学的道德路线。的确,利奥塔曾在不同的著作中多次指出,在后现代时代,元话语失去了它们的权威,在对话中诉诸于规律和法则已不再可能,在后现代时代也没有普遍的规则和法则,只有通过自己定义的小规则和小对话。这样,后现代就可能存在这样一个伦理问题,即如何展示被掩蔽者的话语,以及"如何给歧异作证"(bear witness to differences)。① 利奥塔也提出了两种处理歧异的策略,即政治策略和反思策略。要实现政治策略,就必须接受某种限制性的规则并将此作为教育目标的一部分,例如,帮助提高人们的公民意识和判断是非的能力;运用反思策略就是类似康德的反思性判断和培养崇高的感觉体验。由此可见,利奥塔一方面求助于康德哲学立场,但另一方面又要避免陷入康德的元话语。利奥塔的观点是:后现代时期,我们不再诉诸于元叙事来证明道德规律包括在内的普遍规律的存在,但也不是一概否认道德应遵循的规则,推卸应该承担的义务和责任。后现代主义的伦理只是放弃了依赖人类理性,放弃了寄希望于将所有人导入康德的"目的王国"的普遍能力,转而强调进行游戏和遵守游戏规则之间存在的矛盾。世界上规范性的来源并不能归结到人类理性这种神秘和可怕的因素,而是归结到游戏活动的本身,代替康德"目的王国"的是游戏者的联合体。文章最后的结论是:利奥塔的伦理学和他的后现代主义的哲学观点是前后一致的,他是一名真正的道德教育者。

1998 年,王治河出版的专著《扑朔迷离的游戏——后现代哲学思潮研究》,全面和深刻

---

① Ozmon, H. A. & Crawer, S. M. 教育的哲学基础[M]. 第七版. 石中英,邓敏纳,等译. 北京:中国轻工业出版社,2006:357.

地分析了后现代主义哲学思潮,提出了自己独创性的见解,正如同他分析的那样,后现代哲学思潮是一种由"流浪汉"的思维方式、"非哲学"的质疑与嘲弄、"非中性化"的消解、"反基础主义"的观点、"非理性"的挑战、"解构主义"的颠覆、"多元文化"的视角、"游戏规则"的解释、"达达主义"的多样方法、哲学史的重构以及对美学与艺术的挑剔等多种元素的汇合。由于后现代主义哲学大张旗鼓地反传统和打倒一切,加上本身又缺乏系统思想和叙述上的含混不清,理所当然地会遭到许多不同的批评。①

后现代主义思潮对几千年积累起来的人类文化遗产和日新月异的科学研究成果,既没有潜心地"吸收"与"剔除",也没有思前想后地权衡利弊,就匆匆忙忙地四面出击,的确有点轻举妄动。人类发展的历史曾多次证明:"破"字当头,但"立"未必就在其中,两者之间并没有简单的非此即彼的关系。后现代主义涉及的领域很广,但却是否定多于肯定、破坏多于建设,即使提出的某些想法也是易于共鸣,难于实施。给人留下的印象是:败事有余,成事不足,雷声隆隆,甘露几滴?

无论人们如何批评后现代主义哲学和教育哲学思想,但它毕竟是20世纪中叶在世界范围内产生过较大影响的思潮,在许多问题上,又展示出否定之否定的高见,加上其对纯科学主义和机械论的批判,与人道主义和人文主义的结合,对特殊教育的发展还是留下了一些启示:

(1) 呼吁教育要关心政治,维护社会公平。尽管后现代主义哲学在如何维护社会公平方面并没有提出多少行之有效的方案,但后现代主义哲学一直关心政治、反对强权主义、呼吁人们维护社会的公平,旗帜鲜明地反对思想上的独裁和专制。

(2) 批判现存教育,主张教育革命。后现代教育哲学对现代教育的许多弊病,如智育第一、唯实证主义、极端个人主义的教育思想和满堂灌、死记硬背的教与学的方法都提出了严厉的批评。主张通过教育改革来培养更有创新精神、有理想、有热情的一代新人。

(3) 关心和帮助弱者群体,提倡教育公平。后现代主义教育哲学对妇女、少数民族、残疾人、贫困家庭等弱势群体表示出极大的关心,认为社会有责任帮助他们在社会活动中发挥更大的作用,使人们能更多地听到弱者群体的呼声。

(4) 抨击主流文化,倡导多元文化。在一定程度上,后现代主义也继承了逻辑实证主义和语言分析学派的传统,非常重视文化和语言的问题,认为主流文化中心论是社会上许多不公平现象的症结所在。希望能通过对主流文化的抨击和多元文化的倡导来提高处境不利群体的社会地位。例如,20世纪中叶以来,在美国引起争论的并产生较大影响的聋人文化问题与后现代主义思潮有一定的内在联系。

 本章小结

本章选择性地考察了近现代和后现代西方哲学主要学派的主要的哲学和教育哲学的观点。尽管这些哲学家大多数都没有直接地阐述和论证特殊教育的问题,但深邃的哲学思考和对教育问题的看法对特殊教育提供了许多启示。

以詹姆斯、杜威为代表的实用主义哲学家,在《与教师的谈话》、《民主主义的教育》等著

---

① 王治河.扑朔迷离的游戏——后现代哲学思潮研究[M].北京:社会科学文献出版社,1998:32.

作中系统地阐述了他们与机能主义心理学一脉相承的教育哲学思想。他们的意识功能学说,本能与习惯的关系学说,意识流和自我意识学说以及对社会沟通和适应的强调都给特殊教育提供了帮助。

以康茨、谢恩为代表的改造主义哲学家强调学校要融入社会,启发学生的良知和培养他们的社会责任感,认为社会也应该为学校提供良好的育人环境,强调教师在教育中的主导作用。

行为主义哲学家、教育家霍布斯的《利维坦》、斯金纳的《超越自由与尊严》等教育哲学论著中认为,我们的社会是一个相互制约的社会,任何一个人都不可能成为真正的"自由人",教育的关键问题在于如何通过征服强化使学生学会正确的行为和养成良好的习惯。尽管在近半个世纪认知心理学兴起之后,行为主义遭到许多的批评,但行为主义的强化训练法,还是在特殊教育,尤其是中重度残疾儿童的训练中被大量地使用。

后现代主义哲学是 20 世纪后期在欧洲发展起来的而且正在世界范围内产生广泛影响的思潮。其突出的特点仿佛是对以往各种传统的哲学思想,包括古典哲学和现代哲学,进行了近乎全盘的否定、批判和挑战。作为一种带有时代标志的思维方法,的确有独特之处。

存在主义者格林在《学习情景》一文中,反对呆板、冷漠、填鸭式的教学,认为课程设计和课堂教学都应该使学生获得意义,得到启发,激发热情。这些都启发我们在特殊教育中,不仅要补偿他们的生理缺陷,更要关心他们的内心世界;培养他们良好的自我意识、责任感和创新精神;提醒我们不要用表层的局部的训练来代替深层次的潜移默化的心灵教育。

分析哲学的代表人物强调必须通过逻辑语言分析来澄清许多含混的有关教育的概念术语,进一步明确教育目标和提供清晰的教育内容,认为需要采用语义学的方法来分析许多教育概念的内涵与外延。这些也提醒我们应该认真地思考、分析和界定当代特殊教育层出不穷的如残疾、缺陷、薄弱、障碍、无能、回归主流、一体化、随班就读、融合教育等名词概念,提高学科领域概念的清晰度并减少歧义和误解。

此外,亨利·吉鲁和努依安同样表达了后现代主义的教育家的观点。他们认为,教育哲学的任务是要重新考虑教育的目的和意义。他强调教育应该和解放全人类的目标保持一致,使人们从压迫中解放出来,拓展基本人权。伦理学不是一种充满道德信条的教育,而是鼓励学生通过实际参与来了解伦理关系和建立一种社会责任观。后现代主义的伦理强调进行游戏和遵守游戏规则之间存在的矛盾。

不难看出,后现代主义教育哲学的确提出了教育领域中我们"熟知"但并不"真知"的问题和许多不同凡响的见解,值得我们深思。如果站在一个思想权威的立场上,简单地批评一切后现代主义哲学是一种染上精神病态的、鼓励人们各行其是的学说是不合适的。

思考与练习

1. 洛克的教育哲学思想对特殊教育产生了哪些影响?
2. 谈谈以詹姆斯和杜威为代表的实用主义教育哲学对特殊教育的影响。
3. 改造主义教育哲学是如何强调对教育环境的改造的?
4. 如何认识行为主义对特殊儿童教育与训练的指导性?
5. 人本主义、分析哲学对现代特殊教育的发展有何影响?

> 人的存在是有机生命所经历的前一个过程的结果。只是在这个过程的一定阶段上，人才成为人。但是，一旦人已经存在，人，作为人类历史的经常前提，也是人类历史经常的产物与结果，而人只是作为自己本身的产物的结果才成为前提。①
>
> 卡尔·马克思

第4章　特殊教育的本质论

 **学习目标**

- 根据马克思主义的直接生产和再生产的原理认识教育的本质。
- 学习从教育环境认识特殊教育的本质。
- 学习从人的差异性来认识特殊教育的本质。
- 学习从教育管理过程认识特殊教育的本质。

我们常说，理论的认识需要透过现象看本质，可见本质是相对现象而言的。特殊教育和普通教育一样，是一种社会现象，那么，对特殊教育的本质的探讨，一方面是要揭示教育现象与其他社会现象之间的本质区别与联系，另一方面是要探讨特殊教育与其他教育现象之间的区别与联系。只有在认识特殊教育本质的基础上，才能进一步探究特殊教育发展的规律。

我们从第2、3章可得知，历代的哲学家、思想家、教育家用不同的语言，从不同的角度来探讨和阐述教育的本质。教育的本体性问题，多半和教育的属性、教育的目的、教育的价值、教育的功能等问题交织在一起，难以截然区分。例如，从教育属性的角度来探讨教育的本质，有的强调教育的本质是上层建筑，有的强调是生产力，还有的认为是上层建筑和生产力的属性兼而有之；从教育功能和作用的角度来探讨教育的本质，多认为教育是培养人、造就人的社会活动，是促进个体社会化的过程；从人类的传承和发展的角度来看待教育的本质，则认为教育的本质特征是对社会知识、文化的传递，并在此基础上来促进人类本身的发展和人类社会的发展。

周谷平等撰写的《马克思主义教育思想的中国化历程》一书，比较了当代中国不同版本的《教育学》对教育本质问题的界定和表述，认为从20世纪70年代以来，我国教育界对"教育本质"的认识产生了巨大的变化。一方面，突破了教育是上层建筑的定见，教育本质观的工具性色彩淡化而增添了人本主义拷问的分量。虽然具体表述还存在差异，有的注重教育'培养'人的特征，有的强调教育有目的、有组织地'影响'人发展的特征，但是，'培养人的社会实践活动'越来越成为人们表述教育本质的共同话语。另一方面，对'教育本质'概念的思考模式发生变化，突破了单纯从教育与政治经济制度关系的角度来分析教育本质的模式，

---

① 马克思恩格斯全集[M]．北京：人民出版社，1965：545．

尝试从教育与社会、教育与人的发展关系的角度甚至教育内部的构成要素以及相互关系的角度来分析教育的本质。其变化的实质是教育从政治、经济的工具向教育对象的人的理性回归。[①]

但是，与普通教育相比，特殊教育毕竟是近百年来，尤其是近半个世纪以来迅速发展起来的一门学科。那么，它为什么会在半个世纪内迅速发展呢？尽管特殊教育是教育的一个组成部分，但特殊教育还是具有不同于普通教育的特点，从这些异同的比较中，我们是否能更多地了解特殊教育的本质特征呢？

首先，应该从人类自身生产的理论高度来认识特殊教育的对象。其次，有必要从特殊教育与其他社会活动的内在关系，从特殊教育本身的特殊性方面来深入探讨特殊教育的本质。

恩格斯在《家庭、私有制和国家起源》的序言中曾经这样写道："根据唯物主义的观点，历史中的决定因素，归根结蒂是直接生活的生产和再生产。但是，再生产本身又有两种：一种是生活资料，即食物、衣服、住房以及为此所必需的工具的生产；另一种是人类自身生产，即种的繁衍。一定历史时期和一定地区内的人们生活于其下的社会制度，受着两种生产的制约：一方面受劳动发展阶段的制约，另一方面受家庭发展阶段的制约。"[②] 我觉得，正是这种历史唯物主义的观点，使我们找到了能深刻地认识特殊教育本质的途径：

（1）特殊教育的对象和普通教育的对象一样都是人类自身生产的结果，而人类自身生产既受到劳动发展阶段的制约，也受到家庭发展阶段的制约；人的存在包括了种系进化和个体的发展。种系进化是一个漫长的过程，有机生命只有进化到一定阶段上，"人才成为人"。但是，正如马克思所指出的"一旦人已经存在，人，作为人类历史的经常前提，也是人类历史经常的产物与结果，而人只是作为自己本身的产物的结果才成为前提"。人就不再是单纯的动物性遗传，同时还伴随着"文化的遗传与进化"。

（2）人类长期对特殊教育的忽视实质就是对特殊教育对象的忽视，而对特殊教育对象的忽视又源于第一种生产能力，即物质生产能力的不足，同时，也是受到家庭发展条件的限制。其实，历史上零零星星的特殊教育早就在贵族家庭中个别存在，只是大规模的正规的学校特殊教育发展较晚。

（3）无论是现代特殊教育的兴起还是日后特殊教育的发展都将永远受到人类物质生产和种的繁衍这两种生产能力的制约。从特殊教育与其他社会活动的内在关系来看，特殊教育是人类生产能力、生活水平发展到一定程度的产物，是科学技术和人文精神的结合；是面对人类种系繁衍问题的自我控制和完善，是对人的价值的高层次的认同。从特殊教育与普通教育的关系来看，特殊教育的本质又集中地表现在如下几个方面：即教育对象的特殊性，教育需要的特殊性，教育环境的特殊性，教育手段、内容和方法的特殊性，专业队伍和师资培养的特殊性。总之，与普通教育相比，特殊教育将更为集中地反映出人类的两种生产的自控能力。

[①] 周谷平，叶志坚，朱宗顺，等编. 马克思主义教育思想的中国化历程[M]. 杭州：浙江大学出版社，2008：262-263.

[②] 马克思恩格斯全集[M]. 北京：人民出版社，1965(21)：29-30.

第1节 从教育对象看特殊教育的本质

前面已经提到,广义特殊教育的对象分为三大类:第一类是残疾儿童的教育,第二类是问题儿童的教育,第三类是超常儿童的教育。其中,每一大类都包含不同类型的亚分类。目前,我国大多数地区还是采用狭义的特殊教育的概念,残疾儿童的教育是我国特殊教育的重点。据粗略估计,全世界大概有5亿个残疾人,按照身心障碍的部位不同,残疾人大致上可以分成感官残疾(视力残疾、听力残疾等)、智力残疾(轻度、中度、重度弱智等)、精神残疾(精神病、自闭症等)与肢体残疾等。我国2006年第二次全国残疾人抽样调查的数据表明,全国0—17岁的残疾儿童共504万人。要想探讨特殊教育的本质,我认为首先要从人类物质生产和种的繁衍这两种生产能力的角度来考察特殊教育的对象的产生和教育问题。教育对象的特殊性决定了特殊教育本质特征之一是针对弱势和少数群体的教育,是充分体现人本主义、人道主义和教育民主、教育机会平等思想的教育。

一、人种的繁衍与残疾人

人类社会中,残疾人的出现是一种历史现象。从种系发展的角度来说,应该说是有了人类就有残疾人。造成残疾人出现的原因,可以从时间节点上区分为出生前(先天)和出生后(后天)两大类。出生前造成残疾人的原因很复杂,有基因遗传因素,也有孕期疾病,还有分娩问题。出生后的致残原因也有很多,如疾病的防治不力、用药错误、自然灾害、车祸等。从科学发展的历史来看,人类对自身的研究(包括生物性、病理和心理等方面的研究)相对其他方面的研究来说,是比较滞后的。例如,遗传学,尤其是基因学说等直接关系到人的遗传问题的理论还不到一百年的历史。因此,直到20世纪初,人类对自身的种的繁衍,基本上没有什么了解,更谈不上主动的自控能力,只能是听天由命,任其自然,在无可奈何之中付出巨大的代价。

正因为这样,远古社会,人们在物质生产和种的繁衍的双重压力下,对残疾人多采取"残而必废"、"残而必弃"的态度。例如在第1章所谈到的,在古希腊大多数斯巴达城邦,为了本部落的生存和强大,把残废婴儿抛弃到荒郊野外,让他们遭受暴晒、寒冷和野兽的伤害而死亡。无论是柏拉图,还是亚里士多德,他们都主张以废弃残疾婴儿及私生子为代价来保持城邦后代的优生优育。中世纪,有的残疾人曾跻身于贵族和宫廷,成为贵族和国王寻欢作乐的工具和弄臣。当然,也有一些国家和地区,出于迷信和无知,把残疾人看成神的孩子,不仅不予以伤害,还敬若神灵。例如,美洲印第安人把智力迟钝和情绪紊乱的孩子从一个部落传到另一个部落加以供奉。

在当今特殊教育界,大家经常听到而且比较赞同的一句话是:"残疾人是人类迈向文明所付出的代价。"我认为,这句话至少隐含三层意思:

一是认为人类在不能有效地控制种的繁衍过程时,就不可能消除导致残疾人出现的先天因素,也不可能阻止残疾人的出生,人类就必须为此付出代价。

二是即使是有那么一天,人类可以通过基因工程和科学的孕育来阻止残疾人的出生,人们也还是没有办法排除后天环境导致人类的致残,如战争、车祸、地震、疾病等因素对人的影响。

三是伴随生产力的提高,物质产品的丰富,生活压力的增大,人们的精神要求会不断提高,对特殊教育的期望值也不断提高,残疾人除了完成基础教育之外,还会要求接受高等教育,在文明的进程中残疾人的教育水平会不断地得到提高。

但不管怎么说,人类还是在艰难地向科学、民主和文明的方向前进。正是在人类不断地迈向文明的进程中,18世纪的下半叶和19世纪的上半叶间,在法国的巴黎先后创立了世界上第一所聋校(1760)、盲校(1784)和弱智学校(1837)。

正是在人类迈向文明的进程中,20世纪中叶,许多国家掀起了回归主流的特教改革,把封闭、隔离式的特殊教育推向开放、融合式的特殊教育。

正是在人类迈向文明的进程中,成立了"国际康复会"(1922)、"国际残疾工作委员会"(1953)、"残疾人国际"(1981)、"世界盲人联盟"(1984)、"世界聋人联合会"等残疾人的国际组织,这些组织在协助联合国工作,致力于国际残疾人工作方面都作出了一定的贡献。另外,这些国际组织通过会议形成了一些维护残疾人权益的国际性的宣言、提议和条例。例如1975年,第31届联合国代表大会通过了一项名为《残疾者权利宣言》(*Declaration on the Right of Disabled Persons*)的决议,这份决议强调各国残疾人,不分种族、肤色、性别、宗教、政治见解、国籍和出身都应享有平等的公民权利,以及参加社会生活、接受治疗和教育的权利。1993年,联合国教科文组织亚太地区的特殊教育研讨会的文件《哈尔滨宣言》(*Harbin Declaration*)指出,应有步骤地向残疾人提供同等的教育机会。

此外,人类迈向文明的进程中,不仅应该减少战争,防止第一、二次世界大战的悲剧重演,还要加强对节制生育、基因工程、大脑功能等方面的研究,增加在种系繁衍过程中的自我控制和选择的能力。近年来,我国不仅在有效地控制人口增长方面作出了突出的贡献,也正在开展生物工程、基础医学、仿生学等领域的创新研究。尽管我们起步较晚,但发展很快。我们相信,依靠科学的发展,既能使世界上许多病因不明的遗传性疾病的防治效果得到不断提高,也能更加清楚地考察人类走过的漫长的发展历程。人类物质生产和种的繁衍这两种生产能力将会得到高层次、高水平的统一。

二、人种的繁衍与教育民主

长期以来,人们在物质生产和种的繁衍的双重压力下,不仅歧视残疾人,也形成许多与民主极不相容的性别歧视、种族歧视、阶级歧视、文化歧视。这些歧视和政治、军事、经济、文化等因素交织在一起,严重地阻碍教育民主和人类文明发展的进程。

翻开人类教育发展的历史,不难看出,不断地推行教育民主和教育机会平等的过程本质上也就是不断地消除阶级歧视、性别歧视以及对弱势群体的歧视的过程。历史证明,只有逐步减轻沉重的物质生产和种的繁衍这双重压力,人类才能开辟自己发展新纪元。由此看来,教育民主和教育机会平等不仅是衡量教育发展水平的标尺,也是体现人类文明进步的一条主线。由此可见,马克思主义学说提出"无产阶级只有解放全人类才能最后解放自己"的口号是何等高瞻远瞩。

首先,实现教育的民主化要消除性别歧视。在中国漫长的封建社会,接受系统的学校教育只是上层部分男性的专利。在"女子无才便是德"的封建思想的影响下,女性不能得到接受学校教育的机会。中国古代伟大的哲学家、教育家孔子尽管提出"有教无类"的思想,但也没有将女性列入教育的对象。其次,实现教育民主化还要消除阶级歧视,取消教育等级制度,实行教育的机会平等。如果教育只是统治阶级独享的特权,广大民众并没有接受教育的权利,这是不可能实现教育民主的。再次,教育民主化还应大力倡导民主精神,旗帜鲜明地反对在学校教育内容中宣扬法西斯主义、军国主义、民族歧视、宗教歧视。提倡尊重学生,调动学生的积极性,提高他们民主意识。

特殊教育是一种充分实现人权、体现公平和产生良好社会意识的教育。从教育对象的特殊性来看,特殊教育无疑是教育民主化的产物。只有倡导社会正义、人权、教育平等和尊重多元文化,重视身心障碍者的各种权益,才能发展特殊教育。在一定程度上,发展特殊教育有助于体现社会主义制度和建立和谐社会的优越性。实行教育平等,维护每个人受教育的权利在一定程度上反映了特殊教育的本质特点。正如刘延东在第四次全国特殊教育工作会议上强调的:"特殊教育是中国特色社会主义教育事业的重要组成部分。发展特教事业,是党和政府坚持以人为本,弘扬人道主义精神和保障基本人权的重要举措,是促进残疾人全面发展和实现'平等、参与、共享'目标的有效途径,对于推动教育事业科学全面发展、维护残疾人合法权益,实现社会公平正义具有重要意义。"

三、人的差异性、矛盾性与特殊教育的对象

生活在世界上的人,总是千差万别的,就像世界上没有两片完全相同的树叶一样,没有两个完全相同的人。这种生理、心理和行为方式等方面的差异,只是随着社会的文明进步才得到更多关注。当人类面临巨大的生存威胁的时候,最需要考虑的是如何集中一切力量甚至于是以一定比例的牺牲来应付种系的延续以避免群体的灭亡,在这样的条件下,当然不可能过多地考虑个体的差异和需要。所以,承认个体差异,尊重个体差异,并根据个体差异因材施教,这是特殊教育发展的前提。换言之,在不承认、不尊重个体差异的情况下,也是不可能发展特殊教育的。

任何人都是一个矛盾的统一体。在任何一个人身上,都既有先天和后天的矛盾,也有物质与精神的矛盾,还有现实与理性的矛盾、个人与社会的矛盾等各种矛盾。但是,对特殊儿童来讲,有些矛盾,如遗传与环境的矛盾、体能与智慧的矛盾、补偿与超越的矛盾就更为突出,更为尖锐。200多年来,世界特殊教育发展的大量事实证明:只有通过家庭、学校和社会的共同努力,提供有效的教育和支持,才能帮助有特殊教育需要的人群来正确地认识这些矛盾,把握和处理好这些矛盾,并促进矛盾向好的一方面转化。例如,我们要帮助每一个残疾人,既要面对现实,正视困难,又要树立信心,锻炼意志,迎接命运的挑战;既要以平和的心态来接受社会的支持、他人的帮助、家人的爱怜,但又不能助长依赖、自卑、逆反、嫉妒等不健康的心理;既要学会保护自己、自尊、自强,又不能助长孤高自傲、离群索居等不良的个性特征。如果没有良好的教育,这些是很难做到的。

第2节 从教育环境看特殊教育的本质

马克思主义教育思想中有一条基本的原理是从存在决定意识的角度阐述了人的教育过程中,遗传、环境与教育之间辩证发展的关系。因此,旗帜鲜明地反对"遗传决定论"、"环境

决定论"和"教育万能论"。从本质上来看,无论教育者还是受教育者,教育的过程也是社会化的过程。社会环境对教育规模、教育效能等方面的影响是不言而喻的。特殊教育由于教育对象不同,教育投入不同和教育理念不同,对教育环境,包括物质环境和文化环境都提出了特殊的更高的要求。

通常,人们对教育环境有不同的划分方法。例如,可以根据教育环境的大小和内外关系将教育的环境划分为大环境和小环境、外部环境和内部环境;也可以根据教育场所划分为社会环境、学校环境和家庭环境;还可以从硬件和软件的角度将教育环境分为物质环境和人文环境。当然这种划分只是相对的,实际上,各种划分之间都难免有一定的交叉和重合。就发展特殊教育的社会环境而言,整个社会,包括国际和国内的政治、经济、文化的水平和基础文明的程度便是特殊教育的大环境,而特殊儿童的家庭和个体环境可能就属于小环境。这些教育环境中也都包含影响特殊教育发展的诸多因素和内、外部条件。

为了解决广大特殊儿童的入学问题,我国结合自己的实际情况,从 20 世纪 80 年代开始,就大面积地推行"随班就读"的教育试验。近几十年来,"随班就读"解决了一部分残疾儿童的入学问题,取得了很大的成绩,也可以说是我国大陆特殊教育发展历史上的壮举。但是,从目前许多学校在"随班就读"中所得到的实际支持来看,"随班就读"可能还只是停留在融合教育的初级阶段,即初步达到回归主流的水平。要巩固"随班就读"的成果,使特殊教育与普通教育从教育理念到教育方法等方面都能做到真正的水乳交融,需要有一个全面的更为有力的支持系统。从特殊教育的立法环境、学校教育环境、家庭教育环境中我们能进一步深入认识特殊教育的本质特征。

一、特殊教育的立法环境

从唯物主义的观点来看,社会生产力的提高,教育投入的增加和教育条件的改善是实现特殊教育的最主要的物质基础。一般来讲,人均特殊教育的投资要大大地高于普通教育的投资。尤其是回归主流之后,学校的设施要增加,校舍也要进行必要的改建,教师和其他辅助教学的人员也可能需要增加。正因为这样,特殊教育一般都在经济发展较快的国家和地区搞得较好。这些国家与地区不仅有较高的教育投资,而且有较好的社会福利保障。例如,在街道上处处设有为残疾人轮椅行走提供方便的斜坡通道,在横穿马路处有为盲人设置的鸟音导盲器,在公共汽车上也装有轮椅起吊机。有的社区服务还给本社区的残疾人提供并更换电动轮椅。当然,除了物质环境之外,社会心理环境也是很重要的。要使全社会都能认同发展特殊教育的必要性,感到社会有责任帮助一些处境不利的残疾人并主动地参与这项工作是很不容易的。

许多国家的经验都表明,为了维护受教育者,尤其是弱势群体受教育的权利,除了一般的号召、倡导和动员之外,还必须通过立法的形式来提高国家各级政府干预和指导的职能,明确各级组织机构和个人在负责儿童教育方面的责任、义务和权利。因此,最高层次的特教立法和公布相应的法规是绝对需要的。各级政府可以在中央立法的基础上,结合当地具体情况来制定有关发展特殊教育的具体政策、条例,对特殊儿童的评估、认可和接纳做出必要的规定,使人们能充分认识到实现融合教育的意义、任务和具体途径,能为实施融合教育提供必要的人力资源和物质资源,制定必要的评估制度,从宏观指导和管理方面提供大力的支持。从某种意义上来讲,健全法律法规,提供政策性的支持是实施融合教育的必要条件。健全的法律法规能明确责任、义务和权利,整合有限的资源,促进融合教育,使教育的发展更符合所有的儿童和家庭的需要。几十年来,我国政府颁布了一系列的与特殊教育相关的政策法规和文件,对促进我国特殊教育的迅速发展起到了决定性的作用。但由于地域辽阔,发展不平衡,专门的特殊教育法仍在酝酿之中,我们相信,特殊教育法的问世,将使中国特殊教育得到跨越性发展。

一般说来,特殊教育的立法只是用法律的形式对开展特殊教育的要求做出了最低水平的硬性规定,赋予儿童和儿童家长受法律保护的权益,但往往不能体现发展的更高水平和要求。一方面,特殊教育需要立法环境,用法律法规的形式来保证特殊教育的开展,另一方面,要保证特教立法能得到很好的贯彻执行,不仅需要提高人们整体的执法意识,同时也需要提高全民族的公民素质。我清楚地记得,2006年我们特殊教育代表团在英国考察时发现,在这样一个在发展特殊教育方面有较长的历史、法律健全、基础很好的国家,各个地区在具体执行特教法律、法规的实际水平和效果上还是存在相当的差距。

二、特殊教育的学校环境

接受特殊教育的儿童大部分时间是在学校度过的。学校中不仅应配备良好的教学设备,更重要的是要有受过专业训练的教师和其他类型的特教专业人员。因此,除了社会的大环境之外,学校环境更为重要。一个好的学校,不仅要有好的教学设备和提供好的学习和生活条件,更重要的是要有一批受过专业训练的热爱学生的教师和许多主动帮助残疾儿童的普通儿童,只有这种温馨的学校环境才能有助于特殊儿童的成长。有关特殊儿童回归主流随班就读的调查材料表明:学校广大教师和同龄伙伴的接受程度是特殊儿童是否能坚持随班就读的关键所在。

特殊教育的发展本身就体现了人文精神与高科技的结合。科学技术的发展给残疾人的生活、学习和缺陷补偿提供了帮助。盲人使用电子导盲仪、导盲车等设备增强了盲人生活和工作的信心;全自动电动轮椅给肢体残疾儿童的活动带来了方便;电脑阅读机、打字机、优秀软件的开发等更是大大地提高了特殊教育的质量。近年来,使用电脑来进行计算机辅助教学越来越普遍。例如,为视觉障碍儿童设置的盲人阅读器,为听觉障碍儿童设置的助听器及发音、说话训练装置,人工耳蜗手术和言语训练等,在残障儿童缺陷补偿中发挥了作用。因此,不断地提供必要的物质支持,建立无障碍设施,建立资源教室,改善在融合环境中接受教育的学生的教学和生活条件也是非常重要的。

另外,从特殊儿童的评估鉴定到制定和实施个别化的教育方案都是一些专业性很强的工作,无论是校内的教育、训练和辅导还是校外的服务都需要一批既掌握了专业知识,又有实践能力的有责任感和事业心的专业人员。一般来讲,这支融合教育的专业队伍主要包括以下三方面的人员:一是教师,这是实现融合教育的主体,包括各级(基础教育、职业教育、高等教育)、各类学校(普通学校和特殊学校)从事普通教育和特殊教育工作的教师;教师队伍的主要任务是直接从事特殊儿童的教育和训练活动。二是心理咨询,语言矫治和训练,体能康复等方面的专业人员。有特殊需要的儿童的类型是多种多样的,形成儿童障碍的原因也是多方面的,除了一般的特殊教师进行以课堂教学为主导的学校教育之外,还要有更为专业的人员利用最新的理论和科学方法针对不同类型的心理、语言和体能等问题进行辅导、矫治和训练。三是各级各类教育部门的普教和特教管理人员（政府机构、教育机构、残联组织等）。但从我国目前的情况来看，各类专业人员数量的匮乏和专业水平不高是制约我国特殊教育发展的主要因素。

在具备上述教育、教学条件和专业人员的基础上，特殊教育的学校环境更应该包括蕴含人文精神的文化环境，尤其是融合教育的学校，要使特殊儿童既能感到自己真正生活在一个备受关心、爱护，又能在教育机会平等的条件下和积极奋进的教育环境之中，明白自己应该努力学习、坚持康复、面对困难、达观开朗，尽自己的能力回报社会。

三、特殊教育的家庭环境

家庭是抚育特殊儿童成长的重要场所，家庭教育环境是影响特殊儿童成长的重要因素。家庭教育环境包括家庭的经济收入、家长的文化程度、子女的多少、家庭的和睦程度、对特殊儿童的关心和支持力度等多方面的情况。特殊儿童，尤其是残疾儿童，是否能得到早期诊断、早期的养护治疗，都与特殊儿童的家庭环境有着密切的关系。实际上，近几十年来，北美和其他地区都开展了许多特殊儿童的家长辅导项目和儿童家庭教育项目，并收到了良好的效果，也证明了家庭环境在特殊儿童的教育和训练过程中所起到的不可代替的重要作用。

对任何教育来说，家长的支持都是十分重要的，但是，与普通教育相比，特殊儿童的家长在教育过程中所处的位置和发挥的作用更为重要。家长的素质、经济文化水平和教育程度都会对特殊儿童产生很大的影响，尤其是家长对特殊儿童的态度和教育能力，将会直接影响到特殊儿童教育的成功与失败。

一般来讲，凡是特殊儿童的家长都应通过不同的渠道接受一些有关特殊教育的知识和方法，这样才能更为有效地为孩子的教育提供支持和帮助。例如，最初，有的特殊儿童的家长常为有一个发展障碍的孩子感到内疚和羞愧，不愿意让孩子在公开的场合出现。在实行融合教育的初期，他们又担心在融合教育的环境下，孩子的特殊需要无法得到充分满足，无法得到特殊性的支持服务，如职业治疗、物理治疗和言语治疗等。不适当的教育方法，如溺爱和纵容都可能严重地影响特殊儿童的教育和训练。只有家长形成了正确的教育理念，掌握了一定的特教知识、技能和方法，才能积极地配合学校对有发展障碍的孩子进行教育和训练。

近几十年来，由于经济的发展、计划生育和家庭结构的变化，特殊儿童家庭的人员结构一般都比较简单，尽管如此，影响特殊儿童教育的家庭因素，除了家长的态度和教育水平之外，还包含诸如经济状况、父母感情、其他家庭成员对特殊儿童的态度等多种因素。

有关研究认为，特殊儿童，尤其是残疾儿童在家庭中的出现，一般会产生两种不同的影响，即积极的和消极的影响[①]。积极的影响是增加家庭的凝聚力，儿童父母和其他家庭成员，互相体贴，相互帮助，共同商量，一起承担抚养和教育特殊儿童的重任，这种家庭环境当然非常有利于特殊儿童的成长。但是，也有的家庭禁不起这种严峻的考验，特殊儿童的出现往往会给家庭带来危机，有的夫妻因残疾儿童的出现而相互埋怨、争吵不休。国外的相关的调查研究认为，有残疾儿童家庭的离婚率比正常儿童家庭的离婚率高出3倍。离婚后的残疾儿

---

① Wolery, M. & Wilbers, J. S. Including children with special needs in early childhood programs[M]. Washington, DC: National Association for the Education of Young Children. 1994.

童多判给母亲抚养,这种单亲家庭在经济上、精力上遇到更大的困难,教育条件更不理想。

总的来讲,特殊儿童对家庭的影响和家庭对特殊儿童的影响是互为因果的。特教专业人员要和儿童的家庭保持密切的联系,帮助特殊儿童的家长解决困难,营建一个良好的特殊教育的家庭环境。

四、特殊教育的社会环境

特殊教育,作为一个系统工程,不仅需要一个良好的学校教育环境和家庭教育环境,更需要一个能给以充分理解和支持的社会环境。社会上对特殊儿童的支持来自于许多方面,例如,儿童医院、残联、妇联、关心下一代等社会团体的关心、新闻媒体的报道和舆论导向、企业的资助和社区的关怀等都能给特殊儿童的教育和发展提供精神与物质上的支持。无论是教育机构还是特殊儿童的家长都应该积极主动地争取这些支持和帮助。

例如,如果某个地区有一个由儿童医院、残联、妇联、社区、科研等部门共同建立的特殊教育资源中心,就能及时地为特殊儿童的早期干预、早期诊断提供资讯。孕期妇女可以从资源中心获得相关信息,接受必要的孕期教育,避免由于孕期服药等造成的胎儿发育不良。专业人员可以从资源中心了解到初生儿的家庭情况和相关信息。这些都有助于儿童的早期诊断和干预。此外,举办家庭学校、组织儿童家长相互交流经验和儿童的校外活动都需要残联、妇联、关心下一代等社会团体的关心和支持。

我们还应该看到,一个理解和支持的社会环境能给特殊儿童和特殊儿童的家庭更大的帮助。只有得到社会各界多方面的支持,才能有效地开展特殊教育。但是,我们也要认识到,特殊教育的发展也非常有利于优化社会环境,有利于其他类型儿童的成长,有利于社会的和谐和稳定。

正如美国的兰普内瑞(Lampoonery)等人指出的:在早期融合教育环境中,儿童能在社会交往能力和社会化游戏方面取得显著的进步,在其他发展领域也能取得相似的结果[1]。儿童社会认知和适应能力的改善很可能是融合教育的最大收获。此外,有机会与障碍儿童互动、一起成长的无障碍儿童,长大以后会变得更宽容、更会关心他人和社会的发展。他们成年后会对社会中的弱势人群具有更深刻的理解和更多的尊重。[2]

由此可见,发展特殊教育需要一个良好的教育环境,这种教育环境包括学校教育环境、家庭教育环境和社会环境。这些强有力的支持系统对社会的上层建筑和生产力都提出了更高的要求。特殊教育环境的特殊性也从另一方面揭示了特殊教育的本质特征:特殊教育的发展是社会的生产力和人种繁衍的综合实力达到一定的程度的产物。在人们温饱问题和女童上学问题都没能得到解决以及大量地缺乏合格专业人员的情况下,要想发展特殊教育,满足特殊儿童的教育需要,的确会遇到许多困难。

---

[1] Lamorney, S., & Bricker, D. Integrated programs: Effects on young children and their programs[M]. In C. A. Peck, S. L. Odom, & D. D. Driker (Eds.) Integrating young children with disabilities into community programs. Baltimore: Brookes. 1993: 249-270.

[2] Kishi, G. & Meyer, L. what children report and remember: A six-year follow-up of the effects of social contact between peers with and without severe disabilities[J]. Journal of the Association for Persons with Severe Handicaps, 1994, 19(4): 277-289.

第 3 节　从教育管理过程来看特殊教育的本质

教育管理的概念是比较宽泛的,既包括教育的各级行政管理,也包括学校的内部管理。从管理的职权大小和影响程度来分,可分为宏观管理和微观管理,高层管理和基层管理。高层的宏观管理的职责是确保教育发展的方向性,教育大政方针和教育发展规划的制定、解释和执行与检查。基层的微观管理是通过人与物的管理来落实教育的计划,提高教育、教学质量和办学水平。从学校管理这个层面来看,无论是普通学校还是特殊学校,学校教育的管理主要都是围绕下面五个方面来进行:

一是制订本校发展规划,明确方向。

二是实施教育、教学计划,提高办学水平和教学质量。

三是开源节流,充分利用学校的物质资源。

四是管理学生,促使学生德、智、体能得到全面发展。

五是建立一支思想素质好,专业能力强,热爱教育事业的教师队伍并尽量为他们提供良好的工作和生活环境。

由于特殊教育对象比较复杂,个体差异很大,对特殊教育师资的专业水平要求更高,特殊教育的管理过程还是有其自身的特点。

从上述的教育管理程序来看,特殊教育与普通教育的管理之间并没有本质上的区别,但是如何具体地实施管理过程、确定教育的内容和从教育对象的具体情况出发,进行科学评估就处处反映出特殊教育个别化教育、差异化教育的本质特征。

一、特殊教育的管理过程

教育管理过程,一般涉及教育计划、实施、检查、处理等四个方面的问题。特殊教育不同于普通教育,教育教学计划要根据特殊儿童不同的身心特点和教育需要来制订,一般应有根据特殊儿童个人实际水平所建立的《个别教育计划》(*Individualized Educational Plan*, IEP)。在教育和教学的实施过程中,要根据教育对象的潜能和发展情况来选用和及时调整教学内容、教学手段和管理方法。例如,盲童要进行行走训练,聋童要根据失听程度进行手语和唇读训练,弱智儿童要降低学习要求,超常儿童要提供满足他学习要求的内容和训练创造性解决问题的方法。正因为这样,特殊教育不能机械地沿用普通教育的管理方法和管理过程。因此,这就会经常遇到管理的统一性和区别对待的差异性之间的矛盾,协调两者的矛盾需要特教管理者和教师具有更高的教育管理能力,其中,也包括对课堂教学的管理。

近年来,我国特殊学校,除了统一编写了一部分特教教材外,还鼓励学校编写校本教材,许多特殊学校和特殊班都有一套比较灵活的教育、教学管理办法。此外,我们在对某些地区"随班就读"情况的调查研究中也发现,凡是单纯沿用普通教育的教材、考试和管理方法的学校,尤其是单纯追求升学率和外在评比指标的学校,在实现特殊儿童的融合教育的过程中多存在深层次的问题,很难取得理想的特教效果。

从教育管理过程来看,特殊教育的本质特征之一是务必认真贯彻因材施教的原则进行个别化教育,从教育思想上完全清除智育第一、片面追求升学率的思想,进行灵活、机动的人性化的管理。

二、特殊教育的师资与专业人员

现代特殊教育对师资的专业水平,从学历层次到实际能力都提出了更高的要求,一些特殊教育比较发达的国家,要求从事特殊教育的教师除了要进行一般的普通教育的教师教育训练外,还要继续接受有关特殊教育的专门训练。这种专业训练的内容包括专业知识、专业技能和敬业与奉献精神三个方面。例如,特教老师要具备对特殊儿童进行评估、鉴定和制订个别教学计划的知识,利用现代教学手段和理解、帮助特殊儿童和组织随班就读的能力,要能密切地和学生家长和学校管理部门配合,争取更多的支持共同搞好儿童的教育。此外,如前所说,特殊教育的特点是医教结合、学用结合、劳动与就业相结合,这些都对特教师资和专业人员的培养提出了更高的要求。由此可见,从特教师资和专业人员的培养来看,特殊教育是一种对专业水平、能力和敬业精神有更高要求的教育。

通过对特殊教育本质的探讨,我们更深刻地认识到,特殊教育是一种能突出地反映一个国家和地区综合实力、文明程度的教育。随着人类社会的文明进步,科学技术的迅猛发展,在维护儿童权利与推行教育机会平等方面,特殊教育体现了一种更新的教育理念和教育方法。特殊教育的发展在一定程度上反映了当代人文精神与科学技术相结合的时代精神。除了建立一支强有力的既懂普通教育又懂特殊教育的多学科的专业人员队伍之外,特殊教育的发展必须得到教育界和全社会的理解和支持。

"蒙昧时代是以采集现成的天然产物为主的时期;人类的制造品主要是用做这种采集的辅助工具。野蛮时代是学会经营畜牧业和农业的时期,是学会靠人类的活动来增加天然产物生产的方法的时期。文明时代是学会对天然物进一步加工的时期,是真正的工业和艺术产生的时期。"①按照上述唯物主义的历史分期法,正在复兴中的伟大而古老的中华民族,脱离了蒙昧时代和野蛮时期,进入了真正的工业和艺术产生的时期。因此,完全有能力也有责任更加重视民族自身的生产,加快特殊教育的发展和文明的进程。

本章小结

历代的哲学家、思想家、教育家用不同的语言,从不同的角度来探讨和阐述教育的本质。这一教育的本体性问题,多半和教育的属性、教育的目的、教育的价值、教育的功能等问题交织在一起,难以截然区分。

本章从特殊教育的对象、特殊教育的环境、特殊教育的管理三个不同的角度来揭示特殊教育的本质。认为特殊教育不同于其他社会现象,不同于普通教育的本质特征是针对人类自身生产的特殊人群教育问题的自我性、主动性的深度解决;是人类生产能力、生活水平发展到一定程度时,摈弃"丛林原则"后科学技术和人文精神的结合;是从解决人的动物性遗传和"文化的遗传与进化"的矛盾入手,面对人类种系繁衍问题的自我调制和完善;是对人的价

---

① 恩格斯. 家庭、私有制和国家起源[M]//选自马克思恩格斯全集.北京:人民出版社,1965:38.

值和多元文化的高层次的认同与肯定。

从特殊教育与普通教育的关系来看,特殊教育的本质又集中地表现在如下几个方面:即教育对象的特殊性,教育需要的特殊性,教育环境的特殊性,教育手段、内容和方法的特殊性,专业队伍和师资培养的特殊性。总之,与普通教育相比,特殊教育将更为集中地反映出人类在迈向文明的道路上对两种生产的反思和自我调控。

 思考与练习

1. 你怎样理解教育的本质?
2. 为什么要根据马克思主义的直接生产和再生产的原理来探讨特殊教育的本质?
3. 如何从教育的对象和教育的环境来认识特殊教育的本质?

对宗教的批判最后归结为人是人的最高本质这样一个学说,从而也归结为这样一条绝对命令:必须推翻那些使人成为受屈辱、被奴役、被遗弃和被蔑视的东西的一切关系。[①]

卡尔·马克思

第5章 特殊教育的目的论

- 了解目的与目的行为的特点。
- 深入认识教育活动的目的性。
- 深入探讨特殊教育目的与普通教育目的的异同。

特殊教育无疑是人类从事的有明确目的、有奋斗目标的社会行为,发展特殊教育无疑也是人类走向文明进步历程中一切社会活动中的重要组成部分。要真正了解这一目的行为的起源、发展过程和自身的特点,使其成为一项马克思称为的"绝对命令",即推翻那些使人成为受屈辱、被奴役、被遗弃和被蔑视的东西的一切关系,最简单的方法是把它和一般的目的行为和普通教育的行为进行比较。

第1节 目的与目的行为

一、目的与目的论

哲学范畴的目的和心理学的目的(purpose)是同一个概念,都是指人的自觉活动的要素之一。按照这种界定,目的应该说也是一种观念,一种与自觉的行为、与活动交织在一起的观念,进一步说就是默默地指导和支配行为与活动的观念。这样,目的问题的讨论自然会涉及这样一个哲学问题:

世间万物,是否只有人的行为与活动具有目的性,其他物种的行为与活动算不算得上是目的行为?牛吃草,马拉车,蜜蜂采蜜都是动物的行为与活动,但算不算目的行为与活动?

这个问题直接牵涉到万有精神论、万物有灵论和目的论。

万有精神论(animatisms)是一种信仰,也是一种解释,认为自然界或者其组成部分存在非人格的灵性。换言之,植物有植物的灵性,动物有动物的灵性,没有生命的物体也可能有非人格的灵性。据记载,这一学术性用语最早由英国社会人类学家马雷尔(Robert Ranulph

---

[①] 黑格尔法哲学批判导言[M]//马克思恩格斯选集.北京:人民出版社,1972:9.

Marett)在1900年发表的《宗教起源》中提出并用它来区分和批判另一些社会人类学家弗雷泽和泰勒的泛灵论。在马雷尔看来,万有精神论是原始宗教的特征。俄国人类学家斯特恩贝尔的《从人种志学观点看原始宗教》一书调和了万有精神论和泛灵论的关系。他把原始宗教的宇宙观的发展分为三个阶段:第一个阶段表现为万有精神论,相信整个自然界都有灵性,如广泛的图腾崇拜;第二个阶段是"精灵的发现",发现自然界的非物质的人格存在物;第三个阶段是万物有灵论,出现对灵魂的崇拜。

万物有灵论(animism)也称泛灵论,作为另一种信仰和解释,认为一切事物和现象都被某种精灵所控制。这一术语最早由燃素论的创始人德国化学家施塔尔(George Ernst Stahl, 1660—1734)使用。施塔尔相信,动植物和自然界事物,不仅有被感知的特征,而且还有一种特别活跃的不依赖于物体本性的本原——灵魂。因为万物有灵论也涉及本体论和身心关系问题,从柏拉图、亚里士多德到经院哲学,在各种唯心主义和不彻底的唯物主义哲学体系中都不同程度地隐含泛神论的思想。例如,柏拉图主张人的灵魂不朽论,他认为人的心灵和思维能力"似乎是完全不朽的灵魂,就像不朽之物之不同于有死之物"。亚里士多德在《论灵魂》的开篇曾指出:"获得任何关于灵魂的确切知识是世上最难的事之一。"在他看来,灵魂的存在只是为了说明生物的构成和运动而做出的推论。因此,他根据发生学的原则,把灵魂分为不同层次的类别:即植物的生长灵魂、动物的感觉灵魂和人的理性灵魂。人的理性灵魂是最高级的灵魂,它包括了前两种低级层次的植物生长灵魂与动物感觉灵魂。这样,他等于宣告非生命的物体每个都有灵魂,但只有人类才拥有最高层次的理性灵魂。这样,理性也就成了灵魂的同义词。亚里士多德的灵魂学说产生了深远的影响。康德也同样认为,灵魂的存在与不朽,是"实现理性的公设与要求"。

目的论(teleology)也是一种与神学密切相连的唯心主义观点,认为世界上的万事万物都是为了实现某种目的而设定的。古希腊的哲学家苏格拉底最早提出目的论的观点,他说,"如果心灵是支配者,那么,心灵把一切都安排在最好的位置。"(《柏拉图对话集》)按照神学的观念,世间的一切都是按照神的意志有目的安排的,所以才会秩序井然。神不仅安排了大自然,也安排了人的一切活动和人的灵魂。18世纪初,莱布尼兹把他的"单子论"和神学的目的论统一起来,提出了单子发展的"前定和谐理论"。恩格斯曾经严厉地批评这种神学的目的论,他说:"根据这种理论,猫被创造出来是为了吃老鼠,老鼠被创造出来是为了给猫吃,整个自然界被创造出来是为了证明造物主的智慧。"[①]

然而,这种具有宗教特征的哲学思想总是不断向文化渗透,在某种意义上来讲,神话和童话都带有这种万物有灵论的色彩。从教育的观点来看,童话,这种以拟人的手法创作的故事,是最适合儿童阅读的教材。因为它适合儿童当时的认知水平,会给儿童以知识和道德品质的教育,激发儿童的想象力和创造的愿望。的确,几乎没有一个幼儿不喜欢听童话,但许多儿童的家长一旦发现自己的孩子沉醉在幻想的境界之中,或者百思不解地盘根问底的时候,心里又会暗暗叫苦,担心虚构的故事和拟人的手法会使孩子受到泛灵论的影响,不利于日后接受科学知识和面对复杂的现实。

直到科学昌明的今天,尽管仍然存在不同的泛灵论,但科学的发展已能使人们对第一个

---

① 马克思恩格斯选集[M]. 北京:人民出版社,1972:265.

问题用一个理性的公设认同来回答：牛吃草，马拉车，蜜蜂采蜜都是动物的行为与活动，但因为只是受本能等遗传信息编码的支配（充其量也只是受亚里士多德所说的"动物灵魂"的支配），而不是受人的理性和意识的支配，因此，都算不得是目的行为与活动。应该说，目的行为与目的活动是人作为万物之灵的专利。正如马克思所指出的："动物只是按照它所属的那个物种的尺度和需要来进行塑造，而人则是懂得按照任何物种的尺度来进行生产，并且随时随地都能用内在固有的尺度来衡量对象，所以，人也按美的规律来塑造。"①

二、目的行为与活动的特点

上面谈到，只有人的行为与活动才能称得上是目的行为与活动，但并不是说所有的人类行为与活动都是目的行为与活动。换言之，只有那些受意识控制的，有明确目标的自觉的行为与活动才是目的行为与活动。这类活动也是人的主观动机转化为客观效果的过程，从结构上可以分为内设行为动机和目标、实施活动过程和产生行为效果三个部分。另外一类不自觉的，不受意识控制的，或者说是下意识的动作便是非目的行为与活动。一般来讲，目的行为与活动具有如下主要特点。

一是目的行为与活动必须满足行为和活动主体的某种或多种需要。需要（need）是个体和群体为了维持自身的延续和发展而产生的对外界事物的各种需求，也可以说是客观需求在人脑中的反映。需要在一定程度上表示了人对客观对象的依赖。人的需要有多种多样，但可以大致上分成两大类，即生理需要和社会需要。前者是为了保持生命的延续性，包括食物、空气、性等生理需要和回避危险和保存生命的安全需要，满足这类生理需要的目的行为是人的饮食、呼吸、性行为活动和逃避与抗争性活动。后者包括爱的需要、尊重的需要和自我实现的需要，满足这类需要的目的行为更为复杂，如学习、劳动、工作、交友、帮助、奉献、奋斗等多种多样的行为与活动。从唯物史观的角度来看，整个人类历史的发展表现为生产和需要的辩证统一。需要，尤其是物质需要在现实生活中进一步体现为某种利益。正如马克思所说的："人们奋斗所争取的一切，都同他们的利益有关。"②因此，从宏观上来看，社会主义国家人民的一切目的行为与活动都是为了在发展生产的基础上，不断满足广大人民日益增长的物质和精神方面的需要。

二是目的行为与活动是意识支配下的行为与活动，意识是目的行为与活动的中介。有没有意识的参与，这可能是目的性和非目的性行为与活动的分水岭，也是把动物的行为排除在目的行为之外的主要原因。那么，意识是什么？意识是怎样产生的？这些向来都是哲学和心理学激烈争论的问题。理性主义者把意识看成是理性的精神能力，非理性主义者把意识看成是非理性的本能冲动。例如，康德认为意识是由先验的统一经验材料所产生的最高水平的知性。黑格尔对意识作了广义和狭义两种不同的解释，他认为广义的意识是指人的一切精神活动，而狭义意识是指意识发展的最初阶段，是一种以物为意识对象的直接和原始的自然意识，表现为感觉的确定性、知觉和知性。现代西方哲学大多数学派认为意识是一种独立于物质的精神能力，只有少数及其顽固的行为主义实证学派，完全否认意识的独立存在。

---

① 马克思. 1844年经济学哲学手稿[M]. 北京：人民出版社，1979：50-51.
② 马克思恩格斯全集（第1卷）[M]. 北京：人民出版社，1965：8.

三是目的行为与活动是一种意向活动,有一定的预设性的行为方向和目标。作为意向活动,有正负之分,或肯定与否定之分。正向的肯定性活动多产生助长、推进、建设性的作用,而负向的否定性活动多产生阻碍、衰退、破坏等作用。

四是目的行为与活动可根据目标的实现情况来评价行为结果。这种评价可以分为局部评价和整体评价。例如,一场取得局部胜利的战争,可能达到了预期的目标,但从更大的范围来看,也可能是失败的。衡量目的性行为是否达到预定的目标既有客观标准,也有主观标准。

五是目的行为与活动受一定的动机驱使。也就是说,行为动机是发动和维持目的行为的愿望和意念。但是,目的和动机之间的关系比较复杂,两者既有联系又有区别。有时行为动机与行为目的是一致的,但有时又并不一致。有的目的性行为要达到的目只有一个,但动机不同。例如,想获得好的考试成绩这样一种目的性行为,但可能出自不同的动机,有的是为了报答祖国,有的是为了感谢老师,有的是为了让父母高兴。当然,同一个动机的驱使下,可以有不同的目的性行为,为了报答祖国的行为动机,可以通过努力学习、勤奋工作等不同方式的目的行为体现出来。

六是实现目的行为要具备一定的条件,要通过一定的方法、手段或途径。因为主观的目的性只是表明了一种潜在的可能性,如何将这种可能性变成客观的必然性,这就需要通过一定的方法和途径,包括工具在内的技术手段,才能达到预期的行为目的。例如,如果要研究特殊儿童阅读的眼动轨迹,眼动仪则是必备的研究工具。当然,目的和手段的关系是一个很复杂的问题,好的目的还要通过正当的手段来实现。有人认为可以"不择手段"地实现某一目的但其最终的结果可能是咎由自取,适得其反。

七是大凡宏大的、长期的、复杂的目的性行为与活动都是若干相关行为的组合。正因为这样,长期的、复杂的目的性行为与活动往往要分阶段来实现。因此,整体目标的实现受到相关阶段性目的性行为与活动行为和组合的方式的影响。

第 2 节 教育目的行为与活动

一、教育目的与教育活动

当我们根据目的行为与活动的特点,来考察人类的教育活动时就会发现:教育,尤其是进入文明时代的学校教育活动符合目的性行为与活动的全部特征。

首先,现代教育是国家组织的宏大的、系统性的目的行为与活动,其目的的明确性体现在不同时期制定和颁布的一系列的纲领、方针、政策、法规和文件之中。每个国家和地区都设有一定的教育管理机构来落实国家有关教育发展的方针政策,检查、监督各级学校的执行情况和不断调整各个子系统之间的关系。

其次,教育活动又是由受过相关训练的专业人员按照一定的方针政策,根据一定的社会背景和相关学科的原理精心策划和组织的活动。从这点来讲,教育活动不仅应该方向正确、目的明确,而且也应该有计划和有步骤地展开。

再者,随着科学的进步,生产能力和人们生活水平的提高,人类用以开展教育活动的资金投入都有不同比例的增加,教育和教学条件得到不断改善,包括校舍不断扩大、教学仪器和图书资料等不断增加。从纵向比较来看,应该说,近半个世纪以来,各个国家和地区,即使是发展中国家和经济落后地区的教育、教学条件都有不同程度的改善。

但是,回顾一个世纪以来世界范围内教育的发展情况,一个不争的事实是:社会各界人士对教育发展、尤其是公共学校教育的满意度始终不高;围绕教育的目标、内容、方法的争论从未停止,教育改革,甚至于是教育革命的呼声此起彼伏。人们不禁要问,这是为什么?

把教育作为一种宏大的、系统性的目的行为与活动来看,参与这个活动的人员是广泛的,成分也是非常复杂的。有来自于统治集团的政府官员,有具有影响的一些社会名流,有来自于教育界的专业人士,包括教育管理人员和直接从事不同阶段的教育、教学工作的教师,有来自于学生的家长,当然,还包括广大的受教育者。这些不同身份、专业和文化背景的人员,对教育目的、本质的认识与理解水平是大不相同的。

如果认同目的行为和活动都是在意识支配下的活动,那么,对教育活动的参与和支配意识更是错综复杂的:有的代表政治集团的理念,有的出自于对经济集团利益的考虑,有的来自于广大民众的共同感觉,有的来自于学生自己的亲身感受,有的来自于对历史的回顾和比较,有的来自于传统文化的影响和现实的压力。总的来说,有关教育目的的争论有的是来自于理性的思考,有的是源于利益的维护,有的还可能来自于"谁也说不清,道不明白"的集体无意识,甚至于也包括某种逆反性的社会时尚和遭受挫折后的发泄。

同样的道理,不同人员和不同的意识水平肯定伴随着不同的需要水平和行为动机。例如,有的人接受教育和努力学习是为了将来报效祖国、发扬民族精神、献身科学、主持公正、为社会服务;但也有的人骨子里就是想升官发财、光宗耀祖、出人头地,但说的却是冠冕堂皇的另外一套;还有的人根本就缺乏学习需要和动机,只是迫于形势,随波逐流。

但是,因为教育活动关系到下一代的成长、人类发展的前途和希望,直接涉及千家万户,人们对教育发展都表现出普遍的高度关注。又因为教育活动与社会的政治、经济、文化的发展,科学的进步和日常生活密切相关,教育作为大系统中的子系统,难免会出现牵一发而动全身的连锁效应。有时,教育发展的现状和存在的问题,就像悬挂在空中的大气球,"风雨欲来我先知"。为了进一步考察人类教育活动的目的性和时代感,我们不妨对百年来世界范围内汹涌澎湃的改革浪潮作一简单的回顾。马克思曾经说过,辩证法在它的合理形式上,就是"在对现存事物的肯定的理解中同时包含对现存事物否定的理解,对现存事物必然灭亡的理解;辩证法对每一种既成的形式都是从不断的运动中,因而也是从它的暂时方面去理解;辩证法不崇拜任何东西,按其本质来说,它是批判和革命的"[1]。

由于哲学本身就是"一种建立在通晓思维的历史和成就的基础上的思维"[2],要想探讨教育目的的历史变迁,还是让我们来简单地回顾百年来世界性的教育改革浪潮。

二、百年来世界性教育改革的四次浪潮

20世纪是人类发展史上一个风云变幻的时代,仅上半叶就发生了两次世界大战;第一

---

[1] 马克思恩格斯全集(第44卷)[M].北京:人民出版社,2001:22.
[2] 马克思恩格斯选集(第3卷)[M].北京:人民出版社,1972:533.

个以马克思列宁主义为理论基础的社会主义国家苏联建立在20世纪初,同时又瓦解于20世纪末;科学技术的迅猛发展、经济上的腾飞改变了世界的面貌,但与此同时也潜伏着后来连续爆发的"金融风暴"和"经济危机"。教育这个与人类的命运休戚相关的社会活动,同样也经历了不平凡的发展历程。概括起来讲,20世纪曾发生过几次大规模的教育改革运动,或称教育改革浪潮。

第一次教育改革发生在20世纪初,引起这次教育改革的直接原因不是来自于教育的内部,而是不同国家的政治需要。改革的出发点非常明确,就是解决教育如何为政治服务的问题,改革的领导者多是执掌统治权的政治家。俄国十月革命之后,世界上已经存在社会主义和资本主义两种不同的社会制度和三种类型的国家,各自对政治的理解完全不一样。具体一点讲,社会主义强调教育必须为无产阶级专政服务,军国主义强调教育必须为极端民族主义、霸权主义的政治服务,民主国家强调教育为资产阶级的民主服务。由于思想体系和意识形态的水火不相容,既没有共同语言,也无法相互交流。这次以政治问题为核心的教育改革伴随不同政治主张的成功和失败而告终。

第二次教育改革发生在20世纪中叶,引起这次教育改革的直接原因来自于教育的内部,是教育内部的调整。改革的出发点同样是非常明确的,即教育如何适应科学技术的迅猛发展和知识的快速增长。改革的领导者是世界教育学、心理学界的著名的专家学者。以美国20世纪60年代的教育改革为例,起因是苏联发射了第一颗人造卫星后,引起美国朝野震惊,希望通过教育改革来提高美国在高科技方面的竞争能力。这次改革是一些有关教育理念、教学内容和教学方法方面的改革,因此,皮亚杰的发生认知理论、布鲁纳的学习理论和赞可夫的高难度教学理论等直接与教育、教学相关的教育心理学理论成为这次改革的理论基础。与第一次教育改革相比,意识形态方面的对立有所缓和,人们在国际学术交流中找到了一些共同语言并相互借鉴。

第三次教育改革发生在20世纪70年代,引起这次教育改革的直接原因来自于教育的外部,当时的社会背景是大多数国家都面临世界性的经济腾飞。改革的出发点非常明确,就是解决教育如何为经济服务的问题,如何通过发展教育来促进国家经济的发展。改革的领导者既有教育学、心理学界的著名的专家学者,也有政治家、经济学家和企业界的人士,还有联合国教科文组织参与。这次改革涉及有关教育体制和教育内部结构之类的一些问题,其中心议题是如何普及基础教育,发展职业教育,加强劳动培训,提高国民的劳动素质。这次世界性的教育改革由美国、德国、日本、苏联这几个经济发达的国家发起,但很快就影响到中等经济水平国家和某些发展中国家。以哥伦比亚雄心勃勃的教育改革为例,它希望通过国民教育的改革来发展经济,缩小城乡差别,使教育从学历社会的死胡同中走出来。这次改革的成功与失败之处在联合国教科文组织1975年的总结报告中有详尽的说明。

第四次教育改革发生在20世纪80年代中叶,引起这次教育改革的原因是环境污染(包括精神污染)、竞争压力给人带来的焦虑和许多社会问题。这次教育改革是对前几次教育改革和社会发展中教育功利主义和"失去灵魂的卓越"的反思,其目的是通过教育来解决科技主义与人文精神的矛盾。其主导思想是强调人本主义,教育公平,防止人的异化,对未来一代加强理想、价值观和责任感的教育,培养德才兼备、身心健康的世界公民。改革几乎是自发的,参与者既有专业人员,也有学生家长和许多社会工作者。后现代主义的思潮对这次改革产生了一定的影响。第四次世界性教育改革的特点是,讨论是热烈的,解决的措施是不得力的。迄今为止,这次改革中所提出的问题还在更大的范围内继续引起人们的关注。值得特别指出的是,这次世界性的教育改革中,各国都增加了对残疾人和弱势群体的关注,较大幅度地促进了特殊教育的发展。

从我国 20 世纪教育发展的情况来看,改革开放之前,我们基本上是在学习苏联教育经验的基础上,不断地强化教育为无产阶级政治服务,教育与生产劳动相结合,基本是停留在第一次世界性教育改革的水平。

在十年的"文化大革命"期间,极左的思想,非理性的"教育革命",把新中国的教育弄到崩溃的边缘。正如一位教育社会学家所指出的:"在社会变迁方面,将'文化大革命'归入'倒退的'的直前式社会剧变一类应无异议。其政治上的专制,思想上的禁锢,文化上的愚昧及经济上的无序,均使我国的社会发展车轮发生倒转,其势之迅猛在中外史上'非社会形态'更迭性质的诸多社会变迁中实属罕见。其结果导致了我国教育'倒退的'的重构。学制的随意缩短、学校权力机构的非专业化、教师尊严的丧失、系统的科学文化知识的价值贬值、高考制度的取消及中等教育结构的单一化等,便是这种'倒退的'的教育重构的结果。"[①]

到改革开放之后,我们才开始在恢复"文化大革命"创伤和学习国外经验的基础上,着手补课似的处理第二、第三次教育改革中所讨论的问题。最近几年,第四次教育改革所提出的问题,也引起了我国政府和社会各界高度的关注。近半年来,国家动员大批的专家学者和教育领导部门一起开展有关教育现状和发展目标的研究,就是希望我国教育发展能在吸收世界教育改革经验和教训的基础上制定符合我国实际情况的国家中长期教育发展规划。

一个世纪过去了,回顾 20 世纪四次世界性教育改革的历程,会使我们进一步认识到:

1. 教育的确是关系到人类的命运和国家发展前途的大事,忽视教育的民族是一个没有远见的民族,不重视教育的政府是不负责任的政府。

2. 教育是一个系统工程,影响教育发展的因素很多,有的来自教育的外部,有的来自教育的内部。政治、经济、文化、价值观诸多因素与国民教育交织在一起相互作用,形成一个更大的社会系统。一切教育改革的实质在于,打破一个相互抵制和削弱的恶性循环,建立一个相互促进的良性循环。教育依赖良好的育人环境,而好的教育本身也能净化和优化我们的生存环境。

3. 教育,作为历史文化的继往开来,有民族之间、文化之间的差异性,但更有许多共同的规律。尽管任何改革都要立足于本国的实际,但增加交流,相互借鉴,相互学习是完全必要的。

4. 教育改革,牵一发而动全身,理性的改革必须科研先行,只有这样才可能防止从一个极端走到另一个极端,在盲目的来回振荡中浪费时间和精力。

5. 一个世纪以来,各国教育观念的不断更新,教育目标的调整,教育功能的多元化,教育民主建设的逐步加强,发展的异化现象越来越少,在一定程度上表明了人类在否定之否定的过程中正朝着和平、进步的方向前进。也只有借助这种文明进步,受教育者才能得到真正的尊重,特殊教育才有健康发展的可能。

---

① 吴康宁. 教育社会学[M]. 北京:人民教育出版社,1998:171-172.

第3节 特殊教育的目的行为与活动

一、特殊教育的目的

特殊教育也和普通教育一样,是一种有目的、有意识的培养人的活动。那么,特殊教育的目的是什么?

对于这一点,我主编的普通高等教育"十五"国家级规划教材《特殊教育学》的第一章就做出了明确的回答:"特殊教育的目的和任务是:最大限度地满足社会的要求和特殊儿童的教育需要,发展特殊儿童的体力、智力和人格。通过特殊的教育、教学与训练,传授一定的文化科学知识,培养他们的生活信心,健康的自我意识,生活、学习和劳动就业的能力。"[1]这样一种回答是想阐明以下几层意思。

1. 特殊教育,作为一种目的性的行为与活动首先要考虑到两方面的要求或最大限度地满足两方面的需要:一方面是来自社会的需要,当然包括国家、地区和家庭的需要,符合国家的教育方针政策;另一方面是来自受教育者,即特殊儿童个体的需要。这里所谓的最大限度,就是要从实际出发,考虑到客观条件的可能性,例如,是否能给聋童提供助听器,是否能提供最合理的安置、制订个别性的教育方案等等。

2. 确定了发展特殊儿童的体力、智力和人格的教育目标,考虑到特殊教育的对象有的是伴有明显身体障碍的残疾儿童,有的是智力落后或智力超常的儿童,有的是有明显的情绪和行为障碍的儿童,我们没有提出"德、智、体、美、劳"全面发展的目标,但仍以此作为目的性的努力方向。

3. 阐明了实现目标的手段、方法和途径,即特殊的教育、教学和训练这三种主要的方法。这些方法有其特殊之处,如手语、盲文、动作训练等与特殊儿童的教育需要密切相关的训练。

4. 说明特殊教育预期达到的效果和教育的归宿,使特殊儿童能通过教育获得知识、增强能力和提高素质。

但是,上述对特殊教育目的和任务的界定毕竟是作为现代社会教科书的观点,而这本教科书又是专门为本专业的学生编写的教材。大家知道,对教科书的要求是要保证科学性和严谨性,与国家的方针政策保持高度的一致性。在现实生活中,我们不能要求每一个参加特殊教育活动的人都这样去理解和认同。此外,如果仔细推敲,就会发现,从国家对教育方针的制定到个人的选择,上述界定的每一句都隐含复杂的社会文化背景和一系列不确定的问题。

第一,要理解"最大限度地满足社会的要求",可能就会联想到三个相关的问题:什么是社会?社会到底对特殊教育有什么要求?如何最大限度地满足社会对特殊教育发展的需要?

社会本身就是在一定的物质生产活动基础上形成的相互联系的共同体。社会的特点就

---

[1] 方俊明.特殊教育学[M].北京:人民教育出版社,2006:3.

像马克思描述的那样:"在社会历史领域内进行活动的,是具有意识的,经过思虑或凭激情行动的,追求某种目的的人;任何事情的发生都不是没有自觉的意图,没有预期的目的的。"①尽管社会充满矛盾,但人类社会总是遵循一定的规律不断地变化和发展,社会的要求当然也会随之不断地改变。所以,不同的历史时期,不同的社会发展水平,不同的历史文化传统,社会对特殊教育发展的需要程度和要求是大不一样的。在人类社会漫长发展的过程之初,就出现了特殊儿童,有这类儿童的家庭对特殊教育的需要也应该是由来已久的,但是,由于社会生产力和文明程度的限制,个别家庭的要求长期以来都没有变成普遍的社会要求,因而也得不到社会的广泛理解和支持。直到今日,仍有一些经济和文化都不太发达的地方,还没有认识到发展特殊教育的必要性,那些特殊儿童的家长仍然感到求助无门。至于如何最大限度地满足社会对特殊教育发展的需要,这就更复杂了,它涉及特殊教育的对象、内容、方法和就业等一系列的问题。例如,目前我国特殊教育的对象基本上还是专指盲、聋、弱智三类残疾儿童,至于其他类型的特殊儿童的教育需要在很多地区还得不到满足。

第二,要理解"最大限度地满足特殊儿童的教育需要",可能就会联想到三个相关的问题。什么是特殊儿童?特殊儿童有哪些教育需要?如何最大限度地满足特殊儿童的教育需要?

前面已经提到,特殊儿童的定义有广义和狭义之分。广义的特殊教育对象包括残疾儿童、超常儿童和问题儿童,而狭义的特殊儿童就是指残疾儿童。不同类型的特殊儿童有不同的教育需要,但即使是同一类特殊儿童也有不同的特殊教育的需要。要想最大限度地满足特殊儿童的教育需要,首先就要了解不同的特殊儿童其个体的身心状况和发展水平,要做到这一点,就必须由专业人员进行科学的综合的测查和评估。在科学评估的基础上,再制订量体裁衣的个别教育方案和提供有效的教育、教学和训练方法。

第三,"获得知识、增强能力和提高素质"这三者之间的关系如何?为什么要把这三者作为特殊教育的目标?我们已经生活在知识爆炸的现代社会,如果不具备起码的科学文化知识和运用这些知识、解决问题的能力,就很难在这个社会中生活。当然,由于特殊儿童的个体差异很大,对其知识、能力和素质的要求都应有所不同。完全按照正常儿童的发展水平来要求特殊儿童是不合理的。但完全脱离正常儿童的发展水平,又有可能变得没有要求,放任自流。因此,如何针对不同特殊儿童的实际情况开展有效的教育、教学和训练,这是一个必须由专业人员承担、家长配合、社会支持才能完成的十分艰巨的任务。

上述分析也许能帮助我们理解特殊教育作为当代社会性的目的活动的主要特征。但是,要进一步了解开展特殊教育的目的和动机,还要做一些历史性的比较。

我们翻开中国特殊教育的发展史就会发现,中国土地上第一所盲校"瞽通文馆"(1874)和第一所聋校"启音学馆"(1887)都是由西方传教士创办的。据有关资料记载,他们在创办这些学校的过程中,经历了许多坎坷,克服了不少的困难。那么,他们到中国来办特殊学校的目的是什么呢?这就涉及一个行为动机问题。对此举可以做三种不同的解释:一是在虔诚的宗教信仰驱动下的博爱行为;二是以从事特殊教育为幌子的文化心理渗透或文化侵略;三是以宗教行为掩护下另有所图的伪善行为。那么,到底是哪一种解释最符合历史的事实

---

① 马克思恩格斯选集(第4卷)[M]. 北京:人民出版社,1972:247.

呢？这要对当时的情况和不同的传教士本人做深度的考察。如果哪位传教士在本国和中国的土地上从来都没有做过一件违反教义的事情，本身就是一个言行一致虔诚的教徒，我们就可以认为他们在中国兴办特殊学校的确是宗教信仰驱动下的博爱行为。

1859 年，太平天国的领导人之一洪仁玕在《资政新篇》中提出了中国最早的实行特殊教育的纲领。这个纲领主张"兴跛盲聋哑院。有财者自携斧资，无财者善人乐助，请长教鼓乐书数杂技，不致为废人也"。尽管这个纲领当时根本没有得到实施的机会，但短短的三十几个字，却表明了当时一个农民革命领袖对民众盼望发展特殊教育的理解：① 什么是特殊教育机构和如何开展特殊教育——兴跛盲聋哑院。② 如何解决兴办特殊学校的资金问题——有钱的出钱，没钱的出力做义工。③ 教育内容和方法——请老师来教音乐等技艺。④ 特殊教育要达到的教育目的是什么——使受教育的残疾儿童能自食其力，残而不废。这让人不禁要问，中国历史上有无数的农民起义，有夺得政权的如明朝的朱元璋等，也有没能夺取政权的如陈胜、黄巢等，但他们都没有想到特殊教育的问题，为什么一个只取得短期、局部政权的太平天国领袖竟会提出实行特殊教育的纲领呢？我想，主要是清朝末年开始萌芽的资本主义的生产方式，已经在社会上引发了创办特殊教育学校的需要。

近百年来，各国都根据本国的实际情况、文化背景、教育理念，制订了相应的法律法规、文件纲领来阐明特殊教育的目的和任务，特殊儿童的培养目标和教育的内容和方法。有关教育目的的比较研究认为，不同的教育目的和目标的制定，大致上可以归纳为两大派别：即"社会本位论"与"个人本位论"。"社会本位论"强调教育的社会功能，社会对教育的控制和引导，希望学生按照社会的要求获得知识和技能，遵守社会规则，完成个人的社会化过程。"个人本位论"则强调人的全面发展，人的本性、自由以及个人的独立性、创造性和人的尊严与自尊意识的培养。

在马克思主义的指导下，我国根据社会主义的政治制度和发展中国家的经济发展水平，用一系列的文件、条例和法规确定了我国教育发展和特殊教育的目的和任务。例如，20 世纪 50 年代，提出了"培养有社会主义觉悟，有文化的劳动者"这一教育目标。80 年代，又在《宪法》中规定："国家培养青年、少年、儿童在品德、智力和体质等方面全面发展"的教育方针。1994 年颁布的《残疾人教育条例》明确规定：特殊教育"应贯彻国家的教育方针，并根据残疾人的身心特性和需要，全面提高其素质，为残疾人平等和参与社会生活创造条件"。应该说，这些教育方针的制定体现了"社会本位论"与"个人本位论"两种教育思想的结合，就其实质而言，似乎更偏重于"社会本位论"。

二、特殊教育的行为目的与态度

上述的特殊教育目的是根据国家的大政方针制定出来的，代表了国家政府对发展特殊教育的要求和态度，在国家和地区的特殊教育的发展中起到指导和主导作用。但是，大家也知道，参与特殊教育的还有儿童的家长，特殊教育的专业人员，他们对国家的方针政策的理解水平是大不相同的，对特殊教育和特殊儿童的态度也并不一致。正如桑新民在讨论教育目的时所描述的："有的学生认为上学受教育是遵从父母之命；有的家长希望孩子读大学是为了给孩子找一个'铁饭碗'；有的教师希望自己的学生中能够出人才，因此给班上聪明的学生'吃偏饭'，而把后进的学生当成负担；有些教育行政干部则把提高自己学校或地区的高考升学率作为显示教育管理政绩的主要依据,因而使一切工作都围绕高考的指挥棒转……可见,在现实生活中,教育目的不仅十分复杂,而且对教育者和受教育者都是十分重要的。"[1]

特殊教育作为一种目的行为,和参与者的行为目的、内在动机与真实态度之间有着非常复杂的关系,分析不同人群对特殊教育的内在动机和真实态度将有助于我们进一步理解我国特殊教育发展的任重道远。

(一)社会对特殊教育的认识与态度

从各国特殊教育发展历程来看,许多国家对特殊教育的认识都经历了忽略、隔离和融合三个发展阶段。应该说,随着生产力的发展,文明程度的提高,人们对发展特殊教育的认识在不断提高,对残疾人的态度在不断转变。时至今日,世界各国社会公开地反对和忽视发展特殊教育以及歧视残疾人的现象已经不太多见。但是,迄今为止,社会上还是有相当一部分人,甚至某些政府相关单位的工作人员,并没有从人类发展进程中应该承担的责任和义务这种高度来认识发展特殊教育的目的和价值。他们口头上的支持多,实际的支持少;有的个别领导并没有真心实意关心残疾人的博大胸怀,更不会科学地规划和有力地支持当地特殊教育的发展,只是想借助于对残疾人的关心和搞几次活动来建立"形象工程"谋求"政绩"或者应付上级的检查。正因为这样,加上又缺乏硬性的法律约束,某些地区的残疾人事业和特殊教育发展的起伏很大,缺乏发展的稳定性和可持续性,造成一些有待深入研究和逐步解决的深层次的问题往往很难得到有效的解决。

(二)家庭对特殊教育的认识与态度

到目前为止,我国培养特殊儿童的绝大部分的医疗、生活和教育费用主要还是由家庭承担,因此,对任何一个家庭来讲,只要出现一个特殊儿童,无论是经济上,还是在精力上,都将给整个家庭带来沉重的负担。许多特殊儿童的家长带着孩子四处寻求帮助,像著名电影演员巩俐扮演的"漂亮妈妈"那种有责任感和不辞劳苦的特殊儿童的家长决不在少数,他们的精神实在令人感动。我们在日常工作中深切地感到,只有家长与学校和专业人士紧密配合,及早地对孩子进行专业机构和家庭相结合的早期诊断和干预,才能抓住时机,在早期干预和教育方面取得比较明显的效果。当然,也有不少家长消极放弃,不能给特殊儿童的教育和成长提供较好的家庭环境,结果往往因错过了孩子最好的矫正期而抱恨终身。

(三)教师对特殊教育的认识与态度

目前,我国已经有1667所特殊学校,有41.3万个三类残疾儿童在特殊学校和普通学校接受不同程度的特殊教育。在特殊教育岗位工作的广大教师和专业人员的敬业精神和高尚的师德得到儿童家长和社会的高度评价。但也有教师觉得和普通教育相比,对特殊儿童的教育和训练,往往是费时费力但收效甚微,缺乏成就感和上进心。这就需要全社会更加关心和理解特教工作,不断地改善教师的工作环境和生活条件,给他们提供一定的进修机会,逐步掌握现代特殊教育的理论和方法,帮助他们树立正确的牢固的教育观、学生观、人才观,提高他们的教育教学水平。

三、特殊教育的目的与教育需要

"最大限度地满足特殊儿童的教育需要",这是特殊教育的现代理念和主要原则之一,也

---

[1] 桑新民.呼唤新时期的教育哲学——人类自身生产探秘[M].北京:教育科学出版社,1993:176-177.

反映了特殊教育的行为目的。不同类型的特殊儿童由于身心条件不同,有不同的教育需要。作为个别化的教育,不仅视觉障碍儿童、听力障碍儿童、资赋优异的超常儿童等各有他们不同的教育需要,就是同一类特殊儿童也有不同的教育需要。在日常的教育教学过程中,除了满足他们发展智力和学习方面的教育需要外,还要帮助他们解决由于身心障碍而带来的一系列心理问题,使他们的知、情、意得到平衡发展。

其实,任何受教育者都有一定的教育需要,为什么在特殊教育界会提出"最大限度地满足特殊儿童的教育需要"这一命题,而普通教育界对此却觉得有点不可思议呢?其实,在普通教育中,不是早就有人提出过"以儿童为中心"吗?如果从教育哲学的角度来考虑,最大限度地满足特殊儿童的教育需要,这一教育理念和原则的提出本身就是对以往普通教育中某些教育理论的置疑,对教育目的、功能和作用的重新审视和思考。

首先,"最大限度地满足特殊儿童的教育需要"是对教育"服务说"的修正和补充,并不认同特殊教育的目的是单一地为某种上层建筑或意识形态服务,而只是为特殊儿童、特殊人群本身的发展服务;如果要像"文化大革命"时期那样坚持"教育必须为无产阶级政治服务,教育必须同生产劳动相结合"[①],那么,就很难做到"最大限度地满足特殊儿童的教育需要",特殊教育的发展空间就非常有限了。

其次,这一教育理念和原则也从人本主义的角度对各种教育"工具说"提出了置疑,不把特殊教育当做某种手段和工具。特殊儿童的教育需要,主要是针对不同类型儿童的个体而言的。当然,个体的需要也不是孤立的,也包含社会发展本身的需要。

此外,特殊教育只能是根据不同类型特殊儿童的身心条件,因势利导地弥补缺陷、排除障碍、发挥优势,同样很难达到"全面发展",也没有必要达到"全面发展"的教育要求。但是,这并不意味着特殊教育可以不提要求,可以听之任之,放任自流,恰恰相反,特殊教育无论是对教育者和受教育者都提出了更高的要求。因为,身心的障碍、发展的不平衡需要他们共同付出更多的努力,才能实现健康和谐的发展。

更为重要的是,特殊教育所重视的是素质教育、生活教育,因此,不能用应试教育、功利教育的模式来衡量和评估特殊教育的成功与失败。当然,这也同样不意味特殊教育可以取消考试,拒绝任何带有竞争性质的活动,特殊儿童,尤其是残疾儿童,更需要在克服困难和拼搏中成长。

总之,"最大限度地满足特殊儿童的教育需要"并不等于说特殊教育可以完全抛弃普通教育所提出的要求,而是强调特殊教育必须科学地理解、认可、容忍和尊重个体差异,在教育、教学过程中要考虑到不同教育对象的个人的先天素质、身心条件和所处的不尽相同的自然和社会环境,又要引导儿童最大限度地实现自己的潜能,促进社会的和谐发展和实现人类的共同理想。就接受教育的个体来讲,在成长的过程中,只能是在实事求是的基础上,学会尊重、建立友谊、承担责任、以自己顽强的努力来实现理想和现实的统一,实现教育的社会价值和个人价值,培养健全的人格。特殊教育特别强调教育机会平等、早期教育、个别化教育、潜能教育、素质教育、人格教育和融合教育等教育理念,提倡家庭教育、学校教育和社会教育

---

① 毛泽东. 1958年的一次谈话. 载何东昌主编. 中华人民共和国重要教育文献(1949-1975)[M].海口:海南出版社,1998:869.

的密切结合。在一定程度上,特殊教育的教育理念的确对普通教育的教育目的、价值观要求提出了质疑和挑战。在下一章有关教育价值的讨论中,我们还会从另一个角度进一步阐述这些问题。

本章小结

　　特殊教育无疑是人类从事的有明确的目的、有奋斗目标的社会行为,发展特殊教育无疑也是人类走向文明进步历程中一切社会活动中重要的组成部分。但是,要真正了解这一目的行为的起源、发展过程和自身的特点,使其成为一项马克思称为的"绝对命令",即推翻那些使人成为受屈辱、被奴役、被遗弃和被蔑视的东西的一切关系,最简单的方法是把它和一般的目的行为和普通教育的行为进行比较。

　　通过对万物有神论、万物有灵论和目的论的讨论,可知目的行为受到理性和意识的支配,是人作为万物之灵的专利。但是,也并非人的一切行为都属于目的行为,而只是有明确目标的、自觉的行为活动才算得上是目的行为与活动。因此,有必要从活动主体的需要,支配行为的自我意识和集体意识以及行为活动的意向、动机、行为结果等不同的层面来对特殊教育的目的和目的行为形成深度认识。

　　研究认为,特殊教育和一切教育活动一样,是国家组织的宏大的、系统性的目的性活动,并体现在一系列的政策法规之中;要通过管理和专业人员来执行与实施;要得到全社会的理解和支持。从20世纪四次全球性的教育改革的情况和我国"文化大革命"期间非理性的"教育革命"的情况来看,教育,包括特殊教育是一个涉及政治、经济、文化和民族素质的系统工程。影响教育这一目的行为实施的因素是多方面的,极其复杂的,相互作用、相互影响的。

　　总的说来,随着社会的发展,现代教育,也包括特殊教育的理念正在不断更新,教育目标也在不断调整,教育民主建设逐步加强,发展的异化现象在越来越少,在一定程度上表明了人类在否定之否定的过程中正朝着和平、进步的方向前进。也只有借助这种文明进步,受教育者才能得到真正的尊重,特殊教育才有健康发展的可能。

思考与练习

1. 为什么说教育活动是一种典型的目的性行为?
2. 结合一个世纪以来世界范围内的教育改革历程来探讨教育的目的性。
3. 比较特殊教育的目的和普通教育的目的异同。
4. 简述特殊教育目的、需要与态度之间的关系。

为了在发展过程中脱离动物状态,实现自然界的最伟大的进步,还需要一种因素:以群的联合力量和集体行动来弥补个体自卫能力的不足。①

恩格斯

第6章　特殊教育的价值论

- 学习从人的价值来认识教育的价值。
- 认识教育价值观的多元化。
- 学习认识多种特殊教育价值观的矛盾与统一。

无论是个体还是群体,都会遇到一个共同的问题:在历史的长河中,人们都是用有限的时间和空间从事无限的有目的的活动。对个体来讲,生命是有限的,精力是有限的,对一个国家而言,资源是有限的。面对这一矛盾,人们不得不进行许多价值判断和进行某些艰难的,但又无法回避的选择,大到涉及国家利益的历史性抉择,小到个人发展的利弊权衡。正因为这样,人们在从事某项目的活动的前后,都会情不自禁地在内心反问自己:这样做值得吗?

特殊教育的发展当然也涉及广泛的价值判断与选择,参与特殊教育的群体和个体也必须做出必要的价值判断与选择。这种价值判断不仅反映出人们对特殊教育的态度,也将直接影响到对教育资源的利用和分配,对特殊教育发展的理解和支持力度。本章试从人的价值、价值观的多元化、价值观的内在矛盾与统一等几个方面来讨论特殊教育价值的问题。当然,群体和个体价值观的形成和发展同样也是客观存在的反映,体现出一定的时代精神。

第1节　人的价值

因为教育是针对人的活动,要讨论特殊教育的价值,首先必须肯定人的价值,而人的价值主要体现在两个方面,即体现出人是万物之灵和人人平等,前者是对人与自然的关系,人在种系发展中的地位的考虑,后者是对人在社会人群中地位的考虑。那么,怎样来判断人是万物之灵呢?

早在战国时期,墨家学派已经明确地认识到人与其他动物的根本区别在于:人能用劳动养活自己。墨子在《非乐》篇中写道:"今人固与禽兽麋鹿蜚鸟贞虫异者也。今之禽兽麋鹿蜚鸟贞虫,因其羽毛以为衣裳,因其蹄爪以为绔屦,因其水草以为饮食。固唯使雄不耕稼树艺,雌不纺绩织纴,衣食之才,固已具矣。今人与此异者也,赖其力者生,不赖其力者不

---

① 恩格斯.家庭、私有制和国家起源[M]//马克思恩格斯全集.北京:人民出版社,1965:45.

生。"这段话的意思是,飞禽走兽爬虫之类的动物,都是依靠本能和自然环境生存的,只有人类才是通过男耕女织的分工劳动来维持生存的。荀子就将没有生命的物质、有生命的植物和动物与人作了比较并提出了"人贵论"的思想,他说:"水火有气而无生,草木有生而无知,禽兽有知而无义,人有气有生有知亦且有义,故最为天下贵也。"(《荀子·王制》)后来,汉代的董仲舒着重从伦理道德的角度进一步阐述了人贵论的思想:"人受命于天,固然超于群生,人有父子兄弟之亲,出有君臣上下之谊。会聚相遇,则有耆老长幼之施,粲然有文以相接,欢然有恩以相爱,此人所以贵也。"(《对策三》)王充等人则从人有得天独厚的认知能力和智慧方面来肯定人为万物之灵。他说:"人为贵,贵其识知也。"(《论衡·别通》)又说:"人,物也,万物之中有智慧者也。"(《辨祟》)上述这些从不同角度提出的"人贵论"的思想,为中国教育包括特殊教育奠定了思想基础。

从种系发展的角度肯定了人的价值之后,便要考虑个体的人在社会群体中的价值问题,即马克思所说的"存在和活动所具有的社会意义的总和"。具体地说,人的价值主要体现在两个方面:一是社会和群体对个体价值的评价,这种评价当然会与个体在社会和群体中的地位有关,尤其是和个体在社会和群体中所处的经济地位有关;二是对个体在社会和群体中作出贡献的评价,这与社会和群体的发展需求有关。人的后一种价值体现在,抛开一切社会的包装,在人类道德和行为的天平上"裸称"的情况下,能否做到"天赋人权""人人平等"?真正地做到像苏联的文学家高尔基用文学语言描述的那样:"人在世界上,最光荣最伟大的任务就是做一个人,为了保持人的尊严,人不能马马虎虎地活在世上。"然而,要想真正做到保持人的尊严,体现出每一个体的生存价值,就需要教育,并且需要良好的教育。那么,什么是良好的教育呢?在我看来,衡量良好教育的一个重要和明显的标志是:这种教育必须从各个方面都能反映出人类文明进步的历程和成就,必须为"真正做到保持人的尊严,体现出每一个体的生存价值"提供最大的可能性和创设良好的环境。

正如恩格斯指出的:"动物社会对于推断人类社会的确具有某种价值,——但只是反面的价值而已。"①只要我们还相信达尔文的进化论,我们就应该承认人类是从类人猿进化过来的,为了保存生命和种的繁衍,人类从来没有放弃过与自然环境的抗争和群体内部的争夺,并不惜为此付出巨大的代价。在生产力极为低下的原始社会,单个的人几乎还没有能力来与恶劣的生存环境抗衡。因此,身体的强壮以及建立在体力基础上的群体组织权威便是当时人的价值的最高体现,"强者为王"也由此而生。随着生产力的提高,私有财产的产生,阶级的出现,人的价值就不断地和权力、财力、体力、智力紧密结合起来,形成某种综合价值。在封建主义和资本主义社会,只有少数的统治阶层才能实现自己的"宏图大志""为所欲为",也只有少数的智者才能"施展智慧与才能"而获得大多数人的崇拜、畏惧、羡慕,即实现他们的时代所认可的人生价值。而绝大多数人只能是做牛做马、忍辱偷生,把基本的生存作为最重要的、最有价值的事情,所谓"好死不如赖活"便是这种生存价值观的最好的表述。例如,当我们参观西安临潼的世界文化遗产兵马俑时,可曾想到这是一个灭绝人性的暴君的淫威和一项用将近70万人的生命代价换来的杰作?当我们回忆起20世纪两次世界大战的惨不忍睹的情景时,人类难道还不需要在价值选择上进行自我反省吗?尤为可悲的是,即使是到了现代文明社会,生活物资并不十分缺乏的情况下,在某些国家和某些地区,仍然有一部分

---

① 恩格斯.家庭、私有制和国家起源[M]//马克思恩格斯全集.北京:人民出版社,1965:45.

人还是在隐性地执行这种弱肉强食的社会性"力学原理"。在一些暴力崇拜者眼里,对人的尊重和实现人的价值仍然被看成是理想主义者的痴人说梦。

真正的马克思主义者,对人的价值给予高度的评价,从历史的角度揭露一切封建主义的本质,认为任何封建制度,无论它如何改头换面,都是少数人压迫多数人的制度,都是无视人的价值的制度,"君主政体的原则总的说来就是轻视人,蔑视人,使人不成其为人"①。马克思主义从历史的角度,一方面,肯定了资本主义反封建的进步性,同时也指出,以商品经济为核心的资本主义社会,"金钱肯定了人的价值,这个人值一万英镑,就是说他拥有这样一笔钱。谁有钱,谁就'值得尊重',就属于'上等人',就'有势力',而且在他那个圈子里在各方面都是领头的"②。正是从体现人的价值的基础上,马克思主义提出了"异化"的问题,并主张用无产阶级专政方法来创建一个能使人得到全面发展的社会,正是从"以人为中心"出发,反复地提醒后人,"无产阶级只有解放全人类才能解放自己"。在马克思主义看来,从解放自己到解放全人类,与解放自己后再去压迫别人,便是真正的无产阶级革命和其他类型"革命"的本质性区别所在。

那么,在大多数国家和地区基本上已经获得必需的生活物质,摆脱了生存困扰的现代社会,是否应该认真考虑如何体现人的价值呢?近半个多世纪以来,联合国和许多国际组织、学术团体对这类问题进行了多次的讨论,尽管各个国家的体制不同,但这样的讨论本身也表达了一种共同的时代精神,即对和平进步的祈望和对人的普遍尊重。

我国是一个人民当家作主的国家,从理论上来讲,我们应该和完全有可能充分体现主人翁精神,形成良好的尊重人、关心人、信任人、帮助人的社会风气,最大限度地给每一个人提供实现自己潜能的机会,让每一个人为建立和谐社会、推动社会的文明进步而实现自己人生的最大价值。当然,几千年根深蒂固的封建意识和"文化大革命"时期的倒行逆施的影响、再加上作为发展中国家的经济限制,无论是对不同的群体,还是对每一个体而言,要实现自身的价值,获得主人翁的尊严,的确都是"任重道远"。正如《马克思主义教育思想的中国化历程——选择·融合·发展》一书中所指出的:"在当代中国,要普遍地形成独立的人格,使依附性的个人走向独立的个人,任务仍然艰巨。至今,我们维护独立的意识依然很薄弱。"③也正因为这样,我们要坚定不移地办好教育,这也就是教育的主要价值所在。

有的学者认为,科学的价值分析应该成为一切目的行为的评价基础,例如,教育的价值分析是教育经济学的重要组成部分,主要是从教育功能与投资之间的比率探讨教育本身的价值。但在我看来,教育的价值分析不单纯是一种计算方法的问题,而更主要的是一种价值观的问题。通过教育而建立起来的价值观是群体和个人的思想意识的核心,它将作为一个信念、原则和标准来指导人们的认识、态度和行为。作为群体的思想意识核心的价值观就可能左右社会舆论,成为某种固定的立场和社会行为规范。对人的尊重决不意味抛弃任何原则,陷入无政府主义的混乱。事实上,正如没有游戏规则的游戏是无法进行的,不是在共识中建立起来的社会制度和规范,也就根本不可能保证大多数人的尊严和自由。

下面我将结合特殊教育的问题来简单地探讨教育价值观的多元性、内在的矛盾性和统一性。

---

① 马克思恩格斯全集[M]. 北京:人民出版社,1965(1):411.
② 马克思恩格斯全集[M]. 北京:人民出版社,1965(2):566.
③ 周谷平,叶志坚,朱宗顺. 马克思主义教育思想的中国化历程——选择·融合·发展[M].杭州:浙江大学出版社,2008:470.

第2节　教育价值观的多元化

价值(value),在作为一个经济学的概念,特指凝结在商品中的劳动价值之前,已经广泛地在日常生活中使用,也是人们很熟悉的概念。

我国早在春秋战国时期就开始围绕"鱼与熊掌"问题展开了义利之辨的讨论。孔子把"义"和"利"对立起来,主张重义轻利,认为"君子喻于义,小人喻于利"(《论语·里仁》)。当时,只有新生小生产者的思想代表墨子认为:"义可以利人,故天下之良宝也。"(《墨子·耕柱》)荀子则在这个问题上兼容了墨家的价值观,从先后秩序上提出了:"先义而后利者荣,先利而后义者辱。"(《荀子·荣辱》)这样一个判断标准。以后的几千年,中国思想界也从来没有停止过有关这类道德价值问题的争论。西汉儒家的集大成者董仲舒明确提出:"正其谊不谋其利,明其道不计其功。"(《汉书·董仲舒》)宋代功利主义的思想家王安石则坚持"人非利不生,理财乃所谓义也"(《王文公文集·答曾立公书》)。直到近代,中国著名的思想家严复、梁启超等人在介绍西方功利思想时,还大声疾呼"庶几义利合,民乐从善,而治化之进不远欤。呜呼! 此计学家最伟之功"(《原富》按语),"人而无利己之思想者,则必放弃其权利,驰掷其责任,而终至,于无以自立"(《梁启超:乐利主义泰斗边沁之学说》)。综观几千年来各种思想对价值问题的看法,也说明人们在理性审视这一熟知概念的过程中,由于站在不同的角度以及存在多方面的影响因素,故很难达成共识。

G. W. 奥尔伯等的研究认为,人主要有六种价值目标:一是生活资料和财产获得的经济价值;二是渴望丰富知识体系和总结规律的理论价值;三是支配他人与实现个人想法的权利价值;四是体现工作意义和增加社会福利的社会价值;五是意念美和现实美相结合的审美价值;六是依附神秘和谋求心灵平静的宗教价值。当然,他的概括是不全面的,各种因素之间也有交叉,重要的是,忽略了人的情感,尤其是与良知结合在一起的高级情感在价值判断和选择中所起到的巨大作用。

当人们要对教育这一社会活动做出价值判断时,就会发现价值观的多元性和内在的矛盾性是现代社会的明显特征之一。人们可以从政治、经济、文化、宗教等不同的角度来衡量和说明教育的价值,从而形成不同的教育价值观。对某一个体来讲,教育的价值观既可能是清晰的,也可能是模糊的,但不管怎样,其教育的价值观的形成和发展受教育环境、个人经历等诸多因素相互作用的影响。

一、教育的政治价值观

教育的政治价值观是由一定的社会政治经济制度决定的,是一种政治信念、政治观点的集中表现。自古到今,教育的政治价值观都是非常明显的。例如,在第二章我们谈到,中国古代的儒家开创民间教育其目的是非常明确的,是要通过"导之以德,齐之以礼"来定国安邦,是要"学成龙虎艺,货与帝王家",只是当这些本领不被统治阶级赏识的时候,才用来独善其身。以韩非为代表的法家的教育政治观更为明确,干脆提倡以吏为师,以法规为教育内容。

现代教育的政治价值观特别注重受教育者的民族意识、阶级意识、公民意识、政治态度、法则观念的形成以及整体国民素质的提高。不同国家的建国和建党纲领都是教育政治价值观的基础。由于社会制度不同,在教育政治性的理解方面的确有不同,但也有许多共同之处,例如,许多进步教育都强调维护社会的公正、民主、平等、团结和稳定,提倡爱国主义和为社会公益事业多作贡献的精神。

政治是经济的集中表现,无产阶级的政治是人民根本利益的集中体现。在无产阶级获得政权之后,政治的中心任务是大力发展社会生产力,以满足不断增长的物质文化需要。中华人民共和国成立以来,我国教育的政治价值观在不同时期的历史文件中都有明确的表述。例如,1958年《中共中央、国务院关于教育工作的指示》提出:"教育为无产阶级的政治服务,教育与生产劳动相结合。"1981年中国共产党第十一届六中全会通过的《关于建国以来党的若干历史问题的决议》中指出,"要加强和改善政治思想工作,用马克思主义的世界观和共产主义道德教育人民和青年,坚持德、智、体全面发展,又红又专,知识分子与工人农民相结合,脑力劳动与体力劳动相结合的教育方针。"1995年第八届全国人民代表大会通过的《中华人民共和国教育法》指出:"教育必须为社会主义现代化服务,必须与生产劳动相结合,培养德、智、体全面发展的社会主义事业的建设者和接班人。"这些纲领性的指导性文件确定了我国教育的大政方针,明确地表述了我国教育的政治价值观,当然也是指导我国特殊教育发展的指导思想。

改革开放以来,邓小平同志提出了"三个面向"的教育理念,即"教育要面向现代化、面向世界、面向未来",通过教育的"三个面向"来发展和巩固社会的"三个面向"。此后,党和国家又提出了"素质教育"和"创新教育"的理念,这些都集中地体现出建立和谐社会过程中,我国所坚持的教育的政治价值观。

二、教育的经济价值观

教育的经济价值观着重从经济利益、经济发展的角度来考虑教育的价值。宏观教育的经济价值观多考虑教育与国民经济的关系,如国家教育的投入与经济发展的需要,如何使教育的人力资源变成有效的生产力,教育的总投入和产生的经济效益以及教育作为第三产业可能获得的经济利益。微观教育的经济价值观多考虑受教育者需要投入的个人教育经济成本和产生的经济效益的关系。所谓教育个人成本是指学生本人、家庭为培养每名学生所支付的全部费用。一般包括两个方面成本:一是学生上学时直接支付的学杂费、书本文具费、住宿生活费和交通费等相关费用;二是达到法定劳动年龄后,学生因脱产上学可能放弃的就业收入。记得我们在一些贫困地区的教育研究发现,即使是给学生免除一切学杂费,提供免费的住宿,还是有个别的适龄儿童会中途辍学,其中一个主要的原因是有的家长舍不得给孩子支付那笔"因脱产上学可能放弃的就业收入"。

以往,人们习惯于把教育看成是一种纯粹的消费和社会福利,但随着科学技术的发展,国民教育程度的普遍提高,人们越来越强调教育与经济之间的关系。实际上,现代教育也的确受商业化的影响,本身也成为一种特殊的产业。但相比之下,大多数人受传统观念的影响,无论是从宏观的角度,还是从微观的角度,对发展特殊教育的经济价值基本上是否定的。换言之,这些人认为发展特殊教育的作用多半局限于政治影响、社会意义和宗教意识,无论是国家对特教的投资,还是个人所付出的教育成本,从经济意义上来讲,都得不到投入普通教育的相同回报。因为从人均教育经费来看,对特教的实际投入是普通投入的 3～5 倍,于是在一些经济条件尚不发达的地区,对特殊教育的发展就可能产生一定的投资上的畏惧心理,甚至于还会有抵触情绪。

其实,对发展特殊教育的经济效益和教育投资的问题还有另外一种计算方法。

例如,在 2000 年出版的《美国儿童早期发展综合科学委员会研究报告》中,曾引用美国施魏因哈特对某一学前特教早期干预项目的成本和收益的追踪研究的数据来说明实行早期特教的经济价值。这项长期追踪研究表明,117 名参加此早期干预项目的特殊儿童,到 27 岁时,所测得的收益的总量是 70986 美元,远远超出了该项目当年投入的 12356 美元。此外,调查还发现,该项目收益—成本核算中效果最显著的还在于项目参与者和控制组成员相比,在犯罪和接受监禁费用方面有更明显的差异,如果把这种犯罪行为方面的差异换算成金钱的话,每名接受项目训练的成员可能从中节省 49044 美元的开支。[①] 此外,我国学者推算,一个特殊儿童如果能接受 9 年义务教育,就可以节约 98700 元人民币的费用。[②]

由此可见,对特殊教育经济价值的否定是一种误解。上述这些相关的研究表明,无论对国家来讲,还是对特殊人群的个体来讲,发展特殊教育本身的经济效益都是不可忽视的。

三、教育文化价值观

文化传承是教育活动的一项重要任务。文化一般不像意识形态和政治价值那样尖锐,体现出更多的宽容和源远流长。自然,教育本身也受到不同时代社会文化的影响。自古以来,中国主张"以文教化",用诗、书、礼、乐、道德伦理教化世人,特别强调文化和教育的统一性。现代文化的概念,更为宽泛,综合了物资与精神的成果,体现不同的意识形态和生活方式。文化的分类更是千奇百态,如东方文化与西方文化、传统文化与现代文化、本土文化与外来文化、大陆文化和海洋文化等。

由于国际交往的频繁,"地球村"的出现,文化差异和多元文化的格局日益明显。人类学、心理学、教育学等领域的学者越来越重视文化的内在价值和外在影响,强调不同文化对人类发展的影响。文化教育人类学(cultural anthropology of education)就把文化概念作为一个范式引进教育理论,主张从一定的文化背景中分析和处理教育问题,强调文化对人的人格形成的巨大影响。极端的文化决定论者 E. 德克海姆认为文化差异最能解释人的社会行为,也能决定个人的一生。20 世纪初,起源于德国的文化教育学从体验论、理解论、陶冶论和目的论的角度,阐述了文化与教育的关系,形成了文化教育的哲学思想。

广义特殊教育的对象大多数都是文化处境不利儿童(culturally disadvantaged children),有的是由于身心障碍,有的是由于外地移民,有的是由于家庭贫困,多存在不同程度的学习困难、学业不良甚至于某些情绪和行为问题,所以,特殊教育界应更重视从文化价值观的角度来认识文化差异对特殊教育对象的影响,旗帜分明地反对文化歧视,主张和推行不含文化偏见的公平测验和不同文化的交叉融合。

---

① 杰克,肖可夫,等. 从神经细胞到社会成员:儿童早期发展的科学[M]. 方俊明,李伟亚,译. 南京:南京师范大学出版社,2007:324.

② 陈云英. 随班就读的课堂教学[M]. 北京:中国国际广播出版社,1996:5.

四、教育的宗教价值观

教育的宗教价值观主要体现在两个方面：一是公开地传授特定的教义和教规，另一种将宗教的理念和文化教育融为一体。翻开西方和中国的特殊教育史，不难发现，西方的特殊学校最早都是由一些宗教人士创立的，近代中国首批特殊教育学校也是由来中国的传教士创办的，例如，据《中国教育年鉴》记载，中国近代最早一所盲校（瞽叟通文馆），是由一位外国传教士威廉·穆恩于1874年在北京创立的。第一所聋哑学校（启喑学馆）也是由一位名叫梅·查理士（M. Charles）的人于1887年在山东登州建立的。因此，最早以慈善事业为宗旨的特殊教育，的确与布教活动有一定的内在联系，受到宗教价值观的影响。早期的特殊教育的倡导者，在办学动机和筹款方式和经费来源上多半受宗教意识的影响，但在特殊教育的内容上，他们不一定是向残疾儿童传授特定的教义和教规，而只是把宗教当做文化教育的一部分。

五、教育的科学技术观

我曾经多次提到，现代特殊教育的特点之一，是高科技与人文精神的结合。高科技一般包括信息科学技术、生物科学技术、新材料科学技术、新能源科学技术等，其特点是加速了劳动的信息化、智能化过程。高科技的发展一方面扩大人们的预防能力，如各种有关妇女怀孕和生育情况的检测，提供良好的妇幼保健、医疗条件等等，另一方面，高科技明显改善了残疾人的生活环境，在帮助残疾人的生活、学习等方面已经作出了巨大的贡献，而且将不断地作出贡献。但是，要坚持以人为中心，防止本末倒置的仅重视技术、轻视人的唯技术倾向。我第一次看到黑格尔《自然哲学》中的一段话时特别感到新奇，他说："太阳为行星服务，正如同太阳、月亮、彗星和星星一般说来仅仅对地球才重要一样"[①]。但是，从科学发展观来看，又何尝不是这样，人既是万物之灵，也是万物之主，只有突出人的价值的科学技术观才算得上是教育的科学技术观。

伴随现代科学技术发展而发展的特殊教育，更应该是以人为本，充分体现出人的价值。20世纪90年代开始的人类基因组计划研究，为在基因层次上防治疾病提供了可能；纳米电子技术和纳米生物技术这类微型物质改造的尖端科技都有可能为残疾人的教育提供更有力的帮助。但是，我们也应该保持清醒的头脑，看到高科技的两面性并坚持科学发展观，正如林德宏所指出的："我们正处于高科技时代，技术对经济发展和社会进步的作用空前强大，同时技术的负面作用也越来越强。当代技术发展的速度一日千里，技术应用的长期社会后果越来越难以预测。高科技既改变了我们的生存方式，也可能改变我们的命运。即使人真正成为人，也可能导致人的'非人化'。我们应当尽可能地发挥技术的正面作用，把它的负面作用减少到最低限度。在这里起关键作用的不是技术，而是人们的技术观、价值观和伦理观，是人们的哲学观念。"[②]在特殊教育的发展过程中，坚持这种科学观、价值观和伦理观的统一就显得更为重要。

---

① 黑格尔. 自然哲学[M]. 北京：商务印书馆，1980：140.
② 林德宏. 科技哲学十五讲[M]. 北京：北京大学出版社，2004：18.

第3节　教育价值观的矛盾和统一

上面列举了四种对特殊教育的发展产生重大影响的教育价值观。但实际上，这些不同的价值观在不同的历史时期会产生不同的矛盾与冲突。就特殊教育价值观来讲，主要表现在理想价值与现实价值的矛盾以及外部价值和内部价值的矛盾。

一、理想价值和现实价值的矛盾和统一

理想主义是一种历史悠久的哲学思想，理想主义价值观的教育思想也正是理想主义的反映。早在古希腊的柏拉图时代，人们就相信人的智慧是纯正的，人们可以通过善良中蕴藏的智慧来发现真理，实现自己的愿望，达到个体与社会的理想状态。柏拉图把建立理想国作为他的社会目标，把"哲学王"作为理想人格的培养目标。

古代中国儒家的最高理想就是实现大同社会。那么，何谓大同社会呢？照《礼记·礼运》的记载，所谓大同就是："大道之行也，天下为公。"在这样一个美好的社会便能实现"老有所终，壮有所用，幼有所长，鳏寡孤独废疾者皆有所养"。"货恶其弃于地也，不必藏于己，力恶其不出于身也，不必为己"。这种理想社会的思想，对我国的文化产生深远的影响，历代许多立志改革的仁人志士，如林则徐、谭嗣同、孙中山等都曾受这种思想的影响。因为在这些理想中包括了对残疾人的关心，明确了作为"天下为公"的理想社会所应承担的社会责任，所以，发展特殊教育也应该是实现这一理想重要组成部分。

不同的历史时期有不同的理想，所以也有不同的理想主义的教育目的和方法。在古代中国，最有影响的儒家教育思想中的理想是培养饱学多才的谦谦君子，他们具有知识、才能与独立的人格，任何时候都能做到"进可以兼顾天下，退可以独善其身"。当今，我们的教育目标也反映了社会主义国家对教育的理想，即无论是普通儿童和特殊儿童，都要把他们培养成德、智、体全面发展的社会主义事业的建设者和接班人，让他们用自己的学识人品，辛勤的诚实的劳动来促进社会的文明与进步。

然而，现实价值更多的是考虑现实的条件和可能性。现实主义的教育观更注重从现实出发，从比较客观的角度来评价教育的效益。任何理想的实现都必须建立在现实的基础上，脱离了现实基础，违背了客观规律，理想只能停留在乌托邦水平，变成一种不切合实际的空想。试想，如果停留在没有抵抗天灾人祸能力的小农经济时期，很难使受教育者的教育资源转化为新的生产方式，封建社会的读书人除了为大大小小的封建帝王出谋划策之外，又怎样能做到"以天下为己任"呢？在"国难当头，内忧外患"的现实面前，又将如何做到"采菊东篱下，悠然见南山"的洁身自好呢？

直到今天，作为一个发展中国家，我们还必须下大力气来解决"三农"问题，通过各方面深度的改革，从根本上解决长期以来未能真正解决的三大差别，才能使每一个农村的孩子都能接受义务教育。否则，要想真正实现高素质教育、消除片面追求升学率和发展特殊教育只是一种良好的愿望而已。

随着科学技术的发展，我们进入到一个全球化、信息化的时代，我们的教育是否能确保未来的一代能非常理智地利用这些人类智慧所创造的成果并不断地为人类造福？高科技"双面剑"的问题越来越引起人们的关注。在科技绝对值不断增加的情况下，把握其走向的

正、负号就显得更为重要。因此,如何在现实的基础上,遵循客观事物发展内在的规律性,处理好理想和现实的矛盾,缩小理想与现实的差距,可能是人类永恒的探索主题,也是全球化、信息化时代无法回避的问题。

二、外部价值和内部价值的矛盾和统一

教育的发展,教育目标的实现需要一个良好的育人环境,如政治的开明、制度的健全、社会的稳定与进步、经济力量的支持、正确的社会舆论和健康的社会心态的维护。当今我们处在一个改革开放、高度信息化的现代社会,教育的环境已经超越了地区和国家的范围。一个铁的事实是:一个被污染的生存环境势必会不同程度地污染生存者的心灵,而被污染心灵的个体和群体将一定会找出各种借口来用自己不负责任的报复性行为再度污染环境(其中也包括精神污染)。众所周知,能促进教育发展的良好环境既不会从天而降,也不会自然而然地形成,社会是由人组成的,良好的社会环境需要人类自身齐心合力地改造、维护和更新。这样,自然而然给现代教育提出了更高的要求:如何适应现代社会科学技术高速发展的需要,从维护世界的和平和进步的角度来确定更高的教育目标,造就一代新人,用聪明才智和满腔热情不断地解决人类发展过程中不断出现的问题,把我们共同生活的家园建设得更好。

因此,要想打破教育环境和教育本身的恶性循环和建立一种相互促进的良性循环,教育本身必须体现两种价值,即教育的外部价值和内部价值。从外部价值来讲,教育必须通过培养人的活动来促进社会的全面发展、进步,维护正义与和平;教育又不能舍本求末,抛弃人本身的尊严、智慧、情感、身心健康来作为某种工具加以利用。任何牺牲教育的内部价值来实现外部价值的做法都是荒谬的,迟早会受到历史的批判。

三、教育活动因果关系的矛盾和统一

科学研究都希望能找出一系列内在的发展规律,尤其是影响发展诸多因素中的因果关系。然而,教育科学研究在这一方面是不太令人满意的。一方面是在教育这样一个复杂的多因素的纵横交错大系统中,存在大量的"一因多果"和"一果多因"的现象,"一因一果"的现象是极为罕见的。所以,想用"种瓜得瓜,种豆得豆"的简单原则来预测人才培养的过程,只能说是一种幼稚。我曾经在《认知心理学与人格教育》这本书中说过,现实生活中的每一个人都是物质的实体、有生命的活体和有复杂的心理信息活动的社会成员。人每时每刻都要与外界进行物质、能量和信息的交换以保持自身的稳定与平衡。那么,这是否就意味人的发展和教育基本上没有规律可循?非也!规律是有的,但只是从大量的统计中得出的概率性的规律。既然是概率性的规律,就有适用性分布的问题。比如孟子明确指出:"天将降大任于斯人也,必先苦其心志,劳其筋骨,饿其体肤,空乏其身,行拂乱其所为。所以动心忍性,增益其所不能。"这是不是可以看成一条教育规律,我想应该予以肯定。因为大多数人才的成长要经过长期的磨练,要禁得起环境的考验,但能说这是一条因果关系十分明确的"铁"的教育规律吗?又绝不是,逆定理并不存在。现实生活中接受了"必先苦其心志,劳其筋骨,饿其体肤,空乏其身,行拂乱其所为"这类生活考验的人不知其数,但受客观和主观条件的限制,绝大多数都没有"天将降大任"。很简单,"天"有各式各样的天,"任"有各式各样的任,"降"也有各式各样的降。比如说,经济投入增加,条件改善了,师资的学历水平提高了,教育就一定能办好吗?我想,也不一定,因为增加可能性,未必就构成必然性。中国近代史上的八年

抗战时期,许多内地的大学举校西迁,其办学条件可以说是因陋就简,师生的生活可以说是苦不堪言,但也还是培养了一批社会精英、杰出的人才。京剧《红灯记》里唱"穷人的孩子早当家",但茅盾小说《包氏父子》中的小子也是出生寒贫,怎么就不成器呢?我想,不仅是教育的规律是概率性的规律,一切社会科学也是基本如此。人文科学与物理学不一样,物理学可以理直气壮地宣布,在标准大气压下,水加热到100度就从液体变成气体。但教育科学将如何确定培养人的复杂环境和个体努力的"标准大气压"呢?

本章小结

　　价值的问题,是一个古老和复杂的问题。社会上不同人的价值观,包括他们的教育价值观是和世界观一脉相承的。按照辩证唯物主义的观点,任何价值都有其客观的基础,既是客观属性的反映,又是对客观属性的评价与应用。只有通过社会实践,才能认识价值,实现价值。对特殊教育的态度,说到底是对人的态度,是对"人是万物之灵"与"人人平等"这两个基本信念的认可程度的集中反映。所谓"人是万物之灵"是针对人与自然的关系、人区别于其他动物而言的。是人作为一个物质与精神的统一体,作为有意识的有创造欲望和能力的,能在改造客观世界的同时也不断改造自己的最高物种,自称为"万物之灵"是当之无愧的。但是,迄今为止,在历史和现实的活动中都还没能完全体现出"人人平等"的内在价值。人类社会在很大程度上仍然是执行隐性的"力学原则"和"丛林原则",如果说在物资产品短缺的封建社会这是不可避免的,"君主政体的原则总的说来就是轻视人,蔑视人,使人不成其为人。"(马克思语),那么,在人民当家作主的社会主义社会,就应该尽快地实现理想与现实的统一。大量的事实说明,对一切适龄儿童,包括残疾儿童实行义务教育是实现教育公平,并通过教育公平来实现人人平等的必由之路。如果我们都能这样地认识发展特殊教育的意义,那么,对于发展特殊教育的意义还有什么可怀疑和犹豫的呢?

　　我们已经进入一个多元的社会,当代教育、包括特殊教育的发展自然受到多种价值观的影响,人们可以从政治、经济、文化、宗教等不同的角度来衡量和说明教育的价值。教育的政治价值观是由社会政治经济制度决定的,受意识形态和国民整体意识的影响;教育的经济价值观多从经济利益和教育的投入与回报的比率来考虑。宏观教育的经济价值观着重考虑如何使受到教育的人力资源变成有创造财富的生产力;微观教育的经济价值观多考虑个体与家庭在教育投入的成本与产出之间的关系;教育的文化价值观考虑更多的是文化的传承和多元文化的融合;教育的宗教价值观考虑更多的是宗教信仰和宗教文化。教育的科学技术价值观更应该体现的是高科技和人文精神的密切结合。

　　如何在现代社会中,把握特殊教育发展过程中理想价值与现实价值、外部价值与内部价值、教育活动的因果关系,是值得我们深入探讨和逐步妥善解决的问题。

思考与练习

　　1. 为什么要从人的价值出发来考虑教育的价值和特殊教育的价值?
　　2. 如何认识教育价值的多元化和矛盾性?
　　3. 结合我国特殊教育的实际,举例说明如何实现特殊教育理想价值与现实价值的统一。

逻辑实证主义的认识论（及其哲学）是由物理主义、原子主义的观点以及关于知识的"照相理论"所决定的。但从今天的知识状况来看，上述观念的确是相当陈腐了……

当代技术和社会是如此复杂，传统的方法和手段已远不够用了——探索"整体的"（或系统的）和有关最一般本的研究方法便应运而生了。①

贝塔朗菲

第7章 特殊教育的方法论

- 了解特殊教育研究方法的层次性。
- 认识特殊教育研究方法的时代性。
- 理解特殊教育研究方法的多样性和学科的交叉性。

方法论（Methodology），作为认识和改造世界的方法的学说和理论，一般分三个层次：即最高层次的哲学方法论、中间层次的一般科学方法论和更为具体的学科方法论。在哲学史上，亚里士多德的《工具论》和《形而上学》、笛卡儿的《论方法》都是有关哲学方法论的文献。马克思主义的唯物辩证法总结了自然、社会、思维的最一般的规律，是最有普遍意义的哲学方法论，启发人们从事物的普遍联系和永恒运动中观察和分析事物，处理和解决矛盾。

现代科学的迅速发展，形成了"老三论"和"新三论"等一般科学方法论，它有助于我们更为深入地认识科学发展的一般规律和学科之间的内在联系。现代特殊教育是在医学、生理学、心理学、教育学、社会学等多学科基础上发展起来的交叉学科，从系统论、信息论和控制论等一般科学方法论的角度来认识、处理特殊教育发展中的问题将会帮助我们进一步了解特殊教育发展的社会定位，加深对特殊教育本质的认识。

任何一门学科的发展，都必须依靠自身的科学研究，通过研究来不断地更新本学科的知识体系。科学研究在学科发展中占据极为重要的位置。换言之，没有科学研究就没有学科的发展。那么，怎样才能有效地开展科学研究呢？其中，最重要的一点是必须采用时代所能提供的研究方法。因此，本章将从宏观和微观两个不同的角度讨论特殊教育作为一个发展中的交叉学科所面临的具体的研究方法问题。

---

① E. laszlo. Introduction to Systems Philosophy [M]．Now York：Gordon & Breach．1971：18-19.

第1节 "三论"与特殊教育

所谓"三论"是指20世纪中叶兴起的系统论、信息论和控制论。这个三位一体的方法论以现代科学的形式揭示自然与社会的系统性、层次性和开放性,丰富和深化了辩证唯物主义的物质观、运动观和时空观。毫无疑义,这种科学的方法论能帮助我们更加全面和深刻地认识和处理特殊教育发展历程中出现的一系列问题。当然,也有学者将系统论、信息论和控制论称为"老三论",把普利高津提出的耗散结构理论、托姆提出的突变论、哈肯的协同论作为"新三论",这些理论论述的问题虽然各不相同,但从方法论来看,它们都从不同的角度强调了系统的整体性、稳定性、适应性、等级性和历时性,反映了现代科学技术不断地分化和整合的发展趋势和思维方法。那么,从系统论、信息论和控制论的角度来认识特殊教育的对象、任务和方法,是否会给我们一些新的启示呢?

一、系统论与特殊教育

系统论(System Theory)作为一门科学,萌芽于20世纪30年代,著名的现代理论生物学家贝塔朗菲(Ludwig von Bertalanffy,1901—1972)先后在《理论生物学》、《机体心理学和系统理论》、《一般系统论的基础、发展和应用》等著作中最早阐述了一般系统论的思想。他认为系统是相互作用的诸要素的复合体,所有系统都具备整体性、关联性、等级结构性、动态平衡性和自组织性等特征。根据上述特征,可以将现实生活中的事件从系统要素上划分为自然系统、人工系统和综合系统;从构成形态上划分为封闭系统和开放系统;从时空关系上分为静态系统和动态系统;从物质和精神的角度分为实体系统和概念系统;从功能上分为主动系统和被动系统。运用系统论的方法将有助于我们更加深入地了解特殊教育的对象、任务、方法和发展趋势。

首先,我们可以从"人的生存系统"来认识特殊教育的服务对象。任何教育都是针对人的活动,然而,人类对自己本身的了解同样需要一个定位系统。作为万物之灵的人类,是地球上一切生物的最高主宰,而人类赖以生存的地球只是浩瀚的宇宙中一颗小小的行星。人不仅是物质实体和有生命的活体,更重要的是,人是具有自我意识的社会成员。作为物质实体的人,必将遵循物质守恒的规律;作为生命活体的人,必将通过新陈代谢来和外界进行物质和能量的交换,维持有机体的稳态与平衡;作为社会成员,要通过语言沟通、交换思想、社会劳动等实践活动来促进社会的发展和进步。

林德宏明确提出人具有物质与精神的二象性以及"人具有物质生命和精神生命"的双重生命理论。他说,"人的物质精神二象性,是人的矛盾性,但不是二元性","双生命指出了人既是一种动物,又不是一般的动物"。人具有物质生命和精神生命的双重生命理论不仅反映了系统论的思想,在一定程度上也揭示了教育的本质。

从上述的生存系统来看待特殊教育的对象,即偏于常态发展的特殊人群,可知他们本身就是人类自身生产中的必然产物,是生存系统中重要的组成要素。一方面,我们应该客观地看到,某些身体发展障碍势必增加残疾人适应环境的困难和改造环境的代价,但物质只具有自发性,而精神却具有自觉性,自我意识的培植与修养可能会使他们克服生理性障碍,为社会作出令人难以置信的贡献。那么,如何使特教对象实现从障碍到克服障碍,从缺陷到补偿,从差异到特长的转变?这就需要为他们提供科学有效的特殊教育。特殊教育乃是最大限度地发挥特殊人群自身的潜能,改变他们生存空间的必由之路。

其次,从系统论的观点看来,特殊教育作为人类社会活动这个大系统中的重要组成部分,总是受到社会经济、政治、文化等因素的制约,特殊教育的发展在一定程度上反映了人类生产力的提高和社会的文明进步。世界特殊教育,作为人类教育活动中的一部分,它的兴起却只有200多年的历史,而且也只是近几十年才有较快的发展,这主要是受到人类物质生产和人的种系繁衍两种生产水平的限制,这种限制当然会通过不同的社会意识形态反映出来,势必也会影响到整个社会的文明进程。正因为这样,发展特殊教育需要的是物质文明和精神文明齐头并进,缺一不可。人类两次世界大战的历史经验告诉我们,发展物质文明和精神文明需要一个安定的和平环境,一个炮火连天、硝烟弥漫的国家和地区,只能是不断地制造残疾人和不断地给人的心灵带来创伤,发展特殊教育也就无从谈起。此外,在金融危机、经济萧条的情况下,特殊教育的发展势必也会受到不同程度的影响,甚至于会首当其冲地深受其害。总之,特殊教育作为一个子系统,它的发展决不是孤立的,总是受到社会经济、政治、文化等因素的制约。

再者,从系统论的观点看来,特殊教育作为教育体系中的一个子系统,本身也有相对的独立性。不仅应有深厚的学科基础、政策法规的支持,还要有明确的教育目的、培养目标、教学内容和教育、教学方法与手段。特殊教育的发展不应被动依赖外来的力量,而应有待自身研究水平和专业水平的提高。

正如陈桂生在《教育学的建构》一书中所说的:"作为教育学研究'实质对象'的客观现象,虽可称为'教育现象',其实它本身不过是嵌入种种复杂现象的网络中的一个'结'。这个'结',是由多种社会关系、心理状态、文化成果的经纬编结而成的。"①的确,我们只有从系统论的角度才能更深入地认识特殊教育的现象和本质,认识到是由哪些因素的经纬编织成特殊教育这个"结"。

二、信息论与特殊教育

信息论(Information Theory)是研究信息过程一般规律的科学。由英国的费希尔,美国的申农、维纳等人在20世纪中叶创立。当维纳在《控制论》一书中谈到信息的概念时,人们对这种"既不是物质、也不是能量"的信息还感到费解,但随着计算机的发展和互联网的使用,信息已经成为现代社会家喻户晓的,使用频率很高的普通词汇。

作为方法论的信息论是指广义的信息论。信息论已将信息识别、处理、传递的一般规律广泛地应用到物理学、生物学、生理学、心理学、语言学等许多学科。由于信息论揭示了许多事物运动的信息本质,通过对信息流程的分析和处理,加深了人们对事物复杂运动规律的认识,已经为研究大脑活动、遗传密码、生命工程以及信息社会的特点开辟了新的

---

① 陈桂生.教育学的建构[M].上海:华东师范大学出版社,2009:7.

途径。

我们的社会已经进入了一个信息化的社会。正如林德宏所说的："在古代,物质材料对生产发展起重要作用,所以有石器时代、青铜器时代的说法。在近代,能量对生产发展起重要作用,所以有蒸汽机时代、电气时代和原子时代的说法。现在,信息资源、知识资源已逐步成为经济发展的决定因素,因此,又有了信息时代的说法。"[1]现在,我们共同生活在一个高度信息化的社会,知识的加速增长,超过了其他资源的增长速度。特殊教育和其他教育一样,本身就是在一个相互作用的开放系统中所进行的信息活动。一方面,我们通过广泛的宣传、实际的行动和立法的保障来提高人们对发展特殊教育的认识,得到全社会的支持,为特殊儿童的学习提供更为便利的信息通道。另一方面,我们对特殊人群的教育,从知识的传授,认知水平的提高,到自信心、责任心和情感的培养,都是教育者和受教育者之间相互影响的信息活动。再者,某些有视觉障碍、听觉障碍的特殊儿童,可能在信息的接收和传递方面有一定的困难,需要采用专门的方法和手段来予以矫正和补偿。例如,手机短信的使用,大大地增强了聋人电话沟通的能力,他们可以通过短信传递来及时表达自己的思想和情感。

三、控制论与特殊教育

控制论(Cybernetics)是阐述系统控制原理的科学。控制论的创始人维纳在《控制论》一书中认为,吉布斯的热力学体系的自然增熵理论适用于任何控制系统。在自动调节系统中,有效的控制是通过反馈途径来实现的。反馈概念最早用来表明电子电路中从输出端取回一部分信息回授到同一电路的输入端来达到自我调节的过程。现在,不仅已成为自动控制系统中常用的术语,也在管理、教育等系统中得到广泛的使用。

无论我们把特殊教育看成是一个宏观系统,还是看成落实到个体发展的微观系统,都需要参照控制论的原理来进行科学的预测、筹划和安排。例如,从宏观控制的角度来看,我们在制订一个国家和地区特殊教育的发展规划时,必须了解不同类型特殊儿童的数量的分布情况,可能提供的财政支持、专业人员的数量和质量,特殊教育与其他各类教育发展的平衡性,才能确定特殊教育的发展规模、预期的发展目标和实施计划的途径。从个体发展的角度来看,不仅要考虑到受教育者生活与学习环境的个人条件、体力和智力、兴趣与爱好,还要考虑培养他们自身的控制能力。例如,对那些有多动症、自闭症和染上不良行为习惯的特殊儿童,如何通过一些针对性的有效的训练方法,来增强他们的自我控制能力,从自发行为过渡到受理性控制的自觉行为,这本身就是特殊教育中经常遇到和需要解决的问题。

上述讨论,使我们认识到系统论、信息论和控制论作为一种反映时代特征的方法论,将会帮助我们更加深刻地认识和研究特殊教育发展过程中一系列错综复杂的问题。

---

[1] 林德宏.科技哲学十五讲[M].北京:北京大学出版社,2004:244.

第 2 节　特殊教育研究的方法论

任何一个学科的发展,除了必须体现时代精神,符合社会发展的客观需要之外,还必须开展自身的学科研究。特殊教育当然也不例外。研究的原理和方法可以向其他的学科借鉴,也可以从学科发展实践中进行归纳和总结。特殊教育的学科研究是一个多层次、多水平的研究。从研究涉及的问题大小来看,可以分成宏观研究、中观研究和微观研究三大类;从研究的层次来看,可以分为基础研究和应用研究;从研究的对象来看,可以根据不同类型的研究对象分成,视觉障碍儿童的研究、听觉障碍儿童的研究、智力障碍儿童的研究、自闭症儿童的研究等多种类型的研究;也可以从不同的水平将特殊儿童的研究分为行为水平、心理水平和神经生理水平的研究;从研究的具体方法,获得研究资料的途径来划分,又可以将特殊教育的研究分为定性或定量的研究,或文献资料研究、调查研究、行动研究、实验研究、个案研究等等。

特殊教育的研究,从研究的内容和目的来看,大致上分为两个方面的研究:一是作为教育学的二级学科的研究,如教育哲学、教育原理、教育史、教学论等围绕学科建设问题的系列研究,这类研究多采用文献研究、调查研究等宏观、中观的研究方法;另一方面是针对教育对象,即不同类型的特殊儿童的身心发展特点,不同类型特殊儿童的康复、干预、教育方法和效果等方面的研究,这类研究多采用微观的、个案的、实验的研究方法,例如,单一被试的研究方法。

科学研究活动是一个求真的过程,因而任何科学研究都是要靠事实说话的,除了选择正确的思维方法之外,还要通过具体的途径来获得研究资料,然后才谈得上对这些资料的分析和综合。所以,也有学者把这一层次的研究方法称为获得研究资料的方法。当然,由于研究的课题不同,想要说明的问题不同,需要得到的资料的种类是各有不同的,获得的方法和途径也不相同。例如,古生物学家要研究在古代灭绝的古生物,古化石就是最好的第一手资料;对儿童现场活动的研究,需要现场情景的记录,许多定量的研究要有可靠的数据,理论的归纳需要丰富的文献资料。没有资料,研究是缺乏说服力的,只能被视为研究者的一种想法和推测而已。当然,这种想象有时也会迸发出原创性的光芒,给人留下启迪和感悟,但从实证研究的要求来看,还是需要具体材料的支持和验证。下面就特殊教育中常用的四种类型研究方法,来比较不同研究方法的利弊以及可能受到的限制。

一、特殊教育的宏观研究

如果要制订一个国家或地区 10 年左右的中长期特殊教育的发展规划,这便是一项关于特殊教育发展的宏观研究。从系统论的观点来看,特殊教育不是孤立的,它既是教育系统中的一个部分,更是社会文化教育事业中的部分,特殊教育的发展情况应该适应这个国家或地区未来 10 年的经济发展情况、综合国力和国民教育水平。换言之,只有在了解各方面的现状和对发展前景作出科学的估计和判断之后,才能制定未来十年特殊教育的发展目标、具体措施。但要做到这一点,必须掌握相关的资料,包括相关的数据,例如国民经济的增长情况,可投入的教育经费比率,特殊教育在整个教育体系中所占的比例,特殊教育中不同阶段教育,如早期教育、义务教育、职业教育和高等教育的发展比例,人口出生情况,医疗卫生情况等相关的资料和必要的数据。在已经走向国际化的今天,必须将本国和本地区的特殊教育发展情况与国外的发展情况进行多方面的比较,还从比较中寻找差距、优势和解决问题的途径。在经济比较发达和管理程序比较规范的国家和地区,很容易从公共的数据库中获得宏观研究所需要的数据,便于进行统计分析和比较,但在有些发展中国家和地区,目前还没有或没有比较确切的统计数据,于是,在制订发展规划的过程中,就更多地需要推断和估计。例如,我们未来10年的特殊教育对象到底是限制在盲、聋、弱智这三类儿童,还是扩大到自闭症、脑瘫儿童等其他类型的残疾儿童?是以建立特殊学校为主,还是实行一体化的融合教育?这些都要靠研究资料来论证。否则,规划的指导性、可行性和实效性就会受到影响。每一次特教对象的扩大,在经费投入、专业人员的配置和培养等方面都必须有相应的支持。因此,这类宏观研究要有强有力的组织和多方面的专业人士参加。

二、特殊教育的行为研究

在基层学校,特殊教育的研究主要是针对日常教育、教学工作,对特殊儿童的教育和发展问题所做的应用性研究,这种研究多半是把自己的"实践问题"转化为"研究课题",更多采用的是行为研究和案例研究的方法。① 行为研究分两种:一种是集体行为研究,如研究一个学校、一个班级、一类特殊儿童的发展与教育问题;另一种是个体研究,体现为对某一个体或有限的几个特殊儿童的研究。行为研究的关键是通过观察、测试、询问等方法了解儿童的某种行为的变化情况。比如说,通过观察了解班上同学对新吸收的几名特殊儿童的接纳情况,通过课外活动、儿童游戏情况的观察来了解学生的兴趣、爱好、交友情况等等。随着研究条件的改进,许多研究场所都安上了自动摄像机,以避免研究人员现场观察造成的干扰。对行为研究获得的资料可以从活动的时间、空间、事件、语言、动作等不同的方面进行定量和定性的比较和分析并得出一定的研究结论。正是通过许多行为研究,当代特殊教育归纳出三个基本的教育原则,即协同教育原则、早期干预与早期教育原则、缺陷补偿与优势教育的原则。

协同教育原则认为,特殊教育是一个涉及社会生产力、政治制度、文明程度和民族素质的系统工程。特殊教育的发展需要全社会的关心与参与,需要家庭、学校、社会的密切配合。只有这样,才能实现医疗养护、教育训练和劳动就业的一体化,特殊教育和普通教育的一体化。

早期干预与早期教育原则认为,应尽可能地在儿童发育的早期对他们进行诊断、训练和教育,因为,儿童早期的可塑性强,早期的干预和训练容易收到事半功倍的效果,提高儿童适应环境的能力。例如,对聋童的早期语言训练,对弱智儿童的早期感统训练都容易收到比较明显的效果。当然,早期干预和早期教育的原则也适用于天资优异的超常儿童的潜能的早期开发和教育。

缺陷补偿与优势教育的原则认为,在特殊教育中,一方面要通过各种途径来弥补、代偿受损的组织和器官的功能,与此同时,又要最大限度地挖掘特殊儿童的发展潜能和某些优势。在特殊教育尤其是残疾儿童的教育过程中,某种缺陷可能引起儿童整体发展水平的相

---

① 刘华良. 教育研究方法——专题与案例[M]. 上海:华东师范大学出版社,2008:4.

对滞后,但可以通过其他途径来使缺陷得到一定程度的补偿。例如,盲人的听觉和触觉的敏感性显著加强,聋人的视觉工作记忆能力较强。在补偿的过程中,机体的代偿是根本的条件,功能训练是促进补偿的重要因素。但也应该看到,有的特殊儿童可能会存在某一方面的特殊才能,例如,有的高功能的自闭症儿童存在常人都不及的孤岛效应和特殊能力。

围绕上述三个特殊教育的基本原则,研究者进行了许多的实验研究,证明了缺陷的补偿性和不可补偿性是相对的,单纯的发展滞后理论是令人难以接受的,因为这一悲观的理论忽视了儿童发展的可塑性和补偿性。但是,如何采取科学有效的方法,尽早地对儿童进行早期诊断、训练和教育,最大限度地弥补缺陷和发挥补偿功能,则是特殊教育所面临的任务。

三、特殊教育的心理学研究

心理学研究,就其本质来讲,是一种间接的研究方法。用唯物主义的反映—机能论的观点来看,人的认识是"对自然界的反映",人的心理、意识等精神的东西都是"物质(即物理的东西)的最高产物,是叫做人脑这一块特殊复杂的物质的机能"[①]。人脑,这一特殊物质既是在经过长期种系进化中形成的,也是在个体的生长发育中不断发展的。但是,作为脑内特殊物质是反映脑外自然界物质的"产物"的心理意识,其本身并不是物,而是精神状态的东西。因此,与其说是"产物",还不如说是"产悟",是信息。

因为任何精神状态都不可能被直接观察到,所以,心理和意识的研究只能借助于间接的观察。例如,通过对被试眼动轨迹的观察了解儿童阅读和理解的情况,通过记录和比较被试对刺激作出反应的时间和反应的正确与错误的比率来判断被试的认知能力,通过标准化量表的测量来评定其某一方面的发展水平,等等。这种间接观察的信度和效度如何,很大程度上也取决于观察者的经验水平、仪器的性能和精确度。所以,许多涉及物理心理学和神经生理学的心理研究都要在配置实验仪器的实验室里完成。

特殊儿童的心理实验,尤其是认知方面的实验,已经积累了许多比较固定的实验范式,如反应时实验范式、内隐实验范式、眼动轨迹研究范式等等。值得一提的是,这些年来发展起来的"虚拟现实研究技术",由于能给人提供身临其境的现实感,发挥交互作用和构想性,已成为一种了解儿童行为和心理的更科学的一种研究方法,在特殊教育中更为实用。

四、特殊教育的生理学研究

我们知道脑是人们一切心理活动的基础,长期以来,研究人员都盼望能直接看到人脑在进行心理活动时大脑神经的活动情况。以往,研究人员只能通过对动物的研究、个别脑部外伤手术以及尸体解剖研究来获得大脑神经活动情况的资料。但随着研究手段的改进,脑科学的发展,我们已经可以借助于事件相关电位(ERP)和脑功能成像(fMRI)等高科技的研究手段来了解大脑在刺激—反应时即时的神经活动状况。虽然我们目前还无法从脑的神经活动中看到这块特殊物质产生心理意识的具体内容和信息编码,但毕竟看到了脑在进行心理活动时的脑电和供血状况的变化,把心理学的黑箱研究发展到灰箱研究,大大地向前迈进了一步。

---

① 列宁全集[M]. 北京:人民出版社,1957:238.

特殊教育的发展要借助于生理学,尤其是神经生理学的研究方法来探讨特殊人群行为和心理的神经机制。当然,我们在研究人脑结构和功能的同时,也要记住协同论创立者哈肯的提醒:"结构永远在形成、消失、竞争、协助或组成更大的结构。我们在思想观念上已达到一个转折点,即由静力学飞跃到动力学。"①我想,大自然是一个高度复杂的协同系统,人脑也是一个高度复杂的协同系统,特殊儿童的发展同样是一个高度复杂的协同系统。

总之,任何科学研究,从方法论到具体的方法都是时代精神的反映。正如贝塔朗菲所指出的:"实证主义的认识论(及其哲学)是由物理主义、原子主义的观点以及关于知识的'照相理论'所决定的。"但从今天的知识状况来看,上述观念的确相当陈腐。当代技术和社会是如此复杂,传统的方法和手段已远不够用了——探索'整体的'(或系统的)和有关最一般本质的研究方法便应运而生了。

 本章小结

特殊教育研究的方法论,一般分三个层次:即最高层次的哲学方法论、中间层次的一般科学方法论和更为具体的学科方法论。本章着重讨论了一般科学方法论和涉及特殊教育问题的具体研究方法问题。

20世纪中叶兴起的"老三论"(系统论、信息论和控制论)和"新三论"(耗散结构理论、突变论、协同论),虽然论述的问题各不相同,但都从不同的角度强调了系统的整体性、稳定性、适应性、等级性和历时性,反映了现代科学技术不断地分化和整合的发展趋势和思维方法。新、老三论,以现代科学的形式揭示自然与社会的系统性、层次性和开放性,丰富和深化了辩证唯物主义的物质观、运动观和时空观。运用系统论的方法将有助于我们更加深入地了解特殊教育的对象、任务、方法和特殊教育的发展趋势。

首先,我们应用系统论来更深入地认识特殊教育的服务对象的"生存系统"。其次,从系统论的观点看来,特殊教育作为人类社会活动这个大系统中的重要组成部分,总是和经济、政治、文化密切相连的,特殊教育的发展在一定程度上反映了人类生产力的提高和社会的文明进步。此外,特殊教育作为教育体系中的一个子系统,具有学科的独立性,不能被动依赖外来的力量,有待自身研究能力和专业水平的提高。

信息论和控制论提醒我们,在高度信息化的社会,知识的加速增长,超过了其他资源的增长速度。特殊教育也和其他教育一样,本身就是在一个相互作用的开放系统中进行的信息活动。某些有视觉障碍、听觉障碍的特殊儿童,可能在信息的接收和传递方面有一定的困难,需要采用专门的方法和手段来予以矫正和补偿,但这并不意味着他们缺乏信息加工的能力。大量的事实证明,即使是有明显的生理障碍的残疾人,也可能通过他们超人的自我控制与调节的能力做出常人所难以想象的成就。

特殊教育具体的研究的原理和方法可以向其他的学科借鉴,也可以从学科发展实践中进行归纳和总结。从研究问题来看,可以分成宏观研究、中观研究和微观研究三大类;从研究的层次来看,可以分为基础研究和应用研究;从研究的对象来看,可以分成视障、听障、智

---

① 赫尔曼哈肯. 协同学——大自然构成的奥秘[M]. 凌复华,译. 上海:上海译文出版社. 2001:12.

障、精神障碍等不同类型儿童的不同水平(行为水平、心理水平和神经生理水平等)的研究；当然，也可以从研究的具体方法，获得研究资料的途径来划分，将特殊教育的研究分为定性或定量的研究、文献研究、调查研究、行动研究、实验研究、个案研究等不同类型。特殊教育的研究从研究的内容和目的来看，大致上分为两个方面的研究：一是作为教育学的二级学科的研究，如教育哲学、教育原理、教育史、教学论等围绕学科建设问题的系列研究，这类研究多采用文献研究、调查研究等宏观、中观的研究方法；另一方面是针对教育对象，即不同类型的特殊儿童的身心发展特点和不同类型特殊儿童的康复、干预、教育的方法和效果等方面的研究，这类研究多采用微观研究的方法和实验研究的方法。当然，研究方法的确定是根据研究课题的需要和研究条件决定的。

思考与练习

1. 一般科学的方法论对特殊教育的研究有何启示？
2. 如何针对特殊儿童的特点进行不同层次的研究？

> 科学的极终目的在于提供一个简单的理论去描述整个宇宙……如果你相信宇宙不是任意的,而是有确定的定律所制约的,你最终必须将这些部分的理论合并成一套能描述宇宙中任何东西的完整的统一理论。①
>
> 霍金(Stephen Hawking)

第8章 特殊教育的学科基础

 **学习目标**

- 认识当代学科发展中交叉融合的特点。
- 了解特殊教育的生物学和医学基础。
- 了解特殊教育的心理学基础。
- 了解特殊教育的社会学和法学基础。

现代科学似乎朝着两个不同的方向在发展:一方面不断地分化、增生;另一方面又不断地交叉融合。像古希腊亚里士多德这样一个百科全书式的大哲学家、科学家是古代跨学科研究的典范。他不但研究自然科学,也研究社会科学。中国古代的学者也是要求自己文理皆通,所谓"良相名医、集于一身"的大唐宰相狄仁杰和三国时期"知天文、识地理"的丞相诸葛亮都是这种多学科的通才。当然,随着现代科学的专业化和日益精深,这种百科全书式的科学家是不复存在了,这便给通才教育和学科的交叉融合提出了更高的要求。

特殊教育,作为一门学科,是涉及文、理两大门类的交叉学科。特殊教育的对象是有特殊教育需要的残疾儿童,即使是采用广义特殊教育的概念,残疾儿童的教育仍然是特殊教育的重要组成部分。残疾儿童教育并不仅仅是教育,而是养护、康复与教育的三位一体。残疾人的形成有后天的因素,也有遗传的因素,这样,特殊儿童的教育就自然会涉及生物学、生理学的问题。不同类型的特殊儿童,有不同的身心特点,如认知特点、情绪问题、人格特征,需要从心理科学的角度进行深入的探讨。再者,作为一种社会活动的特殊教育,其发展不仅依赖社会财力的支撑,也有赖于社会的文明与进步,自然又会与社会学、法律学、语言学、宗教学等社会学科密切相关。本章将从上述几个方面来探讨当代特殊教育的学科基础。

近半个世纪以来,世界特殊教育之所以能迅速地发展,最根本的原因是生产力的发展、社会的相对稳定、人们生活水平的普遍提高在一定程度上缓解了长期困扰着人类发展的物质生产和种系繁衍的双重压力。人们开始有能力来正视和考虑自身发展中的许多问题,如人的生存环境问题、能源问题、生理问题、心理问题、教育问题、就业问题,期望在更大的空间中探求人类的过去与未来。正因为这样,伴随科学技术的进步,研究手段和方法的改进,一

---

① (英)史蒂芬·霍金. 时间简史[M]. 许明贤,译. 长沙:湖南科学技术出版社. 第2版. 2001:11-12.

大批新兴学科、交叉学科不断涌现,尤其是模仿人类智能的计算机科学、人工智能、航天航空技术、生物工程、脑功能研究等更是突飞猛进。

这些新兴学科、交叉学科的发展,为特殊教育的学科发展奠定了深厚的学科基础。尤其是与人的发展密切相关的生物学、医学、心理学、社会学、法学的发展,为特殊人群的预防、养护、医疗、康复、教育、就业等问题的解决开辟了新的途径。这样,帮助残疾人,教育和训练不同类型的特殊人群,就不再是一种美好的愿望,而是建立在科学基础上可以通过努力实现的近景。人们越来越相信,一旦远古的人文精神和现代高科技紧密结合起来,人类就一定能在特殊教育的领域,逐步地完成从必然王国向自由王国的跨越。

第1节 特殊教育的生物学基础

"活到老、学到老",一切教育和学习都是针对有生命的活体而言的。无论是正常人还是特殊人群,作为生命最高形态的活体,都具备生命体的一切基本特征,即为了保持生命体的存在,必须不断地通过自我调节和控制,与外界进行物质、能量和信息的交换,实现个体与种系的自我更新、自我保存、自我组织、自我复制。20世纪以来,生物学从一门以形态描述和定性分析为主的科学,逐步地发展成一门实验性的科学。现代生物学认为,生命的起源经历了从无机物生成有机物小分子,由有机物小分子形成生物大分子,由生物大分子组成多分子体系,最后发展成原始生命的过程。新陈代谢是生命的基本过程,也是一切生命活动的基础。通过同化和异化两种形式进行的新陈代谢包括物质代谢和能量代谢。

但人之所以成为万物之灵,不是被动地在世界上生存,而是在意识的驱动下,通过制造简单的工具到发明制造许许多多的"人工物质"等活动来主动地改变生存环境。正是这种主动的自创使人类的能力远远超过其他的动物。正如马克思指出的:"动物是和它的生命活动直接同一的。它没有自己和自己的生命活动之间的区别。它就是这种生命活动。人则把自己的生活活动本身变成意志和意识的对象。他的生活活动是有意识的,在有意识的生活活动之间把人跟动物的生命活动区分开来。"[①]毫无疑问,教育,包括特殊教育,就是"把人跟动物的生命活动区分开来"的极为重要的"有意识的生活活动"之一。

一、生命哲学的探讨

作为生命活体的人,其实从来没有停止过对生命本身的探讨。生命之谜是无数的哲学家和科学家最感兴趣的问题之一。无论是西方还是东方的古代先哲们,都以猜测的形式对生命活动做出了各种不同的解释。例如,古希腊的哲学家恩培多克勒(Empedocles,约公元前492—前432),提出"四根说"(火、气、水、土)和"爱恨说"来解释宇宙间万物的变化,把呼吸与嗅觉看成是一切生命的特点。古代中国也很认同这种"气"的观点。《管子》认为:"有气则生,无气则死。"并用"由形化气"和"由气化形"的原理来解释生死过程。

随着现代实证科学的兴起,机械唯物主义曾用物理运动,如机械的、热的、电的活动来解释生命。还有的从唯心主义的角度将生命归结为是"活力"、"活素",现在看来,的确都有些

---

① 马克思.1844年经济学哲学手稿[M].北京:人民出版社,1979:50.

简单和荒唐。

辩证唯物主义哲学的创始人也非常重视与生命有关的哲学问题。恩格斯在19世纪下半期就根据当时生物学的研究成果,在《反杜林论》一书中明确地指出:"生命是蛋白体的存在方式,这种存在方式本质上就在于这些蛋白体的化学组成部分的不断地自我更新。""生命的起源必然是通过化学的途径实现的。"① 恩格斯的观点阐明了生命的物质基础,至今仍是我们研究生命本质和生命过程的指导思想。

在19世纪初和20世纪末,在欧洲曾流行一种试图用生命的发生和演变来解释宇宙和社会,把生命归结为某种精神力量的哲学流派,即生命哲学(Philosophy of Life)。其核心理论是德国的叔本华和尼采的"唯意志论",他们把"生存意志"和"强力意志"作为生命的本质和衡量生命价值的最高标准。生命哲学认为只有生命才能揭示世界的本质、人的动力、人的生存以及人类文化、道德价值的真谛。这种实在论的哲学观既反对抽象的泛逻辑主义的本体论,也反对唯物主义的因果决定论。这种非理性的倾向对后来实用主义哲学、机能主义心理学、现象学和存在主义都产生了一定的影响,我们在讨论后现代主义教育哲学思想时已经提到,这里也就不再赘述。

二、遗传学与特殊儿童

19世纪中叶,奥地利的孟德尔通过定量的实验,首次发现了生物遗传的两条基本定律,即分离定律和自由组合定律。英国的达尔文在《物种起源》中详尽地阐述了生物体一定变异和不定变异的原理。他认为一定变异是生物在一定的环境条件的影响下,不同个体所发生的同样的定向变异,而不定变异是指来自于同一亲体或有相似来源的个体在相似条件下所表现的不同变异。与此同时,达尔文也指出:"自然界在变异里是奢侈的,但在革新里是吝啬的。"② 言下之意是说,生物变异是一个持久的、长期的、缓慢的过程,生物并不容易产生新的物种。

生命有机体的遗传和变异是生命有机体在繁衍后代过程中出现的重要现象,也是构成生物进化的内在动力。20世纪以来,研究生物遗传和变异规律的遗传学获得突飞猛进的发展。首先是细胞遗传学揭示了细胞核中的染色体是遗传的主要物质基础,其次是分子遗传学又揭示了染色体中的脱氧核糖核酸(DNA)是遗传的主要物质,核酸的自我复制和遗传密码的转录和转译是生物产生遗传的基本机制。与此同时,也搞清楚了变异本身也可以分为遗传的变异和不遗传的变异。遗传的变异发生的原因在于遗传基础的变化,包括基因重组、基因突变、染色体结构变化和染色体数目变化等。20世纪70年代开展的遗传工程,也就是基因工程,使得遗传的机理变得更为清晰,它冲破了生物在亿万年遗传变异中形成的种系之间的屏障。20世纪末开始的举世闻名的人类基因组计划将测定人的基因排列顺序和位置,有希望为人类在基因层次的诊断、防止和治疗疾病以及能动地控制遗传与变异过程开辟一条广阔的途径。

最早比较系统地探讨遗传和个体差异问题的是英国科学家高尔顿(Galton, Francis

---

① 马克思恩格斯选集(第3卷)[M].北京:人民出版社,1972:422-423.
② 达尔文.物种起源[M].北京:三联书店,1963:223.

1822—1911)。他受表姑兄 C. 达尔文进化论思想的影响,试图用遗传的观点来解释个体差异。他所著的《遗传的天才》《英国的科学家们:他们的禀赋和教养》《人类的才能及发展的研究》和《自然遗传》等书都是采用谱系调查法来证明天才的遗传性,提倡优生学和改良人种。从现代遗传学的观点来看,他的研究成果揭示了一定的生物遗传的内在规律。但是,高尔顿没能正确地看到这种谱系传承中本身就包含生物性遗传和社会文化传承的双重因素,而是过分地强调了其中的生物性遗传作用,因而使这种学说容易被人种论和血统论的鼓吹者所利用,成为进行种族歧视和阶级压迫的理论依据。

无可否认,特殊儿童的产生,如先天性盲、先天性聋、智力障碍、自闭症等特殊儿童的出现有很大一部分是遗传造成的。随着遗传学的进一步发展,也许在遗传控制方面会有大的突破,我们能将其出生率降低到最低限度。但同时也应该看到,医学水平的提高,尤其是接生水平和对早产儿、低体重儿抢救水平的提高,在一定程度上也增加了有发展障碍儿童的比率。

从现代哲学的观点来看,"人类的遗传具有双重性,是'获得性遗传'和'遗传性获得'的统一,即'自然遗传'和'文化遗传'的统一"。"人类是在文化遗传与进化中实现了自身的历史发展。"① 例如,杜尔赞斯基在《遗传学和物种起源》一书中曾经指出:"在动物和植物中,形成对环境的适应性是通过其基因型的变异。只有人类对环境刺激的反应,才主要是通过发明、创造和文化所赋予的各种行为。现今文化上的进化过程,比生物学上的进化更为迅速和更为有效。"② 按照这种双重遗传学的观点,开展特殊教育的意义就显得更为重要。近十几年来,世界特殊教育的发展从医学型逐步发展到"医教结合"的模式,在某种意义上来讲,就是通过这种途径来更好地实现不同类型的特殊儿童"自然遗传"和"文化遗传"的内在统一。

第2节 特殊教育的心理学基础

"教育作为一种科学,是以实践哲学和心理学为基础的,前者说明教育的目的,后者说明教育的途径、手段和障碍。"③对特殊教育学来讲,情况更是这样,心理学家结合特殊教育对象的研究,产生了特殊儿童心理学和特殊儿童教育心理学这两门新兴的交叉学科,从生理机制、心理发展、社会适应等不同方面对特殊人群的心理和教育、训练过程进行了一定的基础研究和应用研究,另一方面,也为心理学的基础研究和应用研究开辟了新的途径。

本节从特殊教育的基本原理和研究方法的角度,选择了对特殊教育发展最有影响的行为主义学派、认知学派、测量心理学、人格心理学,这些重要的学派和重要的心理学分支,从不同的维度来探讨特殊教育发展的心理学基础。

一、特殊教育与行为主义学派

行为主义心理学,是20世纪初到中叶在北美地区最为盛行的一种心理学理论。这一学

---

① 孙正聿. 哲学修养十五讲[M]. 北京:北京大学出版社,2005:71.
② 孙正聿. 哲学修养十五讲[M]. 北京:北京大学出版社,2005:71.
③ 赫尔巴特. 普通教育学教育学讲授纲要[M]. 李其龙,译. 北京:人民教育出版社,1989:190.

派的主要代表人物是华生和斯金纳,其主要的观点认为心理学的研究对象是外部的行为而不是内部的心理活动,因为他们认为只有外显的行为才是可供观察的,而内隐的心理是无法观察的。行为主义心理学主张从刺激——反应的关系中来探讨人的行为变化,主张通过尝试错误的途径来进行学习,更提倡用正负强化的方法来促使受教育者形成和巩固正确的行为习惯、消除不正确的行为习惯。根据这一基本的理论观点,行为主义的教育心理学则强调通过改变刺激条件,设计教育、教学环境以及刻苦训练的方法来教育儿童。

从大量的文献中,我认为可以将行为主义心理学有关特殊教育原理的主要观点大致上归纳为如下四点:

1. 无论是低能或超常都只是表明了个体的学习条件的不同,除此之外,没有更多的含义;换言之,特殊教育的任务是根据不同个体的学习条件设计不同的教学和教育方法。

2. 特殊儿童的任何特殊性都是可被具体地、客观地衡量的;即否认任何不能被具体测量和客观认定的特殊性。

3. 实施特殊教育的关键在于综合各方面的服务,为特殊儿童营造一个有利于儿童行为改变的环境。

4. 在特殊儿童的鉴别、教育干预的过程中要尽量运用现代科学所能提供的比较先进的手段和方法,要有客观的可被检验的标准。

也正是由于行为主义心理学比较简单明了,很容易被从事特殊教育的教师和康复人员所接受,所以相比而言,行为主义心理学与特殊教育的发展有更直接的密切关系。例如,斯金纳的程序教学理论、阶梯性小步子教学理论以及计算机教学方式对特殊儿童,尤其是在弱智儿童的教育和教学以及不良行为儿童和青少年的行为矫正过程中发挥了一定的作用。这一点,从广泛应用于特殊教育的应用行为分析法(Applied Behavior Analysis)中已得到验证。但是,随着20世纪60年代以后,行为主义心理学派开始衰退,它在特殊教育领域的影响也逐渐地被兴起的认知心理学的理论所冲淡和弱化。

二、特殊教育与认知学派

认知心理学是20世纪发展得最快的一个心理学派,目前,已经成为心理学界的主导性理论。以皮亚杰为代表的经典认知心理学从发生学的哲学高度,通过一系列的实验来探讨儿童认知发展的规律。以奈塞、塞蒙等人为代表的信息加工学派则从信息加工的角度,采用计算机模拟的方法来探讨人脑内部的信息加工过程。在认知心理学家看来,人们的认知是以生物电和生化形式为基础的信息符号活动,这些符号活动的基本形式是在一定程序控制下的信息输入、存储和输出。根据这一基本原理,大量的实验探讨了人们的感知觉、符号表征、记忆、思维和解决问题的信息加工过程。近几十年来,认知心理学不但探讨人脑的逻辑符号活动,而且也注重探讨人的社会认知和非理性的符号活动。例如,内隐记忆、内隐认知和元认知的探讨更接近人的认知方式和心理活动的特征。无论是以皮亚杰为代表的经典认知心理学,还是以奈塞、塞蒙等人为代表的信息加工认知心理学,都是目前教育心理学的主要理论,也是特殊教育中的心理学理论基础。认知心理学对特殊教育的影响集中表现在如下五个方面:

第一,加强了特殊教育基础理论的研究,因为相比而言,理论研究,尤其是基础理论的研究始终是特殊教育发展中的一个比较薄弱的部分。

第二,加深了对不同类型特殊儿童身心特点的研究,尤其是关于感知觉、记忆、注意、想象、思维等认知过程的研究。

第三,认知研究的成果帮助改进了特殊教育的教育、教学方法和手段。

第四,通过注意力、控制力和信息加工能力的训练,学生的学习能力增强了,特殊儿童的学习效果提高了。

第五,教学环境的优化和教学手段的改进,在一定程度上也促进了特殊教育与普通教育的结合,有利于实行融合教育。

特殊儿童,尤其是感官残疾儿童不能像正常儿童那样观察和感知外部世界。感性知识的缺乏是否会阻碍和推迟障碍儿童认知能力的发展?不同障碍所导致的认知能力发展的相对滞后,是局部的还是全方位的?是阶段性的还是永久性的?为了回答上述问题,认知心理学和教育心理学家从对物理世界的感知(视障婴幼儿对声音刺激的反应,抓握等运动能力的形成,听障婴幼儿对视觉图形的反应等)、对物理世界的理解(客体的衡常性、固着行为、守衡等)、空间认知能力(空间概念的形成、空间方位的判断)、语言能力的发展(词汇的获得、理解与运用、社会语言交往等)、思维能力(概念、推理、判断、解决问题和创造性思维等)等方面对障碍儿童的认知发展过程进行了一系列的实验研究。在经验的观察和实验研究的基础上,研究者形成两种不同的有关特殊儿童发展的理论,即发展滞后论(Developmental Lag Theory)和发展补偿论(Developmental Compensation Theory)。

发展滞后论认为障碍儿童在感知觉、记忆、思维能力等方面都可能落后于同年龄的正常儿童,而且这种落后是很难避免的。发展补偿论也不否认在障碍儿童发展过程中,有阶段性的发展滞后现象,但更强调在好的教育条件下,在有效的早期干预和训练的条件下,通过发展障碍儿童的潜力,能使相对滞后的认知发展得到不同程度的补偿。相比之下,发展补偿理论在现代特殊教育学界得到了更多的认同。

三、特殊教育与心理测量

20世纪特殊教育的发展与心理测量的发展有着相似的和几乎平行的发展轨迹,这决不是一种偶然,因为特殊教育与心理测量之间有非常密切的相互促进的关系。1905年,心理测量的创始人比纳和西蒙(Bitnet & Simon)采用心理年龄的计算方法来测量人的智能发展水平,大大地加快了心理学的定量研究。心理测量的理论和方法很快地应用到特殊教育的领域。最明显的事实是立刻被应用到对特殊儿童,尤其是对弱智儿童与超常儿童的筛选和鉴定上。例如,根据智力测量的原理,采用1911年美国斯坦福大学心理学教授 L. 推孟修订的智力量表,倾向于把智商低于80的儿童和智商高于130的儿童分别看成是弱智儿童与智力超常儿童。后来又在智力测量的基础上,发展了标准的学绩测验、人格测验和其他专用量表并用来测量各种类型的特殊儿童的认知能力、操作能力、适应能力、心理健康状况和心理发展水平。尽管人们对某些单项测量的信度和效度多有疑虑,但心理测量还是为各类特殊儿童的鉴定、评估和教育安置提供了一定的科学依据。现实的问题是,不是简单地肯定和否定心理测量和其他类型的教育测验,而是结合文化传统和社会的发展不断地修订和改善测量的理论、方法和内容,并且做到在综合测验和评估的基础上,从不同的角度来分析特殊儿童发展的现状和趋势。[①]

四、特殊教育与人格心理学

健全的人格是在个体与环境的相互作用中形成的。根据我们对特殊儿童的研究，以下将从人格心理学的角度，就特殊儿童认知发展的思维领先、职业技术教育的专业优化和人格发展的超自控问题谈谈特殊儿童人格教育的基本思路。

(一) 认知发展的思维领先理论

按照斯登伯格(S. Sternberg)的认知结构理论，元认知、操作和知识是组成认知结构的三种成分，认知能力的发展是三种成分反复激活和相互作用的结果。由于残疾儿童，尤其是先天盲童，不能从视觉通道获得感觉信息，先天聋童不能接受听觉通道的信息。他们在表象的形成、概念的理解、动作的协调等方面的确存在一系列的问题。与同龄的儿童相比，严重的感官残疾儿童，可能出现局部的感知觉的认知能力偏低和儿童认知发展相对滞后的现象。但是，他们的缺陷也可能带来一些常人难以具备的优势。

例如，视障人群的身体活动范围受到限制，能更集中精力地进行内部的信息加工，容易养成认真考虑问题的思维习惯，再加上他们有大量的时间听广播和电视节目，获得知识和信息加工的材料，其思维和语言能力并不会长期落后于明眼人。有的研究还发现，视障人群在词语记忆、运算推理、逻辑思维等方面还可能优于明眼人。另外，凯斯(R. D. Case)在论述认知发展机制时认为，个体的心理区域可分为存储空间和操作空间两部分。随着儿童的成熟，操作空间的心理能量不断地向存储空间转化，认知策略会越来越丰富。视障儿童在早期的发展过程中，操作空间的心理能力会显得相对不足，但在后期的发展中完全有可能通过扩大存储空间来改善操作空间和提高认知能力。因此，在视障教育中，应该从优化认知结构着手，充分发挥元认知在认知过程中制订计划、选择策略和具体监控的作用，着重培养视障儿童的思维能力并把思维能力的培养与职业技术教育和劳动就业的训练结合起来。

此外，有严重听力障碍的聋童也是这样。他们虽然在口头语言的学习和交流方法等方面有许多困难，但随着现代科技的发展，通过自己长期艰苦的努力，完全可以通过手语、书面语言的学习等形式，增强自身的综合语言能力，并通过视觉的优势和动觉的敏感来发展思维能力，用更高一级的信息加工——认知发展中的思维能力的优先发展来进行发展性补偿和超越。

(二) 职业技术教育的专业优化理论

怎样使严重的感官残疾人群，尤其是先天盲童和聋童成为残而不废的人？人们比较一致的看法是对他们进行适当的职业技术教育，让他们获得谋生的本领。因此，从盲教兴起的时候起，有的盲校就训练儿童学习织布、推拿、按摩、抚琴等能充分利用触觉、听觉和避免使用视觉的技能；从聋教兴起的时候起，有的聋校就训练儿童学习绘画、建筑、雕塑、舞蹈等充分利用视觉、动觉和避免使用听觉的技能。随着现代科学技术，尤其是电子计算机的发展，残疾人群的活动范围不断扩大，经过严格和科学的训练，生活、学习和工作能力得到较大幅

[①] 最近我们课题小组编制的0—6岁儿童的发展量表和自闭症儿童早期筛查量表就是按照这种思路研制的，有兴趣的读者可以参阅。——作者注.

度的提高,有更多的视障和听障学生能接受高等专业教育。因此,残疾人群,即使是盲童和聋童的职业技术教育也应该尽可能地拓宽专业范围。在对不同类型的残疾人进行职业技术教育时,不仅要考虑到他们的残障程度,还要综合考虑他们的智力、学习能力、个性特征,尤其是意志水平等多方面的自身条件。这样,就能更多地满足残疾人群劳动就业的需要,增强他们的生活信心和工作兴趣。

(三) 人格发展的超自控理论

人的发展过程是种系进化和个体发展的结合,是遗传因素和后天教育相互作用的结果,是一个主动地适应环境和调节自我的过程。我在《认知心理学和人格教育》一书中曾指出,从系统论、信息论和控制论的角度来看,人的心理发展的本质是一个在人的生存系统中不断地通过多种信息进行有效控制,维持个体在内外环境中保持稳态和平衡的过程。[①]我认为,个体的发展要经历从感知觉控制到思维控制,从认知控制到人格控制,从外部控制到自我控制的发展过程。因此,控制能力是衡量个体的发展水平的一个非常重要的心理指标。人格的控制理论认为个体控制能力的发展可以分为生理水平、心理水平和行为水平等不同层次,任何教育都应更加强调培养高层次的超控制能力的重要性。这种超控制能力是社会认知与自然认知相结合,认知、情感和良好的行为方式相结合的结果。因此,人格发展超自控理论认为,在人格的发展过程中,要特别注意培养一种高层次的非常有效的自控能力和排解能力,用这两种拮抗能力来统辖个体的一切观念和行为,协调个体与群体的冲突和矛盾,协调自然环境和社会环境中的冲突和矛盾,以及个体内部心理结构中认知、情感和意志之间的冲突和矛盾。个体通过自控可达到个体发展中的高水平的和谐和保持人格内部的完整性和均衡性,最大限度发挥个体适应环境和改造环境的功能。

残障人群,尤其是严重的感官残疾人群,因为长期生活在一个黑暗或没有声音的世界的特殊环境中,在个性的发展过程中,更容易增加孤僻、多疑、固执、偏激、缺乏自信和自怨自艾或盲目冲动等不良的个性特征。在特殊儿童的教育中,要充分认识到特殊人群可能会产生更多的挫折感和表现出人格发展的非平衡性,在加强自我控制能力和坚强意志的培养的同时,要注意培养他们积极、热情的生活态度和乐观向上的人生观,以及排解不良情绪的能力,最大限度地减少他们内心的冲突,保持良好的心境,在心平气和的心理环境中实现自己人生的远大目标。总而言之,对特殊人群,尤其是残疾人来讲,应该更强调人格发展的超自控理论,增进他们的调节和适应内外环境的能力。

第3节 特殊教育的社会学基础

用辩证唯物主义和历史唯物主义的观点来诠释人类的一切活动,人的行动建构了社会,同时,人本身也是社会的产物。特殊教育无疑和一切教育一样,是人所从事的社会活动中的重要组成部分。社会发展、社会环境对特殊教育发展的影响是多方面的,既有宏观的,也有中观和微观的;有物质性的财政支撑,也有历史文化的潜移默化。例如,从规章制度的建立到特殊教育的专项立法、从职业教育到劳动就业都受到社会的生产能力、社会的意识形态、

---

① 方俊明. 认知心理学与人格教育[M]. 西安:陕西师范大学出版社.1990:33-336.

社会的功能发挥等构成社会环境的诸多因素的影响。这里,我只想从宏观取向的角度,就几个最有影响的社会学的理论来探讨社会观念对特殊教育发展的影响。

特殊教育是复杂的社会活动中的一部份。教育社会学已经成为一门内容丰富的基础学科。例如,社会学的结构功能理论、现象社会学理论、差异对话理论、批判社会学理论都对特殊教育的发展产生了不同程度的影响。但从世界特殊教育发展的历程来看,社会达尔文主义、社会心理学派、教育社会学派、哲学人类学等四个有代表性的社会学理论更涉及特殊教育的必要性、可能性以及社会公众特教意识水平与对特殊人群的态度等一系列问题,对特殊教育的发展产生了一些更大的影响。

一、社会达尔文主义与特殊教育

据《哲学大词典》的解释,社会达尔文主义(Social Darwinism),是一种机械地运用达尔文的生物进化论的思想和原理来解释社会现象的社会学理论。[①] 社会达尔文主义流行于19世纪末,其主要的代表人物是英国的斯宾塞和德国的F.A.朗格。这一理论的倡导者和追随者将马尔萨斯人口论和达尔文的生物进化论糅合在一块,用自然选择和生存竞争的生物界规律来说明人类的社会现象,认为社会的不平等和阶级的划分是客观存在的,也是不可避免的。在社会达尔文主义者看来,统治者和剥削者是天生的"强者",而被统治者和被剥削者是"弱智"和"能力低下者"。因此,弱肉强食、适者生存、优胜劣汰是天经地义的,无法避免的。人类社会也只能按照这种不可抗拒的自然规律行事,甚至于还认为这种优胜劣汰本身便是社会发展的动力。恩格斯曾经严厉地批判这种社会学理论,认为这种貌似科学的理论是"马尔萨斯主义和达尔文主义的混合物"[②]。

中国近代思想家严复曾经翻译和评介过赫胥黎的《天演论》,传播过社会达尔文主义,期望以"物竞天择"、"适者生存"的思想来唤起当时腐败的清政府革新图治,激励民众救亡图存,在思想界产生了很大的影响。从世界范围来看,这种弱肉强食的"丛林原则",也曾一度成为种族歧视和法西斯主义的理论基础。社会达尔文主义当然不可能顾及社会中任何弱势人群,自然也忽视残疾人的教育和发展问题。随着科学技术的发展和生产力的提高,人们越来越清楚地看到,人类完全有能力从原始竞争的泥坑中自我解放出来,有能力摈弃弱肉强食你死我活的"丛林原则",通过社会生产能力的提高和社会结构的优化,实现更高层次的社会理想,在进步与文明的轨道上前进。

二、社会心理学派与特殊教育

社会心理学派是一个过于强调人的心理意识,尤其是大众心理对社会发展影响作用的社会学派,常常与社会学中的个人英雄史观融为一体。社会心理学派认为社会心理因素是社会活动的基础,是决定社会发展的力量源泉。这一学派的代表人物是法国的达尔德(Jean Gabriel de Tarde,1843—1904)和德国的滕尼斯、美国的吉拉斯等人。社会心理学派不仅是以单纯的社会心理活动来解释社会现象,同时也夸大部分社会贤达的个人作用和对瞬时性

---

① 哲学大词典[M].上海:上海辞书出版社,2001:1244.
② 马克思恩格斯全集[M].北京:人民出版社,1965(31):98.

公共意识的影响。无可否认,社会心理和公共意识对社会的发展会起到一定的作用,但是,按照辩证唯物主义和历史唯物主义的观点,是经济基础决定上层建筑,社会意识和大众心理也是社会存在在人们头脑中的反映。就特殊教育而言,社会心理学派过分地强调了社会中个别的仁人志士、悲天悯人的宗教人士、捐资救助的慈善家在发展特殊教育中所起的作用,认为人类的特殊教育的发展史也就是这些记载社会良知拯救弱势人群的历史。当代特殊教育从慈善型向权益型转变的进程,有力地说明,不能用社会心理学派的观点来解释人类社会生活中特殊教育发展的必然趋势。

三、教育社会学派与特殊教育

教育是一种普遍的社会现象,因此,许多社会学家从不同的角度来提出各种教育理论。例如,法国涂尔干(E. Durkheim)的社会结构功能理论,德国韦伯(M. Weber)的社会理性学说,奥地利舒兹(A. Schutz)的现象社会学理论,美国帕森斯(T. Parsons)的社会和谐理论,弗里瑞(P. Freire)跨越差异理论,英国威廉姆斯(R. Williams)的社会文化理论,美国戈夫门(E. Goffman)的社会戏剧理论,英国伯斯丁(B. Bernstein)的语言符号理论等,都从不同的角度提出了自己的社会教育观,充分地说明了现代社会对教育的影响和期望。

例如,法国涂尔干的社会结构功能理论,强调价值和凝聚力的重要性。他认为教育的目的在于帮助儿童形成和巩固社会所认可的共同价值,促进社会的和谐。每个社会的教育都有其理想的培养目标,需要受教育者在道德、智能、知识结构、传统文化、集体意识等方面都能符合社会的期待。英国伯斯丁的语言符号理论提出了社会结构决定沟通原则、塑造意识形态的观点,他认为语言符号是一种对社会位置的定位,可以从文本层次、传递层次和社会制度层次等不同的层次进行探讨,并在此基础上提出了"中产阶级教育传递理论"。[1]

按照辩证唯物主义和历史唯物主义的观点,必须强调人们生活所必需的物质资料的生产方式是全部政治生活和精神生活的基础,但与此同时,也要充分考虑到人们在改造社会环境中的科学理念的主观能动性。世界特殊教育的发展有力地说明了特殊教育的发展是一个地区或国家社会、政治、经济、国民素质和人文精神的综合反映。正是第二次世界大战以来科学技术的进步,生产能力的发展和经济的增长,人们生活水平和基础文明程度的普遍提高,促进了特殊教育的发展。在一些发达地区,特殊教育已不再是个别仁人志士的乐善好施,也不是太平盛世的繁华点缀,而是远古深厚的人文精神与现代科学技术的有机结合,是"科技以人为本"的水到渠成,是人类经过反省后在"共存与合作"意识指导下的自信和骄傲。

四、哲学人类学与特殊教育

哲学人类学(Philosophical Anthropology)也称哲学人本学,是第一次世界大战后在德国逐步发展起来的渊源于胡塞尔的现象学、伯格森的生命哲学和德国宗教哲学的多种人类学哲学流派的总称。这些分支包括心理哲学人类学、宗教哲学人类学、生物哲学人类学、文化哲学人类学等。这一学派结合交叉学科的理论和研究方法,围绕"人是什么以及人在宇宙

---

[1] 谭光鼎,王丽云主编.教育社会学:人物与思想[M].陈奎憙,张建成审订.上海:华东师范大学出版社,2009:276.

中所处的地位"等问题展开了广泛的讨论,在欧洲和西方产生了一定的影响。德国兰德曼的《哲学人类学》是表述这一学派思想的代表作之一。他分别介绍了上述不同分支的哲学人类学对人类学问题的哲学思考和主要观点。

由于哲学人类学强调以人为中心的人本主义观点,强调了人类社会发展的公平、公正问题,指出了人通过后天学习可以弥补缺陷的可能性和必要性,为特殊教育留下发人深省的启示。[①]

从马克思提出劳动异化之后,西方一些哲学人类学家又把启蒙思想家霍布斯、卢梭,以及黑格尔提出的"异化"概念从政治、经济领域扩大到社会心理、文化教育领域,构成哲学人类学的重要组成部分。马克思主义认为,异化是指一种人的物质生产和精神生产及其产品变成异己力量并反过来统治人的社会现象。在异化过程中,人丧失了能动性,遭到了物质力量或精神力量的奴役,从而导致人的片面的、畸形的发展。在现代后现代的哲学思潮中,尼采从唯意志论出发,把人的异化归结为放弃生存意志;萨特从存在主义出发,把异化和异化的克服都归结为人的自我选择;弗罗姆从感觉论出发,把异化说成是人的一种体验方式。[②]这些异化理论和观点尽管都没能从生产关系和社会关系出发来考察异化的根源,但却从另一个角度反映了现代社会和后现代社会进程中人的精神压力,更多的人可能需要身心的调节和疏导。这可能也是在一些国家,特殊教育对象的主体,已经不再是有明显的身体功能障碍的残疾人,而是有心理障碍的特殊人群的原因所在。如何通过心理咨询、心理辅导、教育训练来帮助一部分人缓解身心压力,在人文关怀的基础上,更好地适应环境和发挥人的主体性,可能是今后特殊教育中面临的新任务。

第4节 特殊教育的法学基础

从历史上来看,可以把"依法治教"看成是西方教育发展的一个传统。柏拉图在《法律篇》中就明确指出:"教育是约束和指导青少年,培养他们正当的理智的,这种理智是由法律固定了的,而且是年高德劭的人经历过,认为确实正当的。"[③]在谈到如何对待残疾儿童和堕胎问题时,亚里士多德认为必须按照法律来进行,他说:"至于儿童遗弃与扶养问题,国家可以定一法律不许养活畸形残废儿童。但那只得在儿童人数过多时方始执行。如果在国家公认的习俗中禁止这种措施(因为我们国家里,人口有一定限额),就不应该遗弃任何儿童。但当夫妇孩子过多时,可以在胎儿未有感觉与生命之前堕胎。这是否做得合法,就在于胎儿有无感觉与生命问题。"[④]

从当代世界特殊教育的发展情况来看,特殊教育的立法和执法,是一个需要从哲学的

---

① 葛新斌.人的基本特征与特殊教育的开展——哲学人类学对特殊教育的启示[J].辽宁师范大学学报(社科版),1997(6):16.
② 金炳华等编.哲学大辞典(修订本)[M].上海:上海辞书出版社,2001:1810.
③ 柏拉图.理想国.载浙江大学、华东师范大学教育系选编,西方古代教育论著选[M].北京:人民教育出版社,2001,73.
④ 亚里士多德.政治学.载浙江大学、华东师范大学教育系选编,西方古代教育论著选[M].北京:人民教育出版社,2001,103.

层面进行深度思考的理论问题,也是保障特殊教育步入正常发展轨道和得到有力支持的一个实际问题。下面从法哲学、法伦理学和特殊教育的法律法规等方面对特殊教育的法学基础作简单的分析,并结合世界上一些国家的特教立法的情况,探讨当代特殊教育"依法治教"的发展趋势。

一、法哲学

法哲学是哲学中的重要组成部分。按照国际法理学和法哲学会刊《法律与哲学》的界定,法哲学是根据哲学的观点和方法对法律的制定和内容所进行的分析,是对法制原理的探讨。从历史上来看,古代希腊哲学家苏格拉底、柏拉图、亚里士多德等对法与政体、法与权力等问题进行了一系列开创性的研究,而我国古代的学者曾就德与法、礼与法、情与法等法伦理问题进行了长期的争论。

柏拉图最先在《政治家篇》中论述了法律在政府治理中的作用,他把"依法而治"和"不依法而治"作为划分政体类型的标准。柏拉图认为一个政府要保持"群众管理"和"个人权威"两者之间的平衡,就必须做到依法而治。亚里士多德在《政治学》一书中就指出了国王与政治家之间,君主政体与政治政体之间的区别。他从"宪法就是国体"的命题出发,强调国家根本大法的重要性。亚里士多德认为一部宪法"对一个国家各种公职的组织形式"作出了相应的规定,决定了"哪些人应当成为统治主体"以及"社会活动的目的方式"。[①]与此同时,亚里士多德认为君主政体或国王政体是一种"主权者对所有人的专制统治"。这种君主政体和以宪法为基础的政体是有本质区别的,并认为"只有当国家的建构所依凭的是平等和相同原则的时候,公民们才会认为他们应当轮流担任公职"。

17、18世纪资产阶级启蒙思想家洛克、卢梭提出的"天赋人权"的理论成为资产阶级立法的哲学基础。例如,洛克曾指出:"无论国家采取何种形式,统治权拥有者,都应该根据公开的和公认的法律进行治理,而非根据即时性的命令和不确定的决策进行治理,因为如果不是这样的话,人类将会处于一种比自然状态还要恶劣得多的环境之中……政府所拥有的所有权力,都只是为了社会之善和社会利益而存在的;正如它不应当是专断和任意那样,它的实施也应当根据业已确立的和明确颁布的法律,因此,不但人民可以知晓他们的义务并在法律规定的范围内享有安全和得到保障,而且统治者也可以被控制在他们的适当权限之内。"[②]卢梭对国家宪法和政府制定的法规进行了区分,把法律划分为政治法(基本法)和市民法,认为宪法是规定国家性质和限定国家政体的法律,而不是由政府制定用以裁判和规范人民行为的法律。康德著有《法权哲学》,他曾明确地表明这样一个理念,即宪法的制定乃是与国家的形成相伴而行的,他把一个民族组成自己国家所依凭的法案,称为"原初契约"。

黑格尔著的《法哲学原理》,在一定程度上继承了古希腊哲学家的思想。一方面,他尖锐地指出,一个不具备宪法的部落和民族的共同体简直就不能被看成是一个国家。黑格尔说:"把家长制的情形称为一种'宪法',或把家长政体下的民族称为一个'国家',或把它的独立

[①] Britannica. The Syntopicon an index to the Great Ideas of Western Civilization,陈嘉映,等译. 西方大观念[M]. 北京:华夏出版社,第1卷,2008:188.

[②] Britannica. The Syntopicon an Index to the Great Ideas of Western Civilization,陈嘉映,等译. 西方大观念[M]. 北京:华夏出版社,第1卷,2008:187.

称为'主权',甚至于都是与常识性观念相悖的。"①但另一方面,黑格尔又强调了自由意志在社会生活中的作用,认为国家是驾凌在市民社会之上的"伦理观念的现实"。

现代哲学中的新康德主义、存在主义、现象学等不同的哲学派别也都对法的本体论、认识论、价值论等问题展开过讨论。概括起来说,法哲学的思想也和社会学的思想一样,可以归纳为两种大的学派:一是心理法学派,通过对社会心理现象、集体意识和无意识的分析,来解释各种法规建设的本质,认为法的存在及效力取决于个人及社会团体的认识水平和心理状态。例如,古希腊柏拉图的《法律篇》、卢梭的"天赋人权"、黑格尔的《法哲学原理》以及冯特的《哲学体系》中都渗透着这种思想;二是现实法学派,从实用哲学的角度来分析法的社会功能,认为法律的制定和执行都必须指向某种被限定的事实,为调和冲突和解决现实社会中的问题服务。例如,美国的莱文勒(Karl Nickeeson Lewelle,1893—1962)、奥地利的埃里希(Eugen Ehrlich,1862—1922)都是这些法哲学思想的代表。

早在1843年,马克思在《黑格尔法哲学批判》的手稿中,就对黑格尔唯心主义的法学观进行了彻底批判。手稿认为黑格尔用唯心主义的观点颠倒了法的理念和立法现实基础之间的关系。马克思明确指出,黑格尔在法哲学中所阐述的国家与市民之间的矛盾,国家内部的矛盾都不能仅从"理念"中寻找,而是要从现实中寻找。正如恩格斯在《卡尔·马克思》一文中所说的:"马克思从黑格尔的法哲学出发,得出了这样一种见解:要获得理解人类历史发展过程的钥匙,不应当到被黑格尔描绘成'大厦之顶'的国家中去寻找,而应当到黑格尔所那样蔑视的'市民社会'中去寻找。"②辩证唯物主义和历史唯物主义的思想深刻地揭示了法的本质,阐明了法理形成与立法现实基础之间的关系。

我国从春秋战国开始,就有像管仲、商鞅、韩非子这些先秦法家学者,并提出了"不贵义而贵法"(《商君子·画策》)、"以法为本"(《韩非子·饰邪》)和"以法为教"、"以吏为师"(《韩非子·五蠹》)的法家思想。漫长的封建社会,许多封建王朝都会从治理国民出发,制定、公布和实行一些由最高统治者认可并交付官员们执行的法律,但先秦"法制"思想与现代的法制观念是有本质性的区别的。例如,古代的刑法,作为封建专制法制思想的产物,没有给人民留下任何明确的权利,都只是一些限制和处罚小民行为的规定。几千年的封建社会,中国尽管以不同的形式不断地改朝换代,但政体上仍然是封建专制,几乎没有任何实质性的改变。换言之,没有一个封建王朝是君主立宪,也没有一个皇帝是立宪君主,甚至于没有形成过被西方中世纪哲学家称为的"君主与宪政相容"的混合政体。封建社会的最高统治者总是控制最高的行政权、裁判权,完全不受自己所制定的治民法规的限制。长期封建社会中形成的专制思想至少在文化和社会心理上,使得我国现代化的法制建设遇到更多的困难,需要付出更多的努力。

二、法伦理学

除了法哲学的探讨之外,与教育活动和内容的联系更为密切的是有关法伦理问题的讨论。法伦理学(law ethics)是法学和伦理学相结合,着重探讨法道德、法伦理意识与价值等

---

① Britannica. The Syntopicon an Index to the Great Ideas of Western Civilization,陈嘉映,等译. 西方大观念[M]. 北京:华夏出版社,第1卷,2008:184.
② 马克思恩格斯全集[M].北京:人民出版社,1965(16):409.

法伦理精神问题的一门交叉学科。从人类文明的进程上考察，最早探讨的是正义与公正、正义与平等的概念，其次就是有关法与道德的关系、法治与德治的关系。

正义问题是柏拉图《理想国》和《高尔吉亚篇》中讨论的核心问题。在柏拉图看来，智慧是"理想国"中统治者的德性，正义是"理想国"的组织原则。那么，什么是正义或正当行为呢？亚里士多德从"人是一种政治动物"的原理出发，认为"正义是城邦中的人们所达成的约定，因为司法和实施正义——它决定何为正义——乃是政治社会中的次序原则"。也正是从这种"司法正义论"出发，他把"脱离了法律和正义"的人，看成了不道德的人。他从"好人政府"的理想出发，认为立法就在于实行"共同利益"，"把那些有益于产生且维护幸福和有益于产生且维护政治社会之幸福因素的行为视做是正义的。"因此，合法的或正义的行为是那些维护公共利益或他人利益的行为；而不合法的或不正义的行为则是那些伤害他人或者危害社会的行为。① 与此同时，亚里士多德还强调："政治正义，部分是自然的，部分是约定或法律的。"实质上，从古希腊开始，历史上有关正义问题的讨论都是用不同的语言，从不同的角度围绕强权和正当、政治正义和自然正义等概念所展开的讨论，对正义的理解问题基本形成两种不同的观点：一种是认为正义只是政治的，纯粹自然状态下的正义是既不存在也不现实的。这种正义观便形成一个通俗和影响广泛的命题："正义就是代表强者的利益"，并从这个命题出发不断延伸出"强权就是正当"、"强权就是真理"等相近意义的命题。另一种观点是认为世界上存在某种与权力和政治不相干的，基于真理和良知等内在人格的，表达自然法则的"自然正义"。一切代表正义的立法必须以自然法则为基础并能在一定程度上表达自然正义。对自然正义的反映程度本身就是衡量任何法规和政府的合理性、合法性的标准。换言之，立法和执法的目的都是为了帮助政府尊重和保护这些基于良知和真理的自然正义。

此外，公平和平等也是构成正义的要素和衡量正义的标准。亚里士多德从交换公平和分配公平的角度阐述了正义的评判标准。因此，正义又被划分为政治正义和经济正义。任何暴政的非正义性，是基于彻底破坏了人与人之间应有的平等性；而不合理的社会同时也包括经济上交换和分配的非正义性。

无论是古代西方的先哲，还是中国古代的先秦诸子都非常关注正义与道德的关系。苏格拉底认为，正义所关注的并不只是人的外在表现，而是人的内心体验。他明确指出，一个义无反顾地按正义信念行动的人，不能允许几种不同信念的干扰，而是使自己成为自己的立法者，是一个"完全能自我克制并完美地自我调整的人"。亚里士多德认为，正义既是一种道德观念，是一种根植于内心的意愿，同时也是一种道德行为，甚至于是习惯行为。更为确切地说，正义是对那种充满正义的信念的内心体念，如同心灵的宁静和安慰。正因为这样，那些遭受不公正待遇的人只是遭受外在和肉体的伤害，而那些不公正行为的策划和操作者则有可能使自己的灵魂受到长期的鞭挞而永不安宁。

在中国的法律思想史上，有关礼治、法治、德治之间的争论也形成了独特的法伦理观，对中国社会的发展产生了深远的影响。坚守"仁爱"和"克己复礼"原则的儒家思想，提倡"以德治国"、"德主刑辅"的法制观。孔子认为："为政以德，譬如北辰，居其所而众星拱之。"并进

---

① Britannica. The Syntopicon an Index to the Great Ideas of Western Civilization，陈嘉映，等译. 西方大观念[M]. 北京：华夏出版社，2008(1)：672.

一步提出："道之以政,齐之以刑,民免而无耻;道之以德,齐之以礼,有耻且格。"(《论语·为政》),意思是说,行政、刑法只能使人们不敢犯罪,而提倡道德、礼教则可以使人们知道礼仪廉耻,彻底地改变自己的思想和行为。除此之外,儒家还提出了"修身、齐家、治国、平天下"的思想,要求统治者本人应该从"其身正"做起,以自己遵纪守法的道德行为作为人们学习的榜样。这种德治为主、刑罚为辅的法制观对后世影响很大。例如,唐朝的开国皇帝李世民一方面搞"贞观修礼"完善封建的道德体系,另一方面又制定我国封建时代最为系统和严密的法典——唐律。直到现在,依法治国和以德治国仍然是我们值得批判继承的文化传统。

与此同时,战国时代的哲学家韩非总结了前期法家商鞅、申不害、慎到的"法、术、势"三派观点,提出了"以法治国"、"以法为教"、"以吏为师"的法制理论,被称为中国法家集大成者。韩非子认为:"法者,编著于图籍,设立于官府,而布于百姓者也。"(《难三》)韩非的法学思想的核心是把法作为封建帝王统治人民的工具,加强君主集权,形成"事在四方,要在中央,圣人执要,四方来效"(《扬权》)的政治局面,牢牢掌握奖惩两种大权。古代这种"法、术、势"三者融为一体的法家思想为加强封建专制统治提供了理论基础。但是,正因为以韩非为代表的法家思想否定了道德价值,形成法制与德治的全面对立,也助长了一部分封建统治阶级的跋扈专横。

三、特殊教育专项立法的发展趋势

从现代世界特殊教育发展情况来看,为了推行教育平等,保障特殊人群接受国民教育的权益,许多发达国家都强调特殊教育的专项立法,用法律的形式来保障和推动特殊教育的实施。

(一)美国的特殊教育立法

在美国特殊教育的发展过程中,特殊教育立法起了非常重要的作用。1975年,美国公布了最为完善和系统的有关特殊教育问题的法案——《所有残疾儿童教育法》(94—142公法),使美国特殊教育进入了一个新的发展阶段。30多年来,这一法案得到多次修订和补充。除此之外,美国还制定了《聋人教育法案》(EDA)、《盲人教育法案》、《国家海伦凯特中心法案》(HKNC)等。

在《所有残疾儿童教育法》颁布以后,以前被排除在公立学校大门之外的学生得到了特殊教育的服务,以前没有得到合适安置和教育的孩子接受到了合适的免费公立教育。特殊教育的经费也从1976年的1亿美元增加到1985年的160亿美元。更为重要的是,通过法律的实施,在美国社会形成了一种普遍的共识,即所有的儿童都有权利接受良好的教育,所有儿童都有权利进入公立普通学校学习,所有儿童的教育需要都应该得到满足[①]。

(二)英国的特殊教育立法

20世纪70年代,英国的特殊教育得到了快速发展。在英格兰和威尔士,1970年的《教育法》要求地方教育当局负责对所有儿童进行教育,包括有残疾的儿童。该法案承认所有儿童都有受教育的权利,并责令地方教育当局为他们提供相应的教育。1976年的《教育法》第一次明确对残疾儿童进入普通学校受教育的权利予以立法保障。英国1994年《教育法》要

---

① 肖非. 美国特殊教育立法的发展——历史的视角[J]. 中国特殊教育,2004(5):91-94.

求各地方教育当局在完全负起提供足够数量的学校的责任时,要特别注意:"必须确保为身体缺陷或心智障碍的学生设立特殊学校,或者提供特殊教育设施,即为每个残疾的儿童提供适合他们特点的特殊教育方法。"随着融合教育(也称全纳教育)的推行,英国政府制定了一系列的法律法规对融合教育的发展进行指导与规范,例如,英国曼彻斯特大学 2006 年修订的融合教育标准,就是根据相关法规制定的特殊教育实施指导手册。

(三)日本和韩国特殊教育立法

日本除宪法、《教育基本法》、《学校教育法》、《学校教育法施行令》、《学校教育法施行细则》等对特殊儿童的教育问题进行规定之外,还颁发了一系列直接与残疾人有关的法律。如《心身障碍者对策基本法》(1970 颁布,1993 年修正,现改名为《障碍者基本法》、《儿童福利法》)(1947)、《老人福利法》、《障碍者福利法》、《国民年金法》等。《障碍者福利法》包括《身体障碍者福利法》(1949)、《智力落后者福利法》(1960)、《精神保健福利法》。这些法律法规的内容涉及残疾人的生活、工作、教育、健康等一系列问题,为残疾人提供了很好的保障。

从 2001 年到 2003 年,日本 21 世纪特殊教育调查研究协作小组曾多次召开会议和发表研究报告。在这些报告中,该小组回顾了国内外特殊教育的发展情况,针对特殊教育需要、儿童教育条件的改善和就学指导等方面存在的问题,明确地提出 21 世纪特殊教育的发展方向是实施特别支援教育。

韩国在 1977 年颁布了《特殊教育促进法》。特殊学校数量由 1962 年的 10 所增加到 1979 年的 53 所,1997 年则增长至 114 所。1974 年,全国在小学里首批设立了 150 个特殊班,1979 年增长为 351 个,到了 1997 年已有 3626 个。1986 年,中学也首批新建了 150 个特殊班。《特殊教育促进法》于 1994 年作了全面的修订,并增加了有关中央和地方政府职责的条款[①]。

1994 年的《特殊教育促进法》于 1997 年进行再次修订,并入《特殊教育法》后明确规定:残疾儿童有权利进入普通学校接受一体化教育,以法律形式保证了残疾儿童的合法权益。在 1997 年召开的国民议会特别会议中,还通过《残疾公民能力促进法》,这项法律对障碍者的教育、医疗、福利和职业起到了促进作用。该法规定了建立贯穿于残障者一生的支持网络,成立全国残障者教育和福利政策的委员会,对政策进行统一的调控。

(四)加拿大的特殊教育立法

20 世纪 80 年代末,加拿大所有的省和地区都修改了教育法案,明确规定要在公共普通教育系统中给残疾儿童提供教育机会。1988 年,加拿大国会通过的《加拿大多元文化法案》"承认所有加拿大人作为加拿大社会充分和平等的参与者,重申了多元文化是加拿大国民的基本特色,每一个加拿大公民都有享有促进其原文化发展的自由,联邦政府有责任通过政府机构促进多元文化和教育的发展,各地政府必须保障不同文化的公民有平等的受教育权"。教育立法保障了所有的加拿大公民受教育权的充分实现,促进了加拿大多元文化社会的稳定。1994 年到 1996 年,教育部有关特殊教育的指导方针又进一步修订,通过许多教育部命令,对特殊需要学生的定义、个别化教育计划的需要、特殊需要学生的安置等问题进行详细规定。1996 年对教育法也做了修订[②]。

---

① 黄丽娇,张宁生. 韩国特殊教育发展经纬(上)[J]. 现代特殊教育,2000(1):47-48.
② 阚丽. 加拿大特殊教育研究[D]. 大连:辽宁师范大学,2001.

(五) 我国香港和台湾地区的特殊教育立法

香港教育署设特殊教育组，负责处理全港有关特殊教育的事务。1977年9月公布的《香港康复白皮书》是香港当局制定的指导香港地区康复工作的主要文件。用7章和5个附录的篇幅，对康复工作的目标、服务安置、财政拨款等问题作出了明确的规定。根据香港《特殊教育自助条例》，特殊学校均可不同程度地得到政府和其他基金会的多方资助，学校则应充分地利用这些资助来改善办学条件。

我国台湾在1967年公布了有关义务教育的实施方案，将原定的6年义务教育延长至9年。1984年12月，台湾颁布了"特殊教育法"，共4章25条，对特殊教育的行政管理、师资培训、学生的入学、待遇、鉴定、安置等问题作了原则性的规定。1987年又在此基础上颁布了4章30条的"特殊教育法施行细则"，进一步对特教机构设置、审批程序、鉴定过程、学科名称等具体问题作出明确的规定。1987年7月又颁布了"特殊教育教师登记和专业人员选用办法"，同年8月，台湾地区教育行政部门颁发并施行"特殊教育设施设置标准"，进一步对教学设施、学生人数、师生比率作了更明确的规定。1997年，台湾主管教育行政部门将身心障碍报告书的理念添加到特殊教育法律中，修订并公布了"特殊教育法"，并在随后两年完成了"特殊教育法实施细则"以及相关配套法规的制定与修改。从2001年到2009年台湾的"特殊教育法"又进行了3次修订，使责权更细化，操作性更强。中国台湾既参照欧美国特殊教育立法的经验，又考虑到中国传统文化的特点，对特殊教育的目的、对象、教学方法、管理体制、师资培训和专业人员的录用等问题作出了比较明确的规定。

(六) 我国内地特殊教育立法现状

为了加强管理，我国近年来也陆续颁行和修订了《残疾人保障法》(1990,2008)、《残疾人教育条例》(1994)、《义务教育法》(2006)。2009年5月在北京召开的第四次全国特殊教育工作会议上公布了由教育部、发改委、民政部、财政部、人力资源社会保障部、卫生部、中央编办、中国残联等单位联合颁布的《关于进一步加强特殊教育事业发展的意见》。这些相关的法规、条例以及纲领性文件，在监督和保证我国特殊教育发展方面起到了指导性的作用。它充分说明，特殊教育是中国特色社会主义教育事业的重要组成部分，发展特殊教育是党和政府坚持以人为本、弘扬人道主义精神和保障人权的重要举措，是促进残疾人全面发展和实现"平等、参与、共享"目标的有效途径，对于推动教育事业科学全面发展，维护残疾人的合法权益，实现社会公平公正具有重要意义。但也应该看到，由于有的相关法规条款原则性过强，倡导性内容较多，操作性不十分明确，在保障残疾人受教育的权益方面有时还是显得力度不够。因此，如何结合我国的实际情况，在特教立法社会条件日益成熟的情况下，逐步完善我国特殊教育的法律体系是一个需要深入研究和解决的问题。

本章小结

现代科学似乎朝着两个不同的方向在发展，一方面不断地向精细的边缘学科分化、增生，另一方面又不断地交叉融合。随着现代科学的日益精深和专业化，像古希腊亚里士多德这样百科全书式的大哲学家、科学家是不复存在了，这便给通识教育和学科的交叉融合提出了更高的要求。

特殊教育是一门涉及文、理两大门类的交叉学科。特殊儿童的教育涉及生物学、生理学、社会学、法律学、语言学、宗教学等多种学科。伴随科学技术的进步,研究手段和方法的改进,像计算机科学、人工智能、生物工程、脑功能研究等一大批突飞猛进发展的新兴学科、交叉学科也开始进入特殊教育的研究领域。这些新兴学科、交叉学科的发展,为特殊教育的学科发展奠定了深厚的学科基础,为特殊人群的养护、预防、医疗、康复、教育、就业等问题的解决开辟了新的途径。

首先是特殊教育必须走医教结合的道路。生命科学、遗传学尤其是遗传工程有希望为人类在基因层次上对残疾儿童的诊断、预防和治疗等方面开辟新的途径。现代哲学已经提出了人类遗传性获得和获得性遗传的统一,人类在文化遗传和进化中实现自身历史发展的观点。按照这种观点,特殊教育的重要性就更为突显。

此外,行为主义心理学、认知心理学、心理测量、人格心理学等现代心理学的理论和方法,加深了对探讨特殊儿童的认知、情感和人格的发展过程、发展水平、发展特点的研究。从心理学的角度提出来的,有关特殊儿童教育的认知发展的思维领先理论、职业技术教育的专业优化理论以及人格发展的超自控理论都可以给特殊儿童的发展提供一定的指导。

再者,长期以来,用机械的观点来解释人类社会行为的社会达尔文主义,主张运用"丛林原则"进行弱肉强食、优胜劣汰,曾经是笼罩在特殊教育上空的阴云;社会心理学派又过分地强调了个别仁人志士在发展特殊教育中的社会作用;近几十年来,哲学人类学强调以人为中心的人本主义观点,指出了人通过后天学习可以弥补缺陷的可能性和必要性,为特殊教育留下发人深省的启示。

从当代世界特殊教育发展的情况来看,特殊教育的立法和执法,既是一个需要从哲学的层面进行深度思考的理论问题,也是一个保障特殊教育步入正常发展轨道和得到实际支持的实际问题。法哲学、法伦理学的探讨使我们进一步了解到法律法规制定的理论基础,世界上一些国家的特殊教育立法的情况集中地显示出当代特殊教育"依法治教"的发展趋势。

总之,特殊教育有着广泛和坚实的交叉学科基础。通过不同学科的努力,帮助残疾人,教育和训练不同类型的特殊人群,就不再是一种美好的愿望,而是建立在科学基础上可以通过人类的共同努力而实现的近景。我们相信,一旦远古的人文精神和现代高科技紧密结合起来,人类就一定能在特殊教育的领域,逐步地完成从必然王国向自由王国的跨越。

思考与练习

1. 举例说明当代学科发展中交叉融合的趋势。
2. 为什么要强调特殊教育的生理学与医学基础?
3. 特殊教育是一门"以实践哲学和心理学为基础的学科"吗?
4. 社会达尔文主义和社会心理学派对特殊教育的发展产生了哪些影响?
5. 如何正确认识和处理特殊教育立法中法的理念与立法现实基础之间的关系?
6. 什么是哲学人类学?它对特殊教育的发展有何影响?

多年来,我们从事儿童工作的经验使我们形成了一个坚定的信念,即所有的儿童都能学习(all children can learn)。在这一信念的基础上,我们从发展的角度进一步认定,不同类型的儿童对所有类型的早期儿童教育项目,都有一定的学习能力。①

艾伦(K. E. Allen)

第9章　融合教育的哲学思考

学习目标

- 了解融合教育理念和实践的形成与发展过程。
- 探讨实施融合教育的支持系统。
- 进一步认识融合教育在教育整体改革中的意义。

第1节　融合教育的理念

从人类成为万物之灵的时候开始,教育就自然地承担了促进人类发展的这一艰巨而又光荣的使命。近半个世纪以来,世界各国都不同程度地致力于教育改革,希望教育与经济、政治和多元文化之间能形成良性的互动,进而推行教育自身的科学化、民主化和多元化。能否维护每一个儿童,尤其是各类有特殊需要儿童的受教育权利,最大限度地为每个人提供实现潜能的机会,已成为衡量一个国家或地区物质文明和精神文明程度的重要标志。在这种时代精神的影响下,一门长期被人忽略的学科和研究领域——特殊教育,悄然而又迅速地进入一个空前的发展阶段。融合教育的提出,从教育理念到教育方法,已经远远地超出了传统的特殊教育的范围,对普通教育、教师教育都提出了挑战,需要我们进行哲学层面的反思。

一、融合教育的理念

特殊教育中的融合教育的理念包含两种意思:一种是学理的观念,另一种是理想的观念。从学理的观念来看,融合教育绝不仅仅是一种特殊儿童的安置方式和教学策略,而是一种与普通教育和特殊教育都密切相关的新的教育思想;从理想的观念来看,它代表了现代特殊教育和普通教育发展的一种方向,一种崇高的境界,即实现教育过程中真、善、美的统一。那么,什么是融合教育,它与我国目前实行的"随班就读"、"一体化教育"又有何内在的联系? 融合教育是不是全纳教育? 为什么要实行和强调融合教育? 它对普通教育和教师教育提出了哪些挑战? 怎样才能实现融合教育? 这些都是本章打算探讨的问题。

---

① K. E. Allen & I. S. Schwarts. 特殊儿童的早期融合教育[M]. 周念丽,苏雪云,张旭,李伟亚,译. 上海:华东师范大学出版社,2005:2.

融合教育(inclusion education)①，原是一个用来描述障碍学生融入正常学生的班级、学校、社区环境，参加学习和社会活动的专业术语，其原本含义是不要把障碍儿童孤立于隔离的、封闭的教室、学校、交通设施和居住环境之外。融合教育主张那些有特殊需要的儿童能真正地和其他正常发展的同伴一起参加学前教育、基础教育和高等教育，最大限度地发挥有特殊需要儿童的潜能。最初，融合教育只是指对特殊儿童进行教育安置的方式，从这个意义上来讲，它和一体化教育、全纳教育的意思是一样的。但是，近十几年来，融合教育不只是单纯地指某种特教安置形式和策略，而是一种普通教育与特殊教育的水乳交融，相互促进。融合教育本身渗透着人文主义精神，是一种正常儿童和有特殊需要儿童相互学习、共同发展的教育思想。这种教育思想的形成是与人权意识、教育机会平等、教育以人为本等思想一脉相承的。

二、融合教育的三个发展阶段

近半个世纪以来，融合教育思想的形成和发展经历了三个不同的阶段。第一个阶段是以 20 世纪 60 年末到 80 年代末，在美国首先发起，后来在英国和其他欧洲国家得到积极响应的回归主流运动(mainstreaming movement)为标志，也可以说，是回归主流运动揭开了融合教育的序幕。在发起这次运动的国家中，有一部分特殊教育工作者、特殊儿童的家长对"隔离式"的特殊教育提出了严厉的批评，他们认为应该让残疾儿童在最少受限制的环境中接受教育，这样将会有助于残疾儿童日后回归主流社会、主流文化。当时，强调的问题是残疾儿童教育安置形式的非隔离性和最少限制性。

第二个阶段是 20 世纪 80 年代到 90 年代之间，有关融合教育的讨论进一步涉及对特殊儿童的筛查、鉴定、评估等问题，认为通过某些简单的评估就给各种有身心障碍的儿童贴上不同的残疾儿童的标签会给这些儿童一生的发展带来许多负面的影响，还认为传统的盲、聋、弱智的纯医学分类对教育来讲，没有太多的指导意义，应从社会心理的角度更多地关注儿童的教育需要。这时，融合教育思想的倡导者建议用"有特殊教育需要的儿童"(child with special educational needs)来代替残疾儿童(handicapped children)的称呼。"反标签化"和反鉴定评估中"纯医学观点"和主张"无歧视评估"是这一时期世界特殊教育发展中讨论的主要问题。

第三个阶段是从 20 世纪末到现在，在这一期间，连续召开的几次国际性、区域性的特殊教育会议，使得融合教育的思想更为成熟。例如，经过 1990 年在泰国召开的世界全民教育大会，1993 年联合国教科文组织在我国哈尔滨召开的"亚太地区有特殊需要儿童、青少年教育政策、规划和组织研讨会"，尤其是 1994 年在西班牙萨拉曼卡召开的"世界特殊教育大会"之后，大多数国家和地区对融合教育的思想有比较深入的理解和认同。在上述会议上，分别通过了著名的《世界全民教育宣言》、《实现全民教育的行动纲领》、《哈尔滨宣言》和《萨拉曼卡宣言》，不仅反复地强调了每一个儿童都有接受教育的权利，并且提出应根据儿童的个人特点和实际需要来提供最少限制的合适的教育；普通学校应该倡导融合教育，旗帜鲜明地反

---

① inclusion education,有的学者译为"全纳教育"，目前，我国学术界两种翻译通用。但我认为译为"融合教育"更符合原意和以后的发展趋势。——作者注

对特殊儿童的歧视,普通学校和教育机构的管理者、教师和学生及学生的家长都应满怀热情地接纳有发展障碍的特殊儿童。有些国家和地区,已经把这种思想用立法的形式予以认可和固定,并体现在新的公共教育政策之中。例如,美国在1990年重新修订了1975年颁布的《全体残疾者教育法案》(即94—142公法),并重新命名为《障碍者教育法案》(IDEA,即101—476公法)。这一修订法案赋予所有3到21岁有障碍的人可以得到"免费适合的公共教育"的权利,并要求所有障碍儿童应该在"最少限制的环境"中接受教育。这就意味着学校必须尽可能地为有障碍的儿童提供最少限制的,与正常发展儿童一样或相似的教育环境。1995年,国际智力障碍者联盟(International League of Societies for Persons with Mental Handicap)更名为国际融合教育联盟(International League of Inclusive Education)

在最近几年,有的国家又出现了一种逆向回归主流(reverse mainstreaming)现象,这一术语是用来描述那种将一些正常发展儿童安置在特殊教育班级学习的做法。在逆向回归主流的班级里,大约仅有四分之一到三分之一是正常发展的学生,大部分孩子被鉴定为有特殊需要的学生,任教老师和班主任都接受过专业的特教训练。

从上述三个发展阶段,我们不难看出:

从普通教育发展的角度来看,提倡融合教育也是对整个教育目标、教育功能的又一次深刻反思,是对教育价值取向和教育定位的调整,是对现代教师教育的挑战。随着科技的发展和知识的迅速增长,人类的教育事业获得空前的发展。教育机构和教育投资不断增加,教育对象不断扩大,教育内容和接受教育的年限不断增长,教育的形式更是多种多样。半个多世纪以来,人们对教育的目的、任务、课程和教师教育等问题进行了无数次的讨论和多次的改革,但教育改革的浪潮总是在希望和批评中起伏。

融合教育,一种渗透着人文精神和运用高科技的教育理念和办学形式,可能会导致教育上一次范式性的改革,引发人们对普通教育和教师教育的指导思想、培养目标、管理方式、教育内容、教育方法和教学手段等问题进行新的思考。

三、实行融合教育的意义

为什么融合教育主张尽量不要把特殊儿童与普通儿童隔开,尽量避免把有特殊教育需要的儿童安置在一个相对独立、教学设施和资源条件可能都比较好的特殊学校和特殊班级接受教育?为什么极力主张特殊儿童应在强有力的支持下回到普通的学习和生活环境之中,与普通儿童融为一体?这是一些长期习惯于在单一的特殊学校或普通学校工作的教师、管理者感到困惑不解的问题。

我想从如下几个方面来简述融合教育本身的意义及其与现存普通教育和教师教育之间的关系。

1. 融合教育有助于优化教育环境,实现教育的理想和现实的统一

对于教育,这样一种传递社会经验和培养人的社会活动,在不同的时期,的确有不同的理解和表述。1995年颁布的《中华人民共和国教育法》明确指出:"教育必须为社会主义现代化建设服务,必须与生产劳动相结合,培养德、智、体等方面全面发展的,社会主义事业的建设者和接班人。"应该说,培养德才兼备、全面发展的人才是我们的教育目标和理想。但是,要实现这一目标,不仅要进行教育内部的改革和课程设置的调整,更重要的是要在更大

的范围内优化教育环境。

按照维果斯基的社会建构理论,儿童总是通过与环境的互动和内化来建构知识、发展人格的。融合教育体现了对各类儿童,包括特殊儿童人格的尊重,为不同儿童的教育选择权提供了广泛的空间,本身就是接纳和珍视人类多样性的标志。融合教育能真诚地接纳所有儿童和他们的家庭,为他们的积极参与提供有力的支持,这就充分地体现了,融合教育的前提是对儿童的教育与训练必须对不同的文化价值、信仰和习惯保持高度的敏感和尊重。实施融合教育要根据儿童和家庭的不同文化信仰和习惯来调整、改变特殊教育的实践,而这些调整能促进儿童归属感的产生并有助于儿童身心的良好发展。

融合教育要求教育者科学地理解、认可、容忍和尊重个体差异,在教育教学过程中考虑到不同教育对象的个人的先天素质、身心条件和所处的不尽相同的自然和社会环境,又要引导儿童最大限度地实现自己的潜能,促进社会的和谐发展和实现人类的共同理想。就接受教育的个体来讲,在成长的过程中,只能是在实事求是的基础上,学会尊重,建立友谊,承担责任,以自己顽强的努力来实现理想和现实的统一,实现教育的社会价值和个人价值,培养健全的人格。

2. 融合教育维护儿童权利,体现社会的公平正义

联合国《儿童权利公约》确定了国际公认的维护儿童权利的标准,这一纲领性文件的第23条明确规定:"残疾儿童有权得到特别的照顾、教育和培训,以维护其尊严,获得最大限度的自立并尽可能参与社会生活,以帮助他们过上充实而适当的生活。"特殊儿童是弱势群体中的弱势,更需要全社会的关注与呵护。

中国是《儿童权利公约》的缔约国之一,签署公约十多年来,中国政府通过立法、下达文件和其他措施,在特殊儿童的教育方面进行了大量的工作,使得中国特殊教育得到了跨越性发展。

融合教育基于社会正义、人权、教育平等的思想和对多元文化的尊重,重视身心障碍者自身的权力,正因为这样,英国融合教育研究中心(Center for Studies on Inclusive Education)认为融合教育是一种实现人权、体现公平正义和产生良好的社会意识的教育。在我国,实行融合教育将有助于促进在教育发展中逐步实现法治和人治相结合,体现社会主义制度和建立和谐社会的优越性。

3. 融合教育能促进普通教育的深入改革,培育德才兼备的人才

近一个世纪以来,世界许多国家都从教育的外部和内部进行了多次大规模的教育改革,提出了教育为政治服务、为发展经济服务、为人本身的发展服务等不同的口号,对教育的目的、任务、功能、本质、环境和社会发展等问题也进行了深入的讨论。不同的哲学、不同的立场,对教育有不同的理解:有的认为,教育是儿童社会化的过程,有的认为教育是劳动力生产的手段,有的强调教育是意识形态再生产的方式,有的认为教育应该执著地追求教育过程之外的最终目的和结果,有的则力图摆脱目的论和工具论的烦恼,着眼于教育过程的本身和存在方式。尽管上述这些涉及哲学、政治、经济、科技、教育、文化、社会等问题的争论还在继续,但教育的全球化已经使人们形成了一个大致的共识:教育必须解决人类发展过程中自身的发展问题,以不同的方式促进人类的文明发展与共同进步,决不能以一部分人的失败为代价来换取另一部分人的成功。因此,如何踏着时代的步伐,至少是降低教育的功利性,有

意识地消除"不公平竞争"对儿童发展带来的物化、驯化、异化等负面影响，以"教育的宽容"和"发展的多元"来维持人的自尊和自信，保持社会发展的和谐与稳定，这是值得我们每一个教育工作者反思和想办法逐步解决的问题。从某种意义上来讲，融合教育的理念正是体现了教育公平的共同愿望，推行融合教育无疑会促进普通教育的深入改革。

4. 融合教育关注所有儿童，提倡共同发展

融合教育的最大价值在于能够同时促进正常儿童和有特殊需要儿童的发展。例如，有发展障碍的儿童从融合教育中获得更多的刺激性、变化性的和回应的经验，通过与正常儿童进行互动，有更多的机会去观察、模仿，学习较高水平的社会交往、语言沟通和发展认知能力。正如彼得森(Peterson)所说的那样，一个要求更高的环境可能会促使儿童进一步发展更合适的行为。

融合教育本身是一种使特殊儿童和普通儿童能互利互惠、共同提高的教育，其带给正常发展儿童的益处也是多方面的。例如，从同伴比较中，正常儿童更能认识到自己的责任，他们在自愿地帮助发展障碍儿童学习时，自己的技能和理解力都会提高。自愿的同伴学习和相互帮助，可以克服自我中心，促进双方的发展与进步。同伴教导对于超常儿童而言有更特殊的价值，为他们提供了发展自己的创造力和独创性的具有挑战性的空间。

大量的调查结果表明，正常儿童的学业进展并不会因为被安置在有发展障碍儿童的班级里而受到负面影响，在融合教育的环境中，正常儿童做得更好。瑟曼和怀特斯托(Thurman & Widerstrom)根据大量研究结论归纳出：儿童在融合机构内的发展情况更多地取决于教师的品质和教育能力，而不是融合教育的本身。

有关的调查资料表明，大多数障碍儿童家长对融合教育的反映常常是积极肯定的。随着对融合教育经验的增加，正常儿童家长的态度也会得到不断地改善。皮克、卡尔森和赫姆斯特(Peck、Carlson & Helmstetter)等人在一项有关125名正常儿童家长对学前融合教育项目态度的调查研究中，发现他们对自己孩子的教育情况总体上是肯定的，并支持融合教育。另外，皮克和他的同事还发现，接受融合教育儿童的家长报告说他们的孩子比他们自己更能接受人的差异性，对于障碍者或一些外貌、行为不同的人也更容易适应。

笔者所在学校学生自己组织的以帮助残疾人为宗旨的"曙光志愿者"活动也说明，人们在帮助弱势群体的同时，也提高了自己的能力。许多特殊教育的志愿者表明，在帮助残疾人的过程中，虽然要花费一定的时间与精力，但也从他们的身上学到许多可贵的品质和顽强的拼搏精神，并感到充实和幸福。

总之，融合教育揭示了教育（包括普通教育和特殊教育）中许多长期隐而未露的深层次问题，对人类的教育发展提出了更高的要求和期望，使教育的深化改革再次面临挑战。

第2节 融合教育的支持系统

为了解决广大特殊儿童入学的问题，我国结合实际情况，从20世纪80年代开始，就大范围地推行"随班就读"。近20年来，"随班就读"在解决一部分残疾儿童，尤其是人口较少、人口分散地区特殊儿童的入学问题中，取得了很大的成绩，可以说是我国特殊教育发展历史上的壮举。但是，从目前许多学校在"随班就读"中所得到的实际支持来看，许多"随班就读"

还只是停留在融合教育的初级阶段,即初步达到回归主流的水平。要巩固"随班就读"的成果,发展到真正的融合教育,还必须建立一个全面的有力的关于发展融合教育的支持系统。

我们根据相关调查研究中获得的资料和总结近年来学校接受盲生入学,实行高等融合教育的经验,认为一个强有力的融合教育的支持系统主要涉及政策支持、物资支持、专业支持、家长支持、社会支持等五个方面。

一、健全法律法规,提供政策支持

许多国家的经验表明,为了维护受教育者,尤其是弱势群体受教育的权利,除了一般的号召、动员和倡导之外,必须发挥国家各级政府干预和指导的职能,明确各级组织机构和个人在儿童教育方面的责任、义务和权利,一定的特教立法和相应的法规是绝对需要的。各级政府有关发展特殊教育的政策、法规对特殊儿童的评估、认可和接纳作出必要的规定,使人们能充分认识到实施融合教育的意义、任务和具体途径,能为实施融合教育提供必要的人力资源和物质资源,制定必要的评估制度,从宏观指导和管理方面提供大力的支持。因此,健全法律法规,提供政策性的支持是实施融合教育的必要条件。健全的法律法规能明确责任、义务和权利,整合有限的资源,促进融合教育,使教育的发展更符合所有儿童和家庭的需要。几十年来,我国政府颁布了一系列与特殊教育相关的法规、下达各级政府的文件,对促进我国特殊教育的迅速发展起到了决定性的作用。但由于我国地域辽阔,发展不平衡,专门的特殊教育法仍在酝酿之中,我们相信,她的问世,将使中国特殊教育得到跨越性的发展。

二、改善办学条件,提供物资支持

特殊教育的发展本身就是人文精神与高科技的结合。科学技术的发展给残疾人的生活、学习和缺陷补偿提供了帮助。电子导盲仪、导盲车增强了盲人生活和工作的信心;全自动电动轮椅给肢体残疾人士的活动带来了方便。投影仪、校内闭路电视、磁带录像机、激光唱盘、电脑阅读机、电脑打字机等教学设备的运用,尤其是优秀教学软件的开发大大地提高了特殊教育的质量。近年来,使用电脑来进行计算机辅助教学越来越普遍。例如,为视觉障碍儿童设置的盲人阅读器,为听觉障碍儿童设置的助听器及发音、说话训练装置,人工耳蜗手术和言语训练等,在残障儿童缺陷补偿中发挥了作用。

因此,不断地提供必要的物质支持,建立无障碍设施,建立资源教室,改善在融合环境中接受教育的学生的学习和生活条件也是非常重要的。

三、培养专业人员,提供专业支持

如前所述,回归主流和融合教育之间的差别其实是很大的,从哲学理念上来看,在回归主流中,有障碍的儿童必须"做好准备""达到要求"才被纳入和安置到主流教育环境之中,这种纳入和安置的重心在于帮助这些有障碍的儿童实现普通环境预定的要求或达到正常儿童的教育标准。这样,有障碍的儿童常常就被看做原本应该被安置到特殊教育班级或学校,只是不得已临时安排在普通教育环境中的教育对象。但是,在融合教育中,有障碍的儿童也是班级中的主人,他们同样能以主人翁的态度和方式积极参与班级活动。当然,要做到这一点,必须要有专业教师、教辅人员,言语治疗和物理治疗这类的支持性服务,教学和活动设施,以及家长的配合等方面的支持。

从特殊儿童的评估鉴定到制定和实施个别化的教育,都是一些专业性很强的工作,无论是校内的教育、训练和辅导还是校外的服务,都需要一批既掌握了专业知识,又有实践能力的有责任感和事业心的专业人员。融合教育要求我们必须在教育体系中真正有效地接纳不同的文化、不同的智力或不同的身体特征的儿童。如果仅仅是将有障碍或无障碍的儿童安置在同一个教室里,并不是真正的融合教育。因此,实行融合教育必须有一大批具有相应的知识能力的专业人员,尤其是懂得将特殊教育和普通教育相结合的教师和教育管理队伍,只有这样的队伍,才能在融合教育中担起自己的责任,运用特定的技能来促进普通教育和特殊教育之间成功的互动。其中包括各级特殊教育的师资、听力康复和言语矫治师、心理咨询和评估人员、医疗养护和体能训练人员、家庭辅导和社区工作人员等。但是,专业人员数量的匮乏和专业水平不高是制约我国大陆地区特殊教育发展的主要因素。

四、家长积极参与,提供家庭支持

对任何教育来说,家长的支持都是十分重要的,融合教育更是这样。融合教育不仅是改变特殊儿童和正常儿童的过程,同时也是使家长受到一定的教育并改变观念,提供有效支持与协同教育孩子的过程。例如,最初,有的特殊儿童的家长常为有一个发展障碍的孩子而感到内疚和羞愧,不愿意让孩子在公开的场合出现。在实行融合教育的初期,他们又担心在融合教育的环境下,有障碍的儿童的某些特殊需要可能无法得到充分满足,儿童无法得到特殊性的支持服务,如职业治疗、物理治疗和言语治疗等。只有从良好的融合教育中,家长才能逐渐看到孩子成长的希望,改变态度,积极地配合学校对有发展障碍的孩子进行教育和训练。

还有些正常儿童的家长,最初有可能会拒绝自己的孩子与发展障碍儿童接触,认为与这些发展障碍的儿童一起上课,会影响自己孩子的学习,只有经过一段时间的融合教育,他们才能从融合教育中看到自己孩子在品质和能力上的变化,转为鼓励自己的孩子帮助发展障碍的儿童,有些家长自己也会积极参与由学校与社会组织的融合教育活动。总之,只有得到正常儿童和特殊儿童双方家长的支持,才有可能真正地在融合教育中形成家庭、学校和社会的良性互动。有些正常发展的儿童的家长指出,他们的孩子在融合班级里不仅学会了重要的社会知识,还懂得如何关心他人、帮助他人、提高自己。

五、加强社会宣传,争取全社会的理解和支持

社会上的支持来自于许多方面,例如,残联、妇联、关心下一代工作委员会等社会团体的关心,新闻媒体的报道和舆论导向,企业的资助和社区的关怀等,都将给发展融合教育提供精神与物质上的支持。总结我们近年来在上海开展自闭症儿童早期融合教育的经验,我们深深感到,只有得到社会的理解与支持,才能有效地开展早期融合教育。①

许多国家和地区的实践经验表明:对有发展障碍和发展正常的低龄儿童进行早期融合,既能促进障碍儿童的康复和发展,又能提高正常儿童对障碍儿童的接纳度。正如兰普勒

---

① 周念丽.学前融合教育的比较与实证研究[M].上海:华东师范大学出版社,2009: .

(Lampoonery)等人指出的,在早期融合教育环境中,儿童在社会能力和社会化游戏领域内取得了显著性的进步,在其他发展领域也取得了相似的结果,儿童社会认知和适应能力的改善很可能是融合教育的最大收获。无论是发展障碍儿童还是正常儿童,早期融合教育更显得特别重要。[①] 正如柯西(Kishi)指出的,接受早期融合教育的有特殊需要的儿童与普通儿童就很容易相互接纳,共同发展。有机会与障碍儿童互动、一起成长的正常儿童,长大以后将会变得更宽容、更会关心他人和社会的发展。他们成年后会对那些社会中的弱势人群具有更深刻的理解和尊重。[②]

第3节 融合教育的哲学思考

前面两节分别介绍了融合教育的理念、发展过程与支持系统。那么,融合教育的本质是什么呢?为什么说它是一种新的教育理念呢?要回答这些问题,必须对融合教育进行一些哲学层面上的分析。

融合的对立面是隔离,是限制,是另眼相看,是区别对待。那么,过去人们为什么要对特殊儿童进行隔离、限制、另眼相看和区别对待呢?是因为这些特殊儿童有这样和那样的障碍,如视觉障碍、听觉障碍、智力障碍、精神障碍等等,"不适合"与正常儿童在一起学习、生活。传统的特殊教育认为,这种多方面的"不适合",不仅会使特殊儿童在和普通儿童一起学习的过程中感到自身的学习没有成就感,没有明显的进步,同时,又让人担心他们会妨碍其他的正常儿童的学习。例如,随班就读可能占用老师的时间和精力,分散学生的注意力,减缓整个的教学进度,影响正常儿童的学习水平。总之,这种"不适合"有害于自己,无益于他人。所以,很长一段时间,可以说从250年前兴办特殊学校开始一直到20世纪后期,这种隔离型的特殊教育都是理直气壮的,顺理成章的。人们都觉得能把这些特殊儿童,主要是残疾儿童送到有专门设备、专业教师、专门教材、专门要求的学校是最好不过的一种教育方式,为什么非要让特殊儿童"不自量力"地跻身于普通学校接受教育呢?如果融合教育只是个别人的倡议,学术界的一家之言倒也罢了,为什么会发展成一种声势浩大的教育运动,成为一个新的教育理念,并且被许多国家写进了特教的法律法规,成为一种强制性规定呢?这是许多从事正常儿童教育的教师、领导和儿童家长,甚至于一部分特殊教育界的教师、领导和儿童家长百思不得其解的问题。

要解释这个问题,我们要再度解析上述"不适合"的实质和一系列考虑的思想基础并进行必要的反思。其实,上述种种认为特殊儿童不适合在普通班级学习的理由都建立在以下假想性的前提之上:

一是认为特殊儿童,尤其是残疾儿童,根本没有学习的能力,至少没有正常儿童的学习能力。然而,这一假设是站不住脚的。大量的事实说明,特殊儿童都有不同的学习能力,有的还有非凡的学习能力。也许我们目前的教育能力还没有办法开发和挖掘特殊儿童的潜

---

① K.E.艾伦著. 特殊儿童的早期融合教育[M]. 周念丽等,译. 上海:华东师范大学出版社,2005: .

② Kishi,G. & Meyer. What children report and remember: A six-year follow-up of the Effects of social contact between peers with and without severe disabilities[J]. Journal of the Association for Persons with Severe Handicaps, 1994, 19(4): 277-289.

能,但不意味着他们没有潜能。因此,融合教育的第一信念是"每一个孩子都能学习"(all children learn)。

二是认为融合教育会妨碍正常儿童的学习。普通学校的学生是有教学任务的,是要参加升学考试的,如果受到特殊儿童的干扰,就可能完不成教学任务,就可能失去该班学生在社会上,尤其是高分竞争中的优势。这是大多数普通班的教师、领导和儿童家长最担心的问题。我想,这种"妨碍"在某种意义上,可能是在所难免的,但这种超强度的高分竞争的意义到底有多大,本来就值得怀疑和否定。在一个儿童的成长过程中,比追求升学高分更有意义的事情很多,为什么不能让普通儿童和特殊儿童在相处中,提供相互学习的机会,培养更多的互助精神呢?因此,融合教育的第二个信念是任何教育都要"真正地推行素质教育"。

三是融合教育对特殊儿童本身没有任何实际好处,普通班的进度他们不一定能赶上,普通班学生人数偏多,老师照顾不了他们,普通班的教师也不懂特殊教育。一些随班就读中支持系统不到位的学校的老师和领导经常这样说。的确如此,如果没有资源教室、没有懂得特教的辅导教师、没有个别教育计划,班上学生过多,随班就读就变成了"随班混读",融合教育也的确会成为弄巧成拙之举。然而,支持系统不到位,这不是融合教育本身的问题,而是对特殊教育实际支持力度的问题,也是教育的价值导向问题。因此,融合教育的第三个信念就是"融合教育的支持必须到位"。

由这些简单的分析,我们可以得知,融合教育是建立在"每一个孩子都能学习"、"全面地实行素质教育"、"融合教育的支持系统必须到位"这些基本信念之上的,而这些基本信念的形成又与教育机会公平、教育平等这些民主思想一脉相承的。事实上,融合教育并不是不好、行不通,而是对特殊教育和普通教育都提出了以下几方面的更高要求:

第一,社会、学校和儿童的家庭不仅要给特殊儿童提供接受教育的机会,而且要提供高质量的非隔离的、最少限度限制的特殊教育。因为只有这样,才能算是为最大限度地发挥学生的潜能提供了机会。只有这样,才能算得上是真正地实现了教育公平。

第二,融合教育需要相关的支持必须到位,其中,最主要的是资金到位、专业人员到位、教育思想到位、学习风气和校园文化到位。如果有应付、点缀、装扮、虚荣之心,融合教育顶多也只是将特殊儿童和普通儿童放在一个班级上课,但"纳入其中,油水不溶"。

第三,对教育者、管理者、儿童家长的人权意识、平等意识和责任感、使命感提出了更高的要求。任何对残疾人和弱势群体的歧视、哪怕是心灵深处潜在的歧视与偏袒也会在融合教育中暴露无遗。

第四,融合教育是公民教育、义务教育、大众教育、素质教育、养成教育,不是精英教育、升学教育、学历教育。所以,不能用精英教育、升学教育、学历教育的标准来衡量。融合教育应该有一整套反映出学生整体水平的评价标准。

 本章小结

从特殊教育发展的角度来看,提倡融合教育是特殊教育发展史上的一次飞跃,它表明特殊教育已经从福利型向权益型、大众型的方向转变。在有些经济比较发达的国家和地区,特殊教育已经不是个别仁人志士的乐善好施,也不是太平盛世的繁花点缀,而是远古的人文精神与近代科学的有机结合,是实现教育民主和提高民族素质的必由之路。特殊儿童也不再是在他人的怜悯和呵护下,在相对封闭的环境下成长,而是满怀信心而又坚忍不拔地在理想和现实的驱动下最大限度地发挥自己的潜能,推动人类文明进步。从隔离教育到融合教育的转变是一种教育思想的转变,是人类在科技迅猛发展,生产力水平大幅度提高的条件下,对教育发展的内外价值进行深刻反省后的选择。

 思考与练习

1. 什么是融合教育?
2. 当代融合教育经历了哪些发展阶段?
3. 结合我国随班就读的实践来探讨融合教育的支持系统。
4. 为什么说当代融合教育的发展是特殊教育发展史上的一次飞跃?
5. 为什么说当代融合教育的发展对教育的深化改革提出了挑战?

> 要正本清源,自根本上做工夫,便是改良人格来救国。①
>
> 孙中山

第10章 特殊儿童道德教育的哲学思考

 学习目标

- 深入探讨道德的本源和道德形成的基础。
- 认识道德认知、道德情感、道德行为之间的内在联系。
- 探讨特殊儿童道德教育的内容和方法。
- 探讨人格教育与道德教育的区别与联系。

自古以来,绝大多数哲学家、思想家和教育家,都十分重视人的道德与道德教育问题。古希腊的苏格拉底就认为:"美德是对高贵事物的向往和获得这种事物的能力。"②作为文明古国、礼仪之邦,中国更是强调伦理学,将道德品质看成是为人处世的安身立命之本,将德育列为一切教育之首。例如,孔子说:"德之不修,学之不讲,闻义不能徙,不善不能改,是吾忧矣。"(《论语·述而》)大意是讲,不注重道德修养,不讲习学到的东西,知道了又不能付之行动,发现错了也不去改正,这些都是我最担忧的事情。李大钊先生也曾指出:"哲学者,笼统地讲,就是伦理学的东西。"③老子反对孔孟学派的道德观,提倡道家无为而治的道德观,即"道生之,德蓄之……万物莫不尊道而贵德"(《老子·五十一章》)。认为万物由道而生,由德而长,道与德是万物生长的基础。

但是,随着科技的发展,对人的独立性、自主性的强调,"道德脆弱"和"整体道德水平下滑"的呼声此起彼落,道德问题再次成为现代伦理学、社会学、教育学、心理学等学科共同关注的问题。道德与道德教育的问题的复杂性,集中地反映了人的社会意识,与人的生存意识、交往意识有更为密切的内在联系。换言之,几乎一切与人的社会认知、社会关系密切相关的问题,如正义、勇敢、忠诚、节制、谦逊、博爱、友善等都涉及道德的认知、道德的情感和道德的行为。

特殊教育中的道德教育问题,需要专门讨论吗?需要进行哲学思考吗?说到这里,我不妨从一个特殊儿童心理治疗中一个案例谈起。

有一天,我接待了一位外地来求助的家长,他的儿子是一位20多岁的盲人,他要求我对他的儿子进行一些心理疏导。为了了解一些基本情况,我先把这位家长单独带到另一间办

---

① 孙中山.国民要以人格来救国[M].孙中山全集.北京:人民出版社,1981.145.
② 苏格拉底.苏格拉底的方法,西方古代教育论著选[M].北京:人民教育出版社,2001:11.
③ 李大钊文集(下卷)[M].北京:人民出版社,1984:345..

公室,这位父亲告诉我,他儿子是6岁时一场大病后失明的,由于父母内心的不安,全家人对这个盲童是百般呵护和照顾,天天接送上学,让他从小学读到技校毕业,父亲自己提前退休,以便在自己单位的医务室能给他安排给人按摩的医务工作。但是,儿子并不满意,整天在家里生气,动不动就摔东西,也不好好上班工作。原本儿子还有点残余视力,生活上能做到基本自理,但他非要说自己什么都看不见,成天找理由让父母亲为他服务,几乎到了折磨人的地步。父母亲年龄越来越大,尽管爱子心切,但也深感委屈,并日夜为孩子的将来担忧。

听完这位父亲的倾诉后,我单独找这位盲人青年谈话。起初,他仍然说什么都看不见,一点光感也没有,后来当我拿起一根针向他眼球刺去时,他本能地暴露出退缩和逃避反应。在我的追问下,他承认了自己有较好的残余视力,根本不需要事事都使唤他的父母。后来,通过催眠疗法,我了解到他的心结:认为是父母不喜欢他,故意把他的眼睛弄瞎的。他不仅不感谢父母对他的抚养之恩,反而深深的怨恨和处处捉弄他们。

当然,这位盲人青年的问题属于心理问题,不是单纯的道德问题,但这个案例也在一定程度上说明,特殊教育与普通教育一样,的确面临着许多和心理问题纠缠在一起的道德教育问题需要进行深入的探索。

第1节 德育:"道德生物"的摇篮

什么是道德?在人们的心目中,道德是以善恶评价为标准,依靠社会舆论、传统习惯和内心信念的力量来调整人们之间相互关系的行为准则和规范的总和。但是,在以公有制和按劳分配为主体,其他多种经济成分和分配方式并存的社会中,人们的社会角色、利益关系和价值取向多元化的条件下,如何教育青少年形成正确的世界观、人生观、价值观,培养良好的法纪观念和道德品质,是普通教育和特殊教育共同面临的问题。如果说,在人类历史发展的进程中,尤其是在思想大震荡和改革的时期,道德问题会变成一个非常敏感的问题,那么,对普通教育是这样,对特殊教育更是这样。

一、道德哲学

道德哲学(moral philosophy)集中探讨道德的本源和基础。

苏格拉底、柏拉图断言,德行是灵魂对至善的回忆。中国古代哲学家孔子认为,"天生德于予"。孟子也认为:"仁义礼智根于心"(《孟子·尽心上》)。基督教和其他神学理论把道德归结于神的意志和启示,认为美德可以提升人的境界,给人们带来幸福与安宁,但他们提倡的是"神学美德",即通过上帝的恩赐来消除人的罪恶和帮助人获得美德。此外,像康德这样的主观唯心主义哲学家提倡"道德天赋说",把人的道德看成是一种与生俱来的"纯粹理性",受这种理性支配的,不以环境为转移的意志便是"善良意志",道德就是善良意志支配下的"绝对命令"。

道德起源的讨论中,经常会涉及人性的问题。在大多数人的心目中,道德观念是一种建立在人性基础上的良知,人性的灭绝也就是道德的沙漠。当然,自古以来,对人性的理解和认同本身又是一个争论不休的问题,同样存在许多对立的见解。

认为"人性善"和"人性美"(beauty of human nature)的哲学家,一般对人的德性抱乐观态度。在西方,古希腊的哲学家伊壁鸠鲁认为人的本性是善良的,人的最高目的是追求快乐和幸福。中国古代的哲学家、思想家,儒家学说的创始人之一孟子可以说是中国"人性善"的代表人物,他用四个"人皆有之"来说明了人性的善良之处,即"恻隐之心人皆有之,羞恶之心人皆有之,恭敬之心人皆有之,是非之心人皆有之"。德国古典哲学的代表人物费尔巴哈认为人的本质是"理性、意志、心(爱)"。认同"人性善"的哲学思想的教育家进一步认识到,这种同情心、羞耻心、敬畏感、是非辨别能力尽管是"人皆有之",但存在的程度不一样,有很大的个体差异,此外,也都是一种萌芽状态的存在,并不那么牢靠,需要后天的教育使其得到不断的强化和巩固。对理性、意志和爱心的培养、强化和巩固便是一切道德教育的基础。通过道德教育,人能有望更进一步地体现出"人性善"和"人性美"。

认为"人性恶"的哲学家,一般对人的德性持悲观的态度。例如,中国古代的哲学家提出"不事而自然谓之性"(《荀子·正名》),认为没有接受过教育的人性生来是纯恶的,在生理上和精神上都有各种需要,常常会为满足这些需求而引起明争暗斗。18世纪英国的哲学家休谟也持人性恶的观点,认为人性的特点就是对财产、权力、享乐的无限制的追求,人生来就是自私的。休谟甚至于认为人的情感同样也受利益驱动的支配。认同"人性恶"的教育家认为道德意识的培养和道德教育的必要性在于遏制人本身具有的作为动物的双重危险性:其一是可能会在一定动机的驱使下,采取不同的方式伤害自己的族群和同类;其二是采用不同的方式来伤害自己,譬如堕落、自残等。这种潜在的危险性便是恶的根源。良好的道德意识可以使这些危险的可能性不会转化成作恶的必然性。因此,弘扬人的善性和遏制人的恶性便是道德教育的功能所在。

在西方,存在主义的代表人物萨特大肆宣扬"存在主义是一种人道主义"后不久,福柯等后现代主义哲学家又从后人道主义的角度对"人的本质是自由的"这一观点的虚伪性进行了严厉的批判。在萨特看来,自由便是人的本质,人是一种自我设计、自我选择、自我造就的存在物,社会的一切,包括政治和教育都应该保护、发展人的自由。应该说,这种存在主义的人道主义、存在主义的教育观曾在西方学术界留下广泛的影响。[①] 但是,后现代主义哲学家很快就用大量的事实揭露了这种自由观的虚伪性,他们认为任何人都是历史文化教化的产物,语言、关系网这类"无意识的结构规则最终预先决定了我们以为是自由人的行动"[②]。金生鈜在《规训与教化》这本有关教育哲学的专著中也曾忧心忡忡地提醒我们:"在现代社会中,道德教化是否因为不可能而终结?教化是否有能力也有意愿在人的内心中建立符合灵魂需要的秩序呢?是否能够发展人的合乎美好生活的德性呢?或者能够重新在现代化的生活中树立善的价值呢?"[③]

唯物主义的道德哲学认为道德起源于人类早期的社会实践活动,是人类社会发展到一定阶段的产物。人类在长期的劳动中,必须按照一定的成文的和约定俗成的标准来评价自己和他人的行为,必须在一定的游戏规则下参与活动和生存下去,正是这种相互依赖的生存关系和在物质生产中逐渐形成的社会关系为道德的产生和发展奠定了基础。在历史唯物主

---

① 萨特著. 存在主义是一种人道主义[M]. 周煦良,汤永宽,译. 上海:上海译文出版社,1988:8.
② R. 柯尼. 现代欧洲哲学思潮. 曼彻斯特出版社,1986:289,转引自王治河. 朴朔迷离的游戏——后现代哲学思潮研究[M]. 北京:社会科学出版社,1998:137.
③ 金生鈜. 规训与教化[M]. 北京:教育科学出版社,2004:278.

义的观点看来,人类历史上依次出现的是和社会形态与制度基本吻合的五个不同的道德体系,即原始社会的道德体系、奴隶社会的道德体系、封建社会的道德体系,资本主义社会的道德体系和社会主义的道德体系。从人类的文化进程来看,其中影响最大的又是后三个道德体系。

马克思、恩格斯也是在唯物主义的基础上来揭示道德的本质,认为"正确理解的利益是整个道德的基础","一切以往的道德论归根到底都是当时社会经济的产物",而"意志自由只是借助于对事物的认识来做出决定的那种能力"。①此外,辩证唯物主义还强调道德是一种具体的历史范畴,会随着社会生产方式的改变而改变。这些论述特别强调了道德作为上层建筑和意识形态的最深层的本质特征以及社会道德建立的基础,同样也从另一方面说明了文化传统、人的自然属性和社会属性对道德形成的影响。道德的历史文化传承和对个体行为与群体行为的控制功能都表明了道德意识的相对独立性和在人格形成中的巨大作用。

二、道德心理学

道德心理学(psychology of ethics)和道德哲学是密切相关的两门学科。按照美国当代著名的心理学家和教育家,现代道德认知发展理论的创立者劳伦斯·科尔伯格(Lawrence Kohlberg,1927—1987)的看法,认为道德哲学着重探讨道德的本质,道德心理学则研究人类道德的心理结构及活动规律,着重探讨道德认知、道德情感、道德行为之间的关系,道德发展的规律和道德教育的方法。

心理学古代哲学家就认识到道德与认知的关系。最早提出智德论的是苏格拉底,他认为"智者就是善者"。一切恶行都来源于愚昧无知。后来,柏拉图的理念论也继承和发展了这种思想,认为只有理性才能达到至善。柏拉图在《理想国》中列举美德的特征时,除了谈到节制、勇气和正义之外,特别强调良知的问题,他认为作为一种向善的品性,美德必然要和良知相结合。亚里士多德为了使美德的观念更为清晰,把美德划分为道德美德和知性美德。他列举的五种知性,其中核心部分是理解力,即获得知识、辨别、判断和解释的方面的智力。

道德认知,包括道德观念、道德判断和道德推理是道德心理结构中最关键的因素。如果不具备一定的智力,就很难形成正确的道德观念,解决道德冲突,形成道德判断。但是,道德认知不是一般的感觉、知觉、记忆和形式逻辑的思维过程,而是伴随善良的愿望和自我反省等高层次社会意识的良知。例如,一个作恶多端或投机取巧的人,其一般的智力水平和认知能力是毋庸置疑的,最主要的是缺乏一种伴随善良愿望的知性,没能形成正确的道德认知。

道德情感(moralfeling),亦称"道德感",是人们在社会实践中伴随其立场、观点和生活经验而形成的对道德行为和关系的好恶与爱憎。例如,崇敬和鄙视、同情和憎恨都是明显的道德情感。道德情感建立在道德认知的基础之上,从心理学的角度来分析,道德情感可以分为三种不同的形式:一是由情境直接引起的,自觉性较低,有迅速定向作用的直觉道德情感;二是由事件联想引起的,自觉性较高的想象道德情感;三是由道德判断和理性思维引起的,自觉性很高的理性道德情感。其中,人的理性道德情感与世界观、人生观、价值观等高层道德意识关系更为密切,通常表现为责任感、义务感、正义感。

---

① 马克思恩格斯选集(第3卷)[M].北京:人民出版社,1972:435,444.

道德行为(moral action)是在一定的道德意识支配下表现出来的具有道德意义并能进行道德评价的行为。人们的道德行为不是抽象的,它与人们的经济行为、政治行为、法律行为和日常生活行为等相互联系、相伴发生。一些心理学家从不同的角度来划分道德行为从低级到高级的发展过程。皮亚杰把人的道德行为划分为"他律"和"自律"两个不同的水平,认为道德发展过程中,儿童要学会摆脱"依存性",发展个体自主性、自为性和自律性。索里和吉尔福特把人的道德行为划分为生物水平、社会水平和观念水平。因为道德行为必须建立在道德认知和道德情感的基础之上,通过机械的动作模仿是在一定的正负强化作用下形成的"道德行为",这只是一种表层的、貌似的、甚至可能还是虚伪的道德行为。也正因为这样,道德行为的评价势必涉及行为的动机、目的和效果的评价。

道德发展心理学认为,儿童的道德成长要经历一个有阶段的发展过程。皮亚杰采用实证的方法阐明了儿童道德发展要经历自我中心阶段(大约2—6岁)、权威阶段(大约6—8岁)、可逆性阶段(大约8—10岁)和公众阶段(大约10—12岁)等四个不同的发展阶段。科尔伯格总结出儿童道德发展的三个水平(前习俗水平、习俗水平和后习俗水平)和六个发展阶段:① 服从与惩罚的道德定向阶段;② 天真的利己主义的道德定向阶段;③ 好孩子的道德定向阶段;④ 尊重权威和维护社会秩序的道德定向阶段;⑤ 履行准则和守法的道德定向阶段;⑥ 良心和原则的道德定向阶段。① 这些关于儿童道德发展阶段和模式的研究明确地说明了道德的实践性和发展的阶段性、连续性。

三、道德教育

孔子认为,"志于道,据于德"(《论语·述而》)。意思是说"道"表示了人的一种志向和人格,"德"是指人们安身立命的依据和行为准则。那么,儒家所说的安身立命的依据和行为准则又是怎样形成的呢?这就涉及道德教育问题。历史上无论是主张"人性善"、"人性美",还是主张"人性恶"的哲学家、思想家和教育家都非常重视道德意识和道德教育的问题,他们各自从对人性的不同理解中,认识到了道德教育的必要性和道德品质形成的艰巨性。

怎样形成和巩固正确的道德观念呢?这就需要在实践过程中将道德认知、道德情感和道德行为有机结合,并在一定的心理结构中充分内化,形成高层次的道德觉悟和道德行为习惯。换言之,道德教育就是要提高道德认识、陶冶道德情感、树立道德信念、锻炼道德意志和养成道德行为习惯。

首先要通过道德认知来培养道德观念,掌握道德标准。使受教育者知道什么是善,什么是恶,评价善恶有哪些标准,如何对行为的善恶做出正确的判断?人类道德观念的形成是一个历史过程。在原始社会初期,人与人的交往和协作是靠风俗习惯维系的,还没有形成明确的道德观念,随着社会生产力的发展和社会分工的出现,人们的道德观念也不断丰富和发展。唯物史观认为,人们总是以他们所处的那个时代或阶级所倡导的或实际奉行的道德规范作为评价道德行为的标准。在两千多年的封建社会,占主导地位的儒家学说体系中,以"三纲五常"为核心的封建政治伦理观念更为明显地体现出道德观念实用性和控制性。这种伦理文化和政治文化的结合对中国社会仍然产生深远的影响,成为一种强大的权威性的社

---

① 朱智贤主编. 心理学大辞典[M]. 北京:北京师范大学出版社,1989:357.

会舆论和道德判断的标准。马克思主义认为,只有符合社会发展规律和最维护最广大人民利益的道德原则和规范才是判断行为善恶的客观的科学标准。在社会主义社会,共产主义的道德体系是道德评价的科学标准。

其次,就是陶冶道德情感,人的道德情感对道德行为有巨大的推动、调节和控制作用。在道德情感的支配下,人们就会对符合道德标准的行为产生满意、赞赏、敬佩这类积极的情感,对不符合道德标准的行为就会产生不满意、厌恶、羞愧、憎恨等消极的情感。从道德情感的发展情况来看,幼年时期的道德情感是和具体的人和事联系在一起的,只有到青少年期之后,才能形成与认知水平和意志水平相适应的比较深刻和稳固的道德情感。

再者,道德教育就是锻炼道德意志和养成道德行为习惯。道德行为是在道德动机驱使下进行的有目的的意志行为,意志在道德品质的形成中占据了重要的地位。坚强的意志能帮助人们克服内部和外部的种种困难,实现预定的目标。孟子曾用下面这段话阐明了坚强意志的重要性,"天将降大任于斯人也,必先苦其心志,劳其筋骨,饿其体肤,空乏其身,行拂乱其所为,所以动心忍性,增益其所不能"《孟子·告子下》。荀子特别强调自我反省和道德反思在培养品行中的作用,他在《劝学篇》中写道:"君子博学而日参省乎己,则知明而行无过矣。"我国明清时期的大哲学家王夫之同样也非常重视道德实践的重要性,所以说:"行而后知有道,道犹路也;得而后见有德,德犹得也"(《思问·录内篇》)。人们只有在长期的"知行结合"的道德修养中,才能达到古人提出的"威武不能屈,富贵不能淫"的道德情操。

从道德哲学、道德心理学和道德教育的不同角度来探讨道德的形成,使我们清楚地看到道德,是依靠社会舆论,传统习惯和内心信念的力量来调整人们之间关系的行为准则和规范的总和。作为一种意识形态将随着社会的发展、历史的变迁而不断发展和丰富。社会的道德观念与社会舆论权威能在维护绝大多数人的利益上高度统一是社会发展与进步的重要标志。经历了长期历史演变的人类,其良知与德性将与人类共存,从物质主义和相对主义的种种矛盾中,会更清楚地看到道德和德育的重要价值。

第2节 特殊儿童的道德教育

特殊教育中的道德教育是针对受教育者,即不同类型的特殊儿童的道德教育。和普通教育一样,特殊儿童的道德教育也是培养他们的道德意识、道德情感和道德行为。我国,作为一个社会主义国家,在许多相关的文件中都明确地规定了学校道德教育旨在培养受教育者具有社会主义、共产主义的道德品质,道德教育的内容包括共产主义的道德理想、社会主义公民道德规范、社会主义的人道主义,职业道德、爱情婚姻家庭道德、社会主义公德等。但是,也应该看到,由于不同类型的特殊儿童的智力水平、行为能力和生活环境等方面的差异,个体在道德认知和道德修养中所达到的觉悟水平以及精神境界是参差不齐的。对不同类型和不同接受水平的个体,应该制定符合他们实际情况的道德教育的标准,例如,对一些智力障碍的儿童来讲,道德教育的重点应该以公民道德教育和社会公德教育为主,对那些非智力障碍的特殊儿童而言,应该对他们进行共产主义道德教育和人格教育,着重培养他们全心全意为人民服务的精神,做人的责任感、坚忍不拔的精神以及开阔的心胸。

一、特殊儿童的公民道德教育

公民教育道德的内容主要是全体公民必须遵循的道德规范。中国从"五四"运动之后,开始兴起公民教育。1926年,江苏教育会曾举办公民教育讲习班,提出了遵守公共秩序、履行法定义务、讲究公共卫生、爱护公共财产、培养互助精神等公民信条,并将每年的5月3日至9日定为公民教育运动周。改革开放之后,第五届全国人大第二次会议于1982年颁布的《中华人民共和国宪法》的第24条规定:"国家提倡爱祖国、爱人民、爱劳动、爱科学、爱社会主义的公德。"这些规定便把五爱教育纳入了公民教育的体系。

以往的特殊教育中,经常出现两种不同方向的道德教育的偏离:一种偏离是忽视道德教育,认为对那些有发展障碍的儿童主要是帮助他们克服身心障碍,使他们掌握一定的文化科学知识,具有起码的生活自理和简单生产能力,至于他们的道德,无论达到什么水平,都能得到社会的理解和原谅,因此,对特殊儿童的道德教育没有明确的要求和应有的重视;另一种偏离是对部分特殊儿童,尤其是智力障碍儿童的道德教育要求过高,超出了智障儿童的认知水平。

实际上,特殊儿童总是要回归主流社会,和大家一同生活的,这样,他们就必须了解和遵守一些最基本的公民道德准则,绝不能忽视对他们的道德教育。对一些有行为和情绪障碍的儿童,如有严重的打架、斗殴、偷窃等不良行为的儿童更应该加强道德教育。但对特殊儿童的道德教育要根据他们的身心特点和具体情况,采取不同的方法。对一些认知能力低的智力障碍儿童,道德教育要具体化,结合生活教育、行为训练的方法来进行,着重培养他们符合基本的公民道德准则的道德行为,如遵守交通规则,讲究公共卫生,遵守公共秩序等。对一些有较高的认知能力的感官障碍或肢体障碍的教育对象,道德教育应着重培养他们的高层道德意识,让他们能够勇敢地面对自己的身体残疾,做到身残志不衰,宽容社会上还客观存在的某些不够友善的歧视和偏见,感谢家人、教师和其他人对自己真诚的关爱和帮助,做到心胸坦荡,不卑不亢,宠辱不惊;有意识地培养他们的社会责任感、坚强的意志和顽强的拼搏精神,让他们成为精神上的强者。

二、特殊儿童的共产主义的道德教育

共产主义的道德(communist morality)是人类历史上最高的道德类型,是"为人类社会上升到最高水平,为人类社会摆脱对劳动的剥削服务的"道德原则和规范。[①] 共产主义道德把道德理想建立在历史的必然性和科学的认识之上,它发展历程可以划分三个阶段:第一个阶段是无产阶级夺取政权之前,共产主义的道德只是少数无产阶级先进分子的道德。第二个阶段是无产阶级夺取政权之后,作为统治阶级的道德,又称为社会主义的道德。共产主义道德第三个阶段是全面体现共产主义的社会理想,把个人的全面的、完整的发展与一切人的自由的发展统一起来。由于社会主义是向共产主义高级阶段前进的历史运动,社会主义道德关系涉及到劳动道德、职业道德、婚姻家庭道德和社会主义人道主义等诸多方面,并在全社会范围内提倡集体主义、大公无私、全心全意地为人民服务。

---

① 列宁全集[M]. 北京:人民出版. 1965(39). 306.

在社会时期,特殊儿童共产主义道德教育主要内容是培养他们热爱祖国、热爱人民、热爱科学、热爱劳动、热爱社会主义制度等五爱精神,养成诚实谦虚、遵守纪律、团结友爱的良好行为方式。特殊儿童的道德教育也应和其他教育一样,充分考虑到不同年龄、不同发展水平的特点,采用生动活泼的方式方法,避免单纯的说教。例如,通过"八荣八耻"的教育培养儿童正确的荣辱观,结合助残日活动培养他们乐于助人的精神,通过参观烈士纪念馆进行革命传统教育等等。对一些年龄较小的特殊儿童,还可以通过讲故事、玩游戏的形式开展社会主义的道德教育。

三、特殊儿童的人格教育

人格是人的主体性和自我意识的内在凝聚,是人的精神力量的最高表现。我从20世纪80年代中叶起,就一直提倡对学生的人格教育。[①] 我认为人格教育是一种着眼于发展受教育者良好的心理品质的教育,其宗旨是使受教育者形成一种健全的、日益完善的人格,把知、情、意统一协调起来,建立一种完整和健全的金字塔型的心理结构。人格教育能把德育、智育、体育、美育和劳动技术教育这几方面结合起来,使教育者具有较高的动机水平和自我意识,形成一种高层次的、高效能的自我调节和控制系统。人格美,展现了个体自我修养和自我完善方面所达到的高度,它可以外化为庄重、负责、正直、诚恳、光明磊落等。实行人格教育能使受教育者最大限度地发挥自己适应和改造社会的巨大潜力,把对社会的贡献作为人生的追求与乐趣。

人格教育与传统教育之间有一些根本的区别:

其一,传统教育偏重于知识的获得和智力的发展,而人格教育着眼于健全人格的培养,充分认识到非智力因素对智力发展的影响,认为只有在健全人格的控制下,个人的潜力才能真正发挥出来,并对社会作出有益的贡献。

其二,由于各种历史条件的限制,传统教育经常采用某些目光短浅、为适应某时某事的需要的工具主义、实用主义的教育方法,而人格教育则强调对人本身的尊重,把受教育者当做社会的主人。人格教育强调从是否促进人类的进步与文明、提高民族素质这样一些大的价值体系中来评价教育的效能。

其三,教育要想取得预期的效果,是以受教育者真正地接受和认同为前提的。传统教育把教育过程看成是一个外部控制过程,相信教育能改变一切,而人格教育强调培养受教育者的自我调节与控制的能力,认定教育的因素只有内化为受教育者的心理信息并在心理结构内发挥有效的调控作用时,教育才显示出实际的效果。因此,人格教育不赞同环境决定论,也不赞同教育决定论,它认定教育过程是个体与环境之间相互作用的过程。教育的效能是由主观与客观、主体与客体相互作用所决定的。

其四,道德教育是人格教育中的重要组成部分,但人格教育更强调道德认知、道德情感和道德行为的统一。人格教育的理念认为,如果没有健全的人格作基础,即使形成某些高尚的道德认知也不会形成高尚的道德品质,相反地,还可能导致道德上的伪善、知行分裂和双重人格。

---

① 方俊明.认知心理学与人格教育[M].西安:陕西师范大学出版社,1990:376.

总之,与传统教育相比,人格教育不仅重视自然认知能力的提高,更强调社会认知能力和高层社会意识的培养;不仅重视教育者的认知能力,更重视积极情感和坚强意志的培养;人格教育希望教育能帮助受教育者建立起一个知、情、意统一而健全的心理结构,在高层意识的控制下,在适应和改造内外环境中发挥自己的潜能。

我想,人格教育的思想不仅适合于普通儿童,也同样适合于有特殊教育需要的儿童。在特殊教育的道德教育中也应该提倡人格教育。

本章小结

作为文明古国的礼仪之邦,认为道德是为人处世的安身立命之本。随着市场经济的发展,"整体道德水平下滑"的呼声此起彼伏。道德哲学、道德心理学和道德教育等问题再次受到关注。本章一方面讨论了道德认知与道德意识、道德规范、道德情感和道德行为之间的关系,另一方面讨论了特殊儿童的公民道德教育、共产主义道德教育和人格教育问题。

道德的复杂性形成了专门的道德哲学,集中探讨道德的本源和道德发展的基础。古今中外许多哲学家根据自己的哲学信条提出了不同的道德观。简单地说,唯心主义倾向的哲学家提倡"道德天赋说",多用"纯粹理性"、"绝对命令"、"善良意志"来说明道德的本源;智德论,简单地理解道德与认知之间的关系,如苏格拉底认为,智者便是善者,一切恶行来源于愚昧无知。唯物主义的哲学家认为,相互依赖的生存关系和在物质生产中逐渐形成的社会关系为道德的产生和发展奠定了基础。道德心理学是研究人类道德的心理结构及活动规律的学科,着重探讨道德认知、道德情感、道德行为之间的关系,道德发展的规律和道德教育的方法。道德心理学还从知与行的关系,道德认知、道德情感和道德行为的三位一体来说明道德的教育的过程。

道德教育问题的讨论自然也涉及人性问题。古代中国的"人性善"、"人性恶"和"人性不善不恶"等三种不同的观点各引发不同的道德教育观。近年来,西方后现代主义哲学对萨特存在主义的道德观同样提出了批评。

特殊儿童的道德教育中,常有两种偏向:一是忽视对他们的道德教育或降低对他们道德教育的要求;另一种偏向是没有考虑到道德认知受一般认知水平的限制以及道德认知与道德行为的内在统一,对某些特殊儿童提出了过高的要求。

公民道德教育、共产主义道德教育和人格教育问题都是特殊儿童道德教育的内容。特殊儿童的道德教育要充分考虑到教育对象的年龄特征、发展水平,采用适当的方式方法。

思考与练习

1. 什么是道德哲学?探讨特殊儿童教育中道德哲学的意义何在?
2. 举例说明道德认知、道德情感和道德行为之间的关系。
3. 如何根据不同类型特殊儿童的特点和教育需要进行公民道德教育?
4. 什么是人格教育?为什么要提倡特殊儿童的人格教育?

人之所以为人，全凭他的思维在起作用。①

黑格尔（G. W. F. Hegel）

第11章　特殊儿童智育的哲学思考

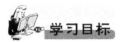

- 了解有关智力概念争论的背景和焦点。
- 进一步理解智力和知识、能力与人格的关系。
- 探讨不同类型特殊儿童的智力发展的途径。
- 了解人工智能的本质、发展历程和在特殊教育中的应用。

人为"万物之灵"，集中体现在人类的智力发展超过了一切动物的水平。由于在人脑内部进行智力活动具有观念性、内隐性、简缩性这三个明显的特点，对智力和智育的探讨，显得非常艰难。无论是古希腊的柏拉图、亚里士多德，古代中国的孔子、孟子、荀子、老子，还是近代西方的笛卡儿、康德、皮亚杰和马斯洛等，一大批杰出的哲学家、教育家和心理学家，都曾在智力的领域中进行不懈地探索。

但迄今为止，学术界还没有一个得到公认的关于智力的定义。《中国大百科全书·心理学》关于"智力"的词条中明确指出："智力一词的含义好像人人皆知，实际上却很难提出一种完全令人满意的定义。"②《心理学大词典》关于"智力"的解释中同样指出："对于智力，心理学家有各种不同的解释，至今没有统一的定义。"

20世纪80年代之后，智力研究呈现出多元的发展趋势：① 从结构学、因素论的角度研究智力认识的本质。② 从测量学的角度来评估智力的发展水平。③ 从大脑神经活动和生物生化角度来探讨智力活动的生理机制。④ 从遗传与环境关系的角度来研究影响智力发展因素。⑤ 从差异心理学的角度来探讨智力超常和智力落后的身心特点。⑥ 从人工智能的角度来模拟人的智力活动过程。特殊儿童的智育与上述的每一个方面都有密切的联系。本章将围绕上述问题探讨特殊儿童智力教育的本质、原理和方法。

第1节　智育："智慧生物"的摇篮

在有关教育学和心理学问题的讨论中，智力和智慧是两个使用频率很高的概念。正如我前面提到的，从道德哲学的角度来看，智慧之中包含了良知，即智慧中含有更多的道德成

---

① 黑格尔. 小逻辑[M]. 北京：商务印书馆，1980：38.
② 潘菽，荆其诚主编. 中国大百科全书·心理学[M]. 北京：中国大百科全书出版社，1991：556.

分,而智力更多地指向纯粹的信息加工能力和问题解决能力。从某种意义上来讲,智慧是指正确的,符合道德规范的和在高级信念的指导下运用智力的过程。正因为这样,柏拉图甚至于认为哲学家也未必就是智慧者,而只是智慧的热爱者。但从认知心理学的角度来看,都是指人超过动物的认知能力。在日常生活中,人们更是将智力、智慧、智能等概念相互通用,少作明确的区分。我国东汉时期的哲学家王充认为智慧是区分人类与其他动物的主要标准,他说:"人,物也,万物之中有智慧者也。"(《论衡·辨祟》)由此可见,人是一种"智慧生物"。

一、智力的概念、本质与测量

智育(intellectual education)也称智力教育,是"使受教育者掌握系统科学文化知识,发展智力的教育"。[①] 智力则更多是指一种与理解、记忆、判断、想象、思维更为密切的信息加工和处理问题的能力,所以也有人将智力称为智能。当然,"智"与"能"之间也还是有一定区别的,"智"更多地是指向认识和内部的信息加工,"能"更多地涉及知向行的迁移和实际解决问题与适应环境的能力。中国古代的教育家多采用智能观来说明智力与能力。例如,中国古代教育家孔子对他学生的一系列评价就表明了他的智能观。他认为,颜渊能"闻一知十",而另一个学生端木赐只能"闻一知二"。显然,这是对学生不同智力,主要是指接受、理解、思维等认识能力的评价;此外,他也认为各人智能的高低是不同的,子路可以在"千乘的诸侯大国"中主管赋税,冉有只能在"百乘之家"担任家臣,这些更多地表现为智能。

无论是早期的智力理论的创始人斯皮尔曼(Charles Spearman)、瑟斯顿(L. L. Thurstone)、卡特尔(R. B. Cattell),还是现代智力理论家斯滕伯格(R. J. Sternberg)、加德纳(Howard Cardner)和高尔曼(Daniel Coleman)等人都非常重视智力问题的研究,认为智力是人的心理研究中最重要的研究课题。他们从不同的角度提出了对智力概念的理解和比较系统的智力理论,有的还根据自己的理论编制不同的智力测验。但是,近百年来的科学心理学也始终没有形成统一的智力定义。

英国心理学家斯皮尔曼提出了著名的智力结构的二因素理论,认为智力是一种非常普遍的、潜在的心理能力,由一般因素(G因素)和特殊因素(S因素)构成。法国心理学家比奈(A. Bitnet)认为智力是"正确地判断、透彻地理解和适当地推理的能力"。但是,美国心理学家瑟斯顿不同意上述观点,提出了智力的群因素理论,他通过多因素分析的方法,概括出空间能力、知觉能力、数字能力、言语能力、记忆、词语流畅性和推理能力等7种主要因素。在瑟斯顿看来,这些不同的因素既相互联系,也可以独立存在。一个语言能力很强的人可能空间能力不强,但也可能空间能力会很好。

卡特尔在斯皮尔曼、瑟斯顿智力理论的基础上,提出了著名的晶体智力和流体智力的二元结构理论。他认为晶体智力包括推理能力、言语能力和数字能力等,很受教育与经验的影响;流体智力包括空间和视觉能力,特别是细微的观察和机械记忆能力,这类能力更多地来源于个体生物学的潜能,受教育与经验的影响不大。卡特尔的研究还表明,这两种智力在个体一生中有不同的发展历程,具体地说,从出生到少年期(15岁左右),两种智力都呈现快速的增长趋势,但此后,晶体智力几乎没有多大的变化,而流体智力则继续上升到25岁左右,

---

[①] 顾明远. 教育学大辞典(简编本)[M]. 上海:上海教育出版社.1999:620.

然后急剧下降。在我看来,两种智力的发展趋势在一定程度上表明了智力的生物性和智力与知识之间的关系。

罗伯特·斯滕伯格提出了智力的三元理论,即分析性智能、实践性智能和创造性智能。分析性智能主要是指理解和分析问题的能力,也是一般智力测验中可以测评出来的能力;实践性智能是指根据环境所提供的条件解决问题和实现意图的能力;创造性智能是指根据新的任务、新的条件,摆脱旧思想的束缚,创造性地提出方案和解决问题的能力。斯滕伯格还强调,人们只有将三种智能结合起来才能获得更多的成功。

在当代智力理论中,美国心理学家霍华德·加德纳和他的助手们通过对特殊儿童(包括资赋优异的天才儿童和脑损伤的智力障碍儿童)和正常儿童的比较研究,在哈佛大学提出多元智能理论,并在教育界产生了更广泛的影响。他们和瑟斯顿一样,认为智力是由许多各不相同的能力组成的,这些能力尽管彼此独立,但要想精确地判断究竟有多少种能力并不容易,加德纳列举的八种智能涉及数学、语言、空间、运动、知觉、音乐、人际交往、个人智力和自然智力等方面。相比而言,加德纳的多元智能理论更多地考虑到智能的复杂性,相对独立性和个体的差异性。

20世纪末,丹尼尔·高尔曼(D. Goleman)提出的情绪智力理论是最新的一种智力理论。这种理论认为能有效地感知和理解他人的情绪以及有效地控制和调节自己的情绪也是一种智能。情绪智力理论认为那些智力测验成就很高但生活和事业中屡遭失败的人是因为缺乏对自己和他人的情绪识别能力、缺乏情绪控制能力。

此外,加拿大心理学家戴斯(J. P. Das)等人于1990年从信息加工的角度提出的PASS智力理论也在心理学和教育学界产生了一定的影响。戴斯根据苏联心理学家鲁利亚的脑功能学说,从认知功能的角度进一步提出了计划(Planning)、注意(Attention)、同时性加工与继时性加工(Simultaneous-successive processing)的智力理论并编制了相应的测查量表。

在不同理论的基础上,有些心理学家研制了各种智力理论来客观地测评人的智力水平,其中既有个别测验,也有团体测验。最著名的是比奈和他的同事瑟多·西蒙(T. Simon)于1905年在巴黎大学心理实验室设计的第一个智力测验。后来,美国斯坦福大学的特曼(L. M. Terman)又编制了斯坦福—比奈智力量表并提出了智力商数IQ这一重要概念,并采用独特的分测计分和整体计分相结合的计分方法。除了这些用于儿童的智力量表外,还有广泛用来测量成人智力水平的威克斯勒智力量表。

近年来,随着神经生理学和脑科学研究的发展,也出现了一系列有关智力生物学测量的研究。例如,有的研究者用诱发电位,即脑细胞对刺激的电反应来探讨智力水平。发现两者的相关程度尽管很弱,但还是比脑的大小与智力水平之间的相关程度要高一些。还有研究者通过测量个体在解决问题时,大脑葡萄糖新陈代谢情况来测量人的智力水平。研究结果显示,智力水平高的人对大脑资源的使用更为集中,耗能量更小一些。当然,这些有关智力生物学测量的研究还是处于初始阶段,还没有达到较高的测量信度。

从我们多年对特殊儿童的认知的研究经验来看,卡特尔对晶体智力和流体智力的划分、斯滕伯格的三元智力理论、加德纳的多元智能理论、戴斯等人的PASS智力理论以及高尔曼提出的情绪智力理论和智力生物学测量都能更好地解释特殊儿童的智力形成与发展过程。例如,我们对自闭症儿童这类广泛发展障碍儿童的综合评估、孤岛能力和脑功能等方面的研究也表明,智力是建立在脑神经活动基础上的信息加工能力,是先天遗传和后天环境影响和教育的结合。正是个体先天与后天教育的相互作用形成了智能的复杂性、相对独立性和个体的差异性。

从种系发展的角度来看,人的智力的确是长期生物进化的产物,尤其与脑的进化密切相关。按照这个思路,认为智力的本质是对环境的适应,许多心理学家包括早期的机能心理学家和发生认知学派的创始人皮亚杰都赞同这个观点。例如,人脑中已经形成两个语言中枢,即布罗卡区和威尔尼克区。布罗卡区位于主侧大脑半球额下回后部靠近岛盖处,即Brodmann第44、45区,此区受损伤可能导致运动性失语症或表达性失语症。威尔尼克区位于主侧大脑半球颞上回中央,即Brodmann第41、42区及附近的第22区的一部分,此区受损伤将导致感觉性失语症。有关自闭症儿童与正常儿童语言加工的脑功能的比较研究表明,在接受语言输入时,自闭症儿童威尔尼克区的激活程度高于正常儿童,而布罗卡区的激活程度低于正常儿童。值得人们思考的是,为什么人脑在物种进化的过程中形成了视觉中枢、听觉中枢、运动中枢和语言中枢,但并没有形成特定的阅读中枢、书写中枢和计算中枢呢?也许是因为视觉中枢、听觉中枢、运动中枢和语言中枢对个体的生存和物种保存有更重要的意义。所以,认为智力的本质是适应环境是能令人信服的。当然,人类的环境已不是单纯的自然环境,还包括在长期的文化历史中形成的社会文化环境;人类的适应也不是被动地消极地适应而是主动地积极地改造环境,人们适应和改造环境的目的也不是简单地保存生命,而是有更高的精神向往和追求。

二、智力与知识的关系

自从英国的哲学家弗拉西斯·培根(Francis Bacon,1561—1626)提出了"知识就是力量"这一口号之后,人们更加重视知识与智力的关系。培根在《新工具》一书中强调:"单凭一双赤手和无依无靠的理智,没有什么力量……知识和人类的力量是同义语,因为对原因的无知,对结果便迷惑起来。只有服从自然,才能征服自然,而在深思哲学中与原因符合的东西,在实践科学中便成为规律。"[①]处在当今知识不断更新的信息化时代,更能体会到知识的力量。

但也应该看到,智力就其本质而言,是一种学习能力,是一种获得知识、理解知识、运用知识和创造新知的能力。中国古代的教育思想中特别提倡"学思结合","学用结合"注重主动的学习,对我们理解智力与知识的关系有一定的帮助。例如,孔子一方面明确地提出:"学而不思则罔,思而不学则殆。"(《论语·为政》)另一方面,又特别强调"笃行",即用学习到的知识去解决许多实际问题,"学而不行,可无忧乎?"孔子认为学习过程中,一定要防止只会死记硬背,"学富五车,胸无一策"是不可取的:"诵《诗》三百,授之以政,不达;使之四方,不能专对,虽多,亦奚以为?"(《论语·子路》)

世间万物,人是最宝贵的,因此,"我愿天公重抖擞,不拘一格降人才"成为历代改革家的愿望。在进入知识经济时代之后,人类社会发展和进步所依存的各种资源中,最宝贵的是人才资源。然而,所谓人才难得主要是指知识、能力和人格的三位一体的人才难得。

柏拉图在《理想国》的第7卷中曾经借用苏格拉底的话这样阐述知识与心灵、智慧与人

[①] 弗拉西斯·培根.新工具,载浙江大学、华东师范大学教育系编.西方古代教育论著选[M].北京:人民教育出版社,2001:414.

格之间的关系:"我们断言,教育不像有些人所说的,他们可以把知识装入空无所有的心灵里,仿佛可以把视觉装进盲者的眼里。反之,我们的诉说表示每一个人的心灵原有学习真理的能力以及所用以见到真理的机能,并且正如一个人要旋转身体以便眼睛可以转向光明而不是朝向黑暗,心灵也一样从这个纷乱变化的世界转过身来,直到他的眼睛能够去思维实在,和那种崇高的光耀,即我们称之为'善'的。你一定见过在一般坏人当中,也有很精明的,对事物的观察力很敏锐,辨别力强。他们并不是没有能力,而是坚决用来为恶,因此他们的观察力愈敏锐,他的危害愈多。"[①]古代的先哲们就是这样表述了教育中的知识、能力和人格的三位一体。

1901年10月,亨利·希金森(Henry Lee Higginson)曾在介绍哈佛学生的联谊会上讲过下面这段话:"请记住,我们的大学是为公共的利益而建立的。它拥有辉煌的历史。发展道德和智力是我们的主旋律。大学的发展和真正的福祉从来都是与我们国家的命运休戚与共的。这座大学至今取得的所有伟大的成就,都需要我们发扬光大。"但是,不到100年,曾经在哈佛任教30多年和担任过8年哈佛学院院长的哈瑞·刘易斯(Harry R. Lewis)在他出版的《失去灵魂的卓越》一书中很伤感地写道:"审视一下任何大学领导的讲演稿,你会发现其中不乏关于'世界问题'、'知识探索'、'勤勉工作'和'成功'这类的词句。我们则鲜有看到个人力量、完善的人格、善良、合作、同情、如何把眼前的世界建设得更美好等方面的言辞。学校越出名,就越强调教师、学生和在经费市场上的竞争力。在这些学校,人们很少严肃地讨论如何培养学生良好的人格,让他们明白:如今受到的良好教育,部分应归功于这个社会。"[②]我想,由于市场经济的冲击,价值观念的多元化,哈佛的现象是带有普遍性的。如何在新时代的教育中,培养学生的社会责任感,使受教育者形成良好的人格结构,将自己的聪明才智用于社会,这是非常重要的问题。

第2节 智力发展与学科教学

从广义特殊教育来看,特殊儿童的智力教育问题主要涉及三个方面:一是如何根据智力障碍儿童的特点进行教育、教学。二是如何根据智力水平超过常人的资赋优异儿童的智力特点和人格特征进行教育、教学。从智力测量的统计分布的情况来看,智力障碍和智力超常这两种智力水平的儿童分别落在智力分布图表中的负、正第三个标准差。三是如何对那些智力水平基本正常,但伴有一些感官障碍如视力障碍、听力障碍以及肢体障碍、精神障碍的儿童进行教育、教学。如何针对上述三类特殊儿童的智力和个性特征,知识与能力的实际情况来进行教育、教学,使他们有效地发挥智力的外化功能,摆脱情绪和行为方式的困扰,这便是特殊教育中智力教育的主要任务。

一、智力障碍儿童的智育

正如特殊教育界经常提到的一句话:"'天生的不平等'是无法否认的事实,但'提供平

---

① 柏拉图.理想国.浙江大学,华东师范大学教育系选编.西方古代教育论著选.北京:人民教育出版社,2001:54.
② Harry. R. Lewis. 失去灵魂的卓越:哈佛是如何忘记教育宗旨的.侯定凯,译.上海:华东师范大学出版社,2007:8.

等的教育机会'是特殊教育的努力方向,也是实现教育民主的目标。"智力障碍儿童由于多种错综复杂的原因,智力低于正常儿童一到两个标准差,在学习的过程中,通常会表现出下列主要的特点:一是接受能力差,尤其是理解能力、分析能力、概括能力和计算能力偏低;二是学习到的东西,无论是知识还是技能,都不会得到有效的巩固、整合、迁移和转化;三是辨别和适应环境的能力很差,略微改变了某些条件,就会感到茫然和无所适从。鉴于智障儿童智力水平不同程度的低下,在提供平等的教育机会的过程中,当然不可能照搬普通教育与教学的方法,而是要采取一系列的补救措施,针对智障儿童的具体情况来设置发展性课程、功能性课程和生态课程。

发展性课程的出发点是想尽办法来使智力障碍儿童的发展能赶上或基本赶上智力正常儿童的发展水平,这些发展多半是围绕感知觉、语言、粗大和精细动作、记忆与简单思维等方面的问题进行。课程的内容安排比较简单,教学方法是根据儿童的智力水平采用小步子阶梯教学。就像是把正常儿童一口就能吃下去的馒头掰成好几块给智力障碍儿童吃。这种发展性课程是20世纪智力障碍教育、教学多采用的方法。长期的实践经验证明,这种发展性课程的主要优点是比较符合智障儿童的接受能力,比较适用于年幼的儿童,但对年龄较大的智力障碍儿童就不十分有效。例如,一个生理年龄已经达到18岁的智障青少年,因为没有达到5岁儿童的智力水平,就让他反反复复地搭积木,这也是很不合适的。此外,某些局限在认知领域的教学训练未必具有实用性,未必能促进智障儿童真正意义的发展。在某种程度上,这种与隔离性特教理念一脉相承的,以降低要求和放慢步伐为主要手段的教育教学方法,可能还会扩大其与同龄正常儿童的发展差距。

功能性课程的教育教学目标是尽力使智障儿童能适应正常化的环境,逐步做到能独立地生活。这些功能课程涉及到的领域与正常儿童基本相同,即认知、语言、思维与解决问题、社会交往、就业劳动等方面的功能。功能性课程更适于年龄较大和中、重度智力障碍学生的教育。功能性课程的优点是特别注重儿童目前与未来适应社会、独立生活能力的培养,但如果没有儿童家长的积极参与,就不易确定针对儿童具体情况和生活环境的训练目标和巩固功能训练的结果。这是因为对普通人比较适用的技能对某些智障儿童来讲,在未来适应环境的过程中,也可能并不发挥任何作用。

生态课程是近些年来伴随融合教育的理念发展起来的一种特教模式,用于智力障碍儿童的教育教学,旨在动员全社会的力量来帮助智障儿童适应正常化的社会环境和提高独立生活能力。生态课程从生态综合评估开始,主张教师与儿童家长、儿童本人的共同参与和互动。如果有可能的话,一起共同选择个别化的教育教学的目标、内容和形式。生态课程分为家庭生活、学校生活、社会生活与职业生活四个部分。所有的教育教学不能只是在模拟的环境中进行,应尽量在自然的环境中完成。生态课程更注重特殊教育的社会效度,即所学到的东西尽可能最大限度地在儿童的现实和未来的生活中发挥作用。这种生态课程的优点是更适于中、重度儿童的教育教学,突出了个别化教育的思想,针对性和实用性高,但综合评估比较困难,需要特殊教育大环境的改变和各方面的配合。

这些智障儿童教育教学模式的提出和尝试,一方面反映了整个特殊教育理念不断从"缺陷补偿"模式向"潜能开发"模式的转变,另一方面也体现了个体发展与整体发展相结合的生存教育的哲学思想。在实际的应用过程中,更为有效的方法是以生态课程为主,整合功能课程和发展课程模式,从儿童发展、适应环境、独立生活的角度来设置智障儿童的教育教学的目标、内容和形式。

二、超常儿童的智力教育

自从1983年哈佛大学的心理学家加德纳提出了多元智能理论之后,人们突破了传统的智力概念,逐步地认识到人的智能是多元的,并不拘泥于单纯的智力测验的成绩。超常儿童一般都是资赋优异儿童,一般智力水平高于普通儿童。其智力教育的目标是以"优势学习"为导向,最大限度地发挥儿童的智力潜能,注重培养其创造能力,使其善于另辟途径,创造性地解决问题。但资赋优异儿童的群体本身也有不同的类型,是千差万别的。一种是以传统的逻辑—数学为主的信息加工能力突出的学业优异型,这类超常儿童的主要特点是学业优异,或者是门门功课成绩都很优秀,或者是偏向理科或文科;另一种是艺术型或体育型,具有某种艺术天赋,如音乐天赋(听觉—空间)、美术天赋(视觉—空间)、舞蹈天赋(肢体动觉)、组织管理天赋(人际交往和沟通能力)或某种体育技能,如跑步游泳等。

超常儿童的智力教育的基本原理是鼓励儿童建立符合自己学习兴趣的学习目标和主动地选择适合自己能力水平的内容,逐步形成符合儿童自己个性特征的认知风格和学习方法。基于多元智能理论的超常儿童的智力教育一般由三种不同类型的课程组成:一是以开发智能,尤其是创造能力为目的的课程;二是通过智能更多地学习某一领域的知识,这方面与高难度的学习关系密切;三是元智能或后设智能的(meta-intelligences)的培养,主要是帮助儿童提高内省智能,提高自我控制能力,提高学习动机,提高强化和运用知识的能力。超常教育应特别提倡自定标准进行自我教育,了解和弥补自己的不足并不断地修订自己的奋斗目标。

相关的研究表明,超常儿童的智力教育应该特别注意以下几方面的问题:一是特别爱护超常儿童的学习兴趣和探求欲,不要太关注测验和考试的成绩,特别要防止滋长虚荣心;二是培养持之以恒的钻研精神,但防止固执己见、骄傲和旁若无人;三是要保持适当的学习压力,但不要过多地加重学习负担和形成焦虑,做到劳逸结合,保持超常儿童良好的心态。总之,在超常儿童的智力教育中,同样要关心他们的非智力能力的培养。有关超常儿童追踪研究表明,一些超常儿童在今后是否能较好地发挥自己的才能,很大程度上是取决于他们的生活和工作环境以及非智力因素对他们自身发展的影响。

三、其他发展障碍儿童的智育

除了智力障碍和智力超常这两大类智力水平的儿童之外,其他类型的特殊儿童是指一些智力正常但可能有某方面发展障碍的儿童,如视力障碍、听力障碍、肢体障碍、精神障碍儿童。对他们的智力教育主要根据障碍的程度,最大限度地运用残留感官和多感觉通道相互补偿的原理,前者多适用于轻度障碍的低视力和有残余听力的儿童,后者适用于中重度的感官发展障碍。重度的感官残疾儿童如盲童和聋童等多运用视觉、听觉之外的其他感觉补偿的方法。例如,发展儿童的听力和触摸能力来做到"以耳代目",用触摸的盲文来取代视觉文字,用视觉的手语来发展聋人的语言。

(一) 盲童的智力教育

视觉是人类获得信息的主要器官,人类大约80%以上的信息是通过眼睛获得的,严重的视觉障碍者——盲童,在生活和学习过程中都有许多需要克服的困难。大量的相关研究也表明,尽管大部分盲童的智力水平能达到和接近正常水平,但与同龄的儿童相比,其认知能力、动作水平、社会交往能力等方面的发展还是相对滞后,尤其是很难理解过大和过小的事物。当然,盲童的发展水平与致盲的时期有密切的关系。一般来讲,5岁前失明的盲童因为缺乏对视觉表象的记忆,对后来认知发展影响更大,而5岁后失明的盲童还可以借助失明前保存的表象来进行日后的学习。有关盲童与明眼儿童概念形成和守恒发展水平的比较研究发现:盲童关于液体量和质量的守恒概念要比明眼儿童迟缓4年;长度、面积和距离守恒概念要迟缓3年;重量概念迟缓2年;数目守恒迟缓一年。研究同时也表明,这种迟缓可以通过其他感觉通道提供一些补偿,随着年龄的增长,使盲童逐步地用角色认知来代替功能认知。①

盲童的智力教育主要是通过训练来发展听觉、触觉、嗅觉、味觉和运动知觉的能力。大量的实践证明,一些训练有素的盲人在这些方面的认知水平都高于明眼人。例如,有的盲人具有惊人的语言记忆能力,能按照一次性的语言提示编写计算机程序,能根据语音记忆辨认几十年未曾相遇的熟人;盲童经过触觉训练能迅速辨认点字盲文。当然,盲人这些惊人的听觉和触觉能力的形成并不是先天性的,而是后天艰苦训练后形成的"用进废退"性的补偿。盲童的训练当然应尽可能在幼儿期开始,学前教育涉及认知发展、动作训练、生活教育和社会适应几个主要领域,通过家庭适应、学校适应和社会适应能力的训练来增加盲童的适应能力,为今后的学习打下基础。小学与中学学习阶段,除了一般的有关语文、数学、社会、自然、艺术等课程的学习之外,要针对盲人的需要增加定向行走、盲文等特殊课程的学习和训练。

(二)聋童智力教育

聋童智力教育的原理也是通过其他感知觉的补偿来促进智力的发展。聋童由于听力的严重损伤,不能接受声音和语音刺激,只能靠视觉、触觉、嗅觉、味觉和运动觉来认识世界,其中视觉起到主导作用。通过训练,他们能通过唇读(观看说话者的口形和脸部表情)来接受语言,通过手语和书面语言与人进行语言沟通。但由于听力损伤,在建立第一信号系统与第二信号系统的联系方面存在许多困难,更多地依赖直观的形象思维和动作思维,缺乏抽象思维能力。例如,有关聋生解决加减文字应用题的认知研究表明,作为一个听力障碍群体,小学3年级聋生在解决加减文字题时遇到更多困难和多重障碍,遇到的最大困难是由文字阅读障碍、表征策略不当、元认知能力不强等原因造成的不能对文字题提出正确的解题计划,但通过综合训练可以有效地提高聋生解决文字题的能力。②

(三)自闭症儿童的智力教育

自闭症(Autism),又称做孤独症,是一种谱系型的会对儿童产生严重不良影响的广泛性发育障碍。近几十年来,自闭症的研究受到特殊教育和儿童精神病等多学科的高度重视。我们也开始围绕测评鉴定、心理实验、干预和教育等三个方面的问题,从行为、认知、大脑机制和基因等不同的层面对自闭症进行了大量的研究。③

---

① Wan, M. M., & Tait, P.. The attainment of conservation by visually impaired children in Taiwan[J]. Journal of Visual Impairment & Blindness, 1987, 81(9): 409-428.
② 于素红. 聋生解决加减文字应用题的认知研究[D]. 华东师范大学博士论文, 2007: 6.
③ 周念丽. 自闭症幼儿的社会认知——理论、实验及干预的研究[M]. 上海:上海教育出版社, 2006: 5.

自闭症儿童可以按照智力水平分成高功能自闭症儿童和低功能自闭症儿童。尽管到目前为止，无论是国际疾病分类诊断系统第十版（ICD—10），还是精神疾病诊断手册（DSM—IV），都没有对高功能自闭症儿童提出明确的定义和诊断标准。但由于大多数自闭症儿童都伴随智力偏低现象，所以一般就把智商接近或高于同龄正常儿童的那一部分自闭症儿童称为高功能自闭症儿童。以美国卡耐基梅隆大学认知神经研究中心的柯斯洛（H. Koshino）等人的研究为例，把平均智商为韦氏100.1 的14 名自闭症人群定为高功能自闭症人群，但同样的智商在正常人群中属于中等智商。此外，高功能自闭症儿童的智商中，发展也不平衡，多半是操作水平高于语言水平。由此可见，对高功能自闭症儿童的研究有助于我们进一步了解自闭症和超常儿童的特征和信息加工过程。

对高功能自闭症的研究，也和对自闭症的研究以及对许多儿童的研究一样，多在行为、心理和神经生理三个不同的层面进行研究。在行为层面的研究上，比较统一的认识是，高功能自闭症也和自闭症谱系一样，在社会功能障碍、交流障碍和刻板行为这三个方面有比较明显的障碍。对高功能自闭症儿童的筛查、评估和鉴定基本上也是根据对上述行为的观察记录、资料分析为依据的，所不同的是，高功能自闭症的智商偏高，在某一方面，通常是数学或操作能力方面特别优异，发展很不平衡，不同认知水平之间的反差较大，"优势"和"缺陷"并存的现象更为明显，"孤岛现象"更为突出。

近年来，一些研究者在认知神经科学领域针对低功能自闭症开展了大量研究，试图进一步加深对自闭症本质的理解。在心理层面，尤其是认知特点的研究上，目前提出了大家比较熟悉的三个著名的理论：即心理理论（Theory of Mind）、执行功能障碍（Executive Dysfunction）和弱中央统合理论（Weak Central Coherence，WCC）来解释自闭症的行为。认知神经科学研究的新进展，即根据一些实验提出来的"脑神经联结异常"假说，能更好地解释自闭症人群，尤其是低功能自闭症人群缺乏社会信息整合的能力和偏好个体自发性的信息加工的现象。此外，低功能自闭症儿童的智育也可参考弱智儿童的方法进行。

总之，无论是对盲童和聋童这类有严重的发展障碍儿童的智力教育，还是对自闭症这类有广泛发展障碍的儿童的智力教育，既要考虑到发展障碍给他们的认知带来的实际困难，有针对性地通过其他感觉通道补偿的方法帮助他们克服这些困难，又要在补偿的基础上，发挥其独特的长处，使其逐步形成符合其实际情况的独特的认知风格。此外，要将智力教育和其他生活能力和学习能力的训练密切结合起来，从生活、学习和工作的不同领域，增强障碍者对社会的适应能力。

第3节 人工智能与电脑辅助教学

风云变幻的20 世纪给人们留下不同的回忆，也在人类发展史上打下了深深的烙印。人工智能、生命工程和空间尖端技术被认为是20 世纪的尖端科学，是科技发展的最高标志，是人类智慧的结晶。那么，人工智能的研究对特殊儿童的教与学提供了哪些启示呢？

一、人工智能发展的历程

（一）人工智能发展的三个阶段

我国明代的科学家宋应星将他有关实用科学的书题名为《天工开物》可谓哲理深厚。用现代人的眼光来看,这涉及两种不同的物质,一种是由"鬼斧神工"自然形成的自然物质,另一种是由人的智慧开发出来的"开物"。从简单的石器工具到内燃机、电动机都代替和节约了人的体力,只有电子计算机的出现才使人感到机器也可能代替和节约人的一部分智力。人工智能(Artificial Intelligence),作为探讨人脑和心智原理的尖端科学和前沿性的研究,半个多世纪以来,经历了艰难曲折的发展过程,大致上可以划分为三个发展阶段:

第一个阶段(20世纪40年代中期到50年代中期),这是以控制论、信息论和系统论作为理论基础,对人工智能开始探索的前期。1950年,英国数学家图灵(A. M. Turing)在《心智》杂志上发表标题为"计算的机器与智能"的论文,提出了机器可以思维的问题,直接推动了现代人工智能的发展。第二个阶段,从20世纪50年代中期到80年代末期,被称为经典符号时期。人工智能与认知心理学、认知科学开始了相依为命的发展历程。第三个阶段,从20世纪80年代末期到现在,被称为联结主义时期,其特点是采用分布处理(Paralled Distributed Processing)的方法通过人工神经网络来模拟人脑的智力活动。

(二) 人工智能研究面临的挑战

尽管计算机类比的确对我们探讨人脑的心智过程提供了不少的知识,但人脑的工作原理又的确与计算机有本质的区别。正如诺伊曼所指出的:计算机和人脑的工作原理非常不同,计算机是离散的,遵循布尔逻辑,按照预定的程序得出精确的可以重复的结果,人脑是非离散的,遵循复杂的,依赖历史文化经验来得出近似的不确定的结果。正如牛津大学著名的神经科学家格林菲尔德(S. Greenfield)在1994年出版的《人脑之谜》一书中指出:"我们的大脑就像一本数百万页的巨型著作,其中每一句都必须依赖其他的句子来确定自身的含义,也许我们终有一天能读完这本巨著,但永远也不可能完全理解它。"

目前,人工智能的发展面临来自于下列几方面的挑战:一是生态学的挑战,认为独立于生态环境的内部表征不能揭示人的认知本质。人类完成现实任务的过程不是一种逻辑的、理性的、按部就班的符号处理,使用的是启发式、表象、模糊的、近似的和不同策略的处理方式。二是社会学的挑战。社会学认为人工智能千方百计地避免了社会文化因素和历史经验以及情感对人类认知过程的影响。三是现象学的挑战和解释学的挑战。现象学认为,电脑没有考虑人类思维或认知过程中意识的作用。计算机,尤其是早期的物理符号加工模式不涉及意识的现象性、意向性和内省性等问题。此外,解释学认为人工智能多注重认知的实验性和实证性,但有待加强其理论概括和解释性。

面对来自生态学、社会学、现象学和解释学等方面的挑战,从20世纪90年代中叶以来,人工智能的发展趋势是日益关注影响认知的社会因素,从进化和发展的新视角和采用统一认知架构的方法来探讨认知的原理。

一是密切关注影响认知的社会因素,克服认知的个体主义,关注认知与知识获得的社会意义和作用,正如萨加德在1994年出版的《心智、社会与知识的增长》一书中所指出的:认知科学要力求解释科学家为什么时而获得新信念,时而放弃旧信念。鉴于科学家的个人境遇,可能涉及个人抱负和民族情感,也可能涉及社会联系和权威关系。二是选择进化和发展的新视角,强调认知科学应重视"学习"与发展问题。生物体需要预测未来,这种学习与预测能力是一种自然进化的产物。正如吉卜森在题为"人类进化的工具、语言和认知"的国际学术研讨会上所指出的:"人类的社会智力、工具的使用和语言都依赖脑量和相关的信息处理能力的增加。"三是统一认知架构。所谓认知构架(architectures in cognition)大致上是指建立在概念、方法和数据基础之上的组织性构架,近期关于认知架构讨论的一个重要方面是如何确认电脑的认知本质,例如,因特网就算是一个基本框架。人工智能需要把我们的目标从精确、没有错误但彼此孤立的系统变成有弹性的协作的系统。如果一味地扩展电脑的刚性模式是注定要失败的。

二、人工智能对教与学的启示

人工智能的基本原理是想从信息加工的角度来揭示人类从事智慧活动时必须具备的各种认知资源,揭示思维的本质。无论是符号加工范式,还是联结主义范式都建立在计算机隐喻(Computer metaphor)或计算机模拟(Computer simulation)原理的基础之上。两种范式都认为,神经元的"全与无"的激活机制和电脑的二进制的"0"与"1"的装置,使得人工智能的研究者和认知心理学家认为,可以用计算机编程这一物理符号处理过程来模拟人脑内部的心智活动过程。

所谓计算机隐喻和人-机类比始终是支配人工智能和认知心理学的强有力的隐喻。其实,在人类自身的研究中,由于我们对人脑还没有充分的了解,人们总是想使用最新的技术来构造一种理解人脑的模式,不同的隐喻和类比可以说是一种历史悠久的传统并随着科技的进步而改变。例如,身心二元论的代表笛卡儿认为,人的心智类似复杂时钟内的幽灵;弗洛伊德把人的力比多比成蒸汽机内的蒸汽;英国生物学家谢灵顿把脑的运转看成是一个电报系统;苏联生理学家巴普洛夫把人的大脑比成是电话交换机。正是由于硬件和软件的分离性,导致一种最简单和直接的比喻:认为人的大脑相当于计算机的硬件(体),人的智慧相当于计算机的软件(体)。有人认为,上述类比,可能是目前最好的理解心脑关系的隐喻。

在人工智能的早期,人们往往将人工智能与人类的智能作为两个分离的领域来对待。例如,明斯基给人工智能下的定义是:"人工智能就是让机器完成人类需要使用智能才能完成工作任务的一门科学。"但随着认知科学的发展,人们更倾向于把人工智能和人的智能统一起来进行探讨。例如,渥维克新近给人工智能下的定义是:"人工智能不是对计算机进行研究,而是对思维和行为所体现的智能进行研究。计算机通常是智能的工具,因为智能理论一般要通过计算机程序表达出来,使计算机能够做那些人类需要使用智能才能做的事情"。

人们从两种不同的角度来比较和看待人脑和电脑信息加工的特点:一种是"机器中心论",另一种是"人类中心论"。站在"机器中心论"的角度,认为电脑的工作是符合逻辑的、理性的、精确的、有序的、不受干扰的,而人脑的工作是模糊的、不确定的、易受干扰的、情绪化的。但站在"人类中心论"的角度,机器是愚蠢的、死板的、变化迟钝的、缺乏创造和想象力的,而人脑是灵活机动的、足智多谋、充满激情和想象力的。

半个世纪以来人工智能和认知科学的研究不仅使我们比较深刻地了解了人类智能的本质,也给人类的教育与学习留下了深刻的启示,提出了一系列值得我们深思的问题。

(一)进化与个体发展

无论人工智能的发展会达到多高的水平,它的载体是纯粹的物理元件构成的机器,而人的智能的生理基础是人类作为生物体在长期的进化历程中形成的大脑神经活动。人的发展,是种系进化和个体发展的结合。换言之,生物的遗传和后天的学习的结合是人类发展的必由之路。人工智能研究中对硬件（体）和软件（体）的区分，软件必须在一定的硬件内发挥作用的原理，给我们留下的启示是，遗传是基础，一切教育和学习不能离开、也不可能离开遗传素质来进行。就如同一个内存有限的、操作速度和兼容能力都受到限制的计算机不能接受高级的软件，我们也同样没有办法让智力中、重度障碍的儿童接受他所不能承担的学习任务。因材施教的个别化教育首先应该对受教育者的先天素质和遗传基础有一个客观的判断。但是，一架内存很大、操作速度和兼容能力都很强的计算机，如果没有好的软件的驱动，同样不能形成两者之间的互动，发挥例如进行统计、语言翻译等复杂功能，就如同一个遗传素质很好的人，如果没有条件受到好的教育也不可能成为杰出的人才。由此可见，人工智能为我们理解长期以来困扰教育哲学的遗传与教育、先天与后天学习之间关系提供了帮助。

（二）信息、知识、智力的功能

人工智能认为，无论是物理符号加工，还是神经元的加权式的联接，都是一种信息处理与加工过程。从信息论、系统论和控制论的观点来看，正是人的遗传信息与后天获得信息的相互作用，维持了人作为一个物质实体、生命活体和社会成员在内外环境、微观和宏观环境中的积极的稳态与平衡。作为很难归结成为物质或能量的信息，它依赖一定的物质和能量进行传输，其功能是实现系统的控制和维持机体的发展。一台没有任何信息输入的计算机是一架死的计算机，大量有关感觉剥夺的心理实验的结果也告诉我们，绝对切断了外来信息的有机体，不仅不能发挥智力的功能，还会使有机体的生命受到威胁。

人工智能的研究提醒我们，从信息的角度来看，知识和经验都是编辑好了的程序，也是某种操作的指令。没有知识，无论是现实生活中的知识，还是书本上的知识，等于计算机没有输入任何程序，就像一根没有电流通过的电线，没有水流通过的水管。无怪乎获得知识、理解知识、掌握和运用知识向来是人类学习的主要任务。正如符号只有编程后才能成为指令，零散的知识也必须在一定的知识结构中才能发挥知识的作用。静态的知识如何通过理解、保存、提取、组合、更新等不同的途径来转化成动态的能力，是我们学校教育中亟待解决的问题。生命体，不以知识为基础的能力是本能，而与其他的动物相比，人不需要通过学习而获得的本能是极为有限的，学习和获得知识成为人类一种永恒的活动。人类应该自觉地在学习活动中获得知识、增长能力，不断地充实自己、完善自己，服务于社会。

（三）智慧的标志：主动地适应环境和高效地解决问题

人们对智力的本质有不同的理解，许多心理学家、教育学家都对智力的定义作了不同的界定，但通过人工智能的研究，尤其是注重生态学的人工智能的研究，比较能形成共识的观点认为，智力是一种通过信息加工来解决问题的能力，而解决问题又是为了主动地适应和改造人类赖以生存的自然环境和社会环境。对问题空间的审视，对问题性质的判断，对解决问题的途径的选择，对问题解决效果的预测，对解决问题的条件与代价的估计，应该说是衡量解决问题者智力的主要标志。我们目前所用的一切智力测验和评估离上述标准还相差甚远，显得比较单薄和无能为力。我们的教育之所以不能采取填鸭式，不能培养充满着静态知识的大百科全书，是因为不断变化的内外环境需要学生有能力及时地有效地解决层出不穷的问题，其中，重要的一点是能把学习到的知识在自己的脑子里重新组合和编程，要解决层出不穷的问题，只靠从老师那里拷贝过来的几个有效的软件来是无济于事的。"学富五车，胸无一策"的知识分子只相当于孤立于计算机的内存器，尽管信息容量很大但由于不能重新组合和编程,并不会产生解决复杂问题的实际效能。

(四)问题结构与解决方法

人类在自身发展的过程中,面临着无数的问题。有自然的、社会的,有宏观的、有微观的,有物质的、有精神的。但从问题的结构来看,大致上可以划分为良性结构的问题和非良性结构的问题。前者的问题空间比较清晰,多半可用形式逻辑推理的强方法来解决,后者问题空间比较模糊,没有标准的答案,多采用灵活机动的弱方法来解决。人工智能的发展显示,对解决良性结构问题,计算机能显示出明显的优势,人类的认知能力则更能有效地解决非良性结构的问题。我们的教育应该使受教育者既能运用逻辑推理解决一些良性结构的问题,又能学会用灵活的弱方法来解决大量的非良性结构问题。在日常教学中,过分地强调形式训练,形式逻辑,忽略了辩证思维和创造性的思维,重理轻文,忽略了人的激情和执著在解决困难问题时所起的作用,这些都是值得矫正的倾向。

(五)科技以人为本:人既不是机器,也不是工具

科技以人为本,教育以人为本,这是人们所熟悉的口号,但要把它真正地落实到日常的教育活动中,并非易事。只要我们简单地回顾近百年来世界范围内的几次全球性的教育改革,就不难看到实现这些理念的艰巨性。

例如,20世纪20—40年代,最响亮的口号是教育为政治服务,尽管不同的意识形态,不同的国情,对政治的理解并不一样,但把维护国家、民族的利益作为教育的主要目标基本是异曲同工;20世纪初中叶提出的口号是教育要为发展经济服务,大力提倡职业技术教育、生活教育就是这种理念的具体表现。不言而喻,上述考虑都是必要的,但人的本身发展都被放到一个不重要的被忽略的位置。在这种教育理念的支配下,部分人就异化成为某种军事的工具、生产的工具、管理的工具以及集团功利的牺牲品。只是到20世纪末,才提出教育以人为本。如果我们的教育更多地维护和培育人类本身的尊严,人的独立思维和判断力,人的创新意识,人的自我约束能力,人的高尚情操、人类相互理解和宽容,我们共同生活的这个星球会变得更加可爱。我们的内心会充满着善良和睿智,更加显示出人类作为万物之灵的骄傲与自豪。

(六)良好的教育是提高人格水平,达到知情意的统一

我们欣喜地看到,人工智能的发展使得人类不但可以利用机器来代替体力劳动,还能用编程的机器来代替人的一部分脑力劳动,人工智能的研究者从计算机运作的过程中看到了自身的智慧。但是,电脑并不是人脑,它没有意识,没有情感,不懂得骄傲,也没有自身的苦恼,就如同一架飞机安全地完成了某项飞行任务后停在飞机场既不会沾沾自喜,也不会怨天忧人。但相比之下,人类作为生命活体和社会成员的内心活动就不是简单的程序所能表达得清楚的。大量有关心理咨询的案例告诉我们,越是智能高的人,越是敏感,内心的稳定程度越差。人类所犯的许多错误电脑都不会犯。所以,它唯一可能犯的错误只是由于编程不当或程序被破坏而导致的不知而犯,而人类更多的错误是由于先天不足,后天失调等环境诱导和欲望失控而造成的明知故犯。因此,在人的教育中,应强调认知、情感和意志的统一,以人格水平为基础的自我调控就显得特别重要。从人工智能的角度来看,唯智力论、蔑视情感论、轻道德论都是人类教育应该避免的误区。

三、智能计算机辅助教学的哲学思考

智能计算机辅助教学(Intelligent Computer-Assisted Instruction,ICAI)是人工智能与计算机辅助教学的结合,由提供传授知识的问题求解专家知识模块、反映学生掌握知识水平的学生模块和确定如何提供教学内容的教学策略模块三个主要模块组成。随着计算机网络的发展,ICAI 现已成为特殊教育中常用的教与学的手段。从教与学的角度来看,智能计算机辅助教学不仅保留了传统的计算机辅助教学的优点,如能利用多种信息传输渠道,生动地呈现学习内容,协助教师传输和巩固教学,使学生增加学习兴趣,调整学习速度,还能弥补计算机辅助教学的某些缺陷,例如,通过人机对话,不仅是让学习者从反馈中得知自己掌握学习材料的真实水平,还能在一定程度上提示学习者进一步思考。也正是因为智能计算机辅助教学能用模块形式提供用户接口,教材知识、学习策略和模型,既能充分体现个别化的教育思想,又能通过多渠道提供信息而实现某些障碍补偿,所以 ICAI 已在现代特殊教育中得到广泛应用。相关的研究表明,智能计算机辅助教学在自闭症儿童沟通教学、提高智障生阅读能力、实现自我学习理论、提高学障生数学学习能力等方面都取得了一定的效果。[①]

记忆在学习的过程中占有重要的位置。认知心理学有关记忆结构的理论认为,人的记忆可以按信息保留时间的长短划分为瞬时记忆、短时记忆和长时记忆三种。其中短时记忆犹如一个记忆加工的工作平台,也被称为工作记忆。有关智力障碍儿童记忆能力的相关研究多认为,相比而言,智障儿童的短时记忆能力特别差。例如,普通儿童短时记忆的容量一般是 7~9 个组块,而智障儿童的短时记忆的容量只有 3~7 个组块。短时记忆能力不足,造成瞬时记忆获得的信息得不到有效的加工,更难以进入长时记忆系统。因此,有的研究人员利用 ICAI 帮助智力障碍儿童提高记忆能力,研究结果表明,利用 ICAI,经过两周记忆训练的学生,在视觉记忆能力和专注行为两个方面都有明显的进步。研究人员认为,ICAI 能帮助智力障碍儿童提高记忆能力,如果在 ICAI 中增加学习策略的训练和个别化教学的内容,效果可能会更好。[②]

现代特殊教育是高科技与人文精神的结合,利用智能计算机辅助教学无疑是特殊教育发展的方向,并已取得了一定的成就,但也存在一些亟待解决的问题。如何解决这些问题,直接关系到智能计算机辅助教学在特殊教育领域的应用前景。我认为,特殊教育中智能计算机辅助教学的发展方向是:

一是改进计算机的硬件,包括输入键盘和输出方法都必须根据不同类型残疾儿童的具体条件进行进一步的改进和调整,增加可操作性,尽量减少残疾儿童的疲劳感。提高盲童的语音操作和聋童视频提示的可行性和准确性,为肢体残疾儿童设置符合他们需要的输入和输出方式。例如,美国加利福尼亚的电脑专家就在著名的当代物理学家霍金(Stephen Hawking)的电动轮椅上安装了特制的语音合成器,使他能通过手上的开关或头部眼睛的微小动作来控制和选择词汇,并通过语音合成器用"语言"表达他的思想。

[①] 王华沛."特殊教育科技"之研究与应用[C].身心障碍教育研讨会论文集.1998:35.
[②] 潘裕丰,林文滨.电脑辅助视觉记忆教学、记忆策略对中度智能障碍学生短时记忆训练成效之影响[C],1997 年海峡两岸特殊教育学术研讨会论文集.1997:15.

二是通过计算机科学、特教专业人员、医疗康复人员等多方专家的合作,研制能体现现代教学理念、反映现代教学内容、符合不同类型有特殊需要儿童学习能力的计算机辅助教学软件,这将是一项非常艰巨的任务,它将直接关系到智能计算机辅助教学的效能。

三是要定期地对现在从事特殊教育的专业人员进行计算机辅助教学和多媒体教学有关知识和技能的培训,使他们能熟练、灵活和结合教学内容有创意地在实际的教学、教育过程中使用计算机辅助教学和多媒体教学。

四是不断地改善和更新学校的教学条件,包括视听设备、多媒体教育的设备。通过计算机网络系统,加强管理,尽量做到教学资源共享,避免各搞一套的重复建设。

五是无论计算机辅助教学发展到什么程度,它永远是一种辅助教学的手段,不能指望计算机辅助教学能完全代替教师的教育、教学。如同前面所说的,机器终归是机器,机器无法完全取代人,辅助只是辅助,不能取代人的教育和教学。

 本章小结

智慧和智力是当代教育学、心理学和社会学中使用频率很高的概念。如前所述,哲学的智慧代表了一种很高的智慧,是指高层领悟的良知,而一般的智力主要是指信息加工的能力,创造性地解决问题的能力,适应和改造环境的能力。

在智慧和智力发展的研究过程中,相继提出了皮尔曼的二因素理论、瑟斯顿多因素理论、卡特尔的双维结构多因理论、斯滕伯格的智力三元理论、加德纳的多元智能理论、戴斯的PASS智能理论以及高尔曼的情绪智力理论等不同的智力理论来解释智力的结构和功能。在这些理论的基础上,编制的各种智力测量量表则把智力的描述性研究、哲理性研究推向定量化的研究水平。

特殊教育的实践表明,智力理论和测量量表对评估特殊儿童的智力发展水平的确会起到一定的作用,但也存在许多问题,如量表的文化背景、医学倾向等等。如何结合本土文化制定和不断修订标准化量表和开展综合研究是特殊教育中必须解决的问题。另外,智力与知识的关系的相关研究表明,智力也是一种获得知识、理解知识和运用知识的能力,是一种广泛的学习能力。

对不同类型的特殊儿童,应该有不同的智育原理、目标和教育方法。例如,超常儿童的智力教育主要是鼓励他们形成自己的认知风格和学习方法,培养研究精神,注重人格教育;对智力障碍儿童的智力教育则要帮助他们树立学习的信心,运用生态课程,运用小步子多循环的教学方法和注重实际操作;盲童和聋童这类有感官障碍的儿童要帮助他们通过其他的感觉通道来获得信息和提高信息的深层加工能力;对自闭症和其他不同类型的学习困难儿童的智力教育都要从实际出发,根据他们的认知特点,进行缺陷补偿和潜能开发相结合的智力教育。此外,如何在特殊儿童的智力教育中利用智能计算机辅助教学也是一个值得研究的方向。

思考与练习

1. 如何理解智育是"智慧生物的摇篮"?
2. 智力概念的争论和形成不同的智力观的实质是什么?
3. 论述智力、能力和人格之间的关系。
4. 简述学科教学在促进特殊儿童智能发展中的作用。
5. 人工智能对特殊儿童的教与学提供了哪些启示?

> 语言很耐人寻味,尽管每个人懂得并使用一种特定的语言,但很少有人意识到自己懂得的是什么。自我意识到无意识中掌握的内容,会给人带来无比的兴奋。[1]
>
> G. A. 米勒

第 12 章 特殊儿童语言教育的哲学思考

学习目标

- 了解现代哲学"语言转向"的时代背景。
- 探讨语言的信息本质和语言与思维的关系。
- 探讨促进盲人、聋人、自闭症儿童语言发展的原理。
- 了解从多学科的角度探讨特殊儿童语言问题的意义和方法。

语言是人类传递信息、交流思想和表达情感的符号系统。语言之所以作为教育的重要内容,是因为人们要通过掌握语言来学习纯语言之外的学科知识。对于大多数儿童来说,只要成人能给他们提供较好的语言学习环境,他们的语言,尤其是口语都能够获得正常的发展。但是,对一些因不同的原因而导致语言、言语发展障碍的儿童来讲,情况就大不一样了。语言障碍不仅会大大降低儿童生活质量、学习成就,还会影响他们心理的健康发展。因此,对语言障碍儿童的早期发现并实施有效的干预就显得非常重要。

一般来讲,有发展障碍的特殊儿童多存在不同性质、不同程度的语言问题。因此,语言的获得和发展也成为教育和训练有特殊教育需要儿童的重要内容。例如,盲童由于视觉障碍,在阅读方面存在明显的语言问题,要通过触摸点字文字和听觉输入等方法来弥补视觉障碍给语言学习带来的诸多不便;聋童要通过唇读、手语和体态语言来进行现场的对话;弱智儿童要通过多途径的感性刺激来帮助他们理解概念,理解语言结构和不同层次的表征;自闭症儿童要通过有效的早期干预来发展他们因广泛发展障碍所带来的特殊的语言问题。本章将对现代语言研究的概况做一简单的回顾,在此基础上针对不同类型特殊儿童的语言发展和教育问题进行一些哲学性的思考。

第 1 节 不同学科对语言问题的研究

因为语言与思维、意识的关系非常密切,语言的获得和发展既是人类的骄傲,又是最困难的研究课题之一。正因为这样,大凡与人有关的学科无不对语言的问题表示出极大的兴趣,各自从不同的角度探讨语言的起源、语言的本质、语言的功能、语言的学习和语言认知的

---

[1] G. A. Miller. The science of words[N]. New York: Scientific American, 1991: 2.

神经机制。人工语言,尤其是计算机语言的出现,更是为语言的研究开创了新的局面。

一、语言问题的哲学研究

从古希腊到现代,许多哲学家在有关本体论、认识论的讨论中都不同程度地涉及了对人类语言的起源、语言的本质、语言的功能等问题的探讨。柏拉图从理念论的观点出发,认为语言也和观念一样,是人类具有的与动物之间有着根本区别的天赋能力。他也充分认识到语言本身的复杂性:一方面他认为,人类文明本身就意味着广泛的思想交流与对话,"思想和言语是同一的,只是一种情况下例外,那就是,所谓思想此时是灵魂与其自身的无语交谈"。另一方面,他也指出了语言的不确定性,批评智术师利用玩弄词汇,设计歧义,偷换概念等方式来颠倒逻辑,混淆是非。霍布斯似乎对语言的功能形成了一些负面印象,意识到日常语言的不完善性。在他看来:"语词是智者讨价还价的筹码,是蠢人乱花乱扔的纸币。"他认为人们以为是正确观点和错误观点的分歧,其实往往是话语有意义和无意义之间的区别,像"无限"这类词本身就是荒唐的,"它并不指任何东西,只是那些上了当的哲学家,以及上了当的或打算让人上当的教书匠才让这种语言显得煞有其事。"[①] 持同样观点的还有培根和洛克。培根认为:"错误用语和不当用语对心智会造成奇特的阻碍。饱学之士往往借助定义来说明和加以防范,但仍不能完全消除这种阻碍——词语照旧表现出对理解的强制力量,造成一团混淆,把人类抛进无数空洞的纷争与悖理。"洛克也和柏拉图一样,一方面认为人若不能利用语言来进行思想交流,就不可能享受到"社会带来的安慰和益处",另一方面也指出:"含糊的话语,无意义的语言形式,语言的滥用,这些东西长久以来习焉不察,视为科学中神秘莫测的部分;那些艰难晦涩的用语和错置的语词没多少意义甚至毫无意义,我们要定下规矩,不可让它们堂而皇之地冒充学识渊博和见解高深。"[②] 因此,为了保持语言的纯洁性和准确性,笛卡儿建议将数学语言引入科学研究,傅立叶也高度赞扬了这种数学语言,"笛卡儿首先把分析方程引入研究曲线和平面,这些方程也使用于研究一般现象。不可能另有一种语言来得更加普遍,更加简明,更加免于错误和含混,这是说,更加适合于用来表达自然事物的不变关系"[③]。

哲学家是何等期望语言能在物理符号和心理符号之间建立完全对应的关系,避免语言交流过程中出现的许多错误。大多数哲学家还是相信,所有的语言都有共同的基础。在人类语言的来源的探讨中,卢梭曾设想,人类的语言起源于遇到威胁时本能的呼喊和共同活动的必不可少的言语协调,当然,其中也夹杂着比比划划的手势语言和肢体语言。进化论的创始者达尔文也同样认为人类的有声言语很可能是源于对各种声音,包括对其他动物的声音和人类自己发音的模仿和改变。但达尔文强调:"人类和较低等动物的唯一区别在于人具有一种几乎无限的能力,可以把形形色色互不相干的声音和观念连续在一起。"从现代的眼光看来,达尔文所指的"几乎无限的能力",就是后来乔姆斯基所说的语言生成能力,这种能力是漫长的种系进化和个体后天学习相互作用的结果。

---

① Britannica. 西方大观念[M]. 北京:华夏出版社,2008:734.
② Britannica. 西方大观念[M]. 北京:华夏出版社,2008:735.
③ 同上。

马克思和恩格斯非常关注人类语言的问题,他们明确地指出语言的实践性和社会功能:"语言是一种实践的,既为别人存在并仅仅因此也为我自己存在的,现实的意义。"[①]人类通过语言,进行思想交流和沟通。协调活动和传递文化使精神文化成为人类共同的财富。正因为语言在人类社会中的重要作用,在哲学的长期发展过程中,也形成了一门哲学的分支,即专门以语言为分析和研究对象的语言哲学(philosophy of language 或 linguistic philosophy)。它着重从哲学的角度研究语言的本质、结构,语言与思维的关系以及语言的表征和意义等一系列问题。韩秋红等在《西方哲学的现代转向》一书中指出,从古希腊到现代西方哲学,经历了三个发展阶段(古希腊的本体论阶段、近代认识论阶段和现代语言哲学阶段)和两大转向(即本体论向认识论的转向和从认识论到语言哲学的转向)。他们认为:"在一定意义上可以说,20 世纪西方的哲学是语言哲学的天下"。[②] 例如,分析哲学认为破解形而上学的语言分析是哲学研究的根本途径并认为"哲学的迷误源于语言的误解和误用,语言的净化和澄明则能达到哲学的安宁"(维特根斯坦)。现象学派关心人的存在,从存在与语言关系的角度强调语言的形成,提倡本体论的语言观。如海德格尔认为"存在是语言的家",人是通过语言来理解存在的。现代西方哲学对语言的重视情况就像利科在《弗洛伊德和哲学》一书中所说的那样:"当今各科哲学研究都涉及一个共同的领域,这个研究领域就是语言。"

此外,人工语言学派(artificial language school),作为分析哲学的一个学派,认为自然语言的表层结构掩盖了语言深层的逻辑结构,造成许多的歧义和误导,哲学的任务应该分析语言深层的逻辑结构,并用人工符号语言加以表达。哲学应为人工语言建立语形、语义、语用三方面的理论,以科学知识作为分析对象。

总之,现代哲学的"语言转向",有其深刻的时代背景,至少说明人们在物质生活达到一定程度的时候,对历史文化的重视,对人类用来表达思维和交流思想的特有的符号系统语言的深度思考,希望通过语言的分析来进一步说明"思维与存在的关系问题"。对教育来说,语言是教育过程中用来传授知识的工具,也是教育的重要内容,显得更为重要。

二、心理语言学的研究

20 世纪中叶,在欧美兴起一门心理学、语言学和脑科学的交叉学科——心理语言学(psycholinguistics)。由于其目的是专门研究个体使用语言时的心理活动,也被称为语言心理学(linguistic psychology)。心理语言学的研究内容主要涉及下列五个方面的问题:一是人们如何在知觉、记忆的基础上理解语言;二是如何通过说或写(或手势和体态等)的途径表达思想,产生语言;三是个体如何获得语言和学习语言;四是语言与思维之间的关系;五是言语活动和言语障碍的神经基础。概括起来说,心理语言学希望从语言行为、语言心理、言语活动的大脑神经活动基础、人类语言与人工语言的比较等不同角度来探讨语言问题。

作为认知心理学的一门分支,最早对心理语言学产生重大影响的主要是行为主义的刺激—反应理论、巴甫洛夫的条件反射理论,主张用强化训练的方法来学习语言。20 世纪 70 年代后,乔姆斯基(N. Chomsky)的语言生成学说对心理语言学的发展产生了深刻的影响。

---

① 马克思和恩格全集[M].北京:人民出版社,1965(3):34.
② 韩秋红,庞立生,王艳华.西方哲学的现代转向[M].长春:吉林人民出版社,2007:6.

这一学说继承了柏拉图的理念观,其基本思想可以归纳为以下三点:① 人类具有某种先天的对语言符号进行加工的内在机制和能力,在一定的条件下,这种内在的机制被激活就能获得语言,不能仅用强化来解释语言的获得。② 语言是一个可以产生无数的符合一定的语法规则的句子的生成系统,同样的事实或思想可以用任何一种语言来表达。③ 从句子的层次结构来看,可分为表层结构和深层结构。表层结构是指表达某种事实或思想的句子形式,如字词、语法及短语的组织,对句子的表层结构可进行语法分析。深层结构是与句子所表达的内容相对应的抽象表征,它以概念、命题的形式在长期记忆中保存。表层结构和深层结构的相互转换是不同语种之间和同一语种内部语言产生的基础。不难看出,乔姆斯基的生成转换理论不仅提出了一些值得人们深思的语言问题,而且为理解语言的获得和学习的过程起到了一定的指导作用。

进入 90 年代以后,心理语言学又从信息加工的角度,采用计算机模拟和认知神经科学的研究方法来探讨语言的获得,尤其是双语学习的内部心理过程和神经机制。这些研究一是明确指出不同的双语获得途径可能产生不同的学习效果和语用能力;二是提出了内部语言的理论和两种语言信息加工的模式;三是特别强调语言与认知发展的关系以及语言认知策略;四是从大脑神经活动上来探讨语言获得的神经机制。

三、语言学的研究

从语言学的角度来看,语言是人类通过结构化的音、形、义的结合,或佐以一定的姿势、体态来交流思想的符号系统。语言学的研究着重探讨语音、语形、语义、语法、语用、语言结构、语言神经基础等相关问题,并形成了语音学、语形学、语用学和神经语言学等分支。

语音学(phonetics)从构成语言声音材料的角度来研究言语过程中语音的成分、声音的结构的变化规律。语音学大致上形成了三个主要的分支,即发音语音学、声学语音学和听觉语音学。发音语音学探讨发音器官的组织、功用及发音过程的运用;声学语音学研究语音的物理属性,如语音传递时的频率和振幅;听觉语音学研究听觉和语音感知。语音学的研究多采用实验语音学或物理心理学的实验方法,用一定的仪器设备来进行定量和定性的研究。

语形学(syntactic)也称句法学,是符号学的一个分支,着重探讨语言符号之间的组合方式和形式关系。按照卡尔纳普在《语言的逻辑句法》一书中的说法,语形学和逻辑句法是同义的。逻辑句法的研究既不涉及符号的意义,也不涉及表达式的意义,仅涉及组成表达式的那些符号的种类和顺序。在逻辑句法这种形式理论中,卡尔纳普提出了两种基本规则,即形成规则和变形规则。形成规则用来规定什么样的语句是适当语句,变形规则用来规定那些经过形成规则鉴定的适当语句可以进行哪些演绎和变形。实际上,变形规则本身就是一些由句法词汇表述的逻辑演绎规则。

语用学(pragmatics)研究人们如何在特定的语境中了解语义、运用语言进行交际。语用学有广义和狭义之分,前者是在一个比较广泛的背景下来研究语境对语言所产生的影响,如言语交流的时间、地点、话题,谈话者之间的关系和知识背景等。狭义语用学则是在一个相对比较小的背景下来研究语境对语言所产生的影响,涉及的多半是句子的语法成分、语气、语调等因素。

神经语言学(neurolinguistics)是神经心理学的一个新的分支,着重探讨言语过程的神经机制和大脑的语言中枢。例如,神经语言学的研究认为,位于主侧大脑半球额下回后部靠近岛脑处,即 Brodmenn 的第 44、45 区是负责语言整合与语言表达的语言中枢,即布罗卡区(Brock's area),此区受损会导致运动性失语症或称表达性失语症;位于主侧大脑半球颞上回中央,即 Brodmenn 的第 41、42 区及附近的 22 区的一部分是负责语言理解和单个词汇加工的语言中枢,即威尔尼克区(Wernicke's area),此区受损会导致感觉性失语症或称听觉感受性失语症。如病变损伤到额上回后部和顶叶角回,包括 Brodmenn 的第 37、39 区及附近的 21、22 区,则可能出现视觉感受性失语症,其明显的特征是对书写词不能理解和只能指认但说不出名称的命名性失语症。这些有关神经语言学的研究对了解不同类型语言障碍儿童的症状是非常有用的。例如,最近几年有关自闭症儿童语言学习的大脑功能成像的实验研究揭示,虽然自闭症组被试和正常儿童组受试在理解句子时,布罗卡区和威尔尼克区两大语言区都产生了激活,但自闭症组在布罗卡区的激活显著少于正常组,而在威尔尼克区的激活又显著多于正常组。从而有力地说明了一些自闭症个体具有异常丰富的词汇量或卓越的单词加工能力,却无法理解复杂句子意义的现象。

此外,一系列跨文化的言语学的比较研究结果表明,人类语言的确有一个通用的集合规则,不同民族儿童获得母语的过程有很高的一致性。例如,大多数婴幼儿在 9—12 个月便可以说出第一个词,在随后的 6—8 个月,以比较缓慢的速度学会了 50 个左右字词并以名词、动词为主。但是,从 2—9 岁,平均每天以 7~9 个字词的速度快速地掌握了自己的母语的口语。①

四、语言障碍的研究

在多学科的基础上,特殊儿童语言障碍主要开展了三方面的研究:一是区分了语言和言语的概念;二是探讨了语言障碍的成因;三是针对不同性质、不同类型的语言障碍的干预和教育的原理和方法进行了深入的探讨。

在普通人心目中语言和言语是一回事情,但语言心理学和特殊教育都认为言语和语言是两个既相关又区别的概念。戴维·克里斯特尔认为"语言(language)是社会群体言说或书写行为背后的抽象系统,或个人掌握的关于这个系统的知识;而言语(speech)则是指说话人在实际情景中说出的具体话段。"②彭聃龄等人说得更通俗:"语言是一种社会现象,是人们利用它来互相交际、交流思想,达到互相了解的一种工具或手段。而言语是个体利用语言进行交际的活动、过程。"③鉴于上述区别,语言障碍(language disorders)(又称"语言残疾"(language handicapped)、"语言缺陷"(language disabilities)和言语障碍(又称"言语缺陷"(speech defect)或"言语失调"(speech disorder)之间也有许多相同与不同之处。语言障碍是指"人在听、说、读、写或做手势诸方面的任何一种系统性的缺陷,这种缺陷妨碍了他们与同类的交流"。言语障碍指个体言语交流时遇到的障碍,如"失语症或口吃"等。由此可见,言语障碍是涉及听力、构音、语畅、嗓音等较表层的障碍,而语言障碍涉及语言心理、社会沟通

---

① Spencer A. Rathus. Psychology. Holt, Rinehart and Winston, 1990. 267.
② 戴维·克里斯特尔. 现代语言学辞典[M]. 沈家煊,译. 北京:商务印书馆,2000:197.
③ 彭聃龄主编. 语言心理学[M]. 北京:北京师范大学出版社,1991:3.

等更深层次的障碍。特殊教育一般使用二分法来区分不同的语言障碍和言语障碍,如器质性/功能性、运动/感觉、产生性/接受性、编码/解码、执行/评议等。事实上,无论言语障碍,还是语言障碍多是交叉重叠的,只能是大致地区分为:① 发音障碍、流畅性障碍、声音障碍;② 发展性语言障碍与获得性语言障碍;③ 原发性语言障碍与继发性语言障碍;④ 表达性语言障碍、接受性语言障碍和混合性语言障碍;⑤ 器质性语言障碍和功能性语言障碍;⑥ 说话声音异常与语言发展异常;⑦ 其他原因或疾病引起的语言障碍。

导致不同类型的儿童言语语言障碍的原因非常复杂,既有生理因素、心理因素,也有智力因素、环境因素和遗传因素。另外,还有一些目前我们尚无法证实和还不完全了解的其他一些因素。

生理因素,也有人称其为"器质因素"。据统计,在言语语言障碍的发病人群中,有40%以上是因生理缺陷所致。例如,听觉器官受损导致全面的言语语言障碍,视觉器官损伤导致的视觉性失读症,发音器官发育不完全或构造异常导致的构音障碍,发音器官受损导致的发音障碍,嗓音病变导致的音质反常、鼻音过重,大脑损伤导致的失语、失写,中枢神经系统损伤导致的运动性失语等。这些都是因生理或神经系统损伤而造成的言语语言障碍。对于这类障碍,医学治疗往往能起到积极的作用。但实际上,利用现有的医学诊断并不能找出或明确地解释所有言语语言障碍发生的原因,因而还需结合可能影响语言障碍的心理因素和环境因素进行综合评估与分析。

心理因素也是造成言语语言障碍的主要原因之一。如患有抗拒症、孤独症、口吃等疾病的儿童,绝大部分都会因心理的障碍,引起交流中的情绪困扰,或因自卑而过度紧张,结果导致更严重的交流障碍。研究发现,性格内向、害羞、退缩的儿童比起性格外向、好问好动的儿童,语言的发展要差。

语言环境的优劣也直接影响儿童的语言获得与发展。有些研究表明,寄养机构中的儿童语言发展的总体水平低于生活在家庭中的儿童;那些对孩子的口吃过于关注并常常斥责或纠正孩子口吃的家庭,孩子的口吃发展愈加严重;有时同一家庭内部使用的语言系统过于复杂,或在儿童语言发展期内频繁更换儿童学语的环境,也同样影响语言的正常形成。

近些年有许多家谱和双胎的研究进一步证实遗传因素对语言障碍的影响。例如,研究发现,语言障碍儿童中约有20%有一级亲属的某类语言或与语言有关的障碍,而在正常儿童中,其出现率仅为3%。汤姆宾(Tomblin)的研究成果发现,单合子双胎中,语言问题共同出现率为80%,而双合子则为38%;而英国的比索(Dorothy Bishop)研究发现,单合子共同出现率为70%,而双合子为46%。① 这些研究都表明,在儿童语言障碍的发生中遗传有着一定的作用,特别是口吃障碍。当然,对于言语语言障碍的分析不能从单一因素的分析入手,必须结合多个因素进行。根据有关研究报道,全美在册学童语言障碍的出现率为6%,需做语言治疗的儿童有277000人左右。中国台湾台北市抽样调查的结果显示,在小学阶段的儿童中约有9.6%的孩子存在语言障碍,这与美国的10%相当接近。香港大学的苏周简开等人也曾于1997年对江苏省的部分小学、幼儿园做过语言障碍出现率的调查,结果显示:江苏省4—9岁的学龄儿童语言障碍的出现率约为4.02%,其中男童患病的比例高于女童。②

---

① Mask D·Simms.语言障碍的医学纵观[C].上海:上海国际儿童言语和语言障碍研讨会,1999:5—9.
② 转引自汤盛钦主编.特殊教育概论[M].上海:上海教育出版社,1998:218.

第 2 节　特殊儿童语言教育的哲学思考

一、视障儿童语言教育的哲学思考

眼睛是人最重要的感觉器官，人们接受外界的信息 80% 以上从视觉输入。因此，视觉障碍会给视障者的生活、学习和工作带来许多视力正常人意想不到的困难，其中也包括语言学习的困难。1784 年，法国人霍维（Valentine Hauy，1745—1822）在巴黎创建了世界上第一所盲校，揭开了近代人类视障教育的序幕。

回眸两个多世纪以来各国视障教育的发展历程，主要是着力解决下列三个方面的问题：一是结合自己本国语言和文字的特点，创建和不断修改适合盲人使用的盲文，以期解决盲人学习中遇到的阅读和书写问题。二是对盲人进行有效的职业教育，使盲人从生活自理逐渐能做到自食其力，成为残而不废的人。这些职业训练则多半集中在类似按摩、推拿、抚琴、奏乐这些充分利用听觉、触觉而避免使用视觉的职业。三是实现回归主流，通过早期教育、行走训练、导盲系统、随班就读等途径，尽可能地让盲童进入明眼人的生活、学习和工作的环境，增加盲人的社会适应能力。然而，盲人的语言教育同样十分重要。

（一）视障儿童的智力、认知与语言

要讨论视障儿童的语言与智力、认知之间的关系，首先要确定一个智力的概念。前面已经提到，目前，人们对智力和认知都有不同的理解。如果我们认可机能主义和皮亚杰发生认知论的观点，认为智力的本质是对环境的适应，那么，我们有理由认为，盲人所处的特殊环境，助长了他们对环境的适应能力，从理论上来讲，盲人的智力不会与明眼人有太大的差异。从另一方面来讲，盲人，尤其是后天盲人和低视者，其智力水平，尤其是分析推理的能力还可能高于一般的正常人。因为，他们已经习惯于充分地利用信息资源，对较少的信息输入进行精心的信息加工。盲人智力测验的开创者海叶斯（Hayes）的研究发现，盲童智力测验中语言能力的测验成绩并不明显地低于正常人。[1] 然而，要想用通常的智力测验的方法来测定盲人的智力是比较困难的，因为通常的智力测验由语言和操作两个部分组成，语言部分全由听觉输入，操作部分要用现场操作来完成，对盲童来说，会感到非常困难，尽管有些测量专家设计了一些可以用触摸形式完成的操作部分的智力测验，其信度和效度也很难达到理想的水平。

视力障碍儿童在长期的训练过程中，逐步学会了"用耳代目"，"用手代目"，听觉和触觉都比较灵敏。由于注意力集中，干扰较少，学习比较专心，认知能力尤其是记忆和分析推理的思维能力一般不会低于正常人。但是，在某些概念的形成、分类、理解和知识向技能的转化和实际运用方法等方面的确有一定的困难。

语言的理解方面，视障儿童与正常儿童没有明显的区别，但因为在语言交流的过程中看

---

[1] Hayes, S. P. Measuring the intelligence of the blind. In P. A. Zahl (ed), Blindness[M], Princeton, N.J.: Princeton University Press. 1950: 231.

不到对方的体态语言和脸部表情,语言回应会受到一定的影响。

(二)视障儿童语言发展的哲学思考

在本章的开始,我们引用了维特根斯坦这样一段话:"存在着与语言起作用的方式联系在一起的某些确定的精神过程,只是通过这些过程才能起作用。我这里指的是理解和意指什么之类的过程。没有这种精神过程,我们的语言符号似乎就是死的,而且,似乎我们的语言符号的唯一功用就在于诱发这些过程,而它们才应该是我们所真正感兴趣的东西。"在我看来,维特根斯坦的这段话包含四层意思:一是强调了语言与理解、领悟这些精神活动过程之间的关系;二是语言作为某种符号系统的运用必须建立在一定的智力和认知能力的基础之上,否则语言将是僵死的、没有意义的符号系统;三是语言符号的唯一功能是诱发认知,尤其是思维这类高级的认知;四是我们研究语言,除了对语言作为符号系统本身的研究之外,真正的兴趣应该放在它是如何诱发人的认知等精神活动过程的。

对于视障儿童的语言能力存在两种不同的看法:一种是认为视障儿童的语言能力和普通儿童基本上没有差异,人的言语信息主要是从听觉获得的,视障不会对盲童的语言造成很大的影响;另一种观点则认为,知识都是来自于感觉经验,盲人的视觉障碍势必妨碍了某些概念的形成,影响到认知能力,定会影响语言的发展。如果我们按照维特根斯坦的思路来考虑盲人的语言能力,我想先天盲和严重的视力障碍还是会对视障儿童语言能力的发展有一定的影响,但如果借助于良好的语言环境和良好的教育,也完全可以使盲童的语言能力和普通儿童基本上没有差异。当然,由于盲文这类触摸型语言资料有很大的限制,盲人更多地是从听觉途径来接受书面语言,因此,盲人的口头语言也带有书面语言的特点,有时会出现不合适的表达也是在所难免的。总的来讲,对盲人的语言教育,不必过多地纠缠于遣词造句,而应更多关注语言如何激发精神活动的过程。

二、听障儿童语言教育的哲学思考

由于电子计算机的普及、助听器的改进、人工耳蜗植入技术的开展以及聋人生活质量的提高,聋人的语言教育问题再次引起了国内外特教界的争论。然而,这次讨论不是聋教史上"口—手之争"的旧话重提,而是在总结以往聋人语言教育的成功经验与失败教训基础上,更高层次的否定之否定。讨论的本身充分地反映了当今时代精神、高科技的影响和特殊教育深入发展的需要。

(一)聋人的认知与语言

柏拉图从"知识是先天具有的"这个基本理念出发,认为聋人缺乏听觉并不会严重地影响个体的语言和认识能力,但亚里士多德却从"知识来源于感觉经验"这一原理出发,断言丧失了听力的聋人是"不可救药的无知者"。以现代的眼光来看,柏拉图对这一问题的认识,当然要比亚里士多德高明得多。

从 20 世纪中叶起,研究者多采用实证的材料来说明聋童语言与认知发展的关系。例如:欧勒荣(Oleron)等人率先探讨聋童守衡能力的发展。他的研究发现,语言并不是认知发展的必要条件。①瑞滕豪斯和斯徘偌（Rittenhouse & Spiro）比较了 36 名 4—16 岁听力正常儿童，16 名寄宿聋校和 24 名在正常学校就读的聋童的体积和重量守衡能力。研究发现，参加实验的聋童中，只有 16 名寄宿聋校的聋生的守衡能力明显地低于听力正常儿童。②帕让斯（Parasnis）对父母是聋人并从 6—12 岁就跟随聋父母学习使用美国手语 ASL 的聋童和父母是听力正常人也没有学习过手语的聋童的具体和抽象推理能力进行了比较。其主要的结论是认为手语有助于聋童认知的发展，聋童的语言障碍给他们的抽象推理能力的发展带来一定程度的影响，但整体的认知发展并不特别依赖语言的发展。③

  近年来，我和我的学生也结合汉语的特点，对中国聋人的语言与认知的问题进行了系列性研究。例如，张凤琴用半视野速视法比较了聋人和听力正常人三种视野（左、右和双侧）条件下图形辨别的能力和大脑左右半球图形认知的对称性；④何大芳采用因素分析的方法探讨了聋人和听力正常人在快速和慢速两种条件下，对复杂图形的信号辨认能力和认知绩效。⑤这些研究，从不同的角度说明了聋人的认知与语言、思维和智力的关系以及聋童认知的特点：

  1. 从个体发生学的角度来看，聋人的语言与认知发展也和健听人一样，同源但不同根，既相对独立，又相互影响。

  2. 语言只是认知的一个部分。从发展顺序来看，认知中的感知、记忆、注意都先于语言；在前语言期，一般的认知能力是语言发展的基础。

  3. 聋人听力障碍，无疑会在一定程度上影响聋人认知的发展，但在长期的认知发展过程中，聋人能用视觉与动觉来补偿听觉的障碍，与听力正常人相比，不同的认知方式可能引起聋人的大脑左右半球的不对称性。

  4. 思维是认知发展的高级阶段，也是智力水平的集中体现，但思维作为一种信息加工过程，并不完全依赖语言，动作思维、形象思维也是思维的重要方式。

  5. 聋童比较擅长视觉和动觉认知，多采用直觉型的认知策略。

  在基本上明确了聋人语言与认知、认知和思维的关系以及聋童认知特点的基础上，我们便可以大胆地跳出唯语言论、尤其是唯口语论的怪圈，从促进认知发展的角度来探讨和建构聋人手语、口语和书面语等综合语言符号系统的必要性和可行性。

（二）手语的语言地位

  这一研究主要涉及三方面的问题：一是手语到底是不是语言，能否起到语言的功能？二是使用手语是否能促进聋人认知的发展？三是象形的自然手语与表音的指拼文字手语是如何构成和转换的？

---

  ① Oleron, P. . Conceptual thinking if the deaf[J]. American Annals of the Deaf, 1953, 98：304-310.

  ② Rittenhouse, R. K. & Spiro, R. J. . Conservation performance in day and residential school deaf children[J]. Volta Reciew, 1979, 81：501-509.

  ③ Parsnips, L. Samara, V. Better, J. & Sathe, K . Does deafness lead to enhancement of visual spatial Cognition in children? Negative evidence from deaf no signers [J]. Journal of Deaf Studies and Deaf Education, 1996,1：145-152.

  ④ 张凤琴. 聋人和听力正常人图形视认知的比较与大脑左右半球功能不对称性的关系. 中国特殊教育[J]. 2000，1：16-19.

  ⑤ 何大芳. 聋人与听力正常人对复杂图形信号辨认反应时和反应正确率的比较研究. 中国特殊教育[J]. 2000,1：24-27.

斯托克（W. Stokoe）在《美国手语原理》中明确指出，尽管美国手语 ASL 和有声的口头语言输入与输出的模式并不相同，但同样具有概括性、抽象性、主—谓—宾结构等语言的普遍性和语言交流内部模式或认知结构的一致性。手语具备语言的一般特征，即词汇、语法和语言的创造性。埃莫里（K. Emmorey）等人采用大脑核磁共振成像 fMRI 的方法来探讨手语的生理机制，认为美国手语 ASL 具有语言的/空间的功能。研究发现，手语使用者和听力正常的英文使用者对抽象词汇刺激都显示出左半球优势；手语使用者对可想象的手势表现出明显的右半球优势，而正常被试对可想象的词汇没有明显的视野效应。这种大脑单侧化现象可能反映出"想象"在两种语言中发挥了不同的作用。① 艾哈德（P. Erhard）等人用三组不同类型的被试（a 先天聋的手语者；b 听力正常但父母双聋的手语使用者；c 根本不会手语的听力正常者）探讨了 ASL 语言神经结构的依赖性与独立性。研究结果认为，ASL 有广泛的空间依赖性，显示出一种较强的右半球效应；语言的神经基础，并不受语言形式的制约，早期手语经验能增强右半球和顶叶的功能。② 海斯库（Hickok）等用 19 个单侧脑损伤的聋手势者（11 个左侧半球损伤，8 个右侧半球损伤）为被试，探讨左、右颞叶在理解 ASL 上所发挥的作用。研究者推断左侧颞叶在单词手势理解和简单的 ASL 句子理解上起到了重要的作用。③

上述实验都是有关美国手语 ASL 的研究，考虑到中文是一种不同于拼音文字的表义象形文字系统，我和我的学生首次以中国手语作为实验材料，通过外显手语和内隐手语刺激的比较，探查了中国手语在聋人左、右半球大脑皮层的功能定位情况。研究的结果表明：① 手语与有声语言的绝大多数功能区是叠合的，与正常人和美国手语的研究结果相似，聋人的视觉性语言优势半球也是在左半球。语言的半球单侧化现象以及语言大脑功能定位区很少受语言模式特征的影响。② 聋人手语的信息加工过程包括语言加工和视觉空间认知，语言加工模块与空间认知加工模块之间存在一定的共享成分，这为跨模块可塑性理论提供了实证依据。③ 研究进一步表明手语是一种有助于促进聋人大脑语言区活动的刺激，从神经生理上确定了中国手语的语言地位并倡导在聋教中采用"手口并用"和多种形式的综合语言教育。④

此外，通过实验还进一步确立了手语的认知地位，例如，手语能提高表象认知能力（Emmorey & Kosslyn）⑤，促进运动知觉（Poizner）⑥和脸部表情知觉（Goldstein, N. & Feldman,

---

① Emmorey, K.. Processing a dynamic visual-spatial language: Psycholinguistic studies of American Sign Language [J]. Journal of Psycholinguistic Research, 1993, 22: 153-187.

② Erhard, P. Hickok,G.. Brain mapping if activated areas in deaf subjects using American Sign Language during language paradigms[J]. Society for magnetic Resonance,1995,1,14.

③ Hickok, G. Poeppel, D. & Clark, K.. Sensory mapping in a congenitally deaf subjects MEG and fMRI Studies of cross-modal non-plasticity[J]. Human Brain mapping, 1997, 5: 437-444.

④ 方俊明，何大芳. 中国聋人手语脑功能成像定位研究. 中国特殊教育[J]. 2003, 2 17=21.

⑤ Emmorey, K. & Kosslyn, S.. Enhanced image generation abilities in deaf signers: A right hemisphere Effect [J]. Brain and Cognition, 1996, 32: 28-44.

⑥ Poizner, H.. Perception of movement in American Sign Language: Effects of Linguistic structure and Linguistic experience[J]. Perception & Psychophsis, 1983, 33: 215-231.

R.S.)①以及提高心理旋转能力②。长期地使用手语会促进聋童认知能力的发展,在一定程度上,还会有助于大脑右半球功能的开发。上述这些研究都从不同的角度,肯定了手语的语言地位以及手语对聋人认知发展的促进作用。因此,对聋童进行手语教育是有必要的,对聋人手语的轻视是没有根据的。

(三) 中国聋人综合语言教育的途径

在上述实验的基础上,我提倡的聋人综合语言教育,是将口语、手语与书面语言融为一体的语言教育。就具体的单个聋童而言,在综合语言教育中到底偏重于哪种方法,取决于教育对象的听力损伤程度和语言教育的综合条件。从哲学的角度来看,主要是应处理好以下几个方面的辩证关系,防止片面地机械地强调某一方面而忽视另一方面。

一是积极开展聋人口语训练,但又必须跳出纯口语和医学模式的误区。口语训练的重要性和通过口语与人沟通的便利性是不言而喻的,正因为如此,早在1860年在米兰召开的国际听障研究会,在聋教界树立了聋人口语教育的绝对权威。随着现代科学技术,尤其是电子计算机的普及、助听器的不断改进、人工耳蜗植入技术等高新技术的发展,聋童的早期干预和口语训练具备了更好的条件,更是给聋人的口语教育带来了鼓舞和希望。只要有一点残余听力,都应该坚持口语训练,由于惧怕训练的艰难而轻率地放弃早期的口语训练是不可取的。但是,也应该看到,对先天聋人来讲,无论是在英语或其他语言的口头语中,其实都不存在真正意义的"语音"启动效应,语音特征都是通过视觉来获得的。聋人都要"唇读",即借助于观察说话者的口形、脸部表情和体态以及对语境的理解和猜测来接受和理解对方的语义。由于各人说话时口形的不确定性,加上聋人又不能从反馈中自动矫正自己的发音,一般人也很难听得懂聋人讲话,这些都会影响聋人对口语的实际使用。那么,使用助听器和电子耳蜗植入技术是否就能彻底解决聋童的口语问题呢?相关研究表明,聋童失听的年龄与听障程度、手术的年龄及治疗的效果、术后语训的密集程度、家庭资源和参与情况等都是影响电子耳蜗术后效应的主要因素。有的研究甚至认为,使用助听器和电子耳蜗植入技术更多的是让聋童警觉到语言交流事件的发生,并不能完全保证聋童就可以利用残余听力来掌握语言规则和熟练地使用口语。语前失去听力的聋童,通过助听器和人工电子耳蜗所感觉到的声音与健听人所听到的声音是很不相同的,需要经过密集型的语言训练才能使部分听力障碍的儿童从难以忍受的杂音中分辨出语音,也只有在这种条件下,才有可能促进部分聋童口语的形成与发展。据奎斯泰森和雷吉(Christiansen & Leigh)报道的统计数字显示,美国植入人工耳蜗的聋童,有的安置在听力正常的普通学校,有的仍不得不安置在住宿型的聋校。即使在普通学校就读的聋童中,也有40%的儿童仍需要手语翻译作为辅助的教学方法和沟通方式,只有13%的聋童能较好地运用口语。③ 因此,口语教育必须跳出纯口语和单纯医学模式的误区,走医教结合和聋人综合语言教育的发展道路。加紧培养大批有理论、有实践经验的专业语训人员指导教师和聋童家长进行密集的、生动活泼的综合语言训练。

---

① Goldstein, N. & Feldman, R.S.. Knowledge of American Sign Language and the ability of hearing Individuals to decode facial expressions of emotion. Journal of nonverbal Behavior, 1996, 20: 111-122.

② 王庭照,方俊明. 聋人和听力正常人心理旋转能力的比较研究. 中国特殊教育[J]. 2000, 1: 20-24.

③ Christiansen, J.B. & Leignm I.W. Cochlear implants in children: Ethics and choices[M]. Washington, DC.: Gallaudet University Press, 2002: 64.

二是要开展手语培训，但必须跳出"双语双文化"的误区。手语是聋人所偏爱的视觉与动作相结合的语言，也是在聋人群体中最简便的用来交流思想、表达意愿和沟通情感的手段。在聋人的综合语言教育中决不能排斥手语，也不能把聋童学习口语和手语对立起来。应通过计算机软件的开发，改变目前中国手语不规范，手语词汇贫乏，自然手语与文字手指语脱节的状况。但是，聋教界有的学者提出了"聋人社团"、"聋人文化"和"双语教育"的问题，并主张用聋人的自然手语作为反映独特的"聋人文化"的母语或聋人的第一语言，通过自然手语来学习第二语言，并淡化对口语的学习，这是不可取的，因为，手语和口语的主要区别是语言知觉生成与传输的渠道不同，而不是文化渊源的差异。①

三是写读领先，图文并进，跳出听说领先的误区。"听说领先，读写随后"的方法是从拼音文字的学习中，从第一语言的习得中总结出来的经验，有严重听力障碍、缺乏日常口语环境的聋童采用这种经验来学习象形表义文字的汉语并不合适。我认为，要想提高聋生的阅读和写作能力，首先要结合对中国语言文字的认知特点，反其道而行，发扬聋童视觉认知的优势，跳出"听说领先"的误区，采用"写读领先，说听结合"的学习方法。让聋童配合手语的学习，从书写、绘画中领悟汉语字词的意义，在形义结合的基础上扩展到形—义—音的结合。从认知心理学的观点来看，这种"写读领先，说听结合"的学习途径最符合聋人擅长视觉认知和汉字本身的特点。当然，其客观效果如何，还有待于实验加以验证。

中国从秦朝以来，只是统一了文字，语音始终没有严格的统一，各地方言至今仍会对健听人之间的口语交谈带来不便。汉语拼音方案实行多年，健听人也并非都能准确掌握，聋童要通过观看口形和手指拼音来掌握语音，其潜在的困难和误解就可想而知了。但是，大量的认知实验又表明，聋人的汉语认知不能完全抛弃"语音"认知，视觉的"语音"表征也是必不可少的。那么，如何解决这一矛盾呢？

其实，汉语文字的本身就具有一种内在的字形表音系统。例如，"方、芳、防、访、仿"这五个字中都含有"fang"的音，"何、河、荷"这三个字中都含有"he"的音，只是用不同含义的偏旁部首来构成不同的字，表达了不同的字义。那么，我们为何不能利用汉字本身的字形表音系统来使聋童获得视觉的"语音"，而非要仿照拼音文字的特点，借用一套连听力正常人都不太容易准确掌握的外加的语音系统来培养聋人的"语音意识"呢？希望聋教界的同事有兴趣来考虑和探索这个问题，将自然手语和手指语结合起来，形成一种含有语形、语义和语音的手语并借用计算机软件的研制使它产生综合语言功能。用于电脑手写输入的系列产品，不但可以满足用户简体、繁体、行草等自由手写的需要，还有绘画和语言输入的功能。研制和开发新的计算机软件可以采用手写输入、语言输入和手语图形输入相结合的方法，通过提高人机交互的效能来加强聋人与听力正常人之间的语言交流。在不久的将来，如果每一个聋人都能用装有上述软件的便于携带的"多功能的语言交换机"或手机，为多种途径语言沟通提供便利，将会在聋人的语言发展史揭开新的一页。②

当然，任何语言的学习都是一个长期而艰苦的过程，健听人是这样，聋人更是这样。学习语言的确需要较好的语言环境，但无论多好的语言环境和学习条件，都不能代替学习

---

① 戴目. 论双语教学. 中国听力语言康复科学杂志[J]. 2004，1：26-30.
② 方俊明. 感官残疾人认知特点的系列实验研究报告. 中国特殊教育[J]. 2001，1：1-4.

者本身坚持不懈的努力。因此,有必要加强聋生学习态度的教育,在语言教育中体现知、情、意的内在统一。聋教工作者和家长应通过各种方法来激发聋童学习和使用口语、手语和文字语言的积极性,使其树立通过艰苦的努力提高综合语言能力的信心,鼓励聋童通过提高语言能力,获得更多的知识,掌握更多的技能,更好地适应环境,为社会作出更多的贡献。

三、自闭症儿童语言教育的哲学思考

由于部分自闭症儿童对某些声音,尤其是大人讲话充耳不闻,常被误认为有听力障碍而首诊于耳鼻喉科。大部分自闭症儿童都存在语言障碍(接受性语言障碍,或表达性语言障碍)。美国《精神疾病的诊断和统计手册》(Diagnostic and Statistical Manual of Mental Disorders),DSM—IV对自闭症儿童交往与语言和认知障碍的界定是:语言发展迟钝,尤其是表现出严重的语言沟通障碍,多呈现出刻板性和重复性语言。早期,人们常感到自闭症儿童怪异和独特,不符合说话情境。例如,当一位老师要求自闭症儿童做作业时,他的回答可能是"我要尿尿"。后来,才逐渐认识到自闭症儿童的语言同样具有要求、肯定、自我规范、复述、描述、维持互动、缺乏聚焦等七种功能,只不过是由于脑功能方面的障碍而出现语音、语义、语用、词汇、语法等多方面的障碍。社会认知,尤其是社会交往功能障碍是自闭症最主要的特点之一,突出表现多为缺乏固定凝视、表情淡漠。温特(Wouter B. G.)采用观察面部表情图片的方法,对12个自闭症儿童与健康儿童的脑功能进行了对比研究,结果表明,自闭症儿童在杏仁核部分缺乏激活,凝视固定减少可能与棱状回的低兴奋有关,情感反应可能与杏仁核的低激活有关。①此外,研究者巴荣科等(Barcon-Cohen et al)用误念任务来测验自闭症儿童的心理理论能力,发现80%的自闭症儿童不能通过误念测验,其失败率远远高于控制组。②

中枢神经系统的可塑性是自闭症儿童语言康复、矫治和训练的基础。尽管神经系统的可塑性具有物种的特异性和个体的差异性,但加强和改善突触联结(包括新突触的建立,神经环路的稳定性、永久化,保留最佳神经通路等)是中枢神经系统可塑性的关键所在,其中又分为期待性突触可塑性和经验性突触可塑性。常用的干预方法多根据儿童的具体情况采用低语讲话、音乐训练、游戏活动、模块输入、反馈训练、手语补偿等。训练的基本原则是建立良好的关系、创设好的语言环境,扩大儿童的生活环境,增加交流机会。目前,有关自闭症儿童语言训练的主要结论是:① 自闭症儿童语言的发展与社交态度是相互促进的,社交态度的改善有利于语言的发展,反之亦然;② 自闭症儿童语言训练和其他类型儿童的语言训练或矫治一样,在儿童语言发展期间(2—3岁)的效果明显,错过这个时期,事倍功半,收效甚微。③ 语言环境和训练条件,尤其是语训人员的专业水平,对儿童的语言训练的绩效有明显的影响。③

从盲、聋、自闭症等特殊人群的语言障碍及语言教育中,我们能进一步认识到语言的信

---

① Wouter, B. G., Marcel, P. Z., Rutgers-Jan, V. D. G., et al. The phenotype and neural correlates of language in autism: An integrative review[J]. Neuroscience and Biobehavioral Reviews,2008,32:1416-1425.

② Baron-Cohen, S., Leslie, A. M., & Firth, U.. Does the autistic child have a 'theory of mind'? [J] Cognition, 1985, 21:37-46.

③ 曹漱芹,方俊明.自闭症谱系儿童语言干预中的"视觉支持"策略.中国特殊教育[J]. 2008,5:26-33.

息本质和语言产生、获得和发展的神经机制。人类的语言能力是长期物种进化的大脑的产物,同时也是后天学习的结果。语言作为社会交流、文化传承的工具,势必会随着社会的发展而不断发展;语言作为人的认知能力的一部分,和思维有更密切的关系,但思维和认知都可以与语言保持相对的独立。因此,根据特殊儿童的实际情况,通过不同的途径和形式的语言(包括手语)来发展认知能力可能是特殊儿童语言教育的出发点和归宿。

 本章小结

  语言是人类传递信息、交流思想和表达情感的符号系统。语言是教育的重要内容,因为人们要通过掌握语言来学习纯语言之外的学科知识。对于大多数儿童来说,只要成人能给他们提供较好的语言学习环境,他们的语言,尤其是口语都能够获得正常的发展。但是,对一些因不同的原因而导致语言、言语发展障碍的儿童来讲,情况就大不一样了。语言障碍不仅会大大降低儿童生活质量、学习成就,而且影响他们心理的健康发展。因此,对语言障碍儿童的早期发现并实施有效的干预就显得非常重要。

  因为语言与思维、意识的关系非常密切,语言的获得和发展既是人类的骄傲也成为最困难的研究课题之一。大凡与人有关的学科都对语言的问题表示出极大的兴趣,各自从不同的角度来探讨语言的起源、语言的本质、语言的功能、语言的学习和语言认知的神经机制。人工语言,尤其是计算机语言的出现,更是为语言的研究开创了新的局面。

  一是从古希腊到现代西方哲学,许多哲学家在有关本体论、认识论的讨论中都不同程度地涉及对人类语言的起源、语言的本质、语言的功能等问题的探讨。

  二是心理语言学从语言的接受和理解、表达和产出、获得和学习,语言与思维的关系,人类语言与人工语言的关系等方面探讨了语言的信息加工过程。

  三是语言学从语音、语形、语义的角度探讨了语言的结构和使用问题。

  四是从语言障碍的角度,区分了语言和言语两个不同概念,探讨了言语障碍的成因和不同障碍的早期干预、矫正和教育的原理和方法。

  本章还分别探讨了视觉障碍、听觉障碍、自闭症儿童语言教育中的一些理论和实践问题。例如,结合自己的研究领域和实验研究的结论,对触摸盲文的学习,盲人的语言和智力、认知之间的关系,聋人手语的语言地位,中国聋人语言综合教育以及自闭症儿童的语言认知的特点和语言干预的原理等问题阐述了对特殊儿童语言与认知关系的认识,以及对不同类型特殊儿童语言教育的建议。

 思考与练习

1. 如何从本体论和认识论的角度来认识语言的本质和功能?
2. 简述现代哲学"语言转向"的时代背景。
3. 语言学的研究与语言心理学的研究有何异同?
4. 语言障碍的研究为特殊儿童的语言教育提供了哪些启示?
5. 为什么要从多学科的角度来促进特殊儿童语言的发展?

天行健,君子以自强不息。

《易经·乾》

第13章　特殊儿童体育与美育的哲学思考

 学习目标

- 了解军事体育观向全民体育观转化的过程。
- 探讨特殊儿童体育教育的原理。
- 了解现代美学思想的发展历程。
- 探讨如何培养特殊儿童正确的审美意识和健康的审美情趣。
- 探讨不同类型特殊儿童音乐教育的原理。

当我们在残疾人运动会上看到无数的残疾人克服了许许多多的困难,得到一块又一块金牌的时候,当我们看到聋人"千手观音"的舞蹈优美的表演时,怎能不为他们顽强的拼搏精神、积极的生活态度而感动？自古以来,真、善、美一直是人们的追求目标,这些美德都在他们的身上得到高度统一。他们身残志坚,豁达开朗,不仅是一个个敢于正视现实,敢于与命运拼搏的勇士,而且也是创造自然美、形象美和心灵美的天使。这便使我们进一步地感到在特殊教育中实行体育和美育的深远意义,以及其必要性和可能性。

第1节　特殊儿童的体育教育

一、体育的兴起与发展

无论在东方和西方,通过运动来锻炼身体、增强体质的想法和做法,可以说是由来已久。柏拉图在《法律篇》中指出:"教育有两件事:一件是体育,是为身体的;另一件是音乐,是求心灵美善的。"他又特别说明"体育再分两部分:舞蹈和格斗"①。

早在周朝时期,在我国流行的"六艺",即礼、乐、射、御、书、数中,至少射(射箭)和御(驾车)可以算是两种带有军事色彩的体育。据中国现代教育史料记载,体育这个词最早见于清朝光绪二十七年(1901),直到1923年,北洋政府公布的《中小学课程纲要(草案)》才正式将学校的体操课改成体育课。此后,体育这个名称得到广泛使用。

体育与娱乐有一定的关系,例如,从古代壁画中就可以看出,中国古代很早就有荡秋千、

---

① 柏拉图.法律篇[M]//浙江大学华东师范大学教育学编选.西方古代教育论著选[M].北京:人民教育出版社,2001:77.

打马球、划龙舟等宫廷和民间的体育活动。但是,在我国的体育思想中长期占据主导地位的是军事体育观,即把体育和军事密切联系在一起,在军训中实现体育。这种军事体育观或称习武体育观至少包含以下几种含义:

一是从事体育活动的主要目的是保家卫国,因此,体育是习武之人必须从事的"专业",一般情况下,舞文弄墨的读书人就不一定要进行军事锻炼,其他行业的人更不需要从事体育活动。

二是体育活动的内容也是和军事活动融为一体的,比如骑马射箭、舞枪弄棒、打斗摔跤、举重拔河等等,都与冷兵器时代的战斗有关。体育比赛多集中于比武。

三是体育也意味着一种特殊人群的身心修炼活动,例如,和尚道士的习武练功、名山修行等。因此,作为非生产性的身体活动,体育只是为了修行和成为出世超人,一般的人当然就很少参加体育活动,或者说与体育无缘了。

当然,古代像孔子这样的教育家是非常重视体育的,他身体力行的"行万里路,读万卷书"的游学,类似现代人提倡的旅行教学,可以说是开创了"德育、智育、体育三者融为一体"的先驱和典范。但他基本上也是奉行军事体育观的,孔子所教六艺中的射箭和驾车也是为军事服务的,可见军事体育观在古代中国是根深蒂固的。

上述这种军事体育观和现代的全民体育思想是有区别的,尽管体育教育中并不排斥军事训练的内容,但两者的目的和出发点是大不相同的。缺乏真正的全民体育思想,往往会把体育活动限定在少数人的身上,片面地认为体育竞赛也和军事竞争一样,只能赢,不能输,甚至于把金牌的获得和国运的强盛联系在一起。在这种军事体育观的影响下,绝大部分不直接从事军事活动的人得不到锻炼,长期以来,我国不知不觉地形成了"文弱书生"的传统文化,在半封建半殖民地时期,中国人也被外国人嘲笑为"东亚病夫"。

中华人民共和国成立之后,我国对体育才越来越重视,从1954年到1992年,我国教育行政部门曾先后编订和颁发过6次中小学体育教学大纲,2次幼儿师范学校体育教学大纲,3次中等师范学校体育教学大纲和2次大学的体育教学大纲。改革开放30年来,随着我国国民经济的发展,全民体育有了长足的发展,尤其是2008年我国成功地举办奥运会和残奥会,从根本上改变了全民体育的面貌,我国开始以一个体育强国的姿态立于世界民族之林。

全民体育,是一种有广泛群众基础的广义的体育活动,这种倡导身心和谐的体育也是社会文化的重要组成部分。全民体育是以增强全民体质,提高全民族的健康水平为出发点,以健身、娱乐、休闲为目的的体育活动。至于个体参加哪些体育活动,要根据个人的年龄、身体状况、活动条件和兴趣爱好而定。此外,全民体育观特别强调体育道德或运动道德的问题。例如,国际主义、爱国主义和集体主义的精神,光明磊落、遵规守纪的行为,"友谊第一,比赛第二"的风格以及胜不骄、败不馁的高尚品质都是良好体育道德的主要内容。

二、特殊教育中的体育

(一) 特殊儿童体育教育的意义

大多数特殊儿童,尤其是残疾儿童、病弱儿童的身体正常发育会受到不同程度的影响,特别需要适当的康复和体育锻炼。

1985年，北京医科大学、北京儿童青少年卫生研究所曾对天津、太原、开封、郑州四个城市的盲校共265名盲生的身体发育情况进行过调查，调查情况表明，许多盲生的身体发育欠佳，普遍存在下列几方面的问题：

1. 盲生除胸围外，身高、体重、大腿围、肩宽、骨盆宽等发育等级均不及同龄的正常儿童，尤其以身高和骨盆宽发育偏低最为明显。

2. 盲生的肺活量明显低于正常儿童。肺活量达到上等和中上等水平的男生占调查总人数的16%，女生占18%，而肺活量达到中下等和下等水平的男生都占调查总人数的55%；女生占56%。

3. 盲生的阳性体征检出率很高。男女检出率分别为96%和77%，其中，阳性体征检出率最高的是驼背（男33%，女24%）和脊椎侧弯（男16%，女9%）。

4. 因缺乏光线刺激，女盲生月经初潮提前，当盲生完全丧失光感时，月经初潮提前更为明显。①

此外，对智力障碍儿童身心发展情况的研究表明，尽管其身高、体重、骨骼形成与正常儿童没有明显的差别，但随着智力缺陷程度的加深，差别还是呈现不断扩大的趋势。更重要的是，智力障碍儿童各种感觉器官反应迟钝，据一项对上海市9所辅读学校211名7—13岁智障学生感觉统合失调情况调查的数据显示，上海市智障学生感觉统合失调的比率高达66.6%，轻度智障和中度智障学生的感觉统合失调的比率分别是48%和77%，两者之间有显著差异，智障学生的前庭平衡、本体感觉、空间知觉等方面都与同龄的正常儿童有明显的差距。更值得注意的是，如果不进行必要的康复和体能训练，智障学生的感觉统合失调的情况不会随着年龄的增长而自然改变。②

上述事实都有力地说明，为了消除和减轻身心障碍对残疾儿童身体发育的负面影响，我们在特殊教育中，应做好卫生保健工作，增加营养，特别是要加强康复训练和体育教育。

（二）关于特殊儿童体育教育的相关研究

无论哪一类特殊儿童都需要进行体育锻炼，这个道理很容易理解，但要做到这一点，对有些残疾儿童来讲，并不容易。例如，如何根据特殊儿童的身体状况和认知特点，从补偿教育的角度来帮助他们接受和坚持体育锻炼，这是需要深入研究的问题。

聊城大学的谢国栋博士曾经对视力障碍人群的动作内隐认知进行了8项系列实验研究，研究得出了比较明确的结果，对如何改进盲生的体育教学和培养视力障碍人群参加体育活动和进行体能训练提出了很有价值的建议。他的研究认为：视障运动员和盲生由于长期依靠听觉和触摸觉感知外界，采用表象编码和动作编码重现动作记忆的能力优于言语编码，表象表征和动作表征能力都优于明眼运动员和明眼学生。因此，他建议为了避免高焦虑对运动水平的影响，视障运动员和盲生在体育教育中应尽量利用内隐记忆的方法来掌握动作技能。③

此外，上海体育学院体育理论教研室主持"十五"规划教育部的重点研究项目《"全脑型

---

① 吕姿之等. 盲校学生身心发育与致盲原因调查[J]. 中华预防医学杂志. 1987,5,12-16.
② 于素红. 上海市教育学会特殊教育专业委员会编辑. 上海市弱智教育二十年论文专集[G]. 2000：79-99.
③ 谢国栋. 视力障碍人群的动作内隐认知研究[M]. 北京：中国社会科学出版社,2005：2- .

体育教育模式"的理论与实践》,其中有一项重要的内容是对智障学生全脑型体育教育模式进行理论和实践探索。这项研究分三大部分,上篇介绍了研究的背景,问题的提出和研究设想;中篇探讨了智力障碍学生的全脑体育教育模式建构的理论基础,即系统科学基础、教育科学基础、脑科学基础和体育学科的基础;下篇论述了智力障碍学生的全脑体育教育模式建构的实践和展望,包括实践的原理和操作方法以及训练结果的案例分析。

这项研究运用脑科学研究的最新成果,针对智障学生认知能力、运动技能、社会交往能力薄弱的特点,建构了一种能将智障学生的体能训练,大脑开发和认知发展融为一体的康复和教育模式。通过对重度脑瘫智障儿童的右手连续拍球、唐氏综合症的智障儿童双手连续拍球和行为障碍的智障儿童等不同类型的智力障碍儿童接受全脑型体育教育模式的个案进行分析,研究结论肯定了智障学生全脑型体育教育在提高智障学生运动技能,反应速度,协调能力等方面的可行性和有效性。[1][2]

从上述两项针对特殊儿童体育教育的相关研究中可以看出,特殊儿童的体育教育不仅要达到增强体质、提高健康水平的效果,还要具备从综合补偿教育的角度,通过康复和训练来发展他们的认知能力、大脑发育和社会适应能力的多项功能。

第2节　特殊儿童的美学教育

一、美学与艺术的时代呼唤

谈到美和美感,大多数人会觉得似乎非常直观但又难以言传。不同的时代,不同的人会形成不同的审美意识,即使是面对同一事物,美的判断也可能大不相同。例如,中国唐朝时期,崇尚健美,甚至于以胖为美,而到了宋朝,则崇尚病态美,以瘦弱为美。在日常生活中,我们经常会从不同的角度来使用与美有关的词汇,例如,美观、美感、美言、美好、美丽、美妙、和美、美术等等。其实这些与美有关的名词和形容词的组合,也在一定程度上表明了人们对美的不同层次不同水平的理解。例如,美感说明美是人们的某种观念,是建立在感觉基础上的观念;美言则认同语言也是一种艺术,有美的价值;美文之所以感动人,是因为文学和艺术一样,都是为了激浊扬清,启迪人们的良知,实现人们的良好愿望。这也就表明,美不是一种完全孤立的、纯粹的观念,它与道德有关,与善恶有关,与是非曲直有关和好坏有关。美丽、美妙、行为美、心灵美这些词汇则说明美同时具有外显和内隐的双重特征。美丽外显于形体和言行,刺激感官,形成表象,美妙则是内隐于意识之深层,只能意会却难以言传。和美一词想要告诫人们,和为贵,各种内容与形式的和谐,自然与人类的和谐,量与质的和谐,时间与空间的和谐,一般与特殊的和谐,传承与发展的和谐,推陈出新的和谐,自然美、社会美和艺术美之间的和谐,都是何等重要。美术,似乎在暗示人们,美之有术,无论这种术是绘画、雕塑、舞蹈等视觉艺术,还是音乐这种听觉艺术或诗词这类语义艺术,有其内在的规律和表现、表达的技能技巧,学有专攻,非专业人员难以掌握。迄今为止,美学和艺术已经发展成为一种

---

[1] 智障学生全脑型体育教育模式的理论与实践[D].2006.6(未正式发表的打印稿)。
[2] 不同动作技能方式对不同级别智障成年人身心健康的研究[D].2007.4(未正式发表的打印稿)。

系统的有理论、有实践的科学,若无专攻苦学,岂能做到"妙笔生辉,振聋发聩"?

按照《哲学大词典》的界定,美学(Aesthetics)是从人对现实的审美关系出发,以艺术作为主要对象,研究美、丑、崇高等审美范畴和人的审美意识、美感经验,以及美的创造、发展以及规律的科学。[①] 按照这一界定,我们可以认为开展美育的目的是培养人们正确的审美意识、健康的审美情趣和提高审美和创造美的能力,以此和德育、智育、体育一起,共同达到美化环境、完善人性和改造社会的目的。

那么,什么是正确的审美意识,什么是健康的审美情趣,如何培养创造美的能力并能将这种能力用于美化环境、完善人性和改造社会的实践之中,这应该就是美学教育中必须明确的问题。但是,这些涉及人深层次意识的问题也和一切哲学、艺术和教育问题一样极为复杂。这里,我不妨按出版的先后,从哲学词典介绍的近两百多年来世界上最有影响的几本以"美学"为题的著名专著的主要观点来考察现代美学思想的发展历程。

第一部以"美学"为题的著名专著是由德国鲍姆加通用拉丁文撰写的于1750年和1758年先后出版的两卷集(亦译成《感性学》)。书中认为人的认识分为两大类型:一种是以逻辑思维为主线的理想认识,认识的目标是追求"真";另一类是以朦胧和混乱为主的感性认识,追求"美"。于是,他将美学看成是"关于感性认识的科学"。

第二部是由黑格尔的学生霍托根据老师在海德堡和柏林大学的美学讲稿和笔记整理出版(1835—1838)的《美学讲演录》。该书提出美学研究的范围是美的艺术和艺术的美,美学实质上就是"艺术哲学",贯穿三卷集的思想主线是"美是理念的感性显现"。第一卷阐述了美的理念如何经过一系列否定之否定,一步步具体化、感性化为艺术美的一般规律。第二卷"按照理念与形象能相互融合而成为统一体的程度"把理念在人类艺术发展史上的感性呈现过程划分为象征型艺术(古代东方艺术)、古典型艺术(古希腊艺术)、浪漫型艺术(近代艺术)三个时期。第三卷从不同的具体艺术门类来描述理念呈现为艺术品时的各种呈现方式,如建筑、雕塑、绘画、音乐、诗,其中前两种分别与象征、古典型艺术相对应,后三种属浪漫型艺术,体现了一种历史的轨迹。由于该书运用辩证法深入地探讨了美和艺术的一系列根本问题,揭示了人类艺术创造、欣赏、发展的规律,包含了大量历史唯物主义的思想,所以被称为划时代的著作,同时,它也将德国古典美学推向顶峰。

第三部是德国费希尔1846—1857年分6卷出版的《美学或美的科学》。该书是黑格尔学派美学观的代表作,把美看成是客观精神的理念在感性形式上的呈现,围绕美的概念、自然与人类精神的美、艺术美等问题展开了讨论。

第四部是德国费希纳于1876年出版的《美学导论》,这是一本实验美学的代表作,提出了实验美学的三种方法,即选择法、制作法、常用物测量法,确立了"审美阈"、审美加强、多样统一等13条心理学美学原则。

第五部是意大利克罗齐于1902年出版的《作为表现科学和一般语言学的美学》,全书由"美学原理"和"美学史"两大部分组成。本书最主要的特点是以"直觉"问题为中心,阐明了自己的美学观。这种直觉美学观可以概括为五个"肯定"和五个"否定"。五个"肯定"是指直觉即表现,直觉即艺术、艺术创造和艺术欣赏是一致的,美是成功的表现,语言就是艺术;五

---

① 金炳华,等编. 哲学大词典[M]. 修订本. 上海:上海辞书出版社,2001:983.

个"否定"是指艺术不是物理事实,艺术不是功利的活动,艺术不是道德的活动,艺术不具有概念知识的特性,艺术不可以分类。

第六部是德国利普斯于1903年和1906年先后出版的两卷集。这套专著认为美学是与心理学密切相关的学科,研究审美对象对审美主体所产生的效果和效果产生所具备的条件,审美对象的形式特征和审美的移情理论。

第七部是德国苏尔瓦于1906年出版的《美学和一般艺术学》。全书分两大部分:第一部分是探讨审美对象的最一般的规律;第二部分是讨论艺术科学的问题。作者强调美学与艺术的区别,认为美学是研究审美意识、情趣和直觉等理论问题,而艺术是研究艺术作品的起源、创作与分类等应用性问题。他主张艺术科学作为一个广义的体系,应该包括美术理论、音乐理论、诗学等各种特殊形态的艺术学。

第八部是由英国瑞恰兹和奥登格、伍德等人合著,于1921年在伦敦出版的《美学基础》,该书运用语义分析法对美学基本问题进行了周密的考察,提出了语义学美学的基本思想。主张对各种美的定义进行分析和澄清,并认为美就是一种有助于产生各种感觉平衡的东西。

第九部是由德国齐亨分别于1923年和1925年先后出版的两卷集《美学讲话》。该书继承和发展了费希纳和屈佩尔实验美学的思想,认为美学的任务是以感觉、表象、感情、艺术为对象来科学地研究人类美感经验,而人类经验中最富有审美特征的是由审美对象在人脑中激发出来的直接性的快乐情感。

第十部是由德国阿多诺1970年出版的《美学理论》。该书运用文化批判主义的方法,分析了古典美学理论的利弊,现代艺术的社会职能,指出了当代美学的新生条件与发展途径。认为文化产业消耗了人们的艺术潜能,助长了一种精于包装的意识形态,使个性消失在共性之中,导致了生活、消费、审美的平面化、时尚化和肤浅化。该书强调真正的艺术是精神活动,激发真理的现代艺术应抓住美与丑、善与恶之间的冲突,迫使人们认清自我和现实,进而得到解脱。

第十一部是1987年出版的我国宗白华先生著的《美学与意境》。该书收集了作者所写的美学与艺术、文学论文61篇。内容分美学与文艺的一般原理、中国美学史和中国艺术论、西方美学史和西方艺术论、诗论四个部分。着重探讨了中国古代绘画、音乐、园林建筑中的美学思想,阐明了中国和西方审美意识的差异,认为"一个充满音乐乐趣的宇宙(时空合一体)是中国画家、诗人的艺术境界"。

第十二部是1993年出版的蒋孔阳先生著的《美学新论》。全书分6编,第一编"总论"认为美学研究应以实践论为基础,以人对现实的审美关系为出发点,以艺术为主要对象。第二编"美论"提出了美是主客体相互作用、相互契合的产物,是人的本质力量的对象化,是恒新恒异的多层次积累突创的自由形象。第三编"美的规律"认为美是人类在劳动实践中按照客观事物的规律性,结合人的目的、愿望来改造客观世界,实现自己本质力量,创造美的形象的规律。第四编"美感论"论述了美感发生发展的社会历史根源和生理心理基础。第五编"审美范畴"分别论述了崇高、丑、悲剧性、喜剧性及其理论的历史发展。第六编"中西艺术和中西美学"从比较的角度分别论述了中国和西方美学和艺术的特点。

从上述十二部美学专著的简单回顾中,我们不难发现:

1. 美是人类在长期的物质生产和种系繁衍这两种生产过程中形成的"人的本质对象

化",是人类社会实践的产物。美带着明显时代气息,是时代物质生产能力和精神状态的综合反映。现代美学和艺术兴起在欧洲,在德国完成了从古典美学向现代美学的转移决,这绝不是一种偶然,它和文艺复兴运动的人文主义、个性解放、自然主义、唯美主义的思想是一脉相承的。

2. 美学与哲学之间有着非常密切的关系。无怪乎像黑格尔、费希纳、康德这样的大哲学家都对美学和艺术的问题有深刻的研究,分析哲学的兴起就引出了分析美学,语义学派的兴起就引出了语义美学。有人认为美的本质就是艺术哲学,任何一个美学和艺术的研究者,总是会自觉或不自觉地运用某种唯物或唯心主义的哲学观点来解释美学理念的起源和发展历程。

3. 美学和心理学之间有着密切的关系。随着实验心理学的兴起,费希纳提出了实验心理学的美学理论。感觉、知觉、直觉、表象、想象、意识、理念、语言、创造、情感、兴趣等心理过程也是美学和艺术科学经常提到的问题。美学和艺术科学的不同理论中也都能找到近代不同的心理学派,如机能学派、构造学派、完型学派、精神分析学派、认知学派、行为主义等不同心理学学派的思想痕迹,反映出不同心理学派的思想。

4. 作为意识形态的美学和艺术,也是与文化水乳交融的。广义的艺术也就是文化艺术,东西方文化的差异,自然会带来不同的思维方式和形成不同审美观念和美的表达方式。然而,随着信息化时代的到来,东西方文化交往的频繁,这种差距会越来越小。东西合璧的文化融合将会促进东西方美学和艺术的融合。

5. 真、善、美是相互联系的三位一体,其内在的关系非常复杂。美与丑、善与恶、真与假的对立和统一的过程也就是美学和艺术科学发展的过程。外在美与心灵美的统一,理性美与感性美的统一,自然美与现实美的统一将是一个永恒的课题。

6. 文化产业的发展,艺术商品的流通,快餐文化的泛滥以及人们对时尚的追求,是否会影响人们对美与艺术的欣赏和鉴别能力?美学教育将如何培养人们正确的审美意识和审美情趣?如何在艺术的追求中做到既符合感性认识的内在规律,又符合理性追求目标的意识和高尚的情趣?这些的确是需要与时俱进不断探讨的问题。

总之,美学和艺术的观念和人类任何观念一样,随着时代的变迁而不断地变化,但作为人类最高的精神产物,又将永远表达人类良知的骄傲,内心的追求,现实和理想的矛盾与统一。教育不能没有美学,特殊儿童的教育更不能缺少美学,只有通过美的教育,才能使人类更能体现人性的伟大、朴实、执著与和谐,让人有能力抗腐拒污,不断地进行心灵的净化和创新的超越,在美化客观世界的同时,不断地美化自己的主观世界。

二、特殊儿童的美学与艺术教育

马克思通过对"物的尺度"和"人的尺度"的比较来说明人以及动物的区别和人类美感与一切创作的来源,他说:"动物只能按照它所属的那个物种的尺度和需要来进行塑造,而人则懂得按照任何物种的尺度来进行生存,并且随时随地都能用内在的固有的尺度来衡量对象,所以,人们也按照美的规律来塑造。"[①]这就明确地指出了,人类美感和一切创作都充分体

---

① 马克思. 1844 年经济学—哲学手稿[M]. 北京:人民出版社,1979:50-51.

现了人对生命价值的追求。

历来东西方的哲学家和教育家都非常重视和反复强调美育在培养人的过程中的意义和作用。柏拉图和亚里士多德都认为音乐教育能产生美化心灵的作用。中国古代的教育内容"六艺"中的"诗"与"乐"就直接与美育和艺术有关。古代哲学家、教育家孔子十分重视美育，提倡"兴于诗，立于礼，成于乐"。《乐记》便是儒家美学思想的经典之作，也是中国古代第一部美学专著。该书提出了美学与艺术教育的"和同"功能，即能促进人情感的和谐与协调。国民革命时期，蔡元培先生在《对教育方针之意见》一文中率先提出了德智体并重的教育方针，为后来德智体全面发展的教育学说奠定了基础。

如果说美育是一种通过美学知识的传授、艺术技能的学习，培养学生正确的审美观点和艺术欣赏与创造的能力，进而美化学生的心灵、行为、语言、体态，提高学生道德和智慧水平的教育，那么，特殊教育中的美育就可以认为是根据不同类型特殊儿童的特点，采取适当的方法，传授美学知识，使他们掌握一定的艺术技能，培养他们正确的审美观点和艺术欣赏能力，进而美化学生的心灵、行为、语言、体态，提高学生道德和智慧水平的教育。特殊儿童的美育也和普通儿童的美育一样，在教育形式和方法等方面具有下列明显的不同于其他类型教育的特点：

一是通过欣赏、模仿、创作等活动来进行，呈现出鲜明的形象性、直观性。

二是将教育性和愉悦性融为一体并突出愉悦性，力求达到以美感人，以情动人。

三是教育效果不仅是了解美学的一般知识，在不同程度上学会某种艺术表达的技能技巧，更主要的是与德育、智育、体育和劳动教育融为一体，培养学生高尚的情操，促进学生的全面发展。

总之，美育的形象性、情感性、愉悦性的特点，能起到寓教于乐的特殊效果，使学生陶冶情操、净化心灵、文理相通、身心健康。

但是，对特殊儿童，尤其是有发展障碍的儿童来讲，美和艺术的教育意义和作用还远不止上述这些"锦上添花"的良好作用，还有一系列"雪中送炭"的教育功能。这些"雪中送炭"的教育作用主要体现在美育的支持功能、补偿功能以及治疗、矫正和干预功能。

美育的支持功能是指通过美学和艺术教育，给有发展障碍的儿童提供身体和心理支持，最大限度地发挥特殊儿童的潜能，增强他们生活、学习和工作的信心，树立崇高的理想，培养他们顽强的意志，满腔的热情，使他们勇于正视困难，克服困难，战胜困难，创造奇迹。

(一) 聋童的美育

听力障碍使得聋童擅长于通过视觉来接受信息，用体态和肢体语言、文字和书写语言来表达自己的思想感情。当然，聋童的美育也是建立在视觉信息的基础之上，着重培养他们对形体美、动作美、色彩美、语言美等的感受、鉴赏和表达能力。因此，大多数聋校都强调对聋童的美术、舞蹈的教育和教学。

聋童的美育中，特别要注意的是要处理好如下两方面的问题：一是如何建立形象美和语言美之间的关系，形成相互促进的良性循环。换言之，一方面对视觉信息所提供的形体美、动作美、色彩美进行一定的转化，形成能用语言表达的语言美和文字美，另一方面，又能根据语言的描述，绘制相应的画面。二是如何将体态美、行为美内化成心灵美，让美的意识在聋童的心灵深处产生潜移默化的作用进而渗透到人格之中。

有些长期在聋校工作的语文教师和班主任在密切结合学生的实际生活,着眼于学生的能力培养和素质提高的基础上,总结出一些值得我们借鉴的通过语文教学建立形象美和语言美之间的关系,促进形象美和语言美向心灵美转化的经验。例如,梅次开老师提出,针对美术专业的学生的语文教学中,可以通过将某些课文词句用图画表达出来的"文配画"的方式,使聋生更加熟悉课文内容,接受课文内容的感染,检查对课文词句的理解情况;也可以通过看图写话的"画配句"的方式,要求聋生将图画的内容写成书面语言;还可以结合美术的写生活动和日常的画画工具,让聋生分别写记叙文和说明文。此外,在促进聋生形象美和语言美之间相互转化的同时,也注重文道结合,培养他们高尚的情操。例如,在学习了毛泽东的诗词《沁园春·雪》后,让学生以"江山如此多娇"为题作画。通过不同形式的学习,使学生深入感受爱国主义、革命英雄主义的豪情壮志。①

(二)运动障碍儿童的美育

运动障碍儿童是因四肢残缺或四肢、躯干麻痹、脑瘫、畸形,导致人体运动系统产生不同程度的功能障碍或功能丧失的儿童。对肢体残疾儿童来讲,最大的障碍是身体运动障碍。其中,中、重度肢体残疾儿童有的可以靠拐杖和支架行走,有的必须靠轮椅行走,需要一定的协助才能生活。

轻度的运动障碍儿童的美育可以参照普通儿童的美育进行,对中、重度运动障碍儿童的美育要按照潜能开发和功能补偿的双向原则,根据肢体残疾的部位和程度、个人的兴趣爱好和性别特征的不同来实施。例如,对上肢残疾或下肢残疾的儿童,对左侧肢残或右侧肢残的儿童应有所不同,男性和女性有所不同。但总的来讲,运动障碍儿童的美育不仅是要培养他们的审美意识和鉴赏能力,更重要的是通过美育的潜移默化来帮助他们克服悲观情绪、自卑心理,培养顽强的意志。由于身体运动障碍,他们在生活和学习上都有一系列正常人难以体会到的困难,有时还得依赖他人的帮助。例如,正常人要从书架上取出一本书,这是再方便不过的事情,但对有身体运动障碍的人来讲,有时就会觉得无能为力,感到十分无奈。正因为这样,一方面他们需要通过坚持不懈的努力来最大限度地增加生活和学习的自理能力,另一方面也需要用非常坦然和平静的心态不卑不亢地接受他人的帮助,培养乐观的生活和学习态度。

第3节 特殊儿童的音乐教育

一、东西方古代音乐教育思想

东西方古代思想家对音乐的认识和态度,确有明显的不同之处。古希腊的柏拉图和亚里士多德的音乐教育思想就有一定的分歧。柏拉图非常重视音乐教育,认为"要让儿童的心灵不会因习惯而使其喜乐忧戚与法律和守法者抵触,而使其顺从法律并与老前辈共感受——我是说,为了产生这样的影响,于是创制出音乐歌曲,它的效力犹如神力,目的在于培养

---

① 梅次开. 梅次开聋教育文集[M]. 上海:学林出版社,2000:99-103.

我们所说的和谐"①。但是,亚里士多德,虽然也把音乐列入儿童教育的内容,认同"教育的习常分科是四种:① 阅读、书写;② 体育锻炼;③ 音乐;有时还增加;④ 绘画"。但他在《政治学和伦理学》中谈到许多教育哲学的问题时,认为音乐只是一种消遣的活动。他说:"前人把音乐纳入教育,既不是作为必需之物——因为它不具备这种性质,也不是作为实用之物——因为音乐不像读写,在理财、家务、求知和政治活动等方面有着广泛的用途;它不像绘画,有助于鉴别各种艺术作品;也不像体育,有助于健康和强壮,因为我们看不到音乐能起这样的作用,于是,剩下的可能就是在闲暇时的消遣,显然,这是设置音乐课程的初衷。音乐被认为是自由人的一种消遣的活动。"②

与西方古代的教育思想比较,中国古代哲学家更重视音乐的作用。儒家学说中,将礼乐列为重要的教育内容,主张"兴于《诗》,立于礼,成于乐"(《论语·泰伯》),乐是诗歌、音乐、美术等美学的总称。早在春秋战国时期,儒家就特别强调音乐与道德教育的关系,并明确地指出,音乐可以发挥"乐以安德"(《左传·襄公十一年》),"乐以开山川之风也,以耀德于广远也"等方面的作用(《国语·晋语八》)。孟子更是明确指出:"闻其乐而知其德"(《孟子·公孙丑上》)。荀子在《乐论》中还进一步提出"贵礼乐而贱邪音"的思想,认为只有好的健康的音乐才能发挥积极的作用。

(一)"礼乐之教"与《乐记》

孔子用"礼乐"来概括周代的典章制度和文化教养活动,认为"礼乐不兴,则刑罚不中"(《论语·子路》)。儒家强调"乐"以"礼"为本和以"礼"导"乐",这种"礼乐之教"的思想在《乐记》、荀子的《乐论》、王安石的《礼乐论》等古典著作中都得到充分的阐述,成为中国道德和艺术思想的重要内容。

《礼记·乐记》比较系统地阐述了和儒家思想一脉相承的音乐思想。首先,《乐记》从人性论的角度论述了音乐的起源,一是认为音乐是来源于"人心感于物"的各种心理活动。作为人的情感活动,音乐不是孤立的,而是与歌舞、演奏、诗歌等活动密切相连的,"凡音之起,由人心生也。人心之动,物使之然也。感于物而动,故形于声。声相应,故生变,变成方,谓之音;比音而乐之,及干戚、羽旄,谓之乐",用现在的话来讲,凡是声音的发出,都是由人的心理活动而产生的,人的心理活动又是由外界的刺激所引起的。不同的声音相互应和,就会发展变化,这些抑扬高低的声音变化,就如同五色交错的文章一样,使五音俱全而产生歌曲。根据歌曲而进行演奏,加上干戚的武舞和羽旄的文舞,这便是乐。

二是认为音乐感知是与人的天性和人的欲望密切相关的,即"人生而静,天之性也,感于物而动,性之欲也","夫乐者乐也,人情之所不能免也"。正因为人有各种不同的欲望,才需要礼乐来节制人的口腹耳目之欲,排解烦恼,带来愉快,陶冶性情,使人返回人间正道。荀子在《乐论》也提出"夫乐者,乐也,是人情之所必不免也,故人不能无乐",即认为音乐能给人带来快乐,是人生活中不可缺失的一部分,人是不能没有音乐的。

三是认为音乐的理解和表达都是人类才能具备的高级的心理活动,动物听到声音而不

---

① 柏拉图,法律篇,浙江大学、华东师范大学教育系编,古代西方教育论著选[M].北京,教育人民出版社,2001:73.

② 亚里士多德,政治篇,浙江大学、华东师范大学教育系编,古代西方教育论著选[M].北京,教育人民出版社,2001:107.

明事理,常人知道一般的道理但也不深知音乐击浊扬清的教化功能,只是懂得礼仪道德的人才真正了解音乐的功能,即"乐者,通伦理者也。是故,知声而不知音,禽兽是也;知音而不知乐者,众庶是也。唯君子为能知乐"。

四是明确地指出了"礼"与"乐"的关系以及礼乐在教化中发挥功能的中庸之道,"乐者为同,礼者为异。同则相亲,异则相敬。乐胜则流,礼胜则离。合情饰貌者,礼乐之事也。",意思就是说,乐的功能是统和,礼的功能是区分。统和能产生亲近感,区分能产生敬意。快乐过度会导致放纵,礼节过度会产生隔膜。古代圣王制定礼乐的目的是为了节制人们的情感,达到"礼节民心,乐和民心,政以行之,刑以防之"的综合治理的王道。此外,《乐记》认为,礼乐不仅是用世之举,也是修身之术,好的音乐的作用是不可估量的,"大乐于天地同和,大礼与天地同节",就群体而言,"故乐在宗庙之中,君臣上下同听之,则莫不和敬;闺门之内,父子兄弟同听之,则莫不和亲;乡里族长之中,长少同听之,则莫不和顺"。就个体而言,"君子以钟鼓道志,以琴瑟乐心","听其《雅》、《颂》之声,而志意广大矣"。通过音乐可以达到"乐行而志清,礼修而行(指德行)成,耳目聪明,血气平和,移风易俗,天下皆宁,美善相乐"等多重的效果。当然,《礼记·乐记》还特别指出,只有健康的音乐才值得提倡,可作为教育内容,能起到"乐以治心"、移风易俗的作用。一切不合乎礼义的"邪音"、"奸音"和"靡靡之音"都应受到排斥和抵制。

正如蒋孔阳著的《先秦音乐美学思想论稿》一书中指出的,从哲学的角度来看,以《乐记》为代表的儒家音乐,渗透着"天人感应"学说和阴阳五行思想,音乐是为实现"礼乐之教"的大同社会服务的。①

(二) 音乐学的实证研究与音乐心理学

除了哲学的思辨和社会学的探讨之外,现代音乐学研究汲取生理学、物理学和实验心理学的理论,采用实证的方法来探讨人从原始到高级的音乐经验和音乐行为的形成和发展过程。例如,音乐心理学着重探讨声音的物理特征,个体音乐感的形成,音乐记忆,音乐想象,音乐语言、音乐才能的评估和音乐技能的训练等问题。音乐心理学的奠基者是著名的物理学和生理学家赫尔姆霍斯,他在1863年出版的专著《音的感觉》中,根据"欧姆定律"的音响学理论和缪勒的"感觉神经特殊能量说"的原理,用实验的材料说明了乐感形成的过程。1883年,斯图姆夫(Carl Stumpf)发表了《音乐心理》一书,比较系统地探讨了音乐心理学的问题,并着重研究了协和音和不协和音的感觉的形成机制。20世纪初,西霄尔(C. E. Seashore)等人设计了多种仪器,测试人对音乐中各种因素的感觉,他们从音乐演唱中探讨颤音的活动规律,指出了音高辨认中的"正常错觉"现象和表演艺术中的作用。

近几十年来,音乐心理学着重探讨音乐知觉的形成和发展,从婴幼儿音乐行为与高等专业音乐才能的培养过程中音乐学习的内在规律,其中包括一些有发展障碍的特殊儿童的音乐学习与训练的内在规律。

此外,音乐心理学也探讨音乐治疗的原理和方法。根据张昱琇"音乐治疗的传人及在中国的发展"一文的报道,在我国特殊教育领域,与音乐治疗相关的研究课题不断地增加,例如,由中央音乐学院音乐研究所承担的"音乐治疗在智力障碍儿童教育中的作用"研究课题,

---

① 蒋孔阳著. 先秦音乐美学思想论稿[M]. 北京:人民文学出版社,1986:5-8.

在一定程度上反映了我国学校音乐治疗发展的方向。现已有一些实验研究证明,音乐治疗对某些特殊儿童的康复、训练起到明显的作用,它已经成为对自闭症儿童,有情绪和行为障碍儿童行之有效的治疗和干预的方法。

二、盲童的音乐教育

早在3000多年以前的夏商周时期,古代中国就设有盲人音乐教育机构,从小培养宫廷盲人乐师。盲童因严重的视力损伤,失去了从视觉信息中了解外部五彩缤纷世界的机会,只能通过听觉、触摸觉等来感受美。这样,通过音乐教育,从音乐和语言中获得美感和艺术灵感,培养审美意识和艺术鉴赏能力,就成为盲人美育的主要途径。

有关盲人音乐教育的研究表明:长期的音乐教育可能使盲人的音乐心理结构和音乐学习能力结构都发生不同程度的改变。如音乐感知能力的提高,不但能比较正确地辨别音高、音长、音强、音色等微小的变化,对旋律、和声、节奏等也有较好的感知能力、记忆能力和创新能力。

从教育内容来看,盲童的音乐教育除了一般的唱歌、欣赏之外,最好能根据盲童本人的爱好和基本条件来引导其学习一两种乐器,学习一些谱曲的知识,尽可能使他们的音乐水平高于一般人,尽量使他们做到与音乐为友,让音乐陪伴他们减少因缺乏视觉刺激和行动不便而造成的孤独与寂寞。此外,盲童的音乐教育要和触摸盲文的学习,盲人电脑的学习结合起来,学会阅读盲人乐谱,也要和盲童的德育、智育、体育结合起来,通过音乐活动锻炼身体,无论是大声歌唱,还是掌握一门乐器,都需要通过机体训练来学会控制肢体的运动。再者,盲童的美育中应尽量组织盲童更多地参加群众性的课外活动,例如公益性的社会音乐演出。这样做,不仅能创造机会,不断地提高盲童的音乐素养、演奏技能,还能扩大他们社会交往的范围,增强他们生活与学习的信心,提高其身心健康水平。

三、自闭症儿童的音乐治疗

自从1943年美国精神病医生柯纳《情感接触的自闭障碍》一文发表之后,人们开始注意到的确有这样一类儿童:他们极其孤僻和冷漠,寡言少语或几乎没有语言,懒于社交或几乎没有社交能力,机械而刻板的行为方式使人百思不得其解,这便是自闭症儿童,又称孤独症儿童。

半个多世纪以来,随着科学技术的发展和社会文明的进步,学术界认为自闭症是一种广泛的发展障碍(Pervasive Developmental Disorders,PDD)。自闭症儿童除了在社会交往、语言交流和想象力缺乏等典型社会性发展障碍之外,在言语迟缓、智力低下、情绪控制失调等方面也存在多种发展障碍问题。自闭症儿童不仅难以区分和鉴别,更难于矫治和教育,被特殊教育界称之为"特殊儿童之王"。近10多年来,该问题引起国内外相关学科的高度重视,并已经开始在基础研究和应用研究方面取得了一定的进展。

根据音乐心理学和心理治疗的原理,利用艺术治疗来对自闭症儿童提供早期干预和治疗是一种有效的方法。陶特(Thaut)的对自闭症儿童与正常儿童视觉与听觉能力的对比研究发现,正常儿童组更偏好视觉刺激(动物等的幻灯片),而自闭症的男童组对音乐刺激的喜好显著超过视觉刺激。后来,从一系列相关的研究结果中总结出自闭症儿童音乐感知的以下四点特征：

1. 相对于其他的听觉刺激及其他感受通道的刺激而言，大多数自闭症儿童能够对音乐刺激产生频繁且恰当的反应。

2. 自闭症儿童的音乐感知、记忆、演奏等能力高于其他各行为领域的运动能力，而且有的并不亚于普通儿童。

3. 以音乐为媒介可以帮助自闭症儿童进行更有效的学习。

4. 虽然自闭症儿童的音乐行为的特征仍有待于进行深入的研究，但是目前为止的研究表明音乐能够成为开启自闭症儿童各方面发展大门的钥匙。

由于音乐对自闭症儿童具有独特的亲和力，大多数自闭症儿童能够融入音乐活动中，众多研究者对自闭症儿童进行了音乐治疗的尝试，证实了音乐治疗能促进"孩子之间的信赖关系的确立和深化"。音乐治疗对自闭症儿童所能产生的效果主要体现在以下几个方面：

1. 增加了适当的社会性、情绪性交流行为。

2. 减少不适当的非期望行为。

3. 有助于学习与掌握社会适应技能。

4. 能促进言语、语言能力的发展。

5. 促进感知运动和认知能力的发展。

6. 提高音乐欣赏能力和表达能力。

因此，音乐治疗，已经被广泛认同是一种促进自闭症儿童的情绪性交流和社会性互动的发展的有效而恰当的方法。目前，常用于自闭症儿童的治疗与教育的音乐治疗模式有三大类：即兴音乐治疗、教示性音乐治疗和教育性音乐治疗。而在这三大类的音乐治疗模式中，比较有影响力的是即兴音乐治疗。

为了验证自闭症儿童实施音乐治疗的实际效果，我们也曾采用个案研究的形式，以即兴—结构化的干预模式为手段，通过对视线接触的频率，活动参与程度，须重新唤起注意的频率等指标考察了音乐治疗对自闭症儿童注意行为的影响。[①] 研究结果表明：即兴音乐干预模式和不同维度的结构化音乐干预模式各有不同的效果，但总体而言，儿童的注意行为会随着干预的进行而有所改善。

当然，不仅是音乐治疗对自闭症儿童有干预作用，美术和其他艺术形式也能对自闭症儿童起到干预和治疗的效果。此外，艺术治疗也不只是适用于自闭症儿童，同样适用于其他类型特殊儿童，如智力障碍儿童。

随着学科的交叉与相互渗透，我国有些教师已经结合特殊儿童早期教育的特点，深入探讨特殊儿童游戏化的音乐活动问题。如张馨和张文禄合著的《特殊儿童游戏化的音乐活动60例》一书，突出了交叉学科的特点，以音乐教育为主线，既灵活地运用了著名的加德纳的多元智能理论、奥尔夫的音乐理论、皮亚杰的认知发展理论，又提供了一套针对智力障碍儿童、脑瘫儿童、自闭症儿童等不同类型的特殊儿童的音乐治疗、康复、干预、教育的内容和方法。正如作者所说的："使特殊儿童能在轻松、愉快、团结、友好的气氛中感受音乐、表现音

---

① 李伟亚,方俊明.单一自闭症儿童个别化即兴音乐治疗的绩效研究[C].第27届国际幼儿教育年会论文集. 2007.

乐、享受音乐、热爱音乐,进而热爱生活、享受生活。"①

我们相信,随着交叉学科研究的深入,美术、音乐等艺术教育将会在特殊儿童的教育中发挥更大的作用。

 本章小结

"天行健,君子自强不息",看到残疾人运动会的赛况和残疾人艺术团的表演,我们无不为他们顽强的拼搏精神而感动。与此同时,我们也会更加深切地体会到特殊教育中的体育、美育和音乐等艺术教育在特殊儿童培养中的重要意义。

本章讨论了有关特殊儿童体育教育、美学教育和音乐教育的理论问题,并结合我国体育、美育和音乐教育的历史和现实,集中讨论下面几方面的问题。

一是围绕有关盲童、智力障碍儿童体育教育实验研究的资料,讨论残疾人体育教育的原理和功能。相关的研究表明,对特殊儿童的体育教育不仅能达到增强体质,提高健康水平的效果,还能改善大脑功能和促进认知能力的发展。

二是从历史的角度,讨论了美学与哲学的关系,聋生、肢体残疾学生美学教育的意义、原理。真、善、美是相互联系的三位一体。什么是正确的审美意识?什么是健康的审美情趣?如何培养残疾儿童的审美能力和艺术创作能力?这些涉及人的深层意识的问题,也是历来哲学家所关注的问题。美是人类长期物质生产和种系繁衍过程中的反映,也体现了明显的时代气息。美育的形象性、情感性、愉悦性的特征在特殊教育中能起到寓教于乐的特殊效果,使学生陶冶情操、净化心灵、文理相通,身心健康。

三是围绕《乐记》和《乐论》,从"心物感应"的角度探讨了中国古代音乐教育思想的起源,现代音乐心理学的发展历程,评介了盲童和自闭症儿童音乐教育和音乐治疗的意义、原理和方法。

 思考与练习

1. 从军事体育观向全民体育观转变说明了什么?
2. 为什么说人类美感和一切艺术创作都充分体现了人的生命价值的追求?
3. 举例说明如何培养特殊儿童正确的审美意识和健康的审美情趣。
4. 中国古代思想家怎样认识音乐的起源和教化功能?
5. 阐述自闭症儿童音乐干预的原理。

---

① 张馨,张文禄. 特殊儿童游戏化的音乐活动60例[M]. 上海:上海音乐出版社,2009:1.

世界不会满足人,人决心以自己的行动来改变世界。①

列宁

第 14 章 特殊儿童职业教育的哲学思考

- 深入分析劳动的本质和劳动对人类生存发展的深远意义。
- 探讨特殊儿童职业技术教育的意义和发展趋势。
- 了解根据不同类型特殊儿童的特点开展职业技术教育的原理和途径。

劳动和就业是人类最基本的社会实践活动,但古往今来,人们对劳动的意义的认识和对劳动态度却大不相同。亚里士多德把运动、工作和消遣放在一个有序的关系中进行考察。他曾指出:"我们一方面要好好工作,另一方面也要注意休息。"在他看来,如果运动和随之而来的休息是为了工作,那么,工作反过来也是为了闲暇。18 世纪法国启蒙思想家、哲学家卢梭却和我国老庄学派一样,把自然与文明对立起来,认为只有最初生活在自然状态下的人类才能真正享受到自由、平等和安宁。而过度地的劳动、无限制的贪欲都是打破这种平静的祸根。

马克思主义的劳动学说,从历史唯物主义的角度科学地分析了劳动的本质,指出了劳动对人类生存和发展的深远意义。首先,马克思肯定了劳动是"人以自己的活动来引起、调整和控制人和自然之间物质交换的过程"②。其次,指出了人类劳动的目的性和主动性。认为使用工具,改变自然,改造环境是人类与动物的本质区别。通过参加劳动,人类自身也得到改变,手脑的协调、大脑的开发、语言的产生和文化的积累带来人类的文明与进步。劳动的异化和奴役只是阶级社会和剥削制度的产物,随着社会生产力的发展,社会制度的完善和共产主义的实现,劳动和就业将成为人的第一需要。

不难看出,劳动就业首先是一个与人的生存和发展密切相关的经济问题,但同时也是一个涉及许多方面的政治问题和教育问题。凡是在世界上生活的人,都要消耗一定的生活物资,也就必须要有一定的生活来源,如果不是靠纯粹的政府救济和家庭抚养,每个人都要从事某种能提供生活来源的职业。那么,进入高度发达的现代社会之后,以往那种靠单纯的模仿、出卖体力的行业越来越少了,劳动专业化的发展倾向要求人们必须接受一定程度的职业教育之后,才能获得从事某种职业的能力和资格,才能更好地发挥自己的体力和智力,获得一定的劳动报酬,才有可能为社会作出一定的贡献。正因为这样,职业教育就成为当代教育体系中的重要部分。

---

① 列宁全集[M].北京:人民出版社,1990(55):183.
② 马克思恩格斯全集[M].北京:人民出版社,1965(23):201-202.

第 1 节　职业与职业技术教育

职业与职业技术教育的意义和重要性几乎是不言而喻的。人们为了生计而就业,这是显而易见的道理,但就业又不仅仅是为了赚钱糊口、赚钱养家,更重要的是落实为社会服务的行动,运用自己学到的知识,施展个人的才能和实现自己的抱负。因此,失业,尤其是长期或永久性失业,对任何人来讲,都是很大的打击。因为这不仅切断或减少了生活的来源,承受生活的压力,而且使自己孤立于社会,失去许多表达意志和展现能力的机会,使自己的尊严和自信受到威胁。自古以来,许许多多的哲人、文学家、心理学家都从不同的角度描写和论证了劳动就业是人的第一需要。

一、职业与职业技术教育的概念

职业教育(vocational education)是指传授某种与职业相关的生产劳动知识与技能的教育。传统的职业教育多以学徒制的形式来进行。例如,中国古代以手工业生产方式为基础,培养工匠型人才的学徒制就是早期的职业教育。但随着科学技术的进步和工业化的发展,劳动的环境越来越复杂,从业要求越来越高,传统的以手工作坊为基础的工匠型教育已经不能适应社会生产的发展。为了适应社会结构、经济结构的变化,人们觉得必须采用专门的学校教育形式来培养具备现代社会职业所需知识和技能的人才。于是,以从事社会职业工作为培养目标的现代职业教育应运而生。

从职业教育的内容来看,绝大部分现代职业教育都涉及一定的技术,所以,职业教育和职业技术教育,这两个不同的名词术语经常混用。联合国教科文组织的文件中也是把"职业技术教育"当作一个综合性的名称使用。从教育与就业时间的关系来看,职业技术教育可以划分为职前教育、职后教育两个阶段。职前教育也就是就业前的准备性教育,往往是将文化教育和职业准备融为一体,着重于与某种职业相关的知识、技能、能力和态度的训练,多半在普通学校和不同层次的职业专科学校进行;职后教育是从业后为了进一步更新知识、发展能力、提高水平而接受的职业教育,多半在各种类型的成人进修学院、比前期接受的职业教育更高一级的职业高等学校和普通高等学校进行。近年来,由于社会职业结构和就业形势的不断变化,一部分人很难做到一生只从事一门职业,需要面临第二次或多次职业选择,为了适应转岗和再就业的需要,出现了一些转岗职业教育或继续职业教育。

因为从事任何一项职业,都需要从业者具备一定的道德、知识、技术,才能保证工作的质量与效率,所以,就业前的准备性职业教育立足于以下三方面的从业准备:一是相关知识准备,要具备从事某项职业的文化科学方面的基础知识和相关的专业知识;二是与职业密切相关的操作能力准备,如使用计算机的能力、驾车能力等等;三是从业的思想和心理准备,涉及专业思想、职业道德、劳动态度、劳动纪律等问题。联合国教科文组织在 2001 年修订的《关于技术与职业教育的建议》中认为,人们可以从如下五个方面广义地理解职业技术教育的概念和社会功能:① 职业技术教育也是普通教育的一部分;② 职业技术教育是准备进入某一就业领域以及有效加入职业界的路径;③ 职业技术教育也是终身教育的组成部分,旨在培养负责任的、能各尽所能通过从业来为国家服务的公民;④ 职业技术教育有利于改造环境和保持可持续发展；⑤ 职业技术教育能有助于消除贫困,增长财富。由此可见,广义的职业技术教育同普通教育、劳动教育、生计教育、公民教育、终身教育是一脉相承的。

二、职业技术教育的发展趋势

职业技术教育的兴起是以科学技术的发展、工农业生产水平的提高为背景的,在理论上,有三根支柱。一是社会经济学的理论,认为劳动创造财富,而劳动的分工和专业化的发展方向,形成不同行业,不发展职业技术教育将无人能胜任这些不同行业的工作;二是教育学的理论,认为纯知识型的学习,远离现实生活,不能直接促进社会生产力的提高,不能改善人们的生活水平,提倡通过职业技术教育的途径实现教育与实践相结合;三是心理学的理论,认为手脑并用才能有助于智能的培养和身心的健康,才能提高学生解决问题的能力、适应社会的能力。正因为这样,为了适应社会发展的需要,近百年来,世界上许多国家都不同程度地发展了职业技术教育。在 20 世纪 70 年代,有些国家还开展了以发展职业技术教育为轴心的教育改革。例如,西德尼·马兰在 1971 年就任美国教育总署署长期间,开展了名为"生计教育"的教育改革试验,力图把职业技术教育、补偿教育和教育平等三者结合起来,增强学校与社会的联系、教育与就业的联系。

但是,近百年来世界职业技术教育的发展道路是十分曲折的,既受到封建主义、贵族教育思想的影响,也受到各国经济发展和就业状况的制约。一些有根深蒂固的"劳心者治人,劳力者治于人"的封建思想的人,总是将人文教育和职业技术教育对立起来,重视学历教育、轻视职业技术教育,至少是轻视中低等学历的职业技术教育。此外,由于职业技术教育和市场经济的关系更为密切,教育本身又需要一定的周期,一旦遇到经济危机和市场萧条,职业技术教育更容易受到打击。一场金融危机和经济萧条,往往就使得有些国家雄心勃勃的职业技术教育计划难以实现。从发展趋势来看,现代职业技术教育向高迁化和普通化的两个方向发展。

(一) 职业技术教育高迁化倾向

职业技术教育高迁化倾向是现代职业技术教育发展趋势之一,其主要特征是教育水平不断地从初等职业技术教育、中等职业技术教育向高等职业技术教育上升,学历水平也随之升高。这种现象的产生有两个原因:一是由于科学技术的发展和在生产过程中的普遍应用,使得较低层次的职业技术教育不能满足生产发展和社会的需要;二是中等教育的普及、高等教育的大众化和学历社会的竞争推动了职业技术教育学历层次的提高。这种高迁化倾向往往体现在两个方面:一是提高了在校学生职业技术教育的学习年限和学历水平,二是促进了就业后职业技术教育的发展,使许多原来只接受初等和中等职业技术教育的在职工作人员多通过成人教育、业余教育、网络教育的途径来接受更高一级的职业技术教育。

(二) 职业技术教育普通化倾向

为了适应现代科学知识的增长,受教育者需要具备较高的文化水平、扎实的基础知识和掌握一定的基础理论,现代职业技术教育又呈现出向普通化教育进行部分回归的发展倾向。这种发展倾向的主要特点是延长接受普通教育的时间,避免过于狭窄的早期专业化和职业化,并希望能逐步实现在更高层次上的职业技术教育和普通教育的一体化。在这种发展趋势的影响下,专门的初等和中等职业技术学校不断减少,代之而起的是高等职业技术教育学校的增加。这种发展倾向,缓解了"教育双轨制"的矛盾,体现出更多的教育公平,更适应就业形势的变化,当然,也增加了劳动者受教育的年限,提高了职业技术教育的成本。

鉴于世界职业技术教育上述两种发展趋势,1999年4月联合国教科文组织召开的第二届国家技术和职业教育大会呼吁各国以终身教育思想为指导,进一步改革和发展职业技术教育,建立和完善与更高一级的教育相衔接和沟通的有效机制,建立开放的、灵活的、专业化、个性化的新型职业技术教育制度。

第2节 特殊儿童职业技术教育的哲学思考

记得我2003年在日本参加一个有关特殊教育的国际会议期间,认识了一位当代日本著名的特殊教育家柚木教授。因为我不会日语,他也不会中文,我们俩曾借用各自发音都不太标准的英语,以及书写的汉字,讨论过特殊人群的职业技术教育问题。他告诉我,作为一个特殊教育人士,他非常崇拜中国的文化,因为,据他所知,古代中国从远古的夏商周时期就出台了一系列有关减免残疾人赋税的政策。惭愧的是,像我这个年龄的中国的知识分子,大好时光都在精神劳改中度过,无论是东方和西方的文化都只是略知一二,尚不知夏商周时期就有这样的这样的赋税政策。回国后,我带着这个问题翻阅了一些资料后发现,《礼记·王制》中的确曾经有这样一些记载:"凡三王养老皆引年。八十者,一子不从政;九十者,其家不从政;废弃非人不养者,一人不从政。"按照现在的解释便是国家可以根据不同家庭的实际情况来减免赋税徭役。此外,还规定了如下"保息六养万民"的养老、扶贫、助残目标:"一曰慈幼,二曰养老,三曰振穷,四曰恤贫,五曰宽疾,六曰安富"(《周礼·地官·大司徒》)。为了落实这一政策,还设置小司徒这样的官员来负责"辨其贵贱老幼废残",确认国家各类人员的人数。不仅如此,还曾实行"以其器食之"的政策,落实残疾人的各尽其才,即所谓"古者至治之世,自瞽蒙、昏聩、侏儒、除、戚施之人,上所以使之,皆各尽其才"。

一年后,我以院长的名义,诚恳地邀请柚木教授来我院讲学,他拖着病体,接受了我们的邀请,用自己的亲身经历给我们介绍了他在日本从事特殊教育工作40多年的经历,尤其是如何为一批智力障碍学生开展职业技术教育并帮助他们办厂就业、艰苦创业的过程,以及取得的成就和存在的问题。记得在场听课的师生无不为这位身患肝癌、动过7次手术却仍然坚持为特殊人群服务的学者的敬业精神、深刻思想和忘我工作而感动。讲演结束后,有个学生提出这样一个问题:"像日本这样经济发达的国家,政府完全有能力用救济金支付残疾人的生活费用,为什么要花那么多力气来发展残疾人的职业技术教育和解决他们的劳动就业的问题呢?"我记得柚木教授做了如下三点回答:

1. 劳动就业,对残疾人来讲,不只是生活来源方面的考虑,更多的是维护其作为公民的尊严,发挥自身的潜能,增加自信;哲学家康德曾说过,任何一个不能为社会作出贡献的公民便是"消极公民",而消极公民则很难体现出个人的自尊自重。

2. 从心理学上讲,每一个人都有一定的"成就动机"。放弃劳动与工作的机会,就无法享受劳动与工作的乐趣,就可能会变得懒散、无聊和空虚。然而,懒散、无聊和空虚对任何人都是有腐蚀作用的。

3. 一切有发展障碍的特殊人群,只有参加工作,才能显示自己长期以来接受特殊教育的效果,巩固自己的知识,增加对环境的适应能力。

国内外现代特殊教育发展的经验证明,特殊教育是将医疗康复、教育训练和劳动就业融为一体的系统工程,职业技术教育是特殊教育中非常重要的一部分。从某种意义上来讲,能否通过对特殊儿童的职业技术教育培养他们自食其力的生活能力,是衡量特殊教育效果的重要标志。换言之,只有帮助有发展障碍的特殊人群劳动就业,才能给他们提供一个巩固学习成果、保证可持续发展的机会。特殊儿童的职业技术教育是实现"一切生命都有尊严,一切生命都有价值"这一理念的必由之路。

一、特殊儿童职业技术教育的特点与专业设置

特殊儿童的职业技术教育除了具有一般职业技术教育的性质外,最主要的是要充分考虑到不同类型特殊儿童的实际情况,根据他们的身心特点来选择适当的专业,有步骤分阶段地进行职业技术教育。

例如,美国的罗彻斯特聋人技术学院(Rochester Technological Institute for the Deaf, RTID),是世界上第一个建立和规模最大的聋人理工学院,也是罗彻斯特理工大学附属的七大学院之一。专门为聋人学生提供2—4年的科学技术、计算机和文学艺术的专业课程,主要专业设置包括应用技术和电脑制图、应用计算机技术、经济贸易、应用会计、数码图像和印刷技术、医疗保健和表演技术等。对进入健听班的聋生,学院可以提供手语翻译、课堂笔记的记录员或同声传译到笔记本电脑等相关服务。

日本的筑波技术短期大学是以视觉、听觉等感官残疾人为招收对象,以培养具有广泛的知识教养和专业技术能力的职业人才为目标的国立三年制高等学府。筑波技术短期大学听觉部招收的是听力水平在60—100分贝的重度聋人,开设的专业有设计学科(美术、工业)、机械工学科、建筑工学科和电子信息学科四个专业。视觉部招收的是两眼矫正视力不满0.3的重度视力障碍和盲人,开设的专业有信息处理、理疗和针灸三个专业。专门为盲人提供的图书馆可以使盲人通过合成声音查阅图书资料,大多数的教科书和参考书已经编成盲文电子图书与电脑相连。视觉障碍者用的教材可以在本校的教学开发中心被转译成盲文,并印刷成书。[①]

我国除港台地区外,第一所综合性的残疾人高等学府是1987年成立的长春大学特殊教育学院。首批招生开设的专业有音乐和美术两个专业,后来又逐步增加了盲生的针灸按摩专业,肢体残疾者的工业会计专业、企业管理专业,2000年又增设了绘画专业。20多年来,为国家培养了大量的特殊人才,赢得了国内外的赞誉。

我国除港台地区外,第一个残疾人高等教育专业设在青岛的滨州医科大学的残疾人临床医学院。这是一所专门招收肢体残疾人的医学院,1985年开始招生,已经有千余名学生毕业。

我国除港台地区外,第一所残疾人理工科高等学府是1997年成立的天津理工学院聋人学院。最初设置的专业是"机械制造工艺与设备专业",后来又增加了"计算机及应用"和"服装设计与工程专业"。

---

① 张宁生.残疾人高等教育研究[M].沈阳:辽宁人民出版社,2000:267-269.

除了高等职业教育之外,我国还有一批中专水平的残疾人中等职业技术教育学校。

从上面几所有代表性的残疾人大学的专业开设情况来看,我国特殊儿童的高等职业教育起步较晚,残疾人的职业技术教育和就业途径的确受到一定的限制,专业和课程设置还需要根据社会的发展深入地研究和改进。

二、残疾人劳动就业问题的哲学思考

应该说,残疾人作为一个弱势群体的就业问题不仅是教育问题,更是社会问题,是与社会经济发展密切相关的问题。存在决定意识,尽管许多国家都以法律的形式规定了用人单位和机构接受残疾人就业的人数比率,并以减税和免税来予以鼓励,但实际上残疾人的劳动就业问题仍然难以得到妥善的解决。尤其是在金融危机、经济萧条的时期,残疾人因为劳动绩效的整体水平可能低于正常人,职业转型也不太容易,因此,更容易遇到失业问题。

在学校的职业技术教育过程中,首先,要防止特殊儿童、尤其是残疾儿童的过度依赖,鼓励自力更生,自食其力。在日常生活中,有的特殊儿童的家长实不忍心残疾孩子经受职业技术教育的训练,怕孩子吃苦受累,宁可通过自己的劳动和财富积累,把孩子完完全全地养起来。他们没有认识到,让孩子接受职业技术教育和从事一份力所能及的工作,不仅是为了保证一定的自食其力的生活来源,更重要的是会提高孩子生命的质量,使其获得融入社会的机会和做人的尊严。

特殊教育中的职业技术教育面临着更为严峻的挑战:一是需要社会增加宏观经济的调控能力。二是必须增加特殊儿童职业技术教育的科技含量。三是职业技术教育不能只是提供一种高层次的职业训练,同时也要加强人文精神的教育,增加强残疾人面对现实、适应复杂环境的能力和承受压力的能力。

 本章小结

劳动和就业是人类最基本的社会实践活动,但古往今来,人们对劳动的意义的认识和对劳动态度的却大不相同。亚里士多德把运动、工作和消遣放在一个有序的关系中进行考察。卢梭却和我国老庄学派一样,把自然与文明对立起来,认为只有最初生活在自然状态下的人类才能真正享受到自由、平等和安宁。而过多的劳动、无限制的贪欲都是打破这种平静的祸根。

马克思主义的劳动学说,从历史唯物主义的角度科学地分析了劳动的本质,指出了劳动对人类生存和发展的深远意义。劳动的异化和奴役只是阶级社会和剥削制度的产物,随着社会生产力的发展,社会制度的完善和共产主义的实现,劳动和就业将成为人的第一需要。

劳动就业既是一个与人的生存和发展密切相关的经济问题,也是一个涉及许多方面的政治问题和教育问题。职业技术教育是当地教育体系中的重要组成部分。

职业技术教育的兴起是以科学技术的发展和工农业生产水平的提高为背景的,在理论上,有三根支柱。一是社会经济学的理论,二是教育学的理论,三是心理学的理论。其中,心理学的理论认为,手脑并用才能有助于智能的培养和身心的健康,才能提高学生的解决问题的能力、适应社会的能力。现代职业技术教育向高迁化、普通化的方向发展,国内外现代特殊教育发展的经验证明,特殊教育是将医疗康复、教育训练和劳动就业融为一体的系统工程,职业技术教育是特殊教育中非常重要的一部分。从某种意义上来讲,能否通过对特殊儿童职业技术教育培养他们自食其力的生活能力,是衡量特殊教育效果的重要标志。特殊儿童的职业技术教育是实现"一切生命都有尊严,一切生命都有价值"这一理念的必由之路。

在职业技术教育中,要防止特殊儿童、尤其是残疾儿童的过度依赖,鼓励学生自力更生,自食其力,获得融入社会的机会和做人的尊严。目前,特殊教育中的职业技术教育面临着更为严峻的挑战:一是需要社会增加宏观经济的调控能力;二是必须增加特殊儿童职业技术教育的科技含量;三是职业技术教育不能只是提供一种高层次的职业训练,同时也要加强人文精神的教育,增强残疾人面对现实、适应复杂环境的能力和承受压力的能力。力求使受过正规的职业技术教育的残疾人,有更高的精神追求,有一些超凡脱俗的风格和自我调控的能力,经受得起挫折,永远保持身心健康和良好的精神品质。

思考与练习

1. 阐述劳动的意义和对人类生存发展的深远影响。
2. 阐述当代职业技术教育的理论支柱。
3. 联系实际,探讨当前特殊儿童职业技术教育中存在的主要问题。
4. 如何根据不同类型特殊儿童的特点进行劳动教育、提高劳动就业的比率和就业水平?

> 学哲学的目的,是使人作为人能够成为人,而不是成为某种人。其他的学习(不是学哲学)是使人能成为某种人,即有一定职业的人。①
>
> 冯友兰

第15章　教师教育的哲学思考

- 进一步认识教师在教育过程中的地位与作用。
- 分析一部分教师"职业厌倦"的原因和不良影响。
- 了解我国特殊教育教师和专业人员匮乏的现状。
- 学习如何从哲学的角度来认识特殊教育中的师德问题。

我在读郑金洲写的《教育文化学》一书时,看到他引用美国小说中的一段对教师形象的文字素描,感慨颇深,现转引如下:

"他们渐渐变老,但是并不幸福,他们富有爱心但是自身得不到爱,他们有需要但却得不到满足,他们永远是把生命奉献给其他母亲的孩子的陌生人。随着岁月的流失,他面露倦容,对事物愈加敏锐,感情日见淡漠。他在课堂上是位独裁者,而在社区是位隐士。一旦她们接受了作为学校女教师的角色,也就等于接受了老处女的角色,她们默默地为自己所遭受的无法言表也无法理解的痛苦和挫折而寻求答案……在美国的小说中,男教师常常是佝偻着身子、骨瘦如柴、面色阴沉、疲倦;他身着褴褛的衣衫,故作优雅,过时了的服装松垮地悬挂在他营养不足的骨架上……简言之,他们在成功地作为一个教师的同时,注定不会成为一个合格的男人或女人。"②

尽管上述只是一种文学描述,倒也在一定程度上反映了西方的教师文化。相比而言,西方文化中,似乎从来就没怎么重视过教师。苏格拉底认为教师只是一个知识的"接生婆",阿奎那的《关于教师》的小册子中把教师的技艺和治疗的技艺相提并论。据周浩波在《教育哲学》一书中提到,在古希腊的雅典,奴隶主挑选有学问的奴隶来担任自己孩子的教师,但这些"教仆"的身份还是奴隶。17世纪以前,欧洲各国初等学校的教师也大多数由教堂里的唱诗人、旅馆里的掌柜或裁缝、鞋匠兼任。只是到工业革命之后,出于发展生产的需要,各国建立起国民教育体制,教师才成为正规学校固定的专业人员并有相关法律规定了教师的资格、权利、义务和聘用程序。

因为"尊师重教"是中国文化传统,在中国当一名教师的总体感觉大概会比国外好得多。

---

① 冯友兰. 中国哲学简史[M]. 北京:北京大学出版社,1985:16.
② 转引自郑金洲. 教育文化学[M]. 北京:人民教育出版社,2000:267-268.

我们在各级各类学校,都能看到许多"辛勤的园丁",以"传道、授业、解惑"为己任,努力工作。细细想来,与教师在中国传统文化和现实生活中的地位有一定的关系。

第1节 教师的传承与创新

按照《教育大辞典》的定义:"教师是学校中传递人类科学文化知识和技能,进行思想品德教育,把受教育者培养成一定社会需要的人才的专业人才。"我想,这个定义是大多数教育界的同行所能认可的,它至少说明了这么三层意思:一是肯定了教师是专业人员,专业人员是要经过专业训练,具有专业素养,获得专业证书的。二是在学校中工作,其工作场所是各级各类的学校,而不是政府部门,也不是企业和其他部门。三是工作任务很明确,是传递知识和技能,进行品德教育等培养人才的活动。四是培养人才的活动并非随心所欲,而是要根据一定社会的需要,按照社会规定的标准来进行。这样,以"教书育人"为己任的教师,势必涉及文化的传承与创新问题。

(一)《学记》与中国教师教育的传承

中国历来被誉为是尊师重教的礼仪之邦。早在西周时期,国学和乡学都初具规模,并奠定了"官师一体"、"政教合一"的办学传统,"六艺"为核心的教学内容,"伦理本位"的教育思想,以及"尊师爱生"的文化传统。在漫长的封建社会,上述办学传统、教学内容、教育思想和文化传统在科举制度的促进下,不断得到丰富和强化,成为中华民族传统文化中重要的精神财富。

中国古代的教育文献《学记》是先秦儒家教育思想与教育经验的总结,不仅确定了学校教育的地位,肯定了"伦理本位"的教育思想,还对"教学相长"、"因材施教"、"循循善诱"、"由博返约"、"温故知新"、"学思结合"、"知类通达"等"教"与"学"的原理与方法进行了言简意赅的阐述。

《礼记·学记》中的"小成"与"大成"观认为:"古之教者,家有塾,党有庠,术有序,国有学。比年入学,中年考校。一年视离经辨志,三年视敬业乐群,五年视博习亲师,七年视论学取友,谓之小成。九年知类通达,强立而不反,谓之大成。夫然后足以化民易俗,近者说服而远者怀之,此大学之道也。"这段话的大意是:古时根据地方和人口有不同大小类型的学校,家中有塾,党中有庠,术中有序,国中有学。每年入学一次,隔年考试一次。经过7年的教育,能句颂经文、辨别志向、专心事业、乐于助人、尊重师长、选择朋友就算是"学有小成";经过9年以上的教育,能闻一知十、触类旁通、临事不惑、不违师道,就可称为"学有大成"。而教化民众、改变风易俗、使远近的人都能心悦诚服,这是大学的教育方法。可见,"伦理本位"的教育是循序渐进的,随着接受教育时间的增加,对受教育者应该有不同的要求。

《学记》中是这样阐述教学相长的原理:"虽有嘉肴,弗食不知其旨也;虽有至道,弗学不知其善也。是故学然后知不足,教然后知困。知不足,然后能自反也;知困,然后能自强也。故曰:教学相长也。"(《礼记·学记》)这段话的大意是:虽然有美味佳肴,不吃就不知道其中的美味;虽然有最好的道理,不学习也无法知道这些道理好在哪里。因此,只有经过学习,才知道自己知识与能力的不足;只有从事过教育,才知道自己知识不够,感到窘迫。知道自己不足后,可以从反省中学习;体会到窘迫,可以加强这方面的学习与训练。所以说,教与学相互促进的过程。作为中国教育史上的重要文献,对后世的教育产生了极其深远的影响。

《学记》提倡"尊师重道",认为"凡学之道,严师为难。师严然后道尊,道尊然后民知敬学"。教育者必须有一定的威信,只有保持师道尊严,才能取得教育的效果。但是,这种"尊师重道",决不是建立在不学无术,装腔作势,而是源自教师本身的知识、才能和人格魅力。因此,《学记》对教师提出了一定的要求,认为"君子既知教之所由兴,又知教之所由废,然后可以为人师也。"意思是说,只有懂得教育成功与失败的原因的君子才能当老师。"故君子之教谕也,道而弗牵,强而弗抑、开而弗达。道而弗牵则和,强而弗抑则易、开而弗达则思。和、易以思,可谓善谕也。"意思是说,好的教师应该懂得如何晓谕学生的道理,加以引导而不强制,让人努力学习又不使其有过高的压力,加以启发而不直接告知结论。因为只有引导而不强制,师生关系才会融洽,勉励学习而不施压才会平易近人,加以启发而不简单告知答案,才可能引导学生进行独立思考。

除了正面的论述之外,《学记》也从反面的角度提出了只能机械地背诵诗书以待发问的人是不能做教师的,即"记问之学,不足以为人师,必也其听语乎!"与此同时,《学记》对那些只会照本宣科,专出难题来刁难学生的老师,没有教书育人的诚心和不懂得教育、教学方法的"今之教者"提出了尖锐的批评:"今之教者,呻其占毕、多其讯,言及于数,进而不顾其安,使人不由其诚,教人不尽其材,其施之也悖,其求之也拂。"这样的教师自然得不到学生的尊重,他使学生看不到学习的意义,所教的东西自然很快就会忘记,这种不合格的教师,也许就是导致教育失败的原因之一吧,即"夫然,故隐其学而疾其师,苦其难而不知其益也。虽终其业,其去之必速。教之不刑,其此之由乎!"

不难看出,《学记》中反映出来的一些教育思想,包括教师教育的思想至今仍有参考价值,是一份既充满哲理,又包含丰富的实践经验的值得传承的精神财富。

(二) 现代教师教育的发展

联合国教科文组织编写的《从现在到2000年教育内容发展的全球展望》一书中曾指出:"教师职业已成为最困难的职业之一,而且其复杂性和流动性还在不断增长。教师及其培训者是否具备他们的特殊角色所要求的精神和物资条件?"[①]至今为止,关于教师教育中如何体现师范性和所教课程的专业性的问题仍在讨论之中,有的过于夸大夸美纽斯"教育是一门艺术"的观点,并以此来否认教育的科学性;有的又从学科发展和专业后劲的角度来减少教师的师范性。实际生活中,现代教师的角色越来越复杂,不仅仅是传授知识,而且还要适度地开展科学研究,在高等学校,往往是教学、科研融为一体,而且科研工作的比重有不断上升的趋势;教师还是管理者,有的要管理学生的学习、生活,有的还要兼任学校其他的行政管理工作,将教学、科研和行政管理三任于一身的教师也大有人在。在社会生活中,为人师表的教师应该维护稳定团结,促进社会的文明进步。更重要的是,在一个快速发展的技术化、信息化的社会中,知识更新的周期不断缩短,家长和整个社会教育水平的提高都使教师需要不断地"充电",接受新知识,探讨新问题,否则,也很难完成"传道、授业、解惑"的任务。

此外,教师的职责在于"教书育人"。上面所说的主要是指"教书"的问题,"育人"的问题更为复杂。随着生活条件越来越好和价值的多元化,吃苦耐劳的精神很难培养,在有的青年人心

---

① S. 拉塞克,G. 维迪努著,马胜利,高毅,丛莉,刘玉俐译:从现在到2000年教育内容发展的全球展望[M]. 北京:教育科学出版社,1996:264。

里,天降不降大任已无所谓,若必先"苦其心志"、"劳其筋骨"可不太愿意。尽管天天都在讲素质教育,但整个教育目前还是围绕"升学率"这根无形的指挥棒在转,作为教师,能凭借自己的学识人品,以高度的责任感和创新精神独立自由地履行自己各项职责的空间是非常有限的。尤其是当一名教师从学生的目光中看不到多少理想和跃跃欲试的朝气,而只有应付无休无止的考试的焦虑和彷徨而自己又爱莫能助时,其内心的痛苦和无奈更是可想而知。另外,许多学校那种工头似的管理方式,也刺伤了一些教师的自尊心。上述种种,可能就是现代教师中一部分人也会产生"职业厌倦"的原因所在。正如我国教育界著名的学者钟启泉教授所指出的:"我们无意贬低中国教育,我们愿意相信迄今为止在各类报刊和电视台所看到和所听到的各类教育成就。正因为我们珍惜这些来之不易的成就,所以更需要正视现实中的危机。"①

第2节 特殊教育中的教师教育

从各国特殊教育的发展情况来看,要发展特殊教育、推行融合教育,保证特殊教育的科学性、有效性,就必须有一定数量规模的和达到质量要求的既懂普通教育,又懂特殊教育的专业队伍,因为只有他们才能具体地执行政府的方针政策,实施特殊儿童的日常教育与康复工作。

一、特教专业队伍的组成

特殊教育的任务是需要一支训练有素的专业队伍来完成的,这支专业队伍主要包括以下五方面的人员:

一是教师,这是实现特殊教育的主体,包括各级(基础教育、职业教育、高等教育)、各类学校(普通学校和特殊学校)从事普通教育和特殊教育工作的教师。他们的主要的任务是直接从事特殊儿童的教育和训练活动。

二是研究人员,包括相关学科的研究人员和特殊教育的研究人员,有关融合教育的研究范围比较广,有宏观研究,也有微观研究,有基础研究,也有应用研究。

三是心理咨询、语言矫治和训练、体能康复等方面的专业人员。特殊教育是一个需要教育与医护相结合、教育与训练相结合、理论与实践相结合的文理渗透的学科。有特殊需要的儿童的类型是多种多样的,造成儿童发展障碍的原因也是多方面的。为了实行针对性、个别化的教育,除了一般的课堂教学之外,还要有相关专业的人员的辅导、矫治和训练。正如我们在国内增设特殊儿童的心理辅导和咨询方向,开创听力科学和言语矫治专业时强调的那样,如果说我国的特殊教育的整体水平与一些经济发达的国家有一定的差距,那么,在心理咨询师、语言矫治和训练师、体能康复师等专业人员的培养方面差距更大,目前,这已成为影响我国特殊儿童教育与训练实际效果的主要障碍之一。

四是各级各类教育部门的普教和特教管理人员,包括政府机构、教育机构、残联组织等负责特殊教育工作的人员。如前所述,特殊教育的发展需要法律法规的保障、各级政府的支持,这是一个不争的事实。特殊教育的管理纵横交错,既有各级教育机构的管理,还有来自各级残疾人联合会、妇女联合会等组织的管理。增加专业的管理人员也是提高各级管理人

---

① 钟启泉,吴国平主编.反思中国教育[M].上海:华东师范大学出版社,2007:2.

员的素质和管理水平的重要举措。

五是相关的社会工作者。特殊教育的发展是一个牵涉到社会各个方面的系统工程。信息传播、新闻媒体、慈善部门、宗教团体都会对特殊教育的发展产生不同的影响。在发展特殊教育的过程中,要想争取全社会的理解、关心和支持,培养一批有不同的特教专业特长的社会工作者也是非常必要的。

二、特教专业人员的现状

在一些经济比较发达和推行融合教育的国家和地区,凡是有教师教育专业的学院和大学基本上都有特殊教育系或特殊教育专业,特殊教育学列为教师培养的必修课程。在这一方面我们的确与他们有较大的差距,而且多半还是人为的差距。

据近期公布的统计数字,我国在校的残疾儿童36.47万人,随班就读的学生为24.15万人,占在校人数的66.25%。据2002年的高校名单和专业目录,全国84所师范院校,共11所开设特教课程。6所教育部直属师范大学,只有3所设有特殊教育系(所),4所学校有特教专业,但其中有两所学校做不到每年招生。目前,华东师范大学特殊教育系招生最多,平均每年也不过是60人。尽管我们采取多种途径来培养特教专业人员,但仍没有从根本上改变特教专业人才匮乏的现象。

更严重的是,一方面,学历合格和具有专业水平的教师匮乏,尤其是语言矫治和训练人员、电脑软件制作人员、科研人员和社会工作者匮乏,以至于很难保证特殊教育的可持续发展。另一方面,在人才培养方面又遇到各种困难。

例如,我们在实际的招生、培养等工作中遇到报考生源不足(第一志愿少)、高成本与教学经费不足等一系列的困难。在2005年正式成立中国高等教育学会特殊高等教育分会和北京师范大学、华东师范大学、北京联合大学、长春大学、天津理工大学、南京特教学院等高等学校的共同努力下,我国高等特殊教育有了较快的发展。但目前为止,只设立了一个言语科学的重点实验室,只有两个特殊教育的博士点,一个教育部的人文社科研究基地,尚没有一个国家级重点学科。最近,我们对全国一些师范大学做了部分的问卷调查,发现大部分教育管理人员和教育专业的教师对融合教育知之甚少,有的几乎一无所知。这些都说明,社会的方方面面包括教育界,对融合教育都缺乏应有的认识和准备,这种情况的确堪忧。

从培养标准来看,当代特殊教育,尤其是融合教育对未来教师和管理人员的专业素质、教育教学能力和工作态度提出了更高的要求。

无论是普通学校还是其他教育部门从事教育工作的专业人员,都应该懂得融合教育的理念,从内心支持融合教育。首先,从事融合教育的专业人员应该有较高的敬业精神,关心社会的进步和各类儿童的成长,熟悉各种类型的相关法律法规,热爱教育与康复、训练工作。其次,应有较高的专业水平,能运用自己的专业知识、技能从事儿童的教学、科研、评估、训练、咨询、辅导、教学软件制作,以及管理、协调等方面的工作。

例如,在融合教育中,教师要履行以下几方面的主要职责:

1. 充分了解每一个有特殊需要的儿童和普通儿童,能为不同的儿童制订个别化的教育、教学计划和安排相应的活动,以满足每一个孩子特殊教育的需要。

2. 明确教育目标是为了支持孩子学会正确的知识和适当的行为,促进他们的发展,将每一个儿童都作为课堂教学中的受益者。

3. 充分发挥不同学生的潜能，避免由于标签效应限制了某些儿童的学习能力和人格的发展。

4. 重视发挥各种教育活动在融合教育中的价值与功能，要鼓励发展正常和发展障碍儿童共同参加活动和相互学习。例如，通过戏剧表演、艺术、自然行走和玩水游戏等活动来促进儿童在不同发展领域内（如认知、社会、交流、运动、自我照料等）的发展。

总之，在融合教育中，要善于创设不同的环境使有发展障碍的儿童和正常儿童能在一起学习，积极参与各种促进发展的活动并形成良好的互动，使学习活动和游戏活动、大活动和小组活动、剧烈活动和安静活动得以平衡。教育者必须充分认识到：融合教育的有效性取决于有障碍儿童和无障碍儿童之间形成不断的互动。当然，在大多数情况下，这些互动是不会自发出现的。要做到这些，当然是非常不容易的，需要专业人员的知识、能力、热情与技巧。

随着实行融合教育，对教师教育的要求也越来越高，以后的一般特殊教育专业毕业的学生不再是，或者主要不是到封闭式、隔离式的特殊学校从事特教工作，而是更多地到普通学校从事正常儿童与有特殊教育需要儿童的教育教学工作。原有的特殊教育的专业设置也同样面临着挑战。例如，对专业知识、能力的要求更高，培养的学生要能胜任高年级、高等专业学校融合教育的工作。这样，从招生方法到课程设置，都应有新的考虑。

通过教师教育，培养大量既懂普通教育又懂特殊教育的多学科的专业人员是实现融合教育的前提，我国要在全国的教师教育中普遍开设特殊教育的主干课程，宣传融合教育的思想，培养能在各级普通学校实行融合教育的专业人才，从普特融合的角度来深化教育改革。

第3节 特殊教育中的师德问题

师德是指从事教育工作应有的道德，也称教师的职业道德。尊师重道和为人师表都是中华民族的优良传统。如上一节提到的，《学记》认为只有懂得教育成功与失败的原因的君子才能当老师，"君子既知教之所由兴，又知教之所由废，然后可以为人师也"。以及"君子之教谕"之类的提法，都是把教师和君子相提并论的。早在春秋战国时期，孔子要求君子能遵守"仁、义、礼、信""天下兼爱"等信条，同时也时时刻刻以"君子"的标准要求修炼自己；要求教师任何时候都能保持独立的人格，做到"上缴不谄，下交不渎"，"君子之交淡如水"；要求教师做到对自己"学而不厌"，对学生"诲而不倦"；要求教师以身作则，公正无私，"其身正，不令而行；自身不正，虽令不行。"；要求教师"敏而好学，不耻下问"，"知之为知之，不知为不知"，为人真诚坦然，决不故弄玄虚，哗众取宠；要求教师谦虚谨慎，宽厚待人，"己所不欲，勿施于人"，绝不能狂妄嚣张，尖酸刻薄；要求教师真诚地爱护学生，一视同仁，做到"不独亲其亲，不独子其子"，把学生当做自己亲生的孩子对待。由此可见，中国儒家的文化传统中，所谓"立师资，陈正道"（《宋范仲淹·范文公正公集》），把教师看成是社会的精英，行为的楷模，这无论是对教师的政治道德，还是对个人的品质都提出了很高的要求。当然，也正是这些高要求巩固了教师"为人师表，德高为范"的社会地位。

现代社会，人们多采用法规的形式对教师的道德品质和行为规范做出明确的规定。例如，1896年，世界上出现了最早的一部关于教师职业道德的法规，它是美国乔治亚州教师协会颁布的《教师专业伦理规范》。1984年，我国教育部和教育工会也联合颁布了《中小学教师职业道德要求》(试行草案),1997年颁布了修订后的《中小学教师职业道德规范》,主要内容是:① 依法执教。学习和宣传马列主义、毛泽东思想和邓小平同志建设有中国特色社会主义理论,拥护党的基本路线,全面贯彻国家教育方针,自觉遵守《教师法》等法律法规。② 爱岗敬业。热爱教育,热爱学校,尽职尽责、教书育人,注意培养学生具有良好的思想品德。认真备课上课,认真批改作业,不敷衍塞责,不传播有害学生身心健康的思想。③ 热爱学生。关心爱护全体学生,尊重学生人格,平等、公正对待学生。对学生严格要求,耐心教导,保护学生的合法权益,促进学生全面、主动和健康发展。④ 严谨治学。树立优良学风,刻苦钻研业务。探索教育、教学规律,改进教育、教学方法,提高教育、教学和科研水平。⑤ 团结协作。谦虚谨慎,尊重同志,相互学习,互相帮助,关心集体,维护学校荣誉,共建文明校风。⑥ 尊重家长。主动与学生家长联系,认真听取意见和建议,取得支持和配合。积极宣传科学的教育思想和方法。⑦ 廉洁从教。坚持高尚的情操,发扬奉献精神,不利用职责之便谋取私利。⑧ 为人师表。模范遵守社会公德,衣着整洁得体,语言规范健康,举止文明礼貌,严于律己,作风正派,以身作则,注重身教。应该说作为有关教师职业道德的法规,有比较明确的规定和可操作性,它不仅适用于普通教育,也适用于特殊教育。

但是,由于特殊教育的对象和教育环境不同,特殊教育对师资无论是专业水平还是道德修养方面都有更高的要求。做一位好的老师不容易,做一位好的特殊教育的老师就更不容易。他(她)需要爱心、需要智慧、需要才能、需要超凡脱俗的人品。

我们反复说过,广义的特殊教育的对象分为三大类:第一类是有明显的身心障碍的残疾儿童,如视觉障碍的盲童、听觉障碍的聋童、智力障碍的儿童和"广泛发展障碍"的自闭症儿童等;第二类是不同程度的有学习障碍、情绪障碍、行为障碍的问题儿童;第三类是资赋优异但常伴有其他发展不协调的超常儿童。特殊教育的原理和方法都涉及更多学科,对教师的知识水平,教育、教学能力也提出了更高的要求。对这些儿童的教育难度和教育投入远远超过普通儿童,但从功利的角度来看,教育效果却不明显,往往是事倍功半,收效甚微。例如,要想训练聋童的唇读、形成盲生的表象、矫正某些工读学生的不良的行为习惯,谈何容易!曾经有一个自闭症儿童早期干预班的老师告诉我,经过近百个小时的训练,才使一个没有语言的自闭症幼儿学会了叫"妈妈"和"爸爸"。其实,每一个长期在特殊教育界从事基层教育的教师都可以谈出许多特殊儿童教育、教学上的艰难。要使这些"丑小鸭"成才,谈何容易!

特殊教育是一个涉及方方面面的系统工程,我们的特教师资不仅要面对特殊儿童,还要面对特殊儿童的家长,提高他们的特教水平,因为只有在他们密切的配合下,才能巩固教育成果。除此之外,实行特殊教育,尤其是先进理念的融合教育,还有待于通过一定的宣传和示范性的实践才能得到社会各界的更多的理解和支持。坦率地说,我们毕竟还是处在社会主义的初级阶段,目前我国尚无统一的特教立法,各地区的经济发展水平和行政管理人员的特教意识水平也参差不齐,教育机会平等的意识还并没有深入人心,有很大一部分人还是把从事特殊教育看成是少数仁人志士的壮举,宗教情怀下的施舍,而并没有认识到这是人类在种系繁衍过程中应该承担的责任。

相比普通教育而言,对特殊教育的教师道德水平有更高的要求,特别需要爱心与耐心,需要更为宽广的胸怀。

1. 大爱无垠,无私奉献。在特殊教育界常会高频率地提到一个的词语"爱心"。爱是人类一种特殊的情感,有不同的层次和类型,大至对世界的爱、人类的爱、祖国的爱,对人民的爱,对科学的爱,小至对父母儿女、亲朋好友的爱以及夫妻之爱。对爱的赞美几乎渗透到所有的文学艺术之中,被认为是催发万物、创造和谐的巨大的精神力量。尽管穹宇之间,爱无处不在,只有真正的善与美的结合的爱才是经得起时间考验的真爱。

所谓"大爱无垠"是指高层次的博爱精神。我国战国时期的墨子就提倡不分等级的"兼爱",认为"爱人,待周爱人,而后为爱人"(《墨子·小取》)。清末戊戌变法的首领之一谭嗣同认为爱是一种无形的力量,他将其称之为"爱力"。强大的爱力会使人达到他人与自己融为一体的思想境界。特殊教育需要这种爱的奉献,它是真情与善良、责任和高尚的统一

2. 持之以恒,润物无声。俗话说,十年树木,百年树人,特殊教育更是如此。特殊儿童,尤其是残疾儿童由于身心的障碍,个别差异大、接受能力偏低、学习速度慢,除了在教育教学方面需要特殊的设计之外,还需要教育者具有持之以恒的耐心,真正做到任凭时日久,润物细无声。

3. 淡泊名利,切忌虚荣。在普通学校工作,当学生学有所成、衣锦还乡的时候,昔日的教师自然也会感到自豪和骄傲。但在特殊学校工作就不太一样,如一些有智力障碍的学生,经过多年的特殊教育,多半也只能达到一定的科学文化水平和具有自食其力的劳动能力,很难成为各条战线的佼佼者。特殊教育的教师更多是看到孩子学习的艰难和发展的艰辛,从缓慢和点滴的进步中得到一些安慰,却很难和学生在一起享受到成功的喜悦。因此,每一个特殊教育的教师都需要以更加平和的心态来工作,接受事倍功半的事实,正视理想和现实的差距。

师者,德也,师者,才也,师者,仁也。

本章小结

"尊师重教"是我国古老的文化传统,但在商品经济和多元价值观的冲击下,有一部分教师中也滋长起不同类型的"职业厌倦"。教师不应该是一般的"教书匠",而应该是有良知、有热情、肯学习、坚忍不拔但又心胸开阔的精神导师。

发展特殊教育和推行融合教育,都必须有大批高质量的特教专业人员,特教的专业队伍包括教师、管理者、心理咨询与辅导、矫治与康复、社会工作和研究者等多方面的专业人员。缺乏特教专业人员以及特教人员的专业水平达不到应有的要求,已成为我国当前特殊教育发展中面临的主要困难之一。

特殊教育的对象和教育环境不同,对未来特殊教育领域的专业人员的学识、能力和人格提出了更高的要求,大爱无垠、润物无声、淡泊名利等等。未来的教师和教育管理者、相关的专业人员不仅要做到在教学相长中不断地更新自己的知识,还要具备新时代的人格魅力,勤奋、好学、与人为善和热爱学生。

思考与练习

1. 从教育哲学的角度来看,"为人师表"的教师和职业性教师之间有何本质性的区别?
2. 如何认识教师在教育过程中的地位与作用?
3. 分析当前一部分教师"职业厌倦"的原因和不良影响。
4. 阐述我国特殊教育教师和专业人员匮乏的现状和解决途径。
5. 如何从哲学的角度来认识特殊教育中的师德问题?

结 束 语

漫长的哲学史，主要就是讨论了三个方面的大问题，一是本体论，二是认识论，三是实践论。当然也有人认为，实践论是认识论的另一方面，仍可将其归结到第二个方面的问题。哲学的其他许多问题都是从这三个问题的讨论中衍生的。照恩格斯的说法，第一个问题是"以尖锐的形式针对教会提出来的，世界是神创造的呢，还是从来就有的？"[①]因此，在本体论上没有什么创造可言，人类是在长期的进化中形成的，到底是怎么进化的，达尔文主义已经说得比较清楚了，相信随着现代遗传学研究的深入，会解释得越来越清楚。哲学的第二个问题是思维与存在的关系，也就是思维与存在的同一性。世界到底是人可知的，还是不可知的？第三个问题涉及马克思所说的："哲学家们只是用不同的方式解释世界，问题在于改变世界。"[②]就像患者对医生的要求一样，只告诉化验和诊断结果是不够的，更主要的是如何通过医治过程来达到"手到病除，妙手回春"的效果。本书围绕上述三个方面的问题，对当代特殊教育的一些理论与实践问题进行哲学性的反思可归纳为以下几点：

1. 人是生物遗传和"文化遗传"两者结合的产物。生物遗传只是使人变成了生命活体，奠定了形成自我意识的生物基础；"文化遗传"才可能使人真正成为社会的人、高尚的人，成为"万物之灵"，而教育便是实现"文化遗传"的必由之路。这便是教育在人的种系发展和个体发展中的作用和意义所在。与人类的生物进化相平行的应该是文化精品的传承。

2. 与普通教育相比，特殊教育只有200多年的历史。但近半个世纪以来，世界特殊教育发展的广度和深度都令人吃惊。教育理念不断更新，从"关心"到"权益"、从"隔离"到"融合"、从"障碍补偿"到"潜能开发"等等；教育手段和方法也非常超前，如早期教育、个别化教育、计算机教学等等。这些都有力地说明：当代特殊教育的发展是人类在迈向文明的历程中第一生产力达到一定水平的前提下，对第二生产力，即人的种系繁衍问题的关注；是人类走出"丛林"之后，对自己生存与生活方式的集体反思；是远古的人文精神和现代科学的结合，是不断地提倡科学、民主、和谐这些时代精神的初步体现。

3. 当代特殊教育的发展再次有力地说明物质决定精神、存在决定意识这个最基本的哲学原理。人类由于科学技术的发展，生产能力的提高，已经开始逐步地摆脱了对单纯性、缓慢性的生物进化的依赖，摆脱了因生活必需的物资产品的匮乏和人口繁殖的无度性所造成"弱肉强食"型的生存竞争。人类已经开始学会将野蛮时期的地域掠夺，逐步转化为一种智力型的科技竞争，将独裁专制转化成法制的约束和文明的服从。人类开始在物质实体、生命活体、社会成员的大系统中调整自己的位置，更加注重作为平等的社会成员在促进人类的科学、民主和进步过程中所应该承担的责任和义务。

---

① 马克思恩格斯选集[M].北京：人民出版社，1972(4)：224.
② 马克思，恩格斯.费尔巴哈[M].北京：人民出版社，1988：86.

4. 当代特殊教育的发展，有力地说明了人类社会发展过程中，物质文明、精神文明之间发展的同步性。马克思主义很早就提出了两种生产力的概念，即生活物资的生产和人自身的繁衍。伴随社会的发展，人类应该有更多的精力来关注自身的繁衍，一方面是通过基因工程来防治和减少疾病，实行人道、科学的优生优育；另一方面是通过优化家庭教育、学校教育和社会教育的环境来增加教育在最大限度地发挥个体潜能和维护社会安定团结方面的整体功能。

5. 特殊教育的发展，尤其是融合教育思想的形成和传播，对整个教育理念、价值观念、教育内容、学习方法和教师教育等问题，提出了全面的挑战。迎接这一挑战的方法只能是充分体现时代精神，在科学发展观指导下，开展深度的教育改革。

6. 当代特殊教育的发展充分地体现了对人本身的尊重、对个体差异的认同、对多元文化的欣赏。目前，这种时代精神尽管还比较脆弱，但毕竟开始伴随全球的信息化而成为一种强大的集体无意识，人们期望真、善、美的统一，逐步减少不同类型的"异化"，在摆脱专制、高压、欺瞒和虚伪的环境中得到更高层次的自我更新。

7. 当代特殊教育的发展，对未来教师的学识、能力和人格提出了更高的要求。未来的教师和教育管理者、相关的专业人员不仅要做到在教学相长中不断地更新自己知识，还要具备新时代的人格魅力，勤奋、好学、与人为善和热爱学生。

8. 东西方之间，由于思维方式和文化底蕴方面的差异，对残疾人的态度和特殊教育的理念是大不相同的。西方文化更注重逻辑、理性和实证，从对特殊人群的漠视、抛弃到专项立法和依法治教，从提倡融合教育到专业人才的培养，从支持系统的建立到相关的学科的研究，思路是清晰的，但执行是缺乏弹性的，综合效果也并不十分理想。东方哲学特别重视人的内心感受，人与自然的关系，人与人的关系的协调和社会的平衡与稳定。早在3000年前的周朝时期，中国就有残疾人乐队在宫廷演奏。但伴随封建社会落后的生产水平和封建专制，特殊教育长期停留在"同情"、"施舍"、"恩赐"、"点缀"、"矫揉做作"、"粉饰太平"的水平，缺乏强有力的实际的支持系统，故长期没有新的突破。如何从中西结合的角度来发展我国的特殊教育，是一个值得研究的问题。

9. 人类教育，包括特殊教育，发展的道路是曲折的，前途是光明的，代表人类最高智慧的哲学沉思将会指引我们前进。

主要参考书目

[1] 任继愈主编. 中国哲学史(1—4册)[M]. 北京：人民出版社，1979.
[2] 杨鑫辉主编. 心理学通史(1—5册)[M]. 济南：山东教育出版社，2000.
[3] 徐寒主编. 四书五经[M]. 线装书局，2006.
[4] 冯契主编. 哲学大辞典[M]. 修订本. 上海：上海辞书出版社，2001.
[5] 车文博. 西方心理学史[M]. 杭州：浙江教育出版社，1998.
[6] 顾明远主编. 教育大辞典[M]. 上海：上海教育出版社，1999.
[7] 朱智贤主编. 心理学大词典[M]. 北京：北京师范大学出版社，1989.
[8] 朴永馨主编. 特殊教育辞典[M]. 北京：华夏出版社，1996.
[9] 陕西师范大学教育研究所编. 刘泽如教育文选[M]. 西安：陕西师范大学出版社，1993.
[10] 桑新民. 呼唤新世纪的教育哲学[M]. 北京：科学出版社，1993.
[11] 石中英. 教育哲学导论[M]. 北京：北京师范大学出版社，2004.
[12] 金生鈜. 理解与教育——走向哲学解释学的教育哲学导论[M]. 北京：教育科学出版社，1997.
[13] 韩秋红，庞立生，王艳华. 西方哲学的现代转向[M]. 长春：吉林人民出版社，2007.
[14] 孙正聿. 哲学修养十五讲[M]. 北京：北京大学出版社，2004.
[15] 张汝伦. 现代西方哲学十五讲[M]. 北京：北京大学出版社，2003.
[16] 王治河. 扑朔迷离的游戏——后现代哲学思潮研究[M]. 北京：社会科学文献出版社，1998.
[17] 叶蜚声，徐通锵. 语言学纲要[M]. 北京：北京大学出版社，1981.
[18] [英]齐格蒙，鲍曼. 后现代性以及缺憾[M]. 建立，李静韬译. 上海：学林出版社，2002.
[19] 周浩波. 教育哲学[M]. 北京：人民教育出版社，2000.
[20] 陈云英主编. 中国一体化教育改革的理论与实践[M]. 北京：新华出版社，1997.
[21] 查子秀主编. 儿童超常发展之探秘[M]. 重庆：重庆出版社，1998.
[22] 张宁生. 残疾人高等教育研究[M]. 沈阳：辽宁人民出版社，2000.
[23] 沈家英，陈云英，彭霞光编著. 视觉障碍儿童的心理与教育[M]. 北京：华夏出版社，1992.
[24] 吴康宁. 教育社会学[M]. 北京：人民教育出版社，2001.
[25] 陈桂生. 教育学的建构[M]. 上海：华东师范大学出版社，2009.
[26] 田家盛主编. 教育人口学[M]. 北京：人民教育出版社，2000.
[27] 郭思乐. 教育走向生本[M]. 北京：人民教育出版社，2001.
[28] 哈瑞，刘易斯. 失去灵魂的卓越：哈佛是如何忘记教育宗旨的[M]. 侯定凯译. 上海：华东师范大学出版社，2007.
[29] 周谷平主编，叶志坚，朱宗顺副主编. 马克思主义教育思想的中国化历程[M]. 杭州：浙江大学出版社，2008.
[30] 谭光鼎，王丽云主编，陈奎憙，张建成审定. 教育社会学：人物与思想[M]. 上海：华东师范大学出版社，2009.
[31] 石纯一，黄昌宁，王家钦等. 人工智能原理[M]. 北京：清华大学出版社，1993.
[32] 钟启泉，吴国平主编. 反思中国教育[M]. 上海：华东师范大学出版社，2007.

[33] 刘良华. 教育研究方法：专题与案例[M]. 上海：华东师范大学出版社，2008.

[34] 方俊明. 认知心理学与人格教育[M]. 台湾：水牛出版社，1993.

[35] 方俊明主编. 少数民族双语教育的理论与实践[M]. 西安：陕西人民教育出版社，2003.

[36] 方俊明主编. 特殊教育学[M]. 北京：人民教育出版社，2006.

[37] 刘春玲，江琴娣. 特殊教育概论[M]. 上海：华东师范大学出版社，2008.

[38] 雷江华. 听觉障碍学生唇读的认知研究[M]. 北京：中国社会科学出版社，2008.

[39] 周念丽. 自闭症幼儿的社会认知——理论、实验及干预研究[M]. 上海：上海教育出版社，2006.

[40] 周念丽. 学前融合教育的比较与实证研究[M]. 上海：华东师范大学出版社，2008.

[41] 谢国栋. 视障人群的动作内隐认知研究[M]. 北京：中国社会科学出版社，2005.

[42] 贺荟中. 聋生与听力正常学生语篇理解过程的认知比较[M]. 上海：复旦大学出版社，2005.

[43] Hpward A Ozmon, Sarmuel M. Crawer 著. 教育的哲学基础[M]. 石中英，邓敏娜等译. 第七版. 北京：中国轻工业出版社，2006.

[44] Rud Turnbull, Ann Turnbull. 今日学校中的特殊教育[M]. 方俊明等译. 上海：华东师范大学出版社，2004.

[45] Jack P. shonkoff and Deborah. 从神经细胞到社会成员[M]. 方俊明，李伟亚，译. 南京：南京师范大学出版社，2007.

[46] DW 卡罗尔著. 语言心理学[M]. 缪小春，等译. 上海：华东师范大学出版社，2007.

[47] 希拉里，普特南著，理性、真理与历史[M]. 童世骏，李光程译. 上海：上海译文出版社，1997.

[48] 西方大观念(上、下)[M]. 陈嘉映，等译. 北京：华夏出版社，2008.

[49] 卡尔米亚斯，马西亚拉斯. 教育的传统与变革[M]. 福建师范大学等合译. 北京：文化教育出版社，1981.

[50] 张诗忠. 生物进化与人类进化的比较[M]. 上海：上海社会科学出版社，1997.

[51] 郭永玉. 孤立无援的现代人——弗罗姆的人本精神分析[M]. 武汉：湖北教育出版社，1999.

[52] 熊哲宏. 皮亚杰理论与康德先天范畴体系研究[M]. 武汉：华中师范大学出版，2002.

[53] (美)欧文·拉兹洛. 系统、结构和经验[M]. 李创同，译. 上海：上海译文出版社，1997.

[54] William M. Cruickshank, (1980) Psychology of Exceptional Children and Youth, prentice-hall inc.

[55] James L. Paul, Michael Churton, Hilda Rosselli-Kostoryz, William C. Morse, Koei Marfo, Carolyn [57]Lavely, Daphne Thomas. (1997) Foundations of Special Education, by Brooks /Cole publishing Company Inc.

[56] Terry Overton. (2000) Assessment in Special Education, an Applied Approach (Third Edition), by Prentice-Hall. Inc.

[57] Steven O. Moldin John L. R. Rubenstein. (2006) Understanding Autism from Basic Neuroscience to Treatment, by Taylor & Francis Groups, LLC.

[60] Jill Boucher and Dermot Bowler. (2008) Memory in Autism: Theory and Evidence, Cambridge University Press

[61] J. L. Paul, M. Churton, H. Rosselli-Kostoryz, W. C. Morse, K. Marfo, C. Lavely, D. Thomas. (1997) Foundations of Special Education, Basic Knowledge Informing Research and Practice in Special Education, University of South Florida, Brooks/Cole Publishing Company.

后　记

　　本书的撰写使我平生第一次深切地感受到什么是"勉为其难",什么是"力不从心"!十多个月来,我三次改动书名和编写提纲,从"特殊教育的哲学纲要",改成"特殊教育的哲学思考",最后因为要与整套丛书保持一致,才又改成"特殊教育的哲学基础"。哲学是形而上的超验之学,而特殊教育又是一种操作性很强的形而下的经验之学,由于笔者学术功底的不足,学养有限,虽几易其稿,仍是既不像是一本严谨的学术专著,也不像一本比较规范的教材,还不像一本深入浅出的科普读物,倒像是一本杂乱的、围绕特殊教育的哲学问题、理论问题所做的读书笔记,但它真实地记录了我 300 多天来带着一些特殊教育问题请教许多先哲和同行专家过程中,边读边想过程中的一些不连贯的思考,其中,有些是属于特殊教育哲学的问题,有些也可能算不上是什么哲学问题。

　　我经常反问自己,哲学是存在论、认识论、价值论、真理论和实践论的统一。我不知天高地厚地写一本特殊教育的哲学基础,到底想说明什么?300 多天来有关特殊教育的存在和思维关系的探索到底悟出了什么呢?如果只能用一句话来回答,那么,这句话是什么?思来想去,我觉得我最想说的一句话就是:"特殊教育是时代的精神和人类教育的精华。"因为在我看来,特殊教育的发展,如果不再是一种宗教情结笼罩下的悲天悯人,不再是寻求政绩的门面工程,不再是仁人志士的乐善好施,而是人类走出丛林,摒弃了弱肉强食的"丛林原则"之后,在科学文明的进程中,一种敢于面对自然、面对历史、面对自身、面对深层自我意识的深刻反省后理智的选择,是现代高科技和远古人文精神的有机结合,是物质文明、精神文明、政治文明融为一体的水到渠成。之所以敢说特殊教育是体现时代精神的人类教育的精华,是因为高水平的特殊教育能充分体现人类真正摆脱"非圣神形象"中自我异化,按照个人的条件、特点进行教育和生活。例如,人类的教育要"以人为本",把人当人来培养,而不是把人培养成"驯服的工具"、"听话的奴才",也不是培养成驾凌人的"神"、不见人的"鬼",或仅受生物遗传信息驱动的虎豹豺狼和高智商的"科技幽灵"。从这个意义上来讲,特殊教育的发展将与人类文明的进程一样,来日方长,任重道远。也正因为这样,我们每一个教育工作者,尤其是每一个参与特殊教育工作的教师、管理者、社工、家长和其他专业人员都应该高举远慕的信仰、谨思明辨的理性、善良真切的情感、执著的追求、坚定不移的意志和荣辱不惊、洒脱通达的精神境界。

　　孟子谓高子曰:"山径之蹊间,介然用之而成路。为间不用则茅塞之矣"(《孟子·尽心章句下》)。本书的撰写过程中,我常常想起年轻时下放农村劳动开山铺路的情景。那时,我们没有图纸,没有工程师,也没有钢筋水泥这类正式的铺路材料。有的只是极为简单和原始的劳动工具,就地取材的沙石,乡民们满腔的热情以及不计报酬的挥汗如雨、披星戴月的劳动。确切地说,所谓铺路也只是沿着小河的流水,从起伏的山脚下因势利导地挖出一条路,填满无数的沟,但绝没有能力打山洞,也尽量少搭桥。这种低质量的道路,当然不可能通过十轮大卡,只能便于大板车和手扶拖拉机通行。这条乡村公路,尽管最初它是那样的简陋和高低不平,但也给附近几个村子里的人带来不少方便。当我20年后故地重游时,发现它已经变成了一条由水泥、沥青、桥梁和涵洞构成的、可以四车并行的上等国道。

我想本书就是这样一条简陋、原始的山村小路,但相信它一定会得到不断的拓宽和夯实,给行路者的通行带来更多的方便。最后,我想插上黑格尔《精神现象学》中的一朵美丽的小花,作为永久的路标昭示过路人:

"花朵开放的时候花蕾消逝,人们会说花蕾是被花朵否定掉了;同样的,当结果的时候,花朵又被解释为植物的一种虚假的存在形式,而果实是作为植物的真实形式而代替花朵的。这些形式不但彼此不同,而且相互排斥,互不相容。但是,它们的流动性却使它们成为有机统一体的环节,它们在有机统一体中不但不互相抵触,而且彼此都同样是必要;而正是这种同样的必要性才构成了整体的生命。"

让我们满怀信心地在人类文明进步的大道上知难而进,一路高歌一路欢。

方俊明
2009年3月12日初稿
2010年12月10日定稿
于上海华东师大田家炳教育书院

北京大学出版社
教育出版中心 精品图书

21世纪特殊教育创新教材·理论与基础系列

特殊教育的哲学基础	方俊明 主编	36元
特殊教育的医学基础	张 婷 主编	36元
特殊教育导论（第二版）	雷江华 主编	45元
特殊教育学（第二版）	雷江华 方俊明 主编	43元
特殊儿童心理学（第二版）	方俊明 雷江华 主编	39元
特殊教育史	朱宗顺 主编	39元
特殊教育研究方法（第二版）	杜晓新 宋永宁等 主编	39元
特殊教育发展模式	任颂羔 主编	33元
特殊儿童心理与教育（第二版）	杨广学 张巧明 王 芳 主编	36元
教育康复学导论	杜晓新 黄昭鸣	55元
特殊儿童病理学	王和平 杨长江	48元

21世纪特殊教育创新教材·发展与教育系列

书名	作者	价格
视觉障碍儿童的发展与教育	邓 猛 编著	33元
听觉障碍儿童的发展与教育	贺荟中 编著	38元
智力障碍儿童的发展与教育	刘春玲 马红英 编著	32元
学习困难儿童的发展与教育	赵 微 编著	39元
自闭症谱系障碍儿童的发展与教育	周念丽 编著	32元
情绪与行为障碍儿童的发展与教育	李闻戈 编著	36元
超常儿童的发展与教育（第二版）	苏雪云 张 旭 编著	39元

21世纪特殊教育创新教材·康复与训练系列

特殊儿童应用行为分析	李 芳 李 丹 编著	36元
特殊儿童的游戏治疗	周念丽 编著	30元
特殊儿童的美术治疗	孙 霞 编著	38元
特殊儿童的音乐治疗	胡世红 编著	32元
特殊儿童的心理治疗（第二版）	杨广学 编著	45元
特殊教育的辅具与康复	蒋建荣 编著	29元
特殊儿童的感觉统合训练	王和平 编著	45元
孤独症儿童课程与教学设计	王 梅 著	37元

自闭谱系障碍儿童早期干预丛书

书名	作者	价格
如何发展自闭谱系障碍儿童的沟通能力	朱晓晨 苏雪云	29元
如何理解自闭谱系障碍和早期干预	苏雪云	32元
如何发展自闭谱系障碍儿童的社会交往能力	吕 梦 杨广学	33元
如何发展自闭谱系障碍儿童的自我照料能力	倪萍萍 周 波	32元
如何在游戏中干预自闭谱系障碍儿童	朱 瑞 周念丽	32元
如何发展自闭谱系障碍儿童的感知和运动能力	韩文娟, 徐芳, 王和平	32元
如何发展自闭谱系障碍儿童的认知能力	潘前前 杨福义	39元
自闭症谱系障碍儿童的发展与教育	周念丽	32元
如何通过音乐干预自闭谱系障碍儿童	张正琴	36元
如何通过画画干预自闭谱系障碍儿童	张正琴	36元
如何运用ACC促进自闭谱系障碍儿童的发展	苏雪云	36元
孤独症儿童的关键性技能训练法	李 丹	45元
自闭症儿童家长辅导手册	雷江华	35元
孤独症儿童课程与教学设计	王 梅	37元
融合教育理论反思与本土化探索	邓 猛	58元
自闭症谱系障碍儿童家庭支持系统	孙玉梅	36元

特殊学校教育·康复·职业训练丛书（黄建行 雷江华 主编）

信息技术在特殊教育中的应用	55元
智障学生职业教育模式	36元
特殊教育学校学生康复与训练	59元
特殊教育学校校本课程开发	45元
特殊教育学校特奥运动项目建设	49元

21世纪学前教育规划教材

学前教育概论	李生兰 主编	49元
学前教育管理学	王 雯	45元
幼儿园歌曲钢琴伴奏教程	果旭伟	39元
幼儿园舞蹈教学活动设计与指导	董 丽	36元
实用乐理与视唱	代 苗	40元
学前儿童美术教育	冯婉贞	45元
学前儿童科学教育	洪秀敏	39元
学前儿童游戏	范明丽	39元
学前教育研究方法	郑福明	39元
外国学前教育史	郭法奇	39元
学前教育政策与法规	魏 真	36元
学前心理学	涂艳国、蔡 艳	36元
学前教育理论与实践教程	王 维 王维娅 孙 岩	39元
学前儿童数学教育	赵振国	39元

大学之道丛书

书名	作者	价格
市场化的底限	[美] 大卫·科伯 著	59元
大学的理念	[英] 亨利·纽曼 著	49元
哈佛：谁说了算	[美] 理查德·布瑞德利 著	48元
麻省理工学院如何追求卓越	[美] 查尔斯·维斯特 著	35元
大学与市场的悖论	[美] 罗杰·盖格 著	48元
高等教育公司：营利性大学的崛起	[美] 理查德·鲁克 著	38元
公司文化中的大学：大学如何应对市场化压力	[美] 埃里克·古尔德 著	40元
美国高等教育质量认证与评估	[美] 美国中部州高等教育委员会 编	36元
现代大学及其图新	[美] 谢尔顿·罗斯布莱特 著	60元
美国文理学院的兴衰——凯尼恩学院纪实	[美] P.F.克鲁格 著	42元
教育的终结：大学何以放弃了对人生意义的追求	[美] 安东尼·T.克龙曼 著	35元
大学的逻辑（第三版）	张维迎 著	38元
我的科大十年（续集）	孔宪铎 著	35元
高等教育理念	[英] 罗纳德·巴尼特 著	45元
美国现代大学的崛起	[美] 劳伦斯·维赛 著	66元
美国大学时代的学术自由	[美] 沃特·梅兹格 著	39元
美国高等教育通史	[美] 亚瑟·科恩 著	59元
美国高等教育史	[美] 约翰·塞林 著	69元
哈佛通识教育红皮书	哈佛委员会 撰	38元
高等教育何以为"高"——牛津导师制教学反思	[英] 大卫·帕尔菲曼 著	39元
印度理工学院的精英们	[印度] 桑迪潘·德布 著	39元
知识社会中的大学	[英] 杰勒德·德兰迪 著	32元
高等教育的未来：浮言、现实与市场风险	[美] 弗兰克·纽曼等 著	39元
后现代大学来临？	[英] 安东尼·史密斯等 主编	32元
美国大学之魂	[美] 乔治·M.马斯登 著	58元
大学理念重审：与纽曼对话	[美] 雅罗斯拉夫·帕利坎 著	40元
学术部落及其领地——当代学术界生态揭秘（第二版）	[英] 托尼·比彻 保罗·特罗勒尔 著	33元
德国古典大学观及其对中国大学的影响（第二版）	陈洪捷 著	42元
转变中的大学：传统、议题与前景	郭为藩 著	23元
学术资本主义：政治、政策和创业型大学	[美] 希拉·斯劳特 拉里·莱斯利	36元
21世纪的大学	[美] 詹姆斯·杜德斯达 著	38元
美国公立大学的未来	[美] 詹姆斯·杜德斯达 弗瑞斯·沃马克 著	30元
东西象牙塔	孔宪铎 著	32元
理性捍卫大学	眭依凡 著	49元

学术规范与研究方法系列

书名	作者	价格
社会科学研究方法100问	[美] 萨子金德 著	38元
如何利用互联网做研究	[爱尔兰] 杜恰泰 著	38元
如何为学术刊物撰稿：写作技能与规范（英文影印版）	[英] 罗薇娜·莫 编著	26元
如何撰写和发表科技论文（英文影印版）	[美] 罗伯特·戴 等著	39元
如何撰写与发表社会科学论文：国际刊物指南	蔡今忠 著	35元
如何查找文献	[英] 萨莉拉·姆齐 著	35元
给研究生的学术建议	[英] 戈登·鲁格 等著	26元
科技论文写作快速入门	[瑞典] 比约·古斯塔维 著	19元
社会科学研究的基本规则（第四版）	[英] 朱迪斯·贝尔 著	32元
做好社会研究的10个关键	[英] 马丁·丹斯考姆 著	20元
如何写好科研项目申请书	[美] 安德鲁·弗里德兰德 等著	28元
教育研究方法（第六版）	[美] 乔伊斯·高尔 等著	88元
高等教育研究：进展与方法	[英] 马尔科姆·泰特 著	25元
如何成为学术论文写作高手	华莱士 著	49元
参加国际学术会议必须要做的那些事	华莱士 著	32元
如何成为优秀的研究生	布卢姆 著	38元

21世纪高校职业发展读本

书名	作者	价格
如何成为卓越的大学教师	肯·贝恩 著	32元
给大学新教员的建议	罗伯特·博伊斯 著	35元
如何提高学生学习质量	[英] 迈克尔·普洛瑟 等著	35元
学术界的生存智慧	[美] 约翰·达利 等主编	35元
给研究生导师的建议（第2版）	[英] 萨拉·德拉蒙特 等著	30元

21世纪教师教育系列教材·物理教育系列

中学物理微格教学教程（第二版）
　　　　　　　张军朋　詹伟琴　王　恬　编著　32元
中学物理科学探究学习评价与案例
　　　　　　　张军朋　许桂清　编著　32元
物理教学论　　　　　　　邢红军　著　49元
中学物理教学评价与案例分析
　　　　　　　王建中　孟红娟　著　38元

21世纪教育科学系列教材·学科学习心理学系列

数学学习心理学（第二版）
　　　　　　　孔凡哲　曾　峥　编著　38元
语文学习心理学　　　　董蓓菲　编著　39元

21世纪教师教育系列教材

教育学基础　　　　　　庞守兴　主编　40元
教育学　　　　　　余文森　王　晞　主编　26元
教育研究方法　　　　　刘淑杰　主编　45元
教育心理学　　　　　　王晓明　主编　55元
心理学导论　　　　　　杨凤云　主编　46元
教育心理学概论　　　　连　榕　罗丽芳　主编　42元
课程与教学论　　　　　李　允　主编　42元
教师专业发展导论　　　于胜刚　主编　42元
学校教育概论　　　　　李清雁　主编　42元
现代教育评价教程（第二版）　吴　钢　主编　45元
教师礼仪实务　　　　　刘　霄　主编　36元
家庭教育新论　　　　　闫旭蕾　杨　萍　主编　39元
中学班级管理　　　　　张宝书　主编　39元
教育职业道德　　　　　刘亭亭　39元
教师心理健康　　　　　张怀春　39元
现代教育技术　　　　　冯玲玉　39元
青少年发展与教育心理学　张　清　42元
课程与教学论　　　　　李　允　42元
课堂教学艺术（第二版）　孙菊如　陈春荣　49元

21世纪教师教育系列教材·初等教育系列

小学教育学　　　　　　田友谊　主编　39元
小学教育学基础　　　　张永明　曾　碧　主编　42元
小学班级管理　　　　　张永明　宋彩琴　主编　39元
初等教育课程与教学论　罗祖兵　主编　45元
小学教育研究方法　　　王红艳　主编　39元

教师资格认定及师范类毕业生上岗考试辅导教材

教育学　　　　　　余文森　王　晞　主编　26元
教育心理学概论　　连　榕　罗丽芳　主编　42元

21世纪教师教育系列教材·学科教育心理学系列

语文教育心理学　　　　董蓓菲　编著　39元
生物教育心理学　　　　胡继飞　编著　45元

21世纪教师教育系列教材·学科教学论系列

新理念化学教学论（第二版）　王后雄　主编　45元
新理念科学教学论（第二版）
　　　　　　　崔　鸿　张海珠　主编　36元
新理念生物教学论（第二版）
　　　　　　　崔　鸿　郑晓慧　主编　45元
新理念地理教学论（第二版）　李家清　主编　45元
新理念历史教学论（第二版）　杜　芳　主编　33元
新理念思想政治（品德）教学论（第二版）
　　　　　　　胡田庚　主编　36元
新理念信息技术教学论（第二版）
　　　　　　　吴军其　主编　32元
新理念数学教学论　　　冯　虹　主编　36元

21世纪教师教育系列教材·语文课程与教学论系列

语文文本解读实用教程　荣维东　主编　49元
语文课程教师专业技能训练
　　　　　　　张学凯　刘丽丽　主编　45元
语文课程与教学发展简史
　　　　　　　武玉鹏　王从华　黄修志　主编　38元
语文课程学与教的心理学基础　韩雪屏　王朝霞　主编
语文课程名师名课案例分析　武玉鹏　郭治锋　主编
语用性质的语文课程与教学论　王元华　著　42元

21世纪教师教育系列教材·学科教学技能训练系列

新理念生物教学技能训练（第二版）　崔　鸿　33元
新理念思想政治（品德）教学技能训练（第二版）
　　　　　　　胡田庚　赵海山　29元
新理念地理教学技能训练　李家清　32元
新理念化学教学技能训练（第二版）　王后雄　36元
新理念数学教学技能训练　王光明　36元
新理念小学音乐教学法　吴跃跃　主编　38元

王后雄教师教育系列教材

教育考试的理论与方法　王后雄　主编　35元
化学教育测量与评价　　王后雄　主编　45元
中学化学实验教学研究　王后雄　主编　32元
新理念化学教学诊断学　王后雄　主编　48元

西方心理学名著译丛

荣格心理学七讲　　　　[美]卡尔文·霍尔　45元

书名	作者	价格
拓扑心理学原理	[德] 库尔德·勒温	32元
系统心理学：绪论	[美] 爱德华·铁钦纳	30元
社会心理学导论	[美] 威廉·麦独孤	36元
思维与语言	[俄] 列夫·维果茨基	30元
人类的学习	[美] 爱德华·桑代克	30元
基础与应用心理学	[德] 雨果·闵斯特伯格	36元
记忆	[德] 赫尔曼·艾宾浩斯 著	32元
儿童的人格形成及其培养	[奥地利] 阿德勒 著	35元
幼儿的感觉与意志	[德] 威廉·蒲莱栩 著	45元
实验心理学（上下册）	[美] 伍德沃斯 施洛斯贝格著	150元
格式塔心理学原理	[美] 库尔特·考夫卡	75元
动物和人的目的性行为	[美] 爱德华·托尔曼	44元
西方心理学史大纲	唐 钺	42元

心理学视野中的文学丛书

书名	作者	价格
围城内外——西方经典爱情小说的进化心理学透视	熊哲宏	32元
我爱故我在——西方文学大师的爱情与爱情心理学	熊哲宏	32元

21世纪教学活动设计案例精选丛书（禹明 主编）

初中语文教学活动设计案例精选	23元
初中数学教学活动设计案例精选	30元
初中科学教学活动设计案例精选	27元
初中历史与社会教学活动设计案例精选	30元
初中英语教学活动设计案例精选	26元
初中思想品德教学活动设计案例精选	20元
中小学音乐教学活动设计案例精选	27元
中小学体育（体育与健康）教学活动设计案例精选	25元
中小学美术教学活动设计案例精选	34元
中小学综合实践活动教学活动设计案例精选	27元
小学语文教学活动设计案例精选	29元
小学数学教学活动设计案例精选	33元
小学科学教学活动设计案例精选	32元
小学英语教学活动设计案例精选	25元
小学品德与生活（社会）教学活动设计案例精选	24元
幼儿教育教学活动设计案例精选	39元

全国高校网络与新媒体专业规划教材

文化产业概论	尹章池	38元
网络文化教程	李文明	42元
网络与新媒体评论	杨娟	38元
新媒体概论	尹章池	39元
新媒体视听节目制作	周建青	45元
融合新闻学	石长顺	39元
新媒体网页设计与制作	惠悲荷	39元
网络新媒体实务	张合斌	39元
突发新闻教程	李军	45元
视听新媒体节目制作	周建青	45元
视听评论	何志武	32元
出镜记者案例分析	刘静 邓秀军	39元
视听新媒体导论	郭小平	39元
网络与新媒体广告	尚恒志 张合斌	49元
网络与新媒体文学	唐东堰 雷奕	49元

全国高校广播电视专业规划教材

电视节目策划教程	项仲平 著	36元
电视导播教程	程晋 编著	39元
电视文艺创作教程	王建辉 编著	39元
广播剧创作教程	王国臣 编著	36元

21世纪教育技术学精品教材（张景中 主编）

教育技术学导论（第二版）	李芒 金林 编著	38元
远程教育原理与技术	王继新 张屹 编著	41元
教学系统设计理论与实践	杨九民 梁林梅 编著	29元
信息技术教学论	雷体南 叶良明 主编	29元
网络教育资源设计与开发	刘清堂 主编	30元
学与教的理论与方式	刘雍潜	32元
信息技术与课程整合（第二版）	赵呈领 杨琳 刘清堂	39元
教育技术研究方法	张屹 黄磊	38元
教育技术项目实践	潘克明	32元

21世纪信息传播实验系列教材（徐福荫 黄慕雄 主编）

多媒体软件设计与开发	32元
电视照明·电视音乐音响	26元
播音与主持艺术（第二版）	38元
广告策划与创意	26元
摄影基础（第二版）	32元

21世纪教师教育系列教材·专业养成系列（赵国栋 主编）

微课与慕课设计初级教程	40元
微课与慕课设计高级教程	48元
微课、翻转课堂和慕课设计实操教程	188元
网络调查研究方法概论（第二版）	49元
PPT云课堂教学法	88元